Klaus Berger

DIE URCHRISTEN

Klaus Berger

DIE URCHRISTEN

Gründerjahre einer Weltreligion

PATTLOCH

Bibliografische Information: Deutsche Nationalbibliothek

Die Deutsche Nationalbibliothek verzeichnet diese Publikation
in der Deutschen Nationalbibliografie; detaillierte bibliografische
Daten sind im Internet über http://dnb.d-nb.de abrufbar

Umschlaggestaltung: ZERO Werbeagentur, München
Umschlagfoto: akg-images / Hilbich
Lektorat: Bernhard Meuser
Register: Dario Pizzano
Satz und Herstellung: Hartmut Czauderna
Druck und Bindung: GGP Media GmbH, Pößneck
Printed in Germany

ISBN 978-3-629-02184-7

Bitte besuchen Sie uns im Internet:
www.pattloch.de

2 4 5 3 1

Inhalt

1. Die Stunde null:
Gründerjahre einer Weltreligion?

Gründerjahre – das sind die Jahre, in denen etwas Neues, zuvor nie Dagewesenes entsteht. Gründerjahre – das ist die wilde, chaotische Epoche des Aufbruchs. Normalerweise spricht man davon, wenn man damit die Jahre 1871–1890 und 1947–1954 in der deutschen Geschichte meint. Damals fällten bedeutende Persönlichkeiten mit viel Mut weitreichende Entscheidungen, die sich dann als prägend für die folgende Geschichte herausstellten. In den Gründerjahren herrschte, wie man gerne sagt, »so viel Anfang wie später nie mehr«.

»Gründerjahre« gibt es in der Geschichte immer wieder. Ob man an die Entdeckung und Kolonisierung Amerikas, den Goldrausch, den Aufbruch in die unermesslichen Weiten des Wilden Westens, die frühe Industrialisierung oder an Silicon Valley und die Goldenen Jahre der IT-Branche denkt – immer findet sich diese eigenartige Mischung aus Morgenmut, Hoffnung und Pionierleistung. Überall finden sich Heroen und Genies, finden sich Schurken und Gerechte, finden sich die hemdsärmligen Macher, die das Heft an sich reißen und etwas Atemberaubendes auf die Beine stellen. Insofern sind sich Christoph Kolumbus, Martin Luther, Henry Ford, Paul von Siemens und Bill Gates ähnlich. Was hindert uns eigentlich daran, nicht auch den heiligen Paulus in diesen Club weltgeschichtlicher Neuerer aufzunehmen? An Aufbruchswillen, ungewöhnlichen Lösungen, Wildheit und Gründergeist fehlte es ihm wahrhaftig nicht.

Liegt es an festgebackenen mentalen Strukturen, dass noch niemand auf die Idee kam, sich das Urchristentum im metaphorischen Umfeld »Gründerjahre« vorzustellen? Man könnte doch fragen: Gab es einen oder mehrere Gründer? Hat jemand die Macht an sich gerissen? Gab es Diadochenkämpfe? Hatte jemand den Dolch im Gewand? Waren das Macher, Strategen, die zu Werk gingen? Hat jemand Christentum auf dem Reißbrett entworfen? Oder wie ging das?

Kurz gesagt: Als ich mich mit dem Gedanken trug, die Fortsetzungsgeschichte von »Jesus« zu schreiben, ging mir der Begriff »Gründerjahre« nicht aus dem Kopf.

1.1 So viel Anfang war später nie

Denn das war mir klar: Ich konnte mit »Jesus« nicht aufhören. Jesus, das war – ... nun was? – der Startschuss, die Matrix, die Initialzündung, der Auftrag, was auch immer. Aber damit brach es ja nicht ab. Damit ging das Abenteuer erst richtig los. Aus einer Lokalveranstaltung unter Fischern und Bauern im letzten Winkel der Antike wurde in Windeseile eine Weltreligion. Wenn das kein Stoff ist! Insofern, dachte ich, müsste doch jedes Jesus-Buch seine natürliche Fortsetzung in einer Darstellung der Geschichte der ältesten Christen finden. Nun sind zwar in den letzten Jahren viele bedeutende Bücher über Jesus erschienen – nicht zuletzt: Benedikt XVI: Jesus von Nazareth. Aber merkwürdig – kaum einer scheint sich etwas davon zu versprechen, die »Fortsetzung« zu schreiben. Die beiden letzten nennenswerten Versuche im deutschen Sprachraum sind Jahrzehnte alt; das Buch von H. Conzelmann erschien vor 39 Jahren, das von F. Vouga vor 15 Jahren. Häufiger sind Teildarstellungen in größeren Sammelwerken, so D. Zeller: Die Entstehung des Christentums, in: Christentum I, 2002, 15–119.124–222. Es sind knappe, irgendwie karge Versuche über eine historische Wirklichkeit, in der die Antike auf den Kopf gestellt wurde.

1.1.1 Haut den Lukas!

Warum diese vornehme Zurückhaltung? Wahrscheinlich hat sie einen Namen: Lukas, der Evangelist. Ohne Zweifel hat bis heute die Beurteilung seines Versuches, ein Leben Jesu (Evangelium) mit Fortsetzung als Kirchengeschichte (Apostelgeschichte) zu schreiben, nachgewirkt. Viele sahen diesen Versuch schlicht als Verrat an der Sache Jesu an. Lukas, so seine Kritiker, hat den ungeheuerlichen Frevel begangen, die Geschichte Jesu als *Kirchengeschichte* fortzusetzen.

Ein Fall von Etikettenschwindel also. Jesu Offenbarung – war das nicht die Aufhebung, das Ende der Zeit? Wie konnte dann einer daherkommen und diesen dramatischen Einbruch als Ouvertüre für einen bürgerlichen Fortsetzungsroman missbrauchen? Es ist das gleiche Gefühl im Mundraum, wenn man aus Bachs Matthäuspassion herausgerissen und übergangslos in den »Paulus« von Mendelssohn versetzt wird. Nichts gegen Mendelssohn, aber ... Tut da nicht jemand, als könne man Jesus mit Historie ergänzen, fortsetzen, verrechnen? Verwechselt da einer nicht grundlegend Gottes Offenbarung mit menschlichem Wirken und Werken?

Der Grundsatz hieß: »Haut den Lukas!« Lukas wurde aufgrund der schlichten Tatsache, dass er es gewagt hatte, die Apostelgeschichte zu schreiben, mit einem Rattenschwanz von Theorien überzogen, die alle nur eines im Sinn hatten – ihn als recht unbrauchbaren Zeugen für den wahren Jesus zu erweisen. Er sei ein »Rejudaisierer« gewesen, gar ein »Frühkatholik« – so, als habe der raffinierte Zeitgenosse Jesu den konfessionellen Dissens in einer Hütte am See Genesaret erfunden. Man billigte ihm spekulative Kraft zu, machte ihn zum Autor eines Konstruktes namens »Mitte der Zeit«. Lukas, sagte man, gehe von einer ganz eigenen Geschichtsvision aus. Da sei die Zeit Jesu nur mehr die »Mitte der Zeit« zwischen dem Altem Testament und der Kirchengeschichte. Nein, Kirchengeschichte war theologisch qualitativ etwas anderes als das »Evangelium«.

Man muss zu diesem Lukas-Bashing zurückgehen, um die merkwürdigen Berührungsängste zu verstehen, denen wir es zu verdanken haben, dass wir so erstaunlich wenig Beschäftigung mit den Gründerjahren des Christentums finden.

1.1.2 Von welchem Zeitraum reden wir?

»Gründerjahre« des Christentums sind genau jene 50 Jahre bis zum Tod der ersten Generation nach Jesus; früher hat man gesagt: »... bis zum Tod des letzten Apostels.« Oft wird auch das Jahr 70 n. Chr. wegen der epochemachenden Zerstörung Jerusalems als Schnitt gesehen. Doch ist nicht erkennbar, dass dieses Jahr eine entsprechende Bedeutung für die frühen Christen hatte.

Ich halte dafür, dass es sich um eine der spannendsten Epochen nicht nur der Kirchengeschichte, sondern der Geschichte überhaupt handelt. Wir fragen: Was ist in diesen Jahren geschehen? Welche Gestalten waren maßgeblich? Was wurde von jenen Leuten entschieden, das bis heute das Gesicht des Christentums bestimmt?

1.1.3 Soll man dem Aufbau der Apostelgeschichte folgen?

Im Neuen Testament selbst gibt es einen Text, den man für einen ersten bündigen Abriss der Geschichte des ältesten Christentums halten kann. Er steht in der Apostelgeschichte (entstanden 68–75 n. Chr.) als Vers 1,8 und wird dort sozusagen prospektiv in den Mund Jesu gelegt: »Ihr werdet die Kraft des Heiligen Geistes empfangen. Er wird auf euch herabkommen, und dann werdet ihr Zeugnis für mich ablegen in Jerusalem, in ganz Judäa, in Samarien und bis an die Grenzen der Erde.«

Erst rund 100 Jahre später wird der Kirchenschriftsteller Hegesipp eine ähnliche Schrift publizieren (»Erinnerungen an die Apostel«), aber da dieses Buch der Retrospektive nur in Fragmenten erhalten ist, kann man erst auf die Kirchengeschichte des Kirchenvaters Eusebius wirklich bauen. So dürftig sieht es also aus! Im Übrigen ist man auf Rekonstruktionen aus der Vielzahl anderer Texte, auch aus den anderen Apostelakten, angewiesen. Doch die sind selten ertragreich für die Gründerjahre, da sie frühestens ein Jahrhundert später entstanden. Nun sind die älteren Darstellungen der Geschichte des frühesten Christentums, insbesondere die jeweils ersten Kapitel der Darstellungen der Kirchengeschichte, in der Regel mehr oder weniger Lukas in seiner Apostelgeschichte gefolgt. Das ist freilich riskant, denn die Apostelgeschichte des Lukas ist außer an Stephanus wesentlich an Petrus und Paulus interessiert und stellt den Weg des Christentums von Jerusalem nach Rom dar (siehe Kapitel 9.4). Das ist viel, ja in bestimmter Hinsicht eine Art Hauptstrang, aber nicht alles. Lukas setzt selbst bereits einfach voraus, dass es Christen zum Beispiel in Damaskus gab, und Paulus setzt im Römerbrief voraus, dass es Christen in Rom gab. Über die Gründungsgeschichte beider Gruppen erfahren wir nichts. Und über Ägyptens erste Christen erfahren wir erst durch frühe Papyri, die freilich schon um 120 n. Chr. Kopien des vierten, des Johannesevangeliums in Ägypten bescheinigen.

Man kann also nicht gerade behaupten, wir seien über die Anfänge des Christentums rundum bestens informiert. Wir haben Informationen, aber recht einlinige.

1.1.4 Brücken über die Kluft

Es könnte nun sein, dass die Apostelgeschichte der Frage nach dem Verhältnis zwischen Judentum und Christentum, also der Ablösung des Christentums vom Judentum, einen (im Verhältnis gesehen) übergroßen Raum schenkt und anderes darüber stiefmütterlich behandelt. Schon vor Jahren hatte mich diese Vermutung beschlichen. Wer davon versuchsweise ausgeht, muss die Apostelgeschichte gegen den Strich lesen und im Übrigen die anderen Texte (Hegesipp, Eusebius, Märtyrerakten, vor allem neutestamentliche Briefe), soweit es geht, kunstvoll auf Andeutungen über die wirkliche Geschichte hin befragen. Dass ich dieser Spur folge, macht den Reiz der nachfolgenden Untersuchung aus. Mich interessiert, welche *Brücke*n es zwischen Jesus und den Gründerjahren gibt.

Hatte man nicht in der historisch-kritischen Exegese die *Kluft* zwischen beiden drastisch hervorgehoben? Die Versuche sind Legion, aus Paulus, dem spät Hinzugestoßenen, den zweiten Gründer des Christentums, wenn nicht überhaupt den entscheidenden Religionsgründer zu machen. Es ist müßig, an dieser Stelle all die Versuche nachzuzeichnen. Sie funktionieren alle nach dem gleichen Strickmuster: Paulus, der Intellektuelle, das Marketinggenie, der einen schlichten Galiläerrabbi zum Erlöser stilisiert und aus einer innerjüdischen Landsekte eine multifunktionale, universal offene Weltreligion schmiedet. Die Differenz, die Kluft, ist also hinreichend beschrieben. Mir geht es also um das Gegenteil: die Brücken.

Wer aber nach Brücken fragt, sucht Überleitungen zu Neuem. Neu ist ganz sicher Christentum als eine Art *»Judentum für Heiden«*. Ebenso neu ist, dass hier ein *Gottesglaube* auf den Plan tritt, der behauptet monotheistisch zu sein, gleichzeitig aber mit drei »Göttern« (?)

operiert. Neu ist die *Institution Kirche*. Daran knüpft sich die Frage: Welche Formen und Institutionen, welche Praxis und welche Organisationsformen sind neu? Gab es typische Schwierigkeiten und Probleme?

Ich fange beim Setting an, bei den Leuten. Es gab Personen, die waren bei Jesus da, und sie sind in der Fortsetzungsgeschichte ebenfalls da. Sie trafen sich, hatten etwas miteinander zu tun, klassisch gesprochen: Sie bildeten Gemeinden. Im konkreten Gemeindeleben werden drei starke Faktoren hervortreten: Elemente jüdischen Lebens, die Bedeutung des christlichen Hauses und die markante Verfassungsstruktur (je ein Leiter an der Spitze eines Gremiums). Dann werden wir eine Handvoll frühchristlicher Biographien vorstellen und werden andererseits die Bedeutung oppositioneller Gruppen und ihres Profils für die früheste Kirchengeschichte darstellen.

Das Buch schließt v. a. mit einer These über die Bildung des christlichen »Kanons«. Wie Marcel Reich-Ranicki sich zuletzt der Mühe unterzog, einen Kanon dessen niederzulegen, was ein gebildeter Zeitgenosse am Beginn des dritten Jahrtausends an deutscher Literatur kennen sollte, so bildete sich im frühen Christentum eine Meinung dazu heraus, was in den Kanon der Bibel gehörte – und was gefälligst nicht. Es geht hier nicht um die feinen Prozesse der Theologiegeschichte (vgl. dazu mein gleichnamiges Buch von 1995), sondern eher um das, was daraus wirksam wird, also um Einzelpersönlichkeiten, Gruppen, Institutionen, Formen des Lebens, besonders liturgische.

1.1.5 Verschiedene Modelle der Gesamtentwicklung

Ein verbreitetes, besonders durch die (nach)reformatorische Geschichtsschreibung populär gewordenes Modell ist das *Dekadenzschema*. Dieses Schema lebt von der Idealisierung der »Urgemeinde«. Die »Urgemeinde« war das ideale, goldene Zeitalter, dem es dann nach Art des bekannten Schlagers erging: Von nun an ging's bergab. Nach diesem Schema habe sich die Kirche immer stärker mit der Welt eingelassen, sei »verweltlicht«. (Die reale Kirche hat, nebenbei bemerkt, in diesem Modell a priori einen schweren Stand. Im Grunde genommen ist sie immer Verrat. Man ist etwas, was man unter verständigen Menschen nicht sein dürfte: Kirche. Solche kirchendistanzierte Kirchlichkeit weicht häufig in die »Gemeinde« aus: Kirche sind die mit der Inquisition. *Wir sind Gemeinde.*) Durch die Reformation sei dieser Prozess des Niedergangs mehr oder weniger lange unterbrochen worden. Maßgeblich für den Prozess der Verweltlichung sei das Erlöschen der Naherwartung gewesen, die sogenannte Parusieverzögerung. Das heißt: Weil Jesus nicht wie erwartet gleich wiederkam, schob man den Zeitpunkt auf den Sankt-Nimmerleins-Tag, richtete sich wohnlich in den falschen Verhältnissen ein und vergaß einfach, dass die »Welt«, mit der man eine schmutzige Mesalliance einging, nicht endgültig war. Zu dieser Hypothese und dem dazugehörigen Entwicklungsschema ist zu sagen, dass es sich um eine klassische Projektion aus der Gegenwart in die Geschichte handelt. So hat das fast nie jemand wirklich geglaubt. Es ist ein historisches Faktum, dass zu Zeiten der stärksten »Verweltlichung« (nehmen wir etwa die Zeit um 1520–1530) die Erwartung des wiederkommenden Herrn sogar besonders intensiv war. *Fazit:* Das Dekadenzschema nebst Parusieverzögerung als Mutter aller Kirchentümer ist ein wirklichkeitsfremder Mythos.

Ebenso ergeht es dem *dialektischen Schema* der älteren Tübinger Schule. Demnach vollzog sich die Entwicklung der Kirche dialektisch, d. h. von der These über die Antithese zur Synthese. So verlief angeblich die Geschichte der Gründerzeit der Kirche von der These, dem Judenchristentum (die Evangelien nach Matthäus, Markus und Lukas), über die Antithese (das Heidenchristentum des Paulus) hin zur Synthese: der frühkatholischen Kirche (Johannesevangelium). Das Wort »katholisch« ist in diesem Zusammenhang nicht im Sinne konfessioneller Differenzierung gemeint, sondern im Wortsinn (katolikos = allgemein, auf das Ganze hin). Frühkatholizismus ist ein Genrebegriff, der von evangelischen wie katholischen Forschern benutzt wird. Entscheidend sei – so das dialektische Schema – die Größe »Gesetz« gewesen. Forscher, die dieses Schema vertraten, entwarfen eine Dialektik von Gesetzesstrenge (Judentum), Gesetzesfreiheit (Paulus, vor allem im Galaterbrief) und neuem Gesetz (im katholischen Kirchenrecht). Noch heute geistert dieses Schema weitgehend unreflektiert durch die Forschung, zum Beispiel in der Annahme, der Evangelist Johannes habe sowohl die Synoptiker als auch Paulus gekannt und sei daher als »Synthese« eine Art Riesenhirn der gesamten frühen Entwicklung.

Sehr einflussreich war die These vom *Gegensatz zwischen Amt und Charisma,* eine Art Mischung des dialektischen Schemas mit dem von der schleichenden Verweltlichung. Am Anfang habe ein rein charismatischer (= geistgewirkter, geistdurchtränkter) Kommunismus der Liebe in einem durch Christus eroberten Milieu der Freiheit gestanden, von dem nunmehr Abfall zu verzeichnen sei, besser gesagt: Rückfall in die Sklaverei einer Welt engstirniger Gesetze. Die Kirche sei im Verlauf ihrer Geschichte in eine eigentlich doch überwundene Bildungsstufe regrediert, sie sei immer stärker verrechtlicht worden. Durch Dämpfung und Unterdrückung des Charismas und gleichzeitige Aufrichtung des Amtes sei die katholische Kirche am Ende dieses frühen Prozesses dem Ausgangspunkt im gesetzesfixierten Judentum doch wieder ähnlich geworden.

Vielen Entwürfen ist die Annahme gemeinsam, dass die freie Zeit der ältesten Entwicklung durch statische Elemente des »Frühkatholischen« abgelöst worden sei. (Es ist die bekannte Vorstellung, die man auch aus anderen Gründerzeitmythen kennt: Pioniere werden sesshaft, Hippies gründen Familien, Revoluzzer werden bürgerlich. Hier ist sie nur ins Fromme gewendet.) Zur vermeintlichen Verbürgerlichung zählen: Bischofsamt, Kanon, orthodoxe Lehrtradition (Credo), Sakramente, der Traditionsgedanke und die Bekämpfung von Irrlehrern. Diese Konstruktion setzt voraus, dass die Urgemeinde bzw. Gründergeneration von alldem frei gewesen sei. Die Wirklichkeit erteilt dieser idée fixe eine Absage: Das erste Credo findet sich bereits gut zwanzig Jahre nach Jesus in 1 Kor 12,2, der Traditionsgedanke ist mit 1 Kor 15,3 und die Bekämpfung von Irrlehren in 1 Kor 15 sowie in fast jedem Brief des Neuen Testaments gegeben. Dass Apostel Bischöfe durch Handauflegen einsetzten, steht zumindest in Apg 20,28. Es ist pures Wunschdenken, wenn immer wieder behauptet wird, die genannten Elemente seien absurd für die frühen Jahre, sie seien undenkbar unter den Urchristen, unvorstellbar, geradezu lächerlich für die unmittelbare Zeit nach Jesus – solche Petrefakte müssten natürlich »späte« Phänomene sein und in einer Zeit stattgefunden haben, in der die reine Lehre des Evangeliums schon unter die Beamten gefallen und das freie Wehen des Geistes durch die selbstregulativen Wucherungen des Parkinson-Prinzips ersetzt worden sei.

1.2 Die neue Forschungssituation

1.2.1 Abschied vom Misstrauen

Es gab eine Zeit, da war *Kritik* alles. Vom Kindergarten bis zur Beschäftigung mit der Heiligen Schrift durfte nichts unhinterfragt bleiben – bei Strafe der intellektuellen Exkommunikation. Die Hermeneutik (= Verstehenslehre) des Misstrauens gegenüber den biblischen Berichten feierte ihre Triumphe in den 60er und 70er Jahren des vergangenen Jahrhunderts. Ihr Grundsatz war: Der Exeget erst muss das richtig darstellen und von Grund auf berichtigen, was der biblische Text vorgibt. Ein Text hat nur dann Anspruch auf Vertrauen, wenn er durch außerbiblische Berichte bestätigt wird. So bestand an der Existenz von Jerusalem und mindestens zwei Herodessen kein Zweifel, umso mehr aber z. B. am Bericht über den Kindermord des Herodes nach Mt 2. Zwar ließ man kaum ein Einzelfaktum bestehen, umso bereitwilliger aber glaubte man zeitweilig Hypothesen über revolutionäre Bauernbewegungen, soziale Unruhen als Hintergründe religiöser Aussagen und allerlei Zelotismen (Zelot = religiöser Eiferer, Fanatiker).

Die Hermeneutik des Vertrauens, die an deren Stelle trat, geht davon aus, dass die biblischen Berichte bis zum Erweis des Gegenteils wahr, d. h. nicht aus betrügerischer Absicht erzählt, sind, sondern aus Pietät. Begünstigt wurde dieser Wandel durch die Funde von Qumran, durch eine lange und intensive Grabungsarbeit seit Gründung des Staates Israel in ganz Palästina und gewiss auch aus Gründen politischer und religiöser Apologetik (= Verteidigungsstrategie), die rechts und links zu Hause ist. In diesen Zusammenhängen wurde das Fach »Neutestamentliche Archäologie« praktisch erst geboren. Jeder Außenstehende reibt sich die Augen. Wie – das gab es nicht? Ist das nicht das Erste, was man wissen möchte? Die Facts? Die Realien? Was ausgegraben wurde? Was man durch Inschriften und Fundstücke als faktische Szenerie ermitteln kann? Es war so. Vieles haben die Neutestamentler von bewährten archäologisch tätigen Alttestamentlern gelernt.

1.2.2 Die Sprache der Steine

Subtiler als je zuvor versteht man jetzt, Grabungsschichten sorgsam auseinanderzuhalten. Die Zeichen der Steine, sei es Anordnung, sei es Ritzung oder Skulptur, beginnen zu reden. Neben die literarischen Quellen treten daher alle die anderen Zeichen, die Menschen gesetzt haben, um sich mit Gott und untereinander zu verständigen. Dadurch ist der Bestand an Hinweisen um ein Vielfaches gewachsen. Das meiste hat argumentative Kraft nur am Rande und erklärt nicht die neutestamentlichen Ereignisse oder gar Wunder von selbst.

Es geht eher um die Summe der Rahmenbedingungen, die früher als genauso fiktional galten wie die berichteten Reden und Taten selbst. Wenn es z. B. den Ort Emmaus gegeben hat, ist der Gang nach Emmaus immerhin möglich. Wenn es Kaiphas gegeben hat, dann muss die Episode der Passionsgeschichte, in der er vorkommt, nicht von vornherein erlogen sein. Und so gibt es Dutzende von Begleitumständen der biblischen Geschichten, die sie wahrscheinlicher, anschaulicher, plausibler oder überhaupt erst möglich erscheinen lassen. Allerdings beweisen diese Details weder das Geschehensein des neutestamentlichen Berichts noch gar dessen theologischen Gehalt. Insofern darf man diese neuen Zeugnisse nicht überschätzen. Zum Theologen im strikten Sinne des Wortes wird man nicht bei dieser Beschäftigung.

Viele überflüssige Zweifel im Vorfeld werden so schon einmal weggeräumt. In keinem Falle wird »der Glauben bewiesen«. Bisweilen wird die Archäologie allerdings auch zu einem Fluchtweg für Menschen, auch für Theologen, die die Glaubensentscheidung scheuen oder sich noch nicht reif dafür finden. Sie können sich dann mit Konkretem beschäftigen. Für den Glauben ist das nur Vorhof.

Ich möchte an einigen Beispielen zeigen, was die neuen Quellen leisten.

* *Mindestlohn:* In einer Inschrift über den Lohn für Arbeiter fand man die Wendung »*operaris panem denarium*« (Wandinschrift Pompeji, ed. H. Geist 1936, 96 f.), »den Arbeitern einen Denar als Unterhalt«, d. h.: Nahrungsmittel im Werte von einem Denar gehören zur täglichen Ration der Arbeiter. Die Notiz erhellt die Angabe von Mt 20,1–16, wonach allen Arbeitern ein Denar als Mindestlohn gezahlt wird, ganz gleich, wie lange sie tätig sind. Es ergibt sich, dass dieser Mindestlohn im Prinzip kein Gnadenlohn, sondern das zum Überleben Nötige und Übliche ist. Damit wird das Gleichnis nicht als Wahrheit bestätigt, seine Grundangabe und Grundvoraussetzung aber erscheint realistisch, bewegt sich im Üblichen der Zeit.

* *Liebe und Gesetzestreue:* In der sogenannten Regina-Inschrift im jüdischen Lateranmuseum (Nr. 68) heißt es: »Hier liegt Regina, ... das Grabmal ist errichtet als Antwort auf ihre Liebe. Zu neuem Leben wird sie zu den Lichtern zurückkehren, denn sie darf hoffen, dass sie aufsteht in die verheißene Welt ... Dies hat dir eingebracht Frömmigkeit, ein keusches Leben, Liebe zu deinem Geschlecht und der Gehorsam gegenüber dem Gesetz ...« (Corpus der jüdischen Inschriften I, 476). Der Text dokumentiert eine Hoffnung auf Auferstehung im Rahmen der jüdischen Beachtung des Gesetzes. Er könnte ein schönes Zeugnis für die religiöse Kultur der Pharisäer sein. Er widerlegt Vorurteile über finstere oder trostlose Leistungsgerechtigkeit, begründet stattdessen die Hoffnung auf der Grundlage eines »gelungenen« Lebens. Er illustriert das, was Paulus als Auferstehungshoffnung der Pharisäer darstellt (Apg 26,5–7).

* *Siegel gegen Dämonen:* In der »Lamella Bernensis«, einer kleinen goldenen Grabbeigabe, die nirgends eine literarische Entsprechung hat, liest man u. a.: »Alle ihr männlichen und weiblichen (Dämonen) und alle ihr Zaubermittel und Bindezauber: flieht weg von Leontios, der dieses Amulett trägt; vielmehr unter die Quellen und den Abgrund geht weg und schadet nicht und befleckt ihn nicht, weder mit Zaubermitteln noch mit Speichel, noch mit einem Bindezauber oder Zauberei oder irgendeiner Gewalttätigkeit ... Ihr also, ihr gewaltigsten Mächte, verleiht Sieg, helft dem, der dieses leibbewahrende (Amulett) trägt ...« (Datierung: 4./5. Jh. n. Chr.; ed. Gelzer, Schäublin 1998). Der Text führt in die interreligiöse Welt der Abwehr von Dämonen. Die Funktion des Siegels entspricht sehr genau der des Siegels nach Offb 7,3. Wer versiegelt ist, bleibt vom Schaden verschont. An der Stelle der Strafengel aus Offb 7,2 stehen hier diverse Dämonen.

* *Erscheinung vergöttlichter Toter vom Himmel her:* Gedenkinschrift auf M. Lucceius von seinem Onkel Onussianus, augusteische Zeit (63 v.–14 n. Chr.) (= CIL VI 3, S.2224 Nr. 21521). »Es geschah, als ich meinen Neffen beweinte, der durch vorzeitigen Tod mir entrissen ... Und da, als die Nacht fast vorbei war und der Morgenstern sein Feuer ausstreute ..., sah ich eine Gestalt vom Himmel herabgleiten, strahlend im sternengleichen Licht. Der Jüngling hatte nicht jene Totenstarre, sondern wirkliche Farbe und Stimme, doch war die Figur größer als die mir bekannte Erscheinung des Körpers. Er erschien feurig in den Augen und strahlend an den Schultern ...« – »Verehrenswerter Onkel, was klagst du, dass ich zu den Sternen des Himmels entrückt bin. Höre auf zu weinen, da ich doch ein Gott bin. Pietät darf nicht aus Unwissenheit den betrauern, der aufgenommen ist im himmlischen Wohnsitz, und Traurigsein soll nicht göttliche Wesen verletzen ... Steh auf! Berichte meiner Mutter, sie solle mich nicht Tag und Nacht lang beweine ..., denn die heilige Venus hat mich gebracht in des Himmels leuchtende Tempelhallen ...« – »Göttlicher Neffe, der ganze Chor der Himmelsbewohner wird dich empfangen ...« Die Übereinstimmungen mit jüdisch-christlichen Visionsberichten sind zahlreich. Selbst der Chor der Himmelsbewohner ist bekannt aus 4 Makk 18,23 (von den Märtyrer: »zum Chor der Väter werden sie versammelt«). Die Vergöttlichung entspricht Phil 2,11. Der Text zeigt, wie wenig Religionen und einzelne religiöse Erfahrungen um diese Zeit voneinander abzugrenzen sind.

* *Gottesfürchtige in Synagogalgemeinden:* Inschrift von Aphrodisias »Für den Freitisch gegeben: Die unten Aufgeführten der Gruppe der Wissbegierigen, auch bekannt als die Lobpreisenden, errichteten zur Linderung von Missgeschick für die Gemeinde aus eigenen Mitteln dieses Denkmal: ... der Proselyt Joses ..., Emmonios der Gottesfürchtige, Antonius der Gottesfürchtige ..., Ejosef, Sohn des Eusebios, der Proselyt und Ejudas ... Und die folgenden Gottesfürchtigen: Zenon, der Ratsherr ...« (Anfang 3. Jh. n. Chr.).

In dieser Inschrift ist von drei Gruppen die Rede, von geborenen Juden, Proselyten und Gottesfürchtigen. Im Neuen Testament betrifft das Texte in Apg 10–18. Die Gottesfürchtigen sind hier Sympathisanten des Judentums, die als geborene Adressaten der christlichen Botschaft in Frage kommen. Bei Lukas stehen sie an zentralen Wendemarken des Geschehens. Sie sind so etwas wie »Sympathisanten erster Kategorie« (B. Wander), aber zunächst noch fester Bestandteil der synagogalen Gemeinden. Die christlichen Missionare kämpfen auch um dieses Potenzial. Almosen, Frömmigkeit und Gerechtigkeit sind ihre bleibenden Qualitäten, die sie zu Vorbildern machen.

Methodisches Resultat: Die Beachtung von Inschriften etc. erweist sich zur Bestimmung des historischen Rahmens häufig als extrem sinnvoll. Denn so existieren die neutestamentlichen Berichte nicht nur im Gehirn, sondern in Raum und Zeit. Auch bereits die religionsgeschichtliche Fragestellung, der ich mich besonders verpflichtet fühle, hat diesen Weg beschritten und dieses Ziel im Auge gehabt.

Nun wird nicht gerade selten den neu an der Historie Interessierten vorgeworfen, sie seien *Fundamentalisten*. Für eine ältere Generation von Theologen gibt es offensichtlich nur die beiden Möglichkeiten, entweder die Geschichte im Sinn von Bultmanns Marburger Schule in ihrer Bedeutung herabzuspielen oder alles wörtlich zu nehmen (Fundamentalismus). Häufig wird die vermeintliche Alternative mit missionarischem Eifer vorgetragen: Wenn du kein Fundamentalist sein willst, bekehre dich zu Bultmann! Als Fundamentalismus würde ich es bezeichnen, wenn jemand den Versuch unternähme, das Wirtshaus archäologisch aufzusuchen, in dem der barmherzige Samaritaner nach Lk 10,34 den verunglückten Juden unterbrachte. Hier würde jemand den Versuch unternehmen, eine von der Gattung her fiktionale Erzählung eins zu eins auf die reale Geschichte zu übertragen. Die Frage nach der Historie ist jedoch nur dann sinnvoll, wenn sie durch vorgängige literarische Methoden der Textbearbeitung (inklusive Religions- und Sozialgeschichte) nicht schon ausgebremst wurde.

1.3 Schlüsselfigur vor allem Anfang:
der sogenannte Herrenbruder Jakobus

Die Gestalt Jesu gewinnt historische Tiefe, wenn man sie in Kontrast und Spannung zu wichtigen Zeitgenossen setzt. Zwei Personen bieten sich an, die nach Auskunft des Neuen Testaments noch dazu seine engen Verwandten sind: Johannes der Täufer und Jakobus, der sog. Herrenbruder. Während Johannes der Täufer nach seinem Märtyrertod keine besonderen Nachwirkungen mehr hatte, scheint Jakobus, der »Vetter« Jesu, im weiteren Verlauf des 1. Jahrhunderts eine zentrale Rolle gespielt zu haben. An Jakobus hätte Hollywood seine Freude, allein seiner wilden Haartracht wegen, an die er nie Hand anlegte.

Jakobus ist ein überaus frommer, dem Tempel lebenslang verbundener Jude. Als großer Fürbitter für Israel ist er eine Art Heilsvermittler. Er ist »der Gerechte«. Er lebt asketisch, wie ein Heiliger am Tempel. Während Jesus durchs Land wandert, sitzt Jakobus im Tempel fest, während Jesus den Menschen von Gott erzählt, betet Jakobus für die Menschen. Beide leben »vor Gott für Israel« und sterben erbärmliche Tode. Wenn man bedenkt, was es bedeutet, ein Leben lang am Tempel zu leben, ergibt sich als »Persönlichkeitsprofil« für Jakobus wohl: ein willensstarker Asket, ein Mensch, der alles auf das eine setzt: mit Gott in demselben Haus zu wohnen. Dass er zum Schluss ein wirkliches Martyrium erleidet, misshandelt und erschlagen wird wie ein Tier, offenbart viel über die religiösen Abgründe im damaligen Volk.

Dieser tief im jüdischen Tempelkult verankerte Jakobus wird Zeuge der Auferstehung und irgendwann »Leiter« der Gemeinde in Jerusalem. Von diesem Jakobus wird es eines Tages abhängen, ob die Jesusbewegung eine Art jüdischer Sekte bleibt oder ob sie »Christentum« wird. Die Instanz Jakobus nämlich ist es, die zur Heidenmission ohne Beschneidung ihre Zustimmung geben muss.

Texte, die über den »Herrenbruder« Jakobus Aufschluss geben, sind 1 Kor 15,7 (Text der Vision ausführlich im HebräerEv 10); ThomasEv 12 und der Bericht über das Martyrium bei Eusebius, Kirchengeschichte 2,23 (aus Hegesipp, einem Schriftsteller des 2. Jh.)

mit der Parallele in der Apokalypse des Jakobus aus den Funden von Nag Hammadi. Zugeschrieben werden Jakobus ferner der Jakobusbrief und das Protevangelium des Jakobus aus dem 2. Jh., das die Kindheit Mariens und die Umstände der Geburt Jesu beschreibt, freilich unabhängig von den synoptischen Evangelien. ThomasEv 12 lautet: *(1) Die Jünger sagten zu Jesus: »Wir wissen, dass du uns verlassen wirst. Wer soll dann über uns herrschen?« (2) Jesus sagte zu ihnen: »Woher auch immer ihr gekommen seid – geht zu Jakobus, dem Gerechten. Um seinetwillen sind der Himmel und die Erde entstanden.«* Dass hier nicht Petrus genannt ist, sondern Jakobus, rührt sicher daher, dass Petrus ab dem Jahre 42 laut Apg 12 nicht mehr in Jerusalem ist, sondern von Antiochien aus missioniert. Der Ausdruck »Himmel und Erde sind um seinetwillen entstanden« meint: Jakobus ist gerecht und erwählt. Nach jüdischen Zeugnissen gilt das von Jakob(!)/Israel, es ist hier auf Jakobus übertragen. Diese Denkfigur, dass etwas von der Einzelgestalt des Repräsentanten genau so gilt wie von der Gruppe, die er repräsentiert, finden wir auch bei Menschensohn und Israel, bei Petrus und Gemeinde nach Mt 16 und 18.

Die beiden Berichte über das Martyrium des Herrenbruders berichten vor allem dieses: Jakobus war lebenslang Nasiräer, d. h., er trank keinen Wein und keinen Alkohol und verzichtete auf andere Zivilisationsgüter; er ließ sich die Haare nicht scheren und lebte als großer Beter im Tempel in Jerusalem. Menschen gingen ihn um seine Fürbitte an.

Daher sagte man, seine Knie hätten Schwielen wie die eines Esels gehabt. Den Märtyrertod erlitt er, obwohl er gesetzestreuer Judenchrist gewesen war. Dass außerhalb Jerusalems Juden- und Heidenchristen überhaupt Kontakt miteinander hatten, schob man zu Unrecht Jakobus in die Schuhe. An Jakobus statuierte man ein Exempel; an ihm wollte man rächen, was man als Abfall besonders des Apostels Paulus vom Judentum betrachtete.

1.3.1 Der Mann an der Weiche

Dieser aufrechte Mann Jakobus hat eine weltgeschichtliche Weichenstellung ersten Ranges vollbracht, indem er etwas tat, was im

Umfeld jüdischer Tempelfrömmigkeit als geradezu ungeheuerlicher Traditionsbruch angesehen werden musste. Er, der Judenchrist, hielt auf dem Apostelkonvent des Jahres 48 eine Rede, die durch eine Unterlassung glänzte. Er, von dem alle erwarteten, dass er die beschneidungsfreie Heidenmission geißeln würde – er, Jakobus, sprach sich *nicht* dagegen aus –, und das war entscheidend. Andernfalls wäre das Christentum als jüdische Gruppierung geendet. Der Weisheit des Jakobus ist es daher zu verdanken, dass das Christentum in entscheidender Stunde den Horizont des Judentums durchbrochen hat. Dafür zahlte er mit seinem Leben. In den Schriften, die man gemeinhin als judenchristlich bezeichnet, wird Jakobus noch für Jahrhunderte als Autorität gelten. Doch daraus ein Plädoyer für ein Judenchristentum zu lesen, das keine Verbindung mit Heidenchristen und deren Beschneidung kategorisch abgelehnt hätte, geht meines Erachtens zu weit. Leider ist die weitere Geschichte des Judenchristentums vor allem in Ägypten und in Äthiopien relativ unerforscht. Sicher ist Jakobus der Herrenbruder zu seinen Lebzeiten der »Bischof«, die Orientierungsgestalt der Judenchristen.

Selten führt man sich vor Augen, dass gleich drei der charismatischen Gestalten zur Stunde null des Christentums miteinander verwandt waren: *Johannes, Jesus* und *Jakobus*. Ihnen wird das denkbar höchste Lob zuteil (Johannes der bedeutendste Mensch – Jakobus der Gerechte, um dessentwillen die Welt wurde – Jesus der Gerechte und Gottes Sohn). Diese drei Männer lebten an der Grenze der bürgerlichen Welt und fielen jeweils durch radikale Verhaltensweisen auf (Wüste mit entsprechender Nahrung und Kleidung; Wanderexistenz, auf der der Menschensohn keinen Ruheplatz für seinen Kopf findet; Nasiräer am Tempel). Sie wurden von einem Teil des Volkes geliebt, von anderen, vor allem von den Führern, gehasst; und alle drei wurden sie wegen ihrer Botschaft umgebracht. Von diesen drei Männern ragt nur Jesus weit über Israel hinaus.

Der sogenannte Herrenbruder Jakobus steht nach etlichen Texten Jesus näher, als das auf den ersten Blick aus dem Neuen Testament hervorgeht. Ein Hinweis ist 1 Kor 15,7, die Notiz über eine Erstscheinung vor Jakobus (parallel zu 1 Kor 15,5). Der Bericht über die Erscheinung wird dann im Hebräer-Evangelium nachgeliefert. – Und da ist noch Judas, der Verfasser des Judasbriefes; er kann sich einführen mit der Bemerkung, er sei ein Bruder des Jakobus.

Um diese Andeutungen richtig auszuwerten, ist zu beachten: Das Neue Testament berichtet nur perspektivisch. Es ist wie in einem komplexen Roman über die Wirklichkeit jener Jahre: gleichzeitig werden verschiedene Erzählstränge verfolgt. Wir werden noch feststellen, wie sehr der Strang Petrus-Paulus-Rom überwiegt; da ist es überhaupt erstaunlich, dass Jakobus und Judas mit je einem Brief aufgenommen wurden. Mit anderen Worten: Trotz der Haupttendenz Petrus-Paulus-Rom erwies sich ihre Aufnahme als unumgänglich. Diese Dokumente konnte man nicht unter den Tisch fallen lassen, ohne die Realität zu verzeichnen.

Jakobus wirft allein durch seine Existenz grelles Licht auf einige Seiten Jesu, die sonst oft verborgen bleiben. Die lebenslängliche Existenz des Jakobus am Tempel weist darauf, dass Jesus nichts gegen den Tempel hatte, vor allem aber, dass ihm die Existenz eines Menschen ausschließlich zum Zweck des Gebets nicht unbekannt und nicht fremd war. Das bedeutet mit Sicherheit, dass dem Gebet im Leben Jesu eine größere Rolle zukommt, als dieses die liberale Exegese zugeben kann. Gott ist dann auf jeden Fall die schlechthin alles bestimmende Wirklichkeit. Jesus realisiert auf den Feldern und Wegen Palästinas, was sein »Bruder« im Tempel lebt: Gott gibt jeden Tag alles Notwendige zum Leben. Und die Gesetzestreue ist über jeden Zweifel erhaben. Der Sturz von der Zinne des Tempels, den man Jakobus (Hegesipp, bei Eusebius, Kirchengeschichte II 23) antut, ist wie ein Zitat aus Mt 4,5–7, wo Jesus vom Versucher eingeladen wird, sich hinabzustürzen. Was Jesus als Zeichen verweigert hatte, wird hier erzwungen. Es gibt keine Gründe, diesen Bericht über den Tod des Jakobus für erfunden zu halten. Er zeigt, wie nahe man Jesus und den Herrenbruder beieinander sah.

1.3.2 Die drei Nasiräer

Die asketische Existenz des Jakobus als Nasiräer steht neben dem Nasiräat Johannes des Täufers und wirft zumindest die Frage auf, ob nicht der Titel Jesu »Nasoräer« (z. B. Joh 19,19) zu der Frage nötigt, ob nicht auch er einen Teil seines Lebens, zum Beispiel das zweite und fast das ganze dritte Dezennium, als Nasiräer zugebracht haben könnte und dieses am Schluss seines Lebens wieder aufgenommen hat (Mk 14,25 ist ein Anti-Wein-Gelübde). Sind Johannes, Jakobus und Jesus viel enger zusammen zu sehen, als es gewöhnlich geschieht, eben als die »drei Nasiräer«? Erklärt das nicht die Existenz von Nasiräern in der späteren Urgemeinde, denen Paulus seine Kollekte überreicht (Apg 21,23–26)? Erklärt es nicht auch bleibende starke asketische Züge im frühen Christentum (z. B. im ThomasEv)? Erklärt es nicht auch die starke Rolle des fürbittenden Gebets?

Ich habe auch deshalb den sogenannten Herrenbruder an den Anfang gestellt, weil er der Judenchrist schlechthin ist. Eine nasiräische Existenz am Tempel ist uns extrem fremd. Aber auch das ist erkennbar Geist vom Geiste Jesu. Die Differenz zwischen dem Christentum des Herrenbruders und unserem ist nicht auszugleichen und zu nivellieren. Hätte man dieses in der Kirchengeschichte mehr beachtet, so wäre es niemals möglich geworden, von Jesus eine auf Kosten des Judentums gehende Geschichte zu erzählen.

Vor allem: War nicht Jesu Weintrinken während seiner öffentlichen Wirksamkeit das präzis konträre messianische Zeichen der Heilszeit gegenüber dem nasiräischen Zeichen des Weinverzichts in der vorangehenden Bußzeit? Demnach hätte Jesus seine verborgenen Jahre als demütiger Nasiräer gelebt, die öffentliche Zeit dagegen wie ein einziges messianisches Zeichen gefeiert. Eine aufregende Vorstellung!

Es könnte so gewesen sein.

2. Brücken zwischen der Jesuszeit und den Gründerjahren

2.1 Ostern: Neuanfang am Punkt null?

Noch in den 60er Jahren des 20. Jahrhunderts galt der Graben zwischen »Jesus vor Ostern« und der »Kirche nach Ostern« als so tief, dass die Mehrzahl der kritischen Exegeten glaubte, man hätte nach Ostern – was auch immer da passiert sein mochte – sozusagen bei null neu angefangen. Und natürlich war die Frage nach der Kontinuität schon immer konfessionell bedeutsam. Wer die Kontinuität annahm, galt als konservativ und vor allem als katholisch; wer sie leugnete, behauptete ja, alles Kirchliche sei eben Erfindung der Menschen nach Ostern und nicht Erfindung Jesu. So galt er als kritisch-protestantisch. Wir hatten es mit einem Musterfall interessegeleiteter Geschichtsbetrachtung zu tun, in der Dinge je nach Standort mehr oder weniger wahr sein durften.

Dass diese Einordnung so vollzogen wurde, besagt noch nichts über ihre Berechtigung. Der Vorgang zeigt nur, dass die konfessionellen Differenzen oft denkbar willkürlich zustande kamen. Denn man kann mit demselben Recht einen kirchlichen Positivismus, wie er sich bei stärkerer Trennung von vor und nach Ostern ergibt (alles Wichtige kommt dann von der »Kirche«), als katholisch einordnen und die Kontinuität, die ja dem von der Bibel Berichteten entspricht, als protestantische Treue zum Wort kennzeichnen.

Es galt schon als revolutionär oder je nachdem als reaktionär, dass ein einzelner Ausleger von einer gewissen – durch den Beruf des Apostels oder Verkündigers – bedingten »Kontinuität« zu sprechen wagte. Diese These bezog sich auf einzelne Jesusworte, die damals allein im Zentrum des Interesses standen. Von Institutionen und ihrer Kontinuität oder von fortwirkend bedeutsamen Ereignissen (»Tatsachen«) und Impulsen wagte damals keiner zu reden. Und doch liegt hier ja vielleicht der interessante Punkt.

Im Folgenden wird die These aufgestellt, dass die entscheidenden Verbindungslinien zwischen »vor« und »nach Ostern« im Bekenntnis zu Jesus liegen dürften, im Abendmahl (Eucharistie) und in der Erfahrung des Heiligen Geistes (Trinität).

2.1.1 Die Logik der Ereignisse

Erst im Laufe der Zeit ist mir klar geworden, was es für die Art und Technik der Darstellung bedeutet, wenn man nicht brav dem Aufriss der Apostelgeschichte folgt. Indem man das nämlich durchweg getan hat, schlichen sich für die Darstellung der ältesten Christenheit genau jene Mechanismen ein, die aus der Leben-Jesu-Forschung bekannt sind und die dort viel Unheil angerichtet haben.

Dazu gehört zum Beispiel die gedankliche Vorstellung, zu Anfang sei (fast) nichts dagewesen, und alles habe sich erst entwickelt. Dieses abgewandelte Evolutionsmodell besagt dann etwa: Reale Gegenwart Jesu beim Abendmahl könne erst eine späte Vorstellung sein; ein trinitarisches Gottesbild inklusive Abgrenzung vom Judentum habe es – natürlich – in der Frühzeit noch nicht gegeben; anfangs habe ein beglückender oder (wenn man eher das will) chaotischer Liebeskommunismus geherrscht, der allmählich erst einer gegliederten Kirche Platz gemacht habe. Vor allem sei am Anfang alles ideal und friedlich gewesen, erst später habe sich die Gemeinde zerstritten (z. B. mit dem Judentum), und Dogmen seien ganz spät erst aufgetreten. Alles das sind Wunschträume, die sich aus zwei Quellen speisen: der Idealisierung der Urgemeinde, die man dann aber um so lieber direkt mit der Konfession verbindet, in der man selbst lebt, und der Perhorreszierung der katholischen Kirche, die man in Gestalt des Frühkatholizismus auch schon im 1. Jh. überall unheilvoll wirken sah (»Wehret den Anfängen!«). Die Folge war, dass katholische Gelehrte häufig in Bewunderung vor der protestantischen Kritik erstarrten.

2.1.2 Wider den exegetischen Darwinismus

Jede Art von evolutiver Darstellung neigt dazu, die Entwicklungsschritte auseinanderzuziehen. Es gilt als schick, wenn bekannte und vertraute Dinge erst »ganz spät« sind. Mit dem Gegenmodell einer relativ zeitunabhängigen Fülle kann und will man nichts anfangen. Es wird als Möglichkeit gar nicht erst in Betracht gezogen. Auch das Christentum muss sein Amphibisches haben. Dergleichen gehört natürlich in die Kategorie Wissenschaftskitsch.

Diese Darstellung beschreitet einen anderen Weg. Wir fragen nach einzelnen Faktoren, die die früheste Geschichte bestimmt haben, und nehmen dafür in Kauf, dass eine Datierung zehn oder dreißig Jahre später oder früher nicht viel austrägt, weil es ohnehin nicht möglich ist, genauer zu datieren, und weil das Entscheidende die Faktoren und Phänomene selbst sind. Das gilt auch für die Frage, in welcher Theologie welches neutestamentlichen Autors was wann gewirkt hat. Den Vorwurf des Anachronismus nehme ich innerhalb der ersten 40 Jahre Christentum dabei gerne in Kauf. So ist es für mich kein Problem, für die Abendmahlsfeier der Urgemeinde mit der paulinischen realen Gegenwart des Leibes Christi zu rechnen.

2.2 Petrus: der unsichere Kantonist am Steuer der Kirche

Bei jeder neuen Beschäftigung mit dem Mann, der nicht als Fischer Karriere machte, dafür Jesus nachfolgte, seinen Meister in der entscheidenden Stunde verriet und dennoch einer von zwei entscheidenden Männern der Urkirche wurde, staune ich: kein Genie, kein Überflieger, kein Stratege, kein Volkstribun, kein Held. Eher die klassische Fehlbesetzung – und doch irgendwie passend für das Ganze, das sich da als Religion der Sklaven und Underdogs etablieren sollte: An der Gestalt des Petrus spiegelt sich die Geschichte des Urchristentums. Seine Erwählung und Bevollmächtigung spiegelt die der gesamten Kirche; seine menschlichen Unzulänglichkeiten machen gewissermaßen personalisiert den Unterschied zwischen der Kirche auf Erden und der im Himmelreich deutlich; seine apostolische Tätigkeit, seine Verfolgungen und sein Martyrium zeigen schließlich den gehorsamen Jünger Jesu.

2.2.1 Wie zentral war Petrus wirklich?

Für das frühe Christentum kann Petrus hinsichtlich seiner Bedeutung gar nicht überschätzt werden: Zusammen mit seinem Bruder Andreas gehört er zu den erstberufenen Jüngern (nach dem Schema der Berufung des Elisa durch Elia), nach den Synoptikern gehört er zu den drei Lieblingsjüngern; nach allen vier Evangelien formuliert er das entscheidende Jüngerbekenntnis (nur in Joh 11 tritt Martha neben ihn); nach Matthäus baut Jesus seine Gemeinde (Kirche) auf ihn; er ist der Erstvisionär zu Ostern und war nach Lukas und Johannes auch am leeren Grab. Er wirkt maßgeblich mit bei der Begründung der Heidenmission; neben Paulus ist er nicht nur die zweitwichtigste Figur der Apostelgeschichte; er missioniert von Antiochien aus, und seine Einflüsse gehen bis nach Korinth. Clemens von Rom berichtet in 1 Clem 5 von seinem Martyrium in Rom. Der Kanon des Neuen Testaments ist an Paulus und ihm ausgerichtet.

2.2.2 Nomen est Omen?

Der griechische Name »Petrus«, der so merkwürdig mit der historischen Figur kontrastiert, ist sonst nicht geläufig gewesen. Er ist die Übersetzung des hebräischen Kepha, und das bedeutet »Fels«. Der Fels aber ist, wie an vielen Texten des Alten Testaments nachzuweisen, ein Bild für Gott. Jeder, der so heißt, rückt in die Nähe des Heiligen, bildet etwas von Gott ab. Aus diesem Grund können auch Jesu Wort (Mt 7) und er selbst (1 Kor 3: Fundament) ganz ähnlich genannt werden. Hier eine »Konkurrenz« unter den Trägern dieser Metaphorik anzunehmen ist abwegig. Der Auftrag »stärke deine Brüder« in Lk 22 entspricht dem Inhalt dieses Namens ebenso wie das immer wieder bei Petrus angesiedelte Stichwort »Glauben« (vgl. Mt 14; Lk 22), denn das griechische *pistis* heißt auch »Treue, Zuverlässigkeit«. Als der Fels ist Petrus auch der Glaubende, und daher finden sich die Bekenntnisse des Glaubens in seinem Mund.

2.2.3 Typisch Petrus

Immer wieder finden sich gerade in den vorösterlich berichteten Petrustexten ähnliche Abläufe. Regelmäßig ist er da – dieser starke Kontrast zwischen der Unzulänglichkeit des Petrus und der Heiligkeit des ihn berufenden Gottes bzw. des ihn beauftragenden Jesus. Diese Texte sind jeweils dramatisch gestaltet, und Petrus benutzt darin oft die wörtliche Rede. Als Sünder tritt er auf, als kleingläubig oder treulos, als einer, der Gottes Absicht nicht versteht oder direkt als Teufel, weil er Jesu Leiden abweist. Überhaupt steht der Teufel ihm nahe, indem er ihn (erfolgreich) versucht.

Diese Texte sind: Lk 5,1–11, Mengenwunder beim Fischfang – Petrus: Herr, geh weg von mir, denn ich bin ein Sünder; Mk 8,29 f., Bekenntnis Petri über Jesus als Messias – Petrus lehnt das Leiden ab und wird deshalb Satan genannt; Mk 9,7 f. Vision der Verklärung Jesu mit Mose und Elia – Fehldeutung des Petrus (er hält die drei für gleichberechtigt und will drei Lehrhäuser bauen); Mk 14,27 ff. Petrus verspricht Treue bis in den Tod – und verleugnet Jesus dreimal vor einer Magd; Apg 10 Gott zeigt Petrus in einer Vision die Aufhebung von rein und unrein – Petrus weigert sich, das nachzuvollziehen; Lk 22: Satan verlangt, die Jünger wie ein Sieb zu schütteln – ausnahmsweise ist Petrus hier derjenige, der die anderen Jünger stärken soll.

Für Petrustexte typisch ist ferner eine einzigartig starke visionäre Ausrichtung. Petrus »sieht« den Herrn, so etwa bei der Verklärung (Mk 9,2–11); beim Sturm auf dem Meer geht Petrus Jesus entgegen und versinkt (Mt 14); Petrus hat die Ersterscheinung des Auferstandenen (1 Kor 15,5; Lk 24,10) und sieht das leere Grab.

Er ist bei den Erscheinungen vor den elf Jüngern nach allen Evangelien dabei und ist Zeuge der Himmelfahrt nach Lk 24 und Apg 1; in den Missionsreden der Apostelgeschichte bezeugt er dieses auch. Nach Apg 10 f. hat Petrus die Vision des himmlischen Tischtuches mit den unreinen Tieren, die er schlachten und essen soll. Bei der Pfingsterfahrung der Jünger nach Apg 2 wird Paulus der Sprecher der Zwölf. Ähnlich den Visionen ist das sogenannte dreifache Pfingsten der Apostelgeschichte, bei dem jeweils auf die Predigt des Petrus hin der Heilige Geist ausgeschüttet wird. – In Apg 5 und Apg 12 wird

Petrus jeweils durch einen Engel wirksam aus dem Gefängnis befreit.

2.2.4 Petrus als Theologe

Wie kein anderer wird Petrus als der Augenzeuge von Anfang an dargestellt, und daher kann Petrus auch im Sinne von Apg 1,22 »bezeugen«. Diese Rolle wird noch schärfer dargestellt in dem 1887 in Oberägypten gefundenen apokryphen (= von der Kirche nicht anerkannten) Petrusevangelium. Leider ist nur der Text des Passionsgeschehens erhalten. Der Ich-Stil, in dem das Ganze erzählt ist, bestärkt den Eindruck, dass hier ein Augenzeuge spricht. Etliche Forscher halten dieses Evangelium für das mutmaßlich älteste. Die theologische Ausrichtung des Apostels Petrus ist daher narrativ. Petrus *erzählt*. (Vgl. dazu jetzt Th. J. Kraus / T. Nicklas, Das Evangelium nach Petrus.)

Auch wenn der erste Petrusbrief – er ist Teil des Neuen Testaments – seinen Ursprung nicht bei Petrus selbst haben sollte, hat er dennoch ein Thema bewahrt, das sich besonders in den synoptischen Evangelien mit Petrus verbunden hat: das Leiden Jesu Christi. Mk 8 berichtet, dass Petrus sich diese Erkenntnis erst unter eigenen »Schmerzen« erworben hat.

Und da das Thema des 1 Petr die Abfolge von Leiden und Herrlichkeit ist, dürfte auch dieses Thema der biographischen Abfolge von Verklärung, Passion und Ostervisionen entsprechen. Manche vermuten überdies, auch die Deutung der Passion von Jes 53 her sei eben petrinisch und können sich dafür auf 1 Petr 2 berufen. Jedenfalls könnte 1 Petr die Aneignung der Passion durch Lektüre von Jesaja-Texten bewahren.

2.2.5 Petrus als Missionar

Neben Jerusalem war die 600 km nördlich gelegene Großstadt Antiochien eines der großen Zentren des Christentums. In dieser Stadt öffnete sich das Christentum für die Heiden. Im Zusammenhang damit entstand der antiochenische Konflikt zwischen Petrus und Paulus (vgl. dazu auch weiter unten). Die Ursache war auf beiden Seiten der Grundsatz: Was zusammengehört, muss auch zusammenkommen. Paulus meinte das von den Heidenchristen her, Petrus von den Judenchristen und Gottesfürchtigen her, die seine Klientel waren. Doch durch den Herrenbruder in Jerusalem wurden die Anhänger des Apostels Petrus zurückgepfiffen. So hat Petrus – wider seinen ursprünglichen Willen, doch in Befolgung der Jerusalemer Abmachungen – in dem Streit mit Paulus obsiegt. Denn Paulus konnte sich nicht durchsetzen, trennte sich vielmehr von Antiochien. Petrus dagegen musste und durfte seinen ursprünglichen Standpunkt, nämlich getrennte Mission von Juden (sowie anderen Beschnittenen und Sympathisanten) und Heiden bewahren.

2.2.6 Der Tod des Apostels Petrus

Nach Joh 21,18 sagt Jesus Petrus der Sklaventod voraus. Denn gegen seinen Wille jemanden an einen Ort führen, das kann man nur mit Gefangenen oder Sklaven. »Gürten« bezieht sich auf die normale Dienstkleidung des Sklaven. Petrus wird daher den Sklaventod sterben. Das römische »Martyrium Petri« (2. Jh.) bestätigt ebendieses: Petrus wurde in Rom gekreuzigt, allerdings mit dem Kopf nach unten, wie die Überlieferung es will.

2.2.7 Petrus – der erste Papst?

Mt 16,16–19 (»Du bist Petrus und auf diesen Felsen ...« Übertragung der Binde- und Lösegewalt) wird oft gegenüber Mk 8 (Jesus weist Petrus zurecht: »Weg mit dir, Satan!«) als redaktionell sekundär – also als spätere Einfügung von interessierter Seite – und also nicht von Jesus stammend beurteilt. Das ist dann der erste Schritt einer konfessionellen Attacke. »Binden und Lösen« beziehe ich auf den Ausschluss aus der Gemeinde bzw. die Erlaubnis zum Eintritt. Beweis: vor allem Mt 18,15–17 im Kontext mit 18,18 f.. Hier geht es um den Fall eines Ausschlusses.

Der Grundansatz von Mt 16,16–19 findet sich im Neuen Testament auch an anderen Stellen (1 Kor 3; Eph 3; Apk 22) und in Qumran. Die

Gemeinde ist ein heiliger Bau, ruhend auf einem Fundament, das in christlichen Texten immer »apostolisch« oder direkt damit verwandt ist. Die Zuspitzung auf Petrus ist nur unter Jesusworten zu finden. Es kann daher gut sein, dass Jesus ein verbreitetes Denkschema auf Petrus angewandt hat. Dann aber ist es selbstverständlich, dieses Schema nicht nur auf eine Generation zu beziehen.

Unter der Überschrift »Aus Geschichte(n) werden bleibende Strukturen« habe ich in meinem Ökumene-Buch geschrieben: »Üblicherweise sind Geschichten vergangen, und dann kommt Neues. Vergangenheit überlebt sich. Nach der älteren katholischen Denkform ist ebendieses nicht der Fall. Denn der Ablauf der Geschichte ist die Vorlage für die Struktur des Weges zum Heil. Die Geschichte ist nicht vergangen, sie kristallisiert sich aus als bleibendes Gerüst am Wege Gottes mit den Menschen. Dieses Schema kann man mühelos wiedererkennen im Petrusamt, in der Apostolizität der Kirche und in der Mariologie ... Beispiel Petrusamt: Die Struktur des Anfangs bleibt erhalten, es gibt nicht nur den historischen Petrus, es gibt ein bleibendes Petrusamt, in dem der jeweilige Träger die Rolle des Sprechers der Jünger fortsetzt, der das Bekenntnis formuliert.« (Glaubensspaltung, S.100)

2.3 Hat man nach Ostern das Reich Gottes vergessen?

2.3.1 Die große Forschungsblockade

Sosehr Ostern für normale Gläubige ein leeres Grab war, sosehr war es für eine bestimmte Forscher-Community ein garstiger Graben. Diesseits des Grabens existierte ein tragisch scheiternder Landrabbi mit unmittelbar vor der Verwirklichung stehenden Reich-Gottes-Visionen; jenseits des Ostergrabens (siehe explizit dazu Kap. 3.1.5) gab es einen Christus, der mit dem historischen Jesus nicht ganz viel gemein hatte. Nun gibt es eine Wissenschaft der *Christologie,* eine Wissenschaft vom göttlichen Retter und Erlöser. Wenn der Landrabbi ebendas – ein durch die Auferstehung bekräftigter himmlischer Erlöser – *nicht* war, sondern nur ein Trommler für das Reich Gottes, dann konnte natürlich diesseits des angenommenen Ostergrabens von einer »Christologie« nicht die Rede sein. Also konnte man auch Fragen nicht stellen wie: Wer war dieser Jesus? Gab es vielleicht ein (Glaubens-)Bekenntnis zu Jesus vor allen Osterereignissen? Dann musste gelten: *Vor Ostern gab es keine (explizite) Christologie.* Dieser Satz hatte die Qualität eines Dogmas. Jesus, so heißt es, hat nur vom nahen Weltende gepredigt. Das schloss jede Christologie aus. Warum das eigentlich so sein musste, fragte niemand. Die Hauptsache war, dass man der christologischen Dogmatik historisch eins auswischen konnte. Die Halde wuchs; nun hat eine neue Generation von Bibelwissenschaftlern den Berg von Stereotypen der Forschung wegzuräumen, bevor mit den schlichtesten Fragen begonnen werden kann. Alle diese Stereotype haben mit dem für Jesus unmittelbar bevorstehenden Weltende zu tun, von dem Jesus dann geradezu besessen gewesen sein müsste, so dass kein Nebengedanke Platz hatte. So müssen wir uns zunächst mit dem Komplex Weltende/Reich Gottes beschäftigen.

2.3.2 Das überfällige Weltende

Die Hermeneutik des Verdachts hat es bis heute fertiggebracht, dass zwischen Jesu Wirken und Worten einerseits und dem nachösterlichen Neuanfang andererseits nicht nur ein tiefer Graben, sondern der Schatten eines gravierenden Irrtums, gar einer fundamentalen Täuschung lag. Das muss man sich auf der Zunge zergehen lassen: Das Scharnier zwischen Jesus und Christentum soll ein Betrug sein – und wenn nicht Betrug, dann Irrtum oder Täuschung.

Bis vor etwa 30 Jahren war es ratsam, bis zum theologischen Examen folgendes Schema zu beherrschen und es dann – einmal gelernt – als Seelsorger weiterzugeben: Jesus habe fest mit dem Ende der Welt zu seinen Lebzeiten gerechnet, ähnlich übrigens auch Paulus. Die Botschaft Jesu vom Reich Gottes sei ganz von der glühenden Hoffnung bestimmt gewesen, dass morgen, spätestens in ein paar Jahren das Ende der Welt hereinbräche. Man nannte dieses Schema »Naherwartung«. Das Wort bedeutet: Das Ende der Welt, das Jüngste Gericht, steht nahe bevor.

Diese Erwartung sei, wie gesagt, eine Erwartung Jesu zu Lebzeiten gewesen. War sie das wirklich? Stellen wie Mk 9,1 scheinen sie eindeutig zu belegen: »Es gibt einige von denen, die hier stehen, die den Tod nicht schmecken werden, bevor sie nicht gesehen haben, dass Gottes Reich in Macht gekommen ist.« Das heißt doch so viel wie: Einzelne der Jünger werden das Anbrechen des Reiches *noch zu Lebzeiten* erleben.

Denkbar ist nun, dass die Stelle eine frühe Fälschung ist, eine redaktionelle Eintragung, die nicht O-Ton Jesus ist. Es könnte Jünger gegeben haben, die es genauer wissen wollten als Jesus, der doch verboten hatte, das Ende zu berechnen. Als dann das Weltende nach dem Tod des letzten Jüngers nicht kam, habe man – so diese Auffassung – schlicht vergessen, die Stelle wieder zu streichen.

Die radikalste Lösung des Problems bot der berühmte Albert Schweitzer an: Jesus sei tatsächlich vom nahen Ende überzeugt gewesen; er sei nach Jerusalem gezogen, um den himmlischen Vater quasi zum Offenbarungseid zu zwingen. Wir wissen alle, wie es ausging: Das Ende der Welt kam nicht, Jesus wurde stattdessen gekreuzigt. Damit war – folgt man Schweitzer – Jesus der letzte Christ und das Christentum mit seinem Tod zu Ende. Der Rest besteht, theologisch gesehen, aus Hilfskonstruktionen. Albert Schweitzer selbst hat ehrliche Konsequenz gezogen: Er bewahrte die Ethik der Ehrfurcht vor dem Leben als Arzt in Afrika.

2.3.3 Das Zauberwort der Theologie

Andere Ausleger rechnen mit der Echtheit der Naherwartung Jesu, und sie nehmen an, dass die Gemeinde nach Ostern eben wartete und wartete, bis daraus zweitausend Jahre wurden. In jeder Generation habe man sich aufs Neue getäuscht. So sei aus der Naherwartung Jesu dann die *Parusieverzögerung* entstanden. Darunter versteht man die Verzögerung, also das jeweils vorläufige Ausbleiben des Endes der Welt. Bis vor 30 Jahren lernte man, dass Parusieverzögerung praktisch die Mutter aller besonderen Phänomene nach Ostern sei.

Parusieverzögerung wurde zum Simsalabim im Zirkus der Theologie, zum Zauberwort, das man einfach draufhaben musste, wollte man als Theologe mitreden. Wem verdankte sich beispielsweise die Institution Kirche, mit Tradition, Sakrament, Hierarchie, Ausgrenzung von Ketzern und Einführung des Kirchenrechts? Klar – der Parusieverzögerung! Jesus habe im Traum nicht daran gedacht. Oder wem verdankte sich die Theologie? Man ahnt es – der Parusieverzögerung! Jesus sei ein religiöser Mensch gewesen, aber doch kein Theologe. Parusieverzögerung wurde die Mutter aller Verweltlichung des Christentums – an die Stelle von Armut trat das systematische Sicheinnisten in der Welt. Parusieverzögerung wurde die Mutter aller kirchlichen Ämter – ursprünglich sei Christentum eine freie Gemeinschaft von Schwestern und Brüdern gewesen. Parusieverzögerung wurde die Mutter aller Pfründe – ursprünglich waren Christen arm und über allen Gelderwerb erhaben. Und so weiter, und so fort.

Kurzum: Weil das Weltende nicht kam, sei die Botschaft Jesu verraten und pervertiert worden. An die Stelle der Toleranz sei die Rechthaberei getreten. An die Stelle der Liebe das Gesetz, an die Stelle der Verheißung die Einschüchterung. Die Parusieverzögerung, sagte man halb entschuldigend, habe auch eine gewisse Zwangsläufigkeit in sich. Eine so entstandene Kirche sei gewissermaßen notgedrungen auf der falschen Fährte. Reformation und vorreformatorische kritische Bewegungen wie Waldenser und Hussiten, Wyclifiten und Katharer hätten dieses erkannt, vor allem aber die großen Gestalten der Reformation.

Die Würfel seien in der Urgemeinde nach Ostern gefallen. Nur für ganz kurze Zeit habe man die Reinheit der Gesinnung Jesu bewahren können, bis dann eben die Parusieverzögerung ihre bitteren Früchte brachte.

Nun scheint dieses Bild folgerichtig und frappierend. Es setzt alles auf eine Karte und geht von einer gleichmäßigen Dekadenz in der Kirchengeschichte aus. Diese währte nach diesem Stereotyp der Forschung bis zum 31. 10. 1517. Aber da auch an diesem markanten Punkt die Parusie ausblieb, begann die Verweltlichung aufs Neue: Die Reformation geriet in den Strudel fürstlicher Interessen. Mit schöner Monotonie wurde der Weg von einem unweltlichen Christentum in ein weltliches beschrieben. Das genau war das Problem des 19. Jahrhunderts, nicht aber das des 1. und 2. Jahrhunderts.

Dieses gesamte Geschichtsbild erscheint mir von seinen schlichtesten Voraussetzungen her verfehlt – ungeachtet einiger Beobachtungen, die weiterführen oder gute Fragen provozieren. Doch gerade die entscheidende Frage: »Wie geschah die Vermittlung zwischen Jesus und Urgemeinde?« – sie kann man ganz anders beantworten.

2.3.4 Naherwartung war für Jesus nicht zentral

Und so meine ich: Jesus erwartete nicht das Kommen des Weltendes bis zum Tode des letzten Jüngers. Grundsätzlich ist das Kommen des Reiches nicht das Weltende. Denn das Kommen des Reiches, um das Christen im Vaterunser beten, vollzieht sich jetzt verborgen, z. B. in der Verkündigung, im Wurzelnschlagen. Am Ende wird dieses Reich nur »offenbar werden«; das ist der rabbinische Fachausdruck. Aber in der ganzen Zwischenzeit wächst und gedeiht Gottes Reich. Über das Ende dieses Prozesses sagt Jesus etwas in den Gerichtsaussagen, denn dann wird alles offenbar.

In Mk 9,1 (» … werden einige den Tod nicht erleiden, bis sie gesehen haben, dass das Reich Gottes in [seiner ganzen} Macht gekommen ist.«) geht es um einen besonderen Aspekt, nämlich um ein Kommen des Reiches Gottes *in Macht*. Wann soll das geschehen? Man muss nur weiterlesen; es steht in der nächsten Zeile: »Sechs Tage danach …« (Mk 9,2); da wird Jesus verklärt, und das Reich Gottes erweist seine Macht. Und so »fliegt«, um mit Novalis zu sprechen, »von einem geheimen Wort das ganze verkehrte Wesen fort«. Verklärung bedeutet nämlich Imprägniertsein gegen den Tod. Die Jünger, die Jesus auf den Berg mit hinaufnimmt, erleben die verwandelnde, den Tod überwindende Macht des Reiches Gottes.

Doch wieso geht es hier um das Reich Gottes? Es ist doch nur vom Sohn Gottes die Rede? Der Text gehört zu den charakteristisch christlichen Belegen, die das Thema Sohn (Gottes) mit dem Thema Reich (Gottes) kombinieren. Gerade diese Verbindung ist kennzeichnend christlich. Wir finden sie auch im Vaterunser (»Vater … [setzt Kinder voraus …] … dein Reich komme«) oder in Mt 11,11/Lk 7,28 (»von der Frau geboren«/»zum Reich Gottes gehören« [= Kind Gottes sein]) oder in Joh 1,12 f. (»aus Gott geboren«, solche von oben Geborenen werden nach 3,3.5 das »Reich Gottes sehen«). Der König dieses Reiches hat eben keine Untertanen, sondern Kinder, die Geschwister Jesu. Auch Joh 3,3.5 redet ja für sich selbst vom Geborenwerden der Kinder und vom Reich. Jesus ist Kind des Königs dieses Reiches. Das ist die christliche Botschaft. Sie steht auch hinter dem Spiel der Titel in Mk 9,1.7. Daher hat eine kraftvolle Demonstration dieses Reiches in der Verklärung mit dem Weltende nichts zu tun.

Und was die Naherwartung im Allgemeinen betrifft: In den nicht wenigen Gleichnissen, die von Sklaven handeln, die auf die Wiederkehr ihres Herrn warten, ist das Thema die Zwischenzeit, in der die Sklaven wachen sollen. Und der Herr kommt dann plötzlich, aber eben nicht bald. – Wenn Jesus von »dieser Generation« spricht, in der das alles geschehen soll, dann meint er nicht einen Zeitraum von 30 Jahren, sondern eine bestimmte Sorte Mensch, von der er auch sagen kann, sie sei ungläubig.

Im Übrigen ist die zeitliche Nähe, von der Jesus spricht (z. B. Mk 13,30), nur eine Gestalt seines Sprechens von der Nähe Gottes überhaupt. Denn diese äußert sich auf verschiedenen Ebenen, auf der zeitlichen (Gott kommt bald), auf der physischen (Wunder), der persönlichen (Verhältnis Kind/Vater ist neuer Rahmen), der kultischen Ebene (Hinzutreten zu den Engeln) und auch auf der biologischen Ebene (Menschwerdung Gottes). Und je nach der Gattung, in der Jesus sich äußert, kann er unmittelbar hintereinander scheinbar zwei verschiedene zeitliche Entfernungen annehmen: Dort, wo er beruhigen will, sagen, dass noch eine ganze Serie von Ereignissen kommen muss, bevor das Gericht da ist (»Tagma« – apokalyptische Ereignisordnung, so in Mk 13,8–24), dort, wo er an die trägen und schläfrigen Hörer appelliert, spricht er plötzlich von »dieser Generation« (Mk 13.30).

Im Ganzen gilt daher, dass Gott dem Menschen nie zuvor so nahe war wie jetzt. Denn er will die Gemeinschaft mit den Menschen. Keineswegs aber kann man sagen, dass die Naherwartung *das* bestimmende Zentrum der Botschaft Jesu gewesen sei. Das bestätigt sich auch an anderer Stelle: Wenn Jesus dualistisch denkt und Gottes Reich dem Reich Satans gegenüberstellt, geht es gerade nicht um Naherwartung, sondern um ein in der Gegenwart stattfindendes Befreiungshandeln Jesu (»Wenn ich mit dem Finger Gottes die Dämonen austreibe, dann ist Gottes Reich zu euch gelangt.« Lk 11,20).

Hier geht es dann nicht um Nähe, sondern um Vollzug. Auch hier ist die zeitliche Perspektive wiederum mit der Gattung gewandelt, in der Jesus redet.

Hinzu kommt: Außer in 2 Petr 3 gibt es keine Stelle im Neuen Testament, an der das Nicht-Eintreffen der Parusie für Jünger oder Gemeinde zum Problem wird. Im Sklavengleichnis Lk 12,45 wird der Gedanke »Mein Herr ist säumig ...« nur als Vorwand benutzt. Wie es wirklich sein wird, sagt 12,46: Der Herr kommt unerwartet.

2.3.5 Naherwartung gab es zu verschiedenen Zeiten

Nun rechnet doch Paulus in seinem frühesten Brief damit, dass er bei der Wiederkunft des Herrn wohl noch leben wird (»... wir, die Lebenden«, 1 Thess 4,15), aber der gesamte Ablauf wäre auch ohne das »wir« verständlich. Denn Paulus sagt: »... wir, die Lebenden.« Auch wenn es nur um »die Lebenden« geht, um die Christen, die bei Jesu Wiederkunft noch nicht gestorben sind, ist die Argumentation des Apostels in sich schlüssig: Die dann noch am Leben sind, müssen nicht erst sterben.

Nun ist umgekehrt zu sagen, dass es in der Geschichte des Christentums wohl keine Generation ohne Naherwartung gab. Immer wieder meinten Einzelne oder Gruppen, das Ende der Welt stehe unmittelbar bevor. Man denke etwa an die Naherwartung bei Martin Luther und bei seinem Freund Osiander, im Pietismus oder an die randkatholische Naherwartung in bestimmten, an Marienerscheinungen orientierten Kreisen unter Johannes Paul II. Insbesondere dort, wo man den Antichristen schon am Wirken glaubte (als Papst, als Mohammed, als Luther), gehörte Naherwartung zum Standardrepertoire.

Besonders gilt das für das Jahr 1000 bzw. 1034 unserer Zeitrechnung. Denn einerseits erwartete man nun das baldige Kommen des Herrn und wollte in ernsthafter Umkehr die Welt und sich selbst vorbereiten: man befasste sich mit der Bekehrung slawischer Volksstämme, weihte dem Erzengel Michael Kirchen (Michael führt beim Gericht die Waage). Andererseits sah man nun die Zeit für die Erfüllung von Offb 20,7 ff. (»wenn die tausend Jahre vollendet sind ...«)

heranrücken und veranstaltete Kreuzzüge, um der bedrängten heiligen Stadt zur Hilfe zu kommen. Auch um das Jahr 2000 gab es einige millenaristische Züge. Aber die Zahl 2000 ist für biblische Zahlensymbolik nicht ergiebig.

Fazit: Fast jede Periode des Christentums war auch auf die eine oder andere Weise apokalyptisch gestimmt. In keiner Periode war die Naherwartung so dominant, dass mit dem Nichteintreten der Parusie eine größere Krise verbunden gewesen wäre. Krisen insbesondere des 2. Jh. n. Chr. (Montanismus) waren lokal begrenzt und wurden von der Kirche unterdrückt bzw. absorbiert. Die überaus reiche Literatur der Apokalypsen in den Ost- und Westkirchen, später dann Tausende von Apokalypse-Kommentare, nicht zuletzt die Liturgie am Anfang und am Ende des Kirchenjahres zeugen von der steten Lebendigkeit der Enderwartung in der Kirche.

Es ergibt sich daher, dass die These von der Parusieverzögerung als der Mutter von Theologie und Kirche irreführend ist. Die Entwicklungskräfte waren vielfältiger und vor allem nicht exklusiv am Zeitschema orientiert. Im gesamten ersten Jahrtausend ist nur in der Epistola Apostolorum ein Zeitpunkt des Endes berechnet worden (der dann nicht eintrat). Sonst hielt man sich an die Worte Jesu vom Nichtwissen des Zeitpunktes. So kann man zusammenfassen:

1. Weder für Jesus noch für die Kirche des 1. Jh. n. Chr. war die Naherwartung eine vorherrschende Denkform.
2. Zu keiner Zeit der Kirchengeschichte hat es an Naherwartung gefehlt oder ist sie vergessen worden.
3. Grundsätzlich wichtig ist die Unterscheidung von »Ende der Welt« und »Kommen des Reiches Gottes«. Das Letztere geschieht fortwährend.

Aufgrund des bisher Erarbeiteten ist die Antwort auf die folgende Frage schon nicht mehr alles entscheidend:

2.3.6 ... und gekommen ist die Kirche

Aber es war nicht allein der vermeintlich dubiose Umgang mit Jesu Ansichten über das Ende der Welt, der die Gründerväter des Christentums in ein schiefes Licht rückte; mehr noch lastete man ihnen die Urheberschaft für das Thema »Entstehung der Kirche« an. Die Abneigung gegen »die Kirche« ist mindestens ein Jahrtausend alt und wird sorgfältig gepflegt. Schon im Gleichnis vom Unkraut unter dem Weizen wird sie mit ihren Missständen zum Thema (Mt 13,24–30), und seit tausend Jahren ruft man nach überfälligen Reformen. So wurde die Kirche das Gegenbild zu Jesus. Man tat alles, um ihn aus den Kontexten seiner Jüngergemeinde und des Judentum herauszulösen und – ahistorisch idealisiert – zum undogmatischen, toleranten Gegenüber jeder nur denkbaren kirchlichen Verfasstheit zu machen. Kirche galt und gilt bis heute als Inbegriff der Perversion des Evangeliums. Sie als Fortsetzung und Transformation des Leidens Christi in der Welt zu bezeichnen ist kaum jemandem in den Sinn gekommen.

Von dem exkommunizierten französischen Bibelwissenschaftler und Dominikaner Alfred Loisy ist das Wort überliefert: »Jesus hat das Reich Gottes verkündet, und gekommen ist die Kirche.« Dieses Wort war von Loisy selbst gar nicht kirchenkritisch gemeint; es wurde aber später so verstanden, dass er die schöne Hoffnung gegen die bittere Wirklichkeit habe setzen wollen. Nun war auch hier die traditionelle Bibelauslegung nicht zimperlich in ihrem Bemühen, den Gegensatz zwischen Jesus und Kirche so weit wie möglich zu »gestalten«. War es doch das Grundanliegen der Exegese der Aufklärung, Jesus und die Kirche gegeneinander auszuspielen.

2.3.7 Der zensierte Jesus

Für unsere Fragestellung geschah das durch radikale Vereinfachungen. Diese begannen schon mit der Festlegung der Botschaft Jesu auf ein einziges Thema, nämlich das Reich Gottes. Trotz des differenzierten Befundes, den schon die vier Evangelien bieten, gelang das Kunststück, Jesus exklusiv auf das Thema Reich Gottes festzulegen. Väter dieser Festlegung waren Johannes Weiß, William Wrede und Albert Schweitzer. Ein wichtiges Instrument, um zu diesem Bild zu gelangen, war zunächst, dass man das vierte, das Johannesevangelium ausrangierte und für »historisch völlig wertlos« erklärte. Sodann band man die Verkündigung Jesu (gegen den Befund) exklusiv an das Thema »Reich Gottes« und dachte sich aus, nach Ostern habe die frühe Gemeinde eine radikale Kehrtwendung vollzogen, indem sie das Thema wechselte. Jesus habe vom Reich Gottes gepredigt, die Kirche dann von Jesu Geschick, von Trinität und Sakramenten und nicht zuletzt von sich, von der Kirche selbst.

Diese drei Elemente – die Abwertung des Evangeliums nach Johannes, die Bindung der Predigt Jesu an die Gleichnisse und der nachösterliche Schwenk zur Christologie – gelten bis auf den heutigen Tag als Grundfesten neutestamentlicher Bildung. Wer das nicht akzeptieren kann oder will, muss in der Tat von vorne anfangen. Die Sterilität nicht zuletzt der deutschen Forschung rührt daher, dass fast alle diese Grundfesten einst zwischen Hannover, Straßburg, Heidelberg und Tübingen ausgedacht wurden. Auch hier gilt: Die Grundthesen sind nicht ganz unsinnig, aber sie bedingen in der Einseitigkeit, mit der sie seit 100 Jahren vorgetragen werden, die Unmöglichkeit, das frühe Christentum überhaupt angemessen in den Blick zu bekommen. Eine der Folgen ist, dass man in dieser Zeit, von kleineren Versuchen abgesehen, eine Geschichte des Urchristentums gar nicht schreiben konnte.

Den Hebel muss man in der Tat beim vierten Evangelium ansetzen. *Denn sollte das Johannesevangelium nicht ganz wertlos sein, sollte »auch nur die Hälfte von dem stimmen«, was darin steht, so bliebe kein Stein auf dem anderen, und wir müssten die Rede von der Verkündigung Jesu vom Kopf auf die Füße stellen.* Das vierte Evangelium erwähnt das »Reich Gottes« nur an zwei Stellen (3,3.5). Es hält diese Botschaft für nicht repräsentativ. Wirft man von Johannes aus einen Blick auf die synoptischen Evangelien (Matthäus, Markus, Lukas), so entdeckt man, dass auch sie in der Tat außer dem Reich Gottes noch eine ganze Menge anderer Themen behandeln, zum Beispiel christologische Themen wie Jesu Taufe und Verklärung, Wunder und Exorzismen oder die Jüngernachfolge. Die Gleichnisse drängen sich zudem in wenigen Kapiteln zusammen.

Es könnte ja sein, dass die Christologie von Anfang an neben der Reich-Gottes-Verkündigung steht. Wer sagt denn, dass Jesus nur einen Fokus gehabt hat – und nicht zum Beispiel zwei? Manche For-

scher gehen heute noch so weit, Jesus die Abendmahlsworte abzu-
sprechen, weil in ihnen ja nicht vom Reich Gottes die Rede sei; und
ebenso verhalte es sich auch bei den meisten Seligpreisungen. Aus
diesen Verengungen muss sich befreien, wer wirklich etwas sowohl
von Jesus wie von den Gründerjahren verstehen will.

2.3.8 Formeln und Hinzuerfundenes?

Der Osterglaube, heißt es, habe alles radikal verändert – wobei es
in erster Linie der Glaube war, nicht bestimmte Geschehnisse, also nicht das leere Grab, nicht Emmaus, nicht die Erscheinungen am
See. Die Ereignisse verloren sich, die imaginative Kraft des Glaubens
trat immer mehr in den Vordergrund. Man wusste aber wohl gar
nicht genau, woraus man den Glauben der nachösterlichen Zeit rekonstruieren sollte. Die Apostelgeschichte hielt man längst für völlig
wertlos, Paulus war schon »zu spät« dran. Also begann man – nach
Vorbildern in der Erforschung des Alten Testaments – mit der Suche
nach Bekenntnisformeln oder Bekenntnisfragmenten. Diese kurzen,
oft skelettartigen Sätze bestimmte man also zum Mittelpunkt des
Glaubenslebens, nannte sie »Kerygma« (= Lehre, Verkündigung).
Man hat viel Mühe drauf gewandt, diese Formeln zu rekonstruieren (H. Conzelmann). Wichtig war, dass es unter allen Umständen
immer »Formeln« sein mussten, zum Beispiel »Dahingabe-Formeln«,
nach denen Jesus seinen Tod gedeutet habe. Ähnlich wie der Ma-
thematiklehrer meiner Schulzeit war der frühchristliche Missionar –
folgt man dieser theologischen Phantasiereise – mit seiner Formel-
sammlung wie mit einer Art Bauchladen unterwegs. Diese kerygma-
tischen Formeln, in denen die Bedeutung von Tod und Auferstehung
Jesu rational gefasst gewesen wäre, seien dann mit mehr oder weniger frei erfundenen »Tatsachen des Glaubens« »sekundär historisiert«
worden. Aber das sei eben kein historisches Material, sondern historisch anmutendes Füllwerk. Die Historisierung des Kerygmas sei die
eigentliche historische Tat der Evangelisten. Mit anderen Worten:
Am ersten Tag erschuf Gott die Mathematik, und dann kamen die
Märchen.

Wer es anders sieht, wird bedenken müssen: Die Größe »Reich

Gottes« ist dem apokalyptischen Judentum, den Targumim (aramäische Bibelübersetzungen) und auch dem hellenistischen Judentum gut bekannt, und zwar auch in den Nuancen, die sie in der Verkündigung Jesu hat (Bezug zur primären Bekehrung und Umkehr; Beziehung zu Besitzverzicht und Exorzismus; Verortung im Ansprechen von Heiden). Für Juden ist die Reich-Gottes-Verkündigung also nichts grundlegend Neues. All das hingegen, was das Johannesevangelium bietet, ist nicht nur für Heiden-, sondern auch für Judenchristen neu.

Daher sollte man Folgendes festhalten: Die Predigt Jesu vom Reich Gottes als dem höchsten Wert ist in ihrem Gewicht nicht zu bestreiten. Sie hat sich vor allem dort erhalten, wo das Hauptthema *Primärmission* war, unter Sympathisanten mit dem Judentum und religiös oberflächlich gebildeten Juden sowie unter Heiden. Denn wenn jemand – etwa als Heide – vom Gott Israels gar nichts wusste, war es nötig, ihn zunächst über Gott, den König Israels und der Welt, zu informieren. So geschieht es in den synoptischen Evangelien, und deshalb nimmt die Rede vom »Reich Gottes« hier einen zentralen Platz ein. Das Johannesevangelium bietet dagegen Jesustradition unter dem Aspekt: Was ist für Juden grundlegend neu? – und das ist die Christologie –, also die Frage: Wer war/ist dieser Jesus wirklich?

So spiegelt das Johannesevangelium vor allem judenchristliches Milieu, die synoptischen Evangelien ein aus Juden und Heiden gemischtes Milieu wider. In der Apostelgeschichte kommt auch beides vor, aber im Gang der Mission nacheinander. Auch dort liegt in den Judenpredigten die Betonung auf der Christologie.

Der Hebräerbrief setzt, wie übrigens auch die paulinischen Gemeinden, eine Mission unter Heidenchristen mit starker Betonung der Wunder- und Pneumatradition voraus. Das heißt: Wo man Heiden für die neue Lehre gewann, da spielten Wunder und das Wirken des Heiligen Geistes eine starke Rolle. Die Gemeinden der Apokalypse des Johannes bestätigen die Grundthese. Denn in ihnen wird die Predigt Jesu vom Reich Gottes für die Heidenmission apokalyptisch zugespitzt. Hier wird die politische Konsequenz aus der Botschaft Jesu vollzogen.

2.4 Das judenchristliche Element in der Kirche des Anfangs

Wenn wir die Gründerjahre des Christentums verstehen wollen, müssen wir immer die Tatsache vor Augen haben, dass sich das neue Gebilde aus Menschen unterschiedlicher Herkunft zusammensetzte. Aus einem innerjüdischen Phänomen wurde in einem Prozess mit heftigen Verwerfungen eine für alle offene Gemeinschaft. In der Terminologie des Neuen Testaments: Wir haben es mit *Judenchristen* und *Heidenchristen* zu tun, wobei sich die Dramen der Konstitution des Christentums an verschiedenen Orten in unterschiedlicher Heftigkeit ereigneten.

Die »Gewinner« des Konflikts waren die *Heidenchristen.* Spätestens seit der Zusammenstellung des neutestamentlichen Kanons dominiert im Blick der christlichen Kirche der Blick auf das Heidenchristentum. Doch die eigentliche Basis alles Heidenchristentums muss nach meiner Auffassung das Judenchristentum sein. So sah es Paulus selbst, und daher hat er mit Hilfe seiner Kollekte für Jerusalem eine Anbindung seiner heidenchristlichen Gemeinden an die Judenchristen in Jerusalem gesucht. Ohne diese Verankerung im Wurzelmilieu schweben die Heidenchristen (schweben *wir* Heidenchristen) in der Luft. Die folgenden fast 2000 Jahre haben diesen Eindruck auf bestürzende Weise bestätigt. Hätten wir gewusst, dass wir »Juden« sind, hätte es die Judenpogrome im Mittelalter, hätte es Auschwitz, hätte es Treblinka nicht gegeben. Und sollte es zutreffen, dass die »messianischen Juden« bei keinem Kirchentag willkommen sind, so wäre das ein Skandal, der sich direkt gegen Jesus und Paulus richtet. Auch aus diesem Grund habe ich den Herrenbruder Jakobus an den Anfang gestellt.

Zusammenfassend lässt sich sagen: Die Predigt vom Reich Gottes ist nicht das einzige Zentrum der urchristlichen Theologie, aber sie ist ein Zentrum. Die schlichte Tatsache der drei synoptischen Evangelien bezeugt, dass man sich mit dieser Tradition intensiv beschäftigt hat. Wenn man also fragt: Worüber haben diese Christen nach Ostern geredet? kann man antworten: Das, was sie aufgeschrieben haben, bezeugt, worüber sie gesprochen und gepredigt haben.

2.5 Das Reich Gottes besteht nicht in der Kirche

2.5.1 Non subsistit

Ich greife mit dieser Überschrift eine Formel auf, die nach dem Zweiten Vatikanischen Konzil für Unruhe gesorgt hat. Man fragte sich: Ist die Kirche Jesu Christi mit der römisch-katholischen Kirche identisch? Um darauf eine Antwort zu finden, verwendeten die Konzilsväter das Verb *subsistit* (besteht in). Unabhängig davon, wer in Bezug auf die Kirche Recht hat, gilt doch jedenfalls für das Verhältnis von Reich Gottes und Kirche: *non subsistit*. Das Reich Gottes *besteht nicht* aus der katholischen Kirche (und sie besteht auch nicht in der Gesamtheit kirchlich-christlicher Gemeinschaften). Für die katholische Seite hat dieses R. Schnackenburg in seinem verdienstvollen Werk »Gottes Herrschaft und Reich« (1952) gezeigt.

Wir sahen bereits: Zu *Reich Gottes* hat man im Laufe der Exegese der Neuzeit einen eigenartigen Gegensatzbegriff herausgebildet: *Kirche*. Ich bestreite mit Nachdruck, dass es sich im Neuen Testament dabei um einen absichtlich gebrauchten Gegensatz handelt. Das Verhältnis beider Größen zueinander ist nicht so, dass das Kommen der einen notwendig die Existenz der anderen aufheben müsste.

In den letzten fünfhundert Jahren der Kirchengeschichte ist besonders der Kirchenbegriff fraglich geworden – in der gegenwärtigen ökumenischen Diskussion ist dieses als Hauptstreitpunkt erkannt. So ist es kein Wunder, dass man seit einhundert Jahren hier auch die Hauptdifferenz zwischen Jesus und der Zeit nach Ostern sieht. Jesus legt man auf das »Reich Gottes« fest, das Interesse der frühen Gemeinde aber auf »Kirche«, also auf sich selbst. Gleichzeitig kann man hier die Unterschiede zum (kirchenfreien) Judentum festmachen. Die Ausdrücke »Israel« oder »Volk Gottes« sind in der Anwendung auf frühe Christen problematisch. Es ging ja mit dem *Volk* gerade nicht linear weiter, sondern eine neue Gemeinschaft entstand, die das Nationale transzendierte. Auch die Differenz zum Islam wird deutlich: Dort gibt es so etwas wie »Kirche« überhaupt nicht – da ist der Staat identisch mit Volk und Religion; man kann da aus keiner »Kirche« austreten. Im Judentum spricht man zwar vom Reich Gottes, meint es aber, wenn es für irdische Realität gebraucht wird, hauptsächlich individuell, z. B. sagt man: »das Reich Gottes auf sich nehmen«. Auch von »ekklesia« (»Kirche«) spricht das Judentum, meint das aber zumeist nur von aktuellen Versammlungen, nicht von der Gruppe oder vom Volk Gottes.

So ist dieses im frühen Christentum relativ neu: »Reich Gottes« und »Kirche« meinen jeweils die Gesamtheit von glaubenden Menschen, die sich um diesen Gott bzw. um Jesus, den Messias, scharen. Aber die beiden Größen sind nicht deckungsgleich.

2.5.2 Verschiedene Aspekte

Durch die beiden Ausdrücke kommen verschiedene Aspekte zur Geltung. So ist *Kirche* viel stärker auf Jesus hin orientiert, *Reich* Gottes auf den Vater hin: »Vater unser ... Dein Reich komme!« Aber ich weigere mich, den Quellenbefund im Neuen Testament (der gar nicht so eindeutig ist) naiv chronologisch zu verstehen. So, als habe Jesus nur vom mehr oder weniger transzendenten Himmelreich gesprochen, und die Gemeinde nach Ostern habe dann quasi nur noch von sich geredet. Das Johannesevangelium will sich dem nicht fügen, Paulus auch nicht – denn beide sprechen auch vom Reich Gottes. Und das angeblich so arg nachösterlich orientierte vierte Evangelium spricht nicht von Kirche. Müsste es aber doch, wenn es nach den Regeln des Spiels ginge.

Die drei ersten Evangelien greifen deshalb besonders auf »Reich Gottes« zurück, weil sich in diesem Wort eine gesamtgeschichtliche Perspektive öffnet – von der Verkündigung des Reiches, seiner Ausbreitung, seinen Wachstumsbedingungen bis hin zum Endgericht. Das war eine verstehbare Botschaft, mit der man eine universale Mission betreiben und Juden wie Heiden ansprechen konnte. Die Ausrichtung ist also in zweifacher Hinsicht umfassend: der Zeit und den Menschen nach. Für diese doppelte Ausrichtung wird Jesus als »Gründergestalt« betrachtet. Deshalb gibt es in jedem der drei Evangelien besondere Türen in Richtung Heidenmission.

Manche Forscher behaupten, bei Markus, Matthäus und Lukas ginge es *nur* um das Reich Gottes – und nicht auch um die Frage

»Wer ist dieser Jesus?« –, also um die christologische Frage. In Wahrheit haben wir hier ein komplementäres Nebeneinander. Was hier »komplementär« bedeutet, soll an drei Beispielen erläutert sein:

* In der Aussendungsrede Lk 10,8 sagt Jesus den Jüngern: »Wenn ihr in eine Stadt kommt und sie euch aufnehmen, esst, was man euch vorsetzt. Heilt die Kranken, die in der Stadt sind. Und sagt ihnen: ›Das Reich Gottes ist euch nahe gekommen.‹« Von den Jüngern geht eine offensive Reinheit und Heiligkeit aus. Daher wird nichts ihnen schaden; durch sie wird alles rein. So wird es auch mit den Kranken sein. Durch die Kraft, die von ihnen ausgeht, können sie alle gesund machen. Da wird also nicht nur »Reich Gottes angekündigt. Da ist ein charismatisches Element im Spiel: Was sind das für Leute, die diese Kraft haben? Die Herrschaft Gottes, die den Menschen nahe gekommen ist, ist die wunderbare Einheit von Tun und Verheißung.

* Zweitens: »Wo ich mit dem Finger Gottes die Dämonen austreibe, ist das Reich Gottes schon da.« (Lk 11,20) Das Reich Gottes pflegt sonst nicht in exorzistischem Kontext zu stehen. Es wird ja sonst auch erst am Ende der Zeiten offenbar. Hier ist eine deutliche Wende in der Auffassung vom Reich Gottes zu sehen. Nicht nur, dass es ganz und unteilbar gegenwärtig ist, es steht auch dem Reich Satans und der Dämonen gegenüber. Dadurch, dass »Reich Gottes« in die Diskussion um die Vollmacht Jesu hineingerät, verändert es selbst sein Gesicht.

* Drittens: Die Aufforderung, hinzugehen und alle Habe zu verkaufen, gilt einerseits für die Nachfolge Jesu (Lk 18,22). Sie gilt aber genauso für den Schatz im Acker (Mt 13,44) oder die Perle (Mt 13,45 f.), also den Höchstwert des Reiches Gottes. Genau an der Stelle, die in der einen Überlieferung Jesus einnimmt, steht in der anderen das »Reich Gottes«. Beides widerspricht sich nicht, sondern ergänzt sich. Denn es ist im ersten Falle »personhaft« formuliert, im zweiten Falle »wertphilosophisch«.

So ist es also ein Wissenschaftsmärchen, zur Zeit Jesu sei das »Reich Gottes« verkündet worden, und kein Mensch sei auf die Idee gekommen zu fragen, welches Sein und welche Kraft denn hinter dieser machtvollen Tatverkündigung steht.

Ein ebensolches Wissenschaftsmärchen ist die These, von Kirche und Gemeinde sei zu Zeiten Jesu kein Reden und Drandenken gewesen. Das Gegenteil ist richtig: Alle Evangelien reden auf ihre Weise auch von der Gemeinde, die Jesus gewollt und gestiftet hat. Den Begriff Kirche/Gemeinde gibt es zwar nur in Mt 16,18, aber der Sache nach gibt es das Phänomen nicht nur dort, wo die Jünger/Apostel sich von anderen Christen abgrenzen (Mk 9,32 f.), sondern wo vom Bund (Abendmahl), vom Rangstreit und vom Dienen die Rede ist.

2.5.3 Jesus hat von beidem geredet: von der Jüngergemeinde und vom Reich

Jesus hat von beidem geredet, von der universalen Mission (also vom »Reich Gottes«) und auch von der Gemeinde seiner Jünger. Diese beiden Dinge sind daher nicht auf die Zeit »vor Ostern« oder »nach Ostern« zu fixieren. Die synoptischen Evangelien sind deutlich intensiver an der universalen Perspektive orientiert, Paulus stärker an den Gemeinden.

Aber die Beschäftigung mit der Gemeinde ist kein Verrat an der Botschaft vom Reich Gottes und umgekehrt. Die rigide Trennung zwischen Reich Gottes und Kirche ist selbst in erster Linie ein ideologisches Produkt: Man unterstellt, Jesus habe keine Kirche gewollt, stattdessen aber nur vom Reich Gottes geredet. Diese Annahme ist von unsäglicher Naivität. Als ob das Wollen von Kirche zugleich schon immer klerikale Herrschaft im Sinne der liberalen Kirchenkritiker des 19. Jahrhunderts bedeutet hätte und bedeuten müsste. Und als ob »Reich Gottes« – wohl weil es in poetischen Gleichnissen vorkommt und der Name Gottes genannt wird – ein unweltlich transzendentes Gebilde meinen müsste! Das Reich Gottes wächst und wirkt mitten in der Welt, und um seinetwillen kann man alles aufgeben und unverheiratet bleiben. So besonders romantisch ist das alles nicht. Im Übrigen bestehen zwischen Reich Gottes und Kirche/Gemeinde folgende Unterschiede:

* Hinsichtlich der *Offenbarung:* Kirche wird den Menschen bekannt gemacht durch die Inszenierung der Botschaft, z. B. als die Stadt auf dem Berge (Mt 5,14). Reich Gottes dagegen wird als dieses erst am Ende der Zeiten vor aller Augen offenbar.

* Hinsichtlich der *Besitzverhältnisse:* Was das Reich Gottes betrifft, so kann man hier alles aufgeben und dann einen (bildlich zu verstehenden) Schatz in Himmel haben. In der Kirche bedeutet »Allen ist alles gemeinsam« nur, dass niemand Not leidet; gefordert sind (nur) Transparenz und Ehrlichkeit (Apg 5). Noch bis ins 4. Jahrhundert zahlen Neugetaufte ein Eintrittsgeld in die Gemeinde.

* Hinsichtlich der *Grenze:* Das Reich Gottes beginnt mit der Umkehr auf Jesu Wort hin. Am Ende stehen das Gericht und ein »Eingehen« in das Reich oder dass man es »sieht«. Bei der Gemeinde/Kirche dagegen hat die Gemeinde (wie auch der Leiter der Gemeinde) die Vollmacht des Bindens und Lösens (Mt 16,18–19; 1 Kor 5). Daher sind bei der Kirche/Gemeinde wie beim Reich Gottes die Nicht-Dazugehörigen noch oder wieder draußen. Beide Größen haben einen klaren, harten Grenzbegriff. Genau der aber ist in der Volkskirche verwaschen – jedenfalls legt die Seelsorge das öfter nahe. Der Widerstreit zwischen Prinzip und Seelsorge ist nicht unbekannt. Hinsichtlich derer, die dazugehören, ist Kirche corpus permixtum, Reich Gottes dagegen der Bereich derer, die endgültig verherrlicht sind.

* Hinsichtlich der Bedeutung des *gemeinsamen Mahles:* Die Gemeinde feiert (mindestens) jeweils am achten (= ersten) Tag das gemeinsame Mahl, bis zur Wiederkunft des Herrn. Das Reich Gottes wird bisweilen in den Gleichnissen, aber auch außerhalb (Lk 13,28 par Mt 8,11) als ein einziges zusammenhängendes Mahl vorgestellt. Dabei sein ist alles.

* Hinsichtlich der *Beziehung zu Gott:* Gott ist in der Gemeinde/Kirche gegenwärtig, wenn sein Name durch Jesus Christus angerufen wird; die Gemeinde ist sein Leib. Im Reich Gottes wohnt Gott mit den Menschen wie in seinem Tempel.

* Unter dem Aspekt des *Leidens* und des *Geldes:* Im Horizont des Reiches Gottes ist beides nur vorläufig. In der Kirche dagegen ist der Umgang mit beidem entscheidend. Dort ist es ein himmelweiter Unterschied, ob man für den Namen Jesu leidet oder für sein eigenes schuldhaftes Versagen. Und ob man sein Geld dafür einsetzt, Kirche zu bauen oder für sein eigenes Denkmal. Man kann unter diesen beiden Aspekten (Leiden und Geld) sagen: Das Reich Gottes hat drei Phasen, davon zwei in Verborgenheit, nämlich die der Verkündigung und des Leidens bzw. Geldinvestierens. Die dritte Phase ist die des Offenbarseins. Die beiden ersten Phasen kann man auch Zeit der Kirche nennen.

So kann man sagen: Kirche ist das Reich Gottes in der Zeit der Sammlung durch Mission, in der Zeit auch der notwendigen Leiden, deren Ertrag noch nicht deutlich ist. Könnten wir das Ganze von oben, also gewissermaßen vom Thron Gottes her, sehen, so würde sich zeigen, dass die *ganze Veranstaltung* »Reich Gottes« ist – nur in seinen verschiedenen Stadien. So heißt es in der Didache, Kap. 10: »Herr, sammle deine Kirche von den vier Enden der Erde her, auf dass sie eingehe in Dein Reich.« Von unten her betrachtet, also aus der Perspektive der Leidenden und Gläubigen, geht es um Kirche. Sie ist Reich Gottes von den menschlichen Teilnehmern aus betrachtet, also im Stadium der Vorläufigkeit. Denn noch hat das Gericht die letzte Zäsur nicht durchgeführt.

Die Kirche ist nach Mt 13 das »Reich des Menschensohnes«, und dieses ist durchwachsen von Bösem und Gutem. Daher ist mit Kirche nicht die weltliche, juristische Seite der Wirkung Jesu gemeint, sondern ein bestimmter Zustand des Reiches Gottes, der noch nicht der endgültige ist.

2.6 Wie nahe an Jesus sind die frühen Christen?

Wenn wir auch bereits gesehen haben, dass es die fundamentale Zäsur – eine Zäsur des sich anders Fühlens, der inneren Abgrenzung, des Neuanfangs aus eigenen Prämissen – zwischen Jesuszeit und Jüngerzeit so wohl nicht gegeben hat, so waren die frühen Christen doch keineswegs blind gegenüber wichtigen Unterschieden zwischen Jesus und seiner Jünger-Bewegung einerseits und der ersten Generation danach. Aber diese Unterschiede liegen zumeist nicht dort, wo man sie bisher vermutete.

2.6.1 Die Unterschiede zwischen Jesuszeit und nachösterlicher Zeit werden nicht verschwiegen

Im Unterschied zu häufig geäußerten Exegeten-Meinungen muss man die Wahrheit häufig nicht einem sie verschweigenden Text abluchsen. Selbst prima vista sagen die Texte schon viel über die

Differenz zwischen Jesus und Jüngern. Worin also bestehen Unterschiede, die das Neue Testament selbst schon thematisiert? Und worin bestand zwischen Jesus und dem Publikum der Generation nach ihm (also der ersten Generation der jungen Kirche) besondere Übereinstimmung?

Wenn der Evangelist berichtet, dass Jesu Jünger eine bestimmte Sorte Dämonen nicht austreiben können, dass Jesus ihnen persönlich sagen muss, es handle sich um eine Art von Dämonen, die nur mit Gebet und Fasten ausgetrieben werden könne, dann denkt er auch an die zweite Generation, deren Vollmacht sich im Unterschied zu der des Gottessohnes als eher brüchig erweist (Mk 9,29). Aber das Ganze ist ein verräterischer Vorfall. Denn jeder Fachmann weiß zur damaligen Zeit, dass das Maß an Vollmacht direkt abhängig ist vom je individuellen Fortschritt in der Freiheit gegenüber allen Dingen. Je freier, je asketischer einer leben kann, umso mehr charismatische Vollmacht kann man bei ihm annehmen.

Natürlich drängt sich die Frage nach dem Verhältnis zwischen Jesus und nachfolgender Jüngergeneration zusammen in der Frage der »mystischen Kompetenz«. Haben die Jünger noch so bedingungslos auf Gott vertraut? Nein, schon Petrus konnte nur ein paar Schritte auf dem Wasser gehen, und Jesus musste ihn ermuntern, doch nicht kleingläubig zu sein (Mt 14). Schüler sind eben nur Schüler. Das gilt auch, wenn das Johannesevangelium den Jüngern verheißt, sie würden »noch größere« Werke vollbringen (Joh 14,12). Was wohl nichts anderes heißen soll als dieses: Die Grundlage aller Werke und Zeichen ist stets die Einheit mit Gott und untereinander. Wenn es mehr Jüngerinnen und Jünger gibt, wird das Zeichen der Einheit stärker. Wenn nach Joh 13,35 anhand der Liebe der Jüngergemeinde untereinander alle Menschen zur Erkenntnis Jesu gelangen sollen (vgl. auch Joh 17,23), dann ist die Liebe der zahlreichen Jünger das entscheidende Werk und die Basis aller Wunder. Die Grundüberlegung, dass die Vielzahl der Beteiligten schwerer wiegt als das eine Zeugnis, findet sich auch in Röm 5,16.

2.6.2 Die Christen werden gelehrt

Die erste Generation der Kirche besaß als heilige Schrift nur das Alte Testament und eben noch nicht das Neue Testament. Es war eine Zeit des Nachdenkens, der kollektiven Verstehensversuche, in der Neues aus der relecture des Bekannten heraus verstehbar gemacht werden musste. Was das bedeutete, wird einem besonders bei der Lektüre späterer frühchristlicher Produkte erkennbar, die weitgehend aus Schriftzitaten bestehen, zum Beispiel des Barnabasbriefes oder des Hoheliedkommentars Hippolyts von Rom, im Neuen Testament des Hebräerbriefes oder der Apokalypse. Hier liegen erkennbare Unterschiede gegenüber allem, was von Jesus überliefert wurde.

2.6.3 Man wird sesshaft

Die große Mehrzahl der Christen der ersten Generation nach Jesus bestand nicht (mehr) aus Wanderaposteln. Die Anzahl der Sesshaften wuchs; zum Stichwort »Familie« werden wir freilich feststellen, dass es wohl von Anfang an neben den Wanderlehrern auch sesshafte neue »Familien« nach dem Konzept Jesu (z. B. Mk 10,29 f.) gegeben hat. Was sich im Laufe weniger Jahrzehnte vor allem verändert hat, ist die Bedeutung der Wanderlehrer für die Kirche im Ganzen. Doch in der Geschichte des Christentums sind Wanderlehrer nie ganz ausgestorben (z. B. als Mönche und Missionare oder in Kombination von beidem). Auch hier ist Kontinuität viel stärker als vermeintlicher Abbruch oder totaler Wandel.

Für Wanderapostolat gibt es noch im 1. Jahrhundert einige spätere Spuren, etwa in Didache 11 und Offb 2,2; laut beiden Schriften sollen (wandernde) Apostel auf ihre Echtheit hin geprüft werden. Das setzt voraus, dass eine Gemeinde vor Ort jeweils prüfen muss, was bislang offenbar zu selten geschah. Im positiven Fall bekommt der betreffende Apostel dann wohl ein Empfehlungsschreiben mit auf seinen weiteren Weg. Derartige Empfehlungsschreiben waren im Übrigen heiß begehrt (Phlm; Röm 16; 2 Kor 3,1–4). Sie waren gleichzeitig ein Weg der innerkirchlichen Korrespondenz zwischen Gemeinden.

Das Abnehmen der Wanderapostel kann man auch daran feststellen, dass die späteren Evangelien insgesamt vom Bild des durch Judäa und Galiläa wandernden Jesus abgehen. Es werden entweder nur noch Sprüche gesammelt oder der Auferstandene führt Dialoge. Beim apokryphen (= nicht im Gottesdienst der ganzen Kirche öffentlich verwendeten) Petrusevangelium weiß man nicht, wie das Corpus des Evangeliums aussah, ebenso nicht bei Fragmenten aus den Papyri von Oxyrrhynchus. Aber mit dem Matthäusevangelium scheint die Zeit der eine Wanderschaft berichtenden Evangelien vorbei. Das Petrusevangelium kann man getrost früher ansetzen. **Fazit:** Mit der Art der Ansiedlung der Gemeinden ändern sich auch die literarischen »Gebrauchsformen«. Anders gesagt: Die Gemeinden wollen offensichtlich keine allzu große Fremdheit im Lebensstil aufkommen lassen zwischen dem dargestellten Jesus und den lesenden Gemeinden.

2.6.4 Man wird amtlich?

Sehr viele Menschen sind seit 200 Jahren der Meinung, eine Institution mit Ämtern sei der Absicht Jesu entgegengesetzt. Ein sehr loser Freundschaftsbund »würde es auch tun«. Dieses Problem ist im Abschnitt über das urchristliche Amt zu behandeln. Nur ist hier grundsätzlich zu sagen, dass in der biblischen Religion Gottesdienst und Institution kein Gegensatz sind, dass Recht und Gesetz (wenn man sie denn beachtet) als Wohltat empfunden werden und dass man anfangs keine Scheu hatte, auch das Neue Testament als erneuertes Gesetz zu bezeichnen. Dass Jesus eine Institution der zwölf Jünger geschaffen und in dieser Runde den neuen Bund gestiftet hat, gilt jedenfalls nicht als »gesetzlicher Verrat« am lebendigen Gott.

2.6.5 Man wird reich?

Ein weiteres Problem ist das von Christentum und Reichtum. Hier ist das Christentum in der Selbstbeurteilung und in der Selbstberuhigung wohl zu nachsichtig mit sich selbst umgegangen.

3. Vom gescheiterten Rabbi
zum Erlöser der Welt

Ein Film steht und fällt mit seinen Darstellern. Konnte man sich beim Sprung zur Weltreligion auf die Protagonisten einer Provinzposse verlassen? Oder wurde neu besetzt, das Drehbuch nachjustiert, die Hauptrolle pointierter hervorgearbeitet? Gute Filme brauchen spektakuläre Helden. Wäre das nicht logisch, Jesus aufzuwerten, die Nebenrollen zu minimieren oder gleich aus dem Film zu streichen? Trifft es zu, dass mit der wachsenden Etablierung der Kirche in der Welt auch die Bedeutung Jesu entsprechend angepasst wurde? In der Theologie sprechen wir von den Hoheitstiteln Jesu oder auch von christologischen Titeln; je mehr Titel, desto besser. Je machtbeladener, gewaltiger, universaler, desto interessanter. Wir kennen die Geschichte, und wir wissen, wie es bei Wahlen in Russland zugeht. So gehen wir mit tiefem Misstrauen an die Frühzeit der Kirche heran: *Musste* sie nicht Jesus zum universalen Heilsbringer stilisieren? Ist die Hoheit Jesu eine riesige Seifenblase, weil in ihr über den wahren Jesus nichts abzulesen ist, wohl aber alles über die auf Jesus projizierten Ansprüche einer auf Macht und Einfluss versehenen, expansiven Jungkirche?

3.1 Jesus unter Karrieregesichtspunkten

Die Gründermentalität des 19. Jahrhunderts färbte auch auf die Theologie ab. Das merkt man, wenn man sieht, wie hier wohl erstmals der Weg Jesu als »Karriere« begriffen wird: »Vom Zimmermannssohn aus Nazareth zum Mitglied der Dreifaltigkeit«, »Vom galiläischen Wunderpropheten zum König der Könige«. Derartige Karrieren waren im 19. Jahrhundert besonders im Land der Tellerwäscher und Millionäre der Stoff, aus dem man Legenden bastelte. Und so durfte auch Jesus als Tellerwäscher beginnen, freilich nicht als Präsident der Vereinigten Staaten enden. Nun muss jeder Legendenschreiber – gehe es um Rockefeller oder Jesus – darauf achten, dass alles mit rechten Dingen zugeht. Was er beschreibt, ist ein mirakulöses Rätsel (dergleichen in New York oder Galiläa vorkommt), aber das Rätsel muss er erklären, und zwar nachvollziehbar. Und die Leser sind gespannt, wie der Autor das nun hinkriegt.

Über das Strickmuster belehrt uns das schöne Märchen »Vom Fischer un sine Fru«. Es geht um Bewährungsaufstieg, der schon einmal ein paar Jahrzehnte dauern kann. Und so kaufen sich Menschen, die anlässlich eines Papstbesuches zu Tränen ergriffen sind, ein Papstbuch und lesen nach, wie es kommen konnte, dass »es einer von uns, einer aus Bayern, ein Polizistensohn, zum Stellvertreter Christi auf Erden« bringen kann. Das ist rührend, weil es eine extreme Möglichkeit des Menschen ist.

3.1.1 Konsequente Vergottung Jesu?

Geht es darum auch bei Jesus? Aus kleinen Verhältnissen, im Himmel hoch geehrt? Interessant ist nur, dass in den 1800 Jahren Theologiegeschichte vor dem 19. Jh. niemand so gefragt hat. Niemand hat gefragt: Wie kann ein Rabbi, der Konkurs anmeldet, zum Welterlöser werden? Nein, man hat anders gefragt, und zwar von Anfang an so: Wer ist dieser Jesus? Nicht: Wie *wurde* er? Nicht: Was haben Menschen dann (nach seinem Tod) aus ihm gemacht? Weil Jesus so hoch auf der Karriereleiter stieg wie kein Mensch zuvor, meinte man in der neueren Forschung (also seit etwa 1800), es habe in diesem einmaligen Fall nicht 10, 50 oder 100 – nein, es habe 325 oder 431 Jahre gedauert, also Jahrhunderte, bis Jesus inzwischen so weit vergottet war, dass man den Menschen Jesus über dem Gottessohn vergessen hatte.

Aber es war anders. Im Fall Jesus wurde nicht jemand über Jahrhunderte hinweg immer weiter aufgebauscht. Es fehlt bei Jesus gerade an dem mythologischen Aufblaseffekt, den wir aus der Elvis-Presley-Story kennen und der dem Landarbeiterkind aus East Tupelo/Mississippi widerfuhr. Es wurde nicht Hölzchen auf Stöckchen geschichtet, bis der Monstermann, der »weiße Riese« fertig war. Schon Jesus selbst sagt: »Ehe Abraham wurde, bin ich« – holla: Macht sich da einer vor jüdischen Ohren größer als der Volksbegründer und Urvater des Glaubens? –, und bereits Paulus verstärkt ins scheinbar Unerträgliche: »Durch ihn ist alles geworden.« Das sind nicht Produkte von Legendenbildungen und aufgebauschten Missverständnissen, sondern das sind Provokationen, an denen sich die Zeitgenossen die Zähne ausbissen, ja die zum Tod dieses Agent provocateur führten.

Nicht jedes »… dass ich es bin« im Munde Jesu ist eine Theophanie-Formel (= eine Formel, in der das Göttliche aufscheint). Man verweist vor allem auf die Jesaja-Texte 43,10.13; 41,4; 46,4; 48,12, wo das bloße »ich bin es« die Gottheit Gottes bezeuge. Das ist auch richtig, aber bei Johannes ist es anders. Denn an jeder dieser alttestamentlichen Stellen steht das »ich bin es« in einem zeitlichen Bezug zum Vorher und/oder Nachher, so dass man übersetzen muss: »Ich bin der gleiche …«, oder: »auch hinfort bin ich es noch«. Das aber ist bei keinem der üblicherweise angeführten Jesus-Worte so (wie z. B. »Ich bin der Weg …«). Unter diesem Aspekt kämen allerdings andere Jesusworte in Betracht: »Ehe Abraham ward, bin ich (schon, ich, der Gleiche, der jetzt spricht)« (Joh 8,58), oder Gottes Stimme Joh 12, 28: »Ich habe verherrlicht und werde verherrlichen« (ich bin der Gleiche in der Vergangenheit und Zukunft), oder Jesus nach Offb 1,17. Das andere sind Formeln der Wiedererkennung. Wenn Jesus auf dem Meer den Jüngern sagt »Ich bin es (doch)« (Joh 6,20), so hilft nicht nur die Alltags-Analogie, dass man jemanden an der Stimme erkennt, diese wird im Johannesevangelium selbst betont (Joh 10,4; 20,16). *Fazit:* Es gibt also durchaus Ich-bin-Aussagen Jesu im Stile alttestamentlicher Gottesaussagen. Nur sind es andere, als man gewöhnlich denkt.

3.1.2 Wer ist doch dieser?

Halten wir vor allem dieses fest: Die Jünger fragen: »Wer ist doch dieser, dass sogar Wind und Wellen ihm gehorchen?« (Mk 4,41), und die Himmelsstimme bei der Verklärung sagt: »Dieser ist mein geliebter Sohn …« Immer geht es um das *Sein* Jesu, um das, was er jetzt schon *ist*. Und nicht um das, wie man sich Jesus denken könnte, was zur Erklärung helfen könnte, nicht um Mutmaßungen über spätere Forschungshypothesen im Sinne von »Was werden wir später über ihn sagen müssen?«. Die Jünger denken nur an ihn, nicht über eigene Forschungsmöglichkeit oder eigenes Nachdenken. Sie fragen nur: Was wird ihm gerecht, hier und jetzt? Sie suchen die religiöse Antwort – nicht die des Dogmengeschichtlers. Die Aussagen des Neuen Testaments über Jesus und den Vater sowie seine Schöpfungsmittlerschaft sind dort bereits unüberbietbar. Das aber bedeutet: Größer, göttlicher, vollkommener kann Jesus gar nicht dargestellt werden, als es schon diese Aussagen über die Schöpfungsmittlerschaft und göttliche Dreieinigkeit leisten. Natürlich gibt es sprachliche Differenzierungen und neue Begriffe. In der Sache aber gibt es keine Entwicklung, nur eine Explosion.

Also nicht: Was hat die Kirche, was haben die Menschen aus Jesus gemacht? Auch nicht die peinliche Frage im Johannesevangelium: Was machst du aus dir? Zu wem machst du dich? Im Sinne der Texte lautet die sachgemäße Frage: Wie können wir erkennen, wer du in Wahrheit bist?

Die Grundentscheidungen in der liberalen Forschung und in den biblischen Berichten sind unvereinbar andere. Die liberale Forschung setzt stets die Frage voraus: Wie beschaffen ist der Kern, der schmächtige historische Anfang, aus dem das Gesagte aufgebauscht wurde? Der Text ist auf das zu reduzieren, was historisch und unter »rein natürlichen Gesichtspunkten« möglich war. Der Kontrast besteht zwischen dem, was Jesus war und was man aus ihm gemacht hat.

Für die Texte selbst liegt das Problem ganz woanders: Darin nämlich, dass die menschlichen Worte unzulänglich und nicht ausreichend sein könnten, das Geheimnis zu beschreiben, das sich hier präsentiert (so etwa das apokryphe Thomasevangelium in Vers 13,4: »Meister, mein Mund kann es überhaupt nicht ertragen zu sagen, wem du gleichst«). Die Spannung resultiert nicht aus einer trivialen Wirklichkeit und einer abgefeimten redaktionellen Verarbeitung, der man auf die Schliche kommen muss – die Spannung resultiert aus Anschein und Identität. Die Jünger sehen etwas, wofür sie keine Kategorien haben. Jesus selbst ist das Rätsel, nicht der Text über ihn.

Im Bekenntnis der Jünger gelingt oder gelingt es nicht, das große und verborgene Geheimnis zu erfassen, das unter oder hinter der Schicht des Sichtbaren die Identität ausmacht. Die verborgene Identität wird nur der wahre Jünger recht erfassen können. Jesus richtig auszulegen gelingt nur in der Nachfolge. Der hat Jesus am besten verstanden, der das meiste Leben auf diese Karte setzt. Im biblischen Bericht liegt das Sein vor den Worten (Wie kann ich mit Worten das Sein erreichen?), in der Forschung liegen die Worte als Vernebelung und Vergottung verdeckend über dem Sein. Wer, wie die liberale Forschung, den Weg Jesu als von Deute-Instanzen nachträglich gemachte Karriere denkt, geht davon aus: Sie haben hinzugefügt, aufgebauscht, ständig aus der Mücke den Elefanten gemacht, Theorien zu Geschichten materialisiert, sie haben das getan, um am Ruhm Jesu selbst Anteil zu gewinnen.

Aber wenn alles anders war, wenn Jesus halt einmal nicht ein gestrandeter Rabbi oder einer dieser antiken Dutzendwundertäter, sondern einer ohne Vor- und Nachbilder war? Wenn er wirklich der völlig Inkommensurable, der in keiner Weise Vergleichbare, der Sohn Gottes war – warum ist er dann so verhüllt aufgetreten, so missverständlich, dass selbst aus seinem Volk nur wenige an ihn glauben konnten? Was ist dann der Sinn dieses verborgenen Evangeliums? Dieser Maskerade? Es ist schwer zu sagen. Wir wissen nur, dass es fünf Jahrhunderte Dogmengeschichte brauchte, um für das Rätsel Jesu ein halbwegs passables wording zu finden, um dem Geheimnis tiefer auf die Spur zu kommen. Es war da etwas, was für den Geist der griechischen Philosophie schwer fassbar war.

3.1.3 Die Evangelien zeigen keinen gescheiterten Rabbi

Im Auftreten Jesu gibt es genügend Hinweise darauf, dass Jesus nicht einfach ein »gescheiterter Rabbi«, sondern tatsächlich das Ärgernis war: Gott und Mensch zugleich, Sohn des Vaters und Gottes Sohn – oder ein Scharlatan. Letztere Möglichkeit besteht noch eher als die eines post factum aufgeladenen Durchschnittspredigers. Diese Spuren haben bereits zu Lebzeiten Jesu zu einem präzisen Anspruch Jesu und zu entsprechenden Antworten geführt, auch zu unmissverständlichen Aussagen Jesu über seine (beanspruchte) Gottheit. In der späteren Kirchengeschichte hat man nun nicht versucht, hier etwas zu »machen«, was zuvor nicht da war, sondern gegen alle Missverständnisse und wilden Deutungsmöglichkeiten Klarheit auch mit Hilfe griechischer Terminologie zu schaffen. Dabei sind den Kirchen- und Konzilsvätern weitere Zusammenhänge aufgegangen. Den Fall grundsätzlicher Verfälschung sehe ich nicht.

Auf die Frage »Warum die Verhüllung?« haben die Evangelisten selbst Antwort zu geben versucht.

3.1.4 Warum das Versteckspiel Jesu?

Jesus tritt mit seinem Anspruch immer wieder nur verhüllt auf, nach kurzen Enthüllungen gebietet er sogar Schweigen. Das ist unbestritten. Wenn er selbst diese Absicht hatte, dann wohl, um die tödliche Auseinandersetzung mit den jüdischen Autoritäten über seine Legitimität möglichst hinauszuschieben, also Zeit zu gewinnen für sein Wirken und seine Verkündigung. – Es kann auch gut ein, dass Jesus die Evidenz durch Wunder und Exorzismen auf diese Weise zurücktreten lassen wollte, um den Jüngern Raum für die Einsicht zu schaffen, dass es keine Legitimität ohne Leidensbereitschaft gibt. Jesus kann ein Bekenntnis nur schätzen, das sich selbst durch die Bejahung des Leidens bewährt hat. Leiden aber bedeutet zeitweilige Verhüllung der Herrlichkeit und das Ertragen dieser Verhüllung.

Eine andere Theorie hatte W. Wrede aufgestellt: Er nennt diese Tendenz zur Verhüllung *Messiasgeheimnis* und erklärt sie für eine nachösterliche Erfindung des Evangelisten Markus: Markus fand demnach in der gesamten vorösterlichen Jesustradition nichts über Messianität oder (göttliche) Legitimität. Er, der clevere Markus habe diese Tradition gefälscht, indem er Berichte über Enthüllung hinzusetzte, jedoch mit dem Zusatz des Schweigegebotes versehen – gewissermaßen ein redaktionell interpoliertes Pssst! –, um deren Nichtexistenz in der Jesusüberlieferung zu erklären.

Diese Räuberpistole von Theorie macht Markus für antike Vorstellungen zum Kriminellen und Wrede zum genialen Detektiv, der dem Evangelisten auf die Schliche kommt. Die Grundhypothese

Wredes ist natürlich die Existenz des Ostergrabens: Erst nach Ostern habe die Gemeinde angefangen, überhaupt christologisch und dogmatisch zu denken. Diese Theorie vom Ostergraben halte ich, um es noch einmal pointiert zu sagen, für die folgenreichste unbewiesene Fiktion in der theologischen Wissenschaftsgeschichte: biblische Science-Fiction pur.

3.1.5 Der Ostergraben bei Licht besehen

Unter »Ostergraben« – wir hatten den Terminus schon bei den Themen Parusieverzögerung und Reich Gottes erwähnt – versteht man die Kluft zwischen dem sogenannten vorösterlichen (also dem historischen) und dem sogenannten nachösterlichen Jesus. Diese Kluft ist weniger eine zeitliche (1 ½ Tage) als eine sachlich-theologische. So meinte man: Vor Ostern verkündigte Jesus das Reich Gottes, und es gab höchstens eine *implizite Christologie*, also nur indirekte Andeutungen zur Frage: Was ist das für einer, dieser Jesus? So war nach Ansicht der meisten Forscher die Gleichsetzung von Jesus und Menschensohn nicht vollzogen (Jesus hatte vom Menschensohn im Er-Stil geredet), nach anderen (wie Anton Vögtle) hatte Jesus noch nicht einmal vom Menschensohn *gesprochen*. Implizite Christologie liegt zum Beispiel vor, wenn im Gleichnis vom vierfachen Acker Jesus als der Sämann gedacht werden kann.

Nach Ostern aber habe sich das gesamte Interesse der frühen Gemeinde der Person Jesu zugewandt. *Jetzt* sei die Stunde der Erfindung der christologischen Hoheitstitel gewesen, jetzt habe man Jesus die Wunder, die Vollmacht zur Sündenvergebung und die Sakramente zugeschrieben. Szenen wie die Verklärung seien – was schon? – nachösterliche Projektionen, sekundär ins Leben Jesu verpflanzte Ereignisse gewesen. Mit dem Interesse der Spätgeborenen, den naturwüchsigen Wanderprediger aus Nazaret mit Hoheitstiteln wie den Christbaum mit Lametta zu behängen, seien erst die künstlichen Lichter der Christologie aufgegangen, ja hier sei – einmal auf der falschen Fährte – das Monster der »Dogmatik« gezeugt worden. Der gute Jesus aber habe vor Ostern vom Reich Gottes in der freien Sprache der Gleichnisse geredet. Nach Ostern habe man nicht zuletzt die Sühnetod-Dogmatik zu Jesu Tod erfunden. Von vorösterlichen Hinweisen auf Kirche könne keine Rede sein – und wo sich dieser Gedanke einstellt, da gerade sei höchste Wachsamkeit am Platz. Gewiss sei urchristliche Fälschung am Werk. Ich will mich nicht in Ironie verlieren: Der ideologische Charakter dieser Festlegungen ist offenkundig.

Hinzu kommt eine pseudophilosophische Begründung: So wie in der Erkenntnis erst die sinnlich-dingliche Phase besteht und danach die Abstraktion, die Begriffsbildung (bekanntlich fliegen die Eulen der Minerva erst am Abend) eintritt, so ist die persönlich-sinnliche Anschauung Jesu auf sein Erdenleben bezogen; erst nach seinem Tod tritt die Begriffsbildung in Form der Gestaltung christologischer Titel und christologischer Dogmen ein (vgl. zur Grundlegung bei J. G. Fichte: Klaus Berger, Exegese und Philosophie, 1986). Weit, weit weg vom Text wie von der Empirie wird nach kantscher Art »philosophiert« und festgestellt, wie es sich nach den Regeln der Kunst zugetragen haben *muss:* eine Exegese des Postulats. Nix Genaues weiß man nicht, da dürfen die Eulen fliegen. Die Kühnheit, ja Frechheit dieser These grenzt ans Unglaubliche. Aber sie ist der Hauptgrund dafür, dass es explizite Christologie nach Ansicht der Mehrzahl der kritischen Forscher erst nach Ostern geben konnte – eben weil es keine sinnliche Anschauung Jesu mehr gab.

Fazit: Die These vom Ostergraben hat mit kritischer Forschung nichts zu tun; sie ist das Wechselgeld pseudobiblisch fundierter Kirchenkritik. Bevor es zum Gemeinplatz der Stammtische wurde, hat Forschung sich entblödet für das Spiel »Jesus ja, Kirche nein!«. Die ernsthafte Forschung des Frühchristentums hat mit derlei Dualismen längst nichts mehr zu schaffen. Doch Gerüchte halten sich auch nach fast 200 Jahren.

3.1.6 Konsequenzen für die Geschichte des Urchristentums

Hätte der Ostergraben in der bisher angenommenen dualistischen Schärfe existiert, so hätte das Christentum erst nach Ostern sein Thema gefunden. Vorher hätte es dann – um dem Ansatz von Adolf von Harnack zu folgen – nur das religiöse Individuum gegeben, das sich durch Jesu Poesie angesprochen wusste. Wir nehmen das nicht an.

War es aber anders, dann gab es fraglos ein Netzwerk der Verbindung zwischen Jesus und der Kirche. Doch folgen wir zunächst noch einmal dem Ansatz der liberalen Theologie, wonach Jesus eine Kirche weder gewollt noch gestiftet haben könne. Die Konsequenzen sind bis in die ökumenische Diskussion unserer Tage, ja vor allem dort zu finden. Demzufolge wäre also alles Kirchliche, auch jedes Bekenntnis und Dogma, freie menschliche Willkür. Dann wären alle derartigen Gebilde Zufall oder Funktion; alle Phänomene aber wären rein profanen Charakters. Sie hätten den Charakter des Uneigentlichen, Sekundären. Dann – so muss man die Linien genau ausziehen – wäre angesichts der Botschaft Jesu vom Ernst des Letzten jede dieser vorletzten Institutionen Verrat an der Botschaft Jesu. Bekanntlich hat man so auch über den (angeblichen) Versuch des Evangelisten Lukas, die Zeit Jesu zur Mitte der Zeit zu machen, indem er die Zeit Jesu durch die Kirchengeschichte fortsetzte, geurteilt: Verrat am Evangelium, für das doch die Zeit zu Ende war.

Diese Theorie wurde sofort institutionskritisch ausgelegt: Je mehr Institution, je mehr Recht, je mehr Festigkeit und Stabilität der Kirche, umso größer erschien der Verrat. Die kuriose Folge dieser Verstiegenheiten war nur: Die dennoch vorhandenen juridischen Strukturen konnten, da es sie ja *eigentlich gar nicht gab*, im Windschatten umso unkontrollierter gedeihen. Alsbald kokettierte man mit den eigenen institutionellen Fehlern und Behelfsmäßigkeiten, mit fachmännisch mangelhaft gehandhabtem Kirchenrecht. Man gab vor, nur aus der Baracke zu regieren, eben »auf Abruf« wie im Urchristentum. Das verlor schnell seinen vermeintlichen Charme. Durch die Baracke wurde Macht nicht menschlicher. Der verewigte Notbehelf mutierte zum theologischen Sicherheitsrisiko.

Im Bann der Theorie vom Ostergraben hat man über eine alternative Lösung nicht nachgedacht. Aber dafür ist dieses Buch da, wenigstens im Versuch. Schauen wir noch einmal genauer hin, auf die Entstehung der frühesten Bekenntnisse! Schauen wir auf die Praxis der Gemeinden! Was hat das eine mit dem anderen zu tun?

Viele sagen also: Was Jesus ist, haben andere aus ihm gemacht.

Jesus ist kirchlich befördert worden; seine »Gottwerdung« ist eine schillernde Erfindung der frühen Kirche. Wir versuchen der Theorie vom kirchlichen Konstrukt eine andere, organischere gegenüberzustellen.

3.2 Wie kommt es zum Bekenntnis zu Jesus?

3.2.1 Wo kommen die Ehrentitel Jesu her?

Sich zu Jesus zu bekennen ist an Titel gebunden, die man Jesus zuerkennt. Zum Beispiel kann man sagen: »Ich glaube, dass Jesus der Sohn Gottes ist.« Zu den Titeln gehören also »Sohn Gottes« oder »Herr« oder auch »Messias/Christus«. Immerhin hat man rund vierzig solcher *names of Jesus* im Neuen Testament gezählt.

Es ist von vornherein wenig wahrscheinlich, dass diese Titel Jesus im Rahmen irgendeiner theologischen Systembildung zugeteilt werden. Sie sind auch nicht Abstraktionen *(abstrahere ab aliquo* = von etwas abziehen), wie man sich »Begriffe« philosophischer Art nach der Weise eines Abzuges von der Wirklichkeit schafft. Stellen wir zunächst fest: Zu den messianischen Titeln gibt es im Judentum keine Analogie. Nach Mt 12 werden diese Titel verstanden wie Früchte an Weinstöcken oder Bäumen, also wie zeichenhafte Anzeiger. Sie geben dem, der sie verwendet, Auskunft über sein Inneres und seinen Status: Disteln können keine Trauben hervorbringen. Auch der Name »Jesus« selbst hat diesen Anzeigecharakter – heißt »Jesus« doch »Erlöser, Befreier«. Wer unter den Namen Jesus gestellt ist, verlässt den Einflussbereich Satans (siehe Apg 26,18). Mit der Rolle des Namens Jesu beschäftigen wir uns in einem eigenen Abschnitt.

Vorläufig geht es uns um die titularen Bekenntnisse, zum Beispiel »Herr« oder »Gottes Sohn«. Nach meiner Auffassung haben diese ihren Ursprung in einem *pneumatologischen Dualismus* – was ich mir darunter vorstelle, erkläre ich im nächsten Kapitel. Bemerkenswert ist von Anfang an dieses: Wer Jesus mit einem bestimmten Titel benennt, bekennt damit auch sein eigenes Sein, seine eigene religiöse Identität, nicht nur die Jesu. Es ist wie bei kommunizierenden Röhren. Diese Konnaturalität des Erkennenden mit dem Erkannten beschreibt Paulus in 1 Kor 2,10–16.

3.2.2 Was ist »pneumatologischer Dualismus«?

Unter »pneumatologischem Dualismus« verstehe ich: Die Welt ist unaufhebbar zweigeteilt, und zwar nicht zwischen Himmel und Erde, sondern in gute Geister (griech.: pneumata) und böse Geister. Gute, heilige Geister sind Gottes Heiliger Geist und Gottes Engel, böse, unreine und unheilige Geister sind dagegen Satan und seine Dämonen, die Totengeister und Götzen.

Auf der Erde gibt es daher einen Krieg zwischen beiden Arten von Geistern, zwischen Licht und Finsternis, Wahrheit und Lüge. Hinter den Regierungen und Herrschern dieser Welt stehen die finsteren Mächte, Herrschaften und Gewalten. Wäre es anders, dann sähe diese Welt anders aus. Dieser Kampf ereignet sich auch in der Welt des Geistes, in der es ebenfalls Licht und Finsternis, Ordnung und Chaos, Gott und (auf einer anderen Ebene) den Satan, Engel und gefallene Engel gibt. Im Himmel wie auf der Erde ist Krieg. Im *Reich Gottes* stehen heißt: im Krieg sein. Die Entscheidung, ob einer zu dem einen oder anderen Reich gehört, wird in der *Mission* erkennbar. Das Verhältnis beider Lager zueinander vollzieht sich als Kampf. Die Truppe Gottes wird durch den Erzengel Michael angeführt.

In diesem Kampf kann Jesus kommandieren (»Raus hier ...!«) und Exorzismen ausüben. Hier ereignet sich ein Kampf der Macht Gottes gegen die Macht der Finsternis. Ob es dem Rationalismus gefällt oder nicht: Im Markusevangelium berichten die ersten Kapitel hauptsächlich von Jesu Exorzismen. Verursacht ist diese Tätigkeit dadurch, dass Jesus nach Kap. 1 bei der Taufe den guten *Heiligen Geist* empfangen hat, und in dieser Kraft kann er nun die *unreinen* oder *bösen* Geister austreiben und so Gottes Reich ausbreiten. Entweder gehört ein Mensch zu Gottes Reich, dann wohnt der Heilige Geist in ihm, oder er ist von Dämonen bewohnt. Mit diesem Dualismus ist, wie schon angedeutet, eine eigentümliche Erkenntnistheorie verbunden, dergestalt nämlich, dass (nur) Geister einander klar wahrnehmen können, auch wenn es sich um Geister der Gegenseite handelt.

Im Folgenden sind Belege zu nennen, nach denen Name oder Titel Jesu eindeutig aus einem Dualismus der genannten Art hervorgehen. Das bedeutet zweierlei: Einmal stehen heilig und unheilig, rein und unrein, böse und gut gegenüber. Und zum anderen kann nur ein Geist einen anderen Geist erkennen. Das gilt auch dann, wenn man diesen Geist nur *in sich* hat. Mit anderen Worten: Mit meinem Heiligen Geist, den ich in mir trage, kann ich anderen heiligen oder unreinen Geist in anderen Personen wahrnehmen.

* Schon der Name »Jesu« steht in diesem dualistischen Kontext. In die Geschichte eingeführt wird er an beiden Stellen (Mt 1,21; Lk 1,31b) durch einen Engel.

* Sodann wird Jesus im Evangelium nach Markus im Zusammenhang mit der Herabkunft des Heiligen Geistes auf ihn *Sohn Gottes* genannt. Hier wie auch sonst ist der Titel Sohn Gottes an den Heiligen Geist gebunden (Mk 1,10f.). Damit ist eine der Grundvoraussetzungen des Folgenden benannt: Wo immer von Sohn Gottes die Rede ist, wird dieses direkt oder indirekt auf das Wirken des Heiligen Geistes an dieser Person zurückgeführt (vgl. z. B. Röm 1,3f.). Der Geist macht deshalb zum Sohn oder Kind Gottes, weil er es ist, der Gott ähnlich macht.

* Zum ersten Mal findet sich das explizite Bekenntnis »Du bist der Sohn Gottes« ausgerechnet im Munde von Dämonen in Mk 3,11. Die unreinen Geister können gewissermaßen ihresgleichen auf der Gegenseite genau wahrnehmen. Warum Jesus dieses Bekenntnis durch sein Schweigegebot unterbindet, wird noch zu klären sein. Doch an der Wahrheit dieses Bekenntnisses kann nach 1,11 gar kein Zweifel bestehen. Wichtig ist hier nur: Weil es sich um Geister handelt, können sie die Identität des Heiligen Geistes in Jesus wahrnehmen und ihn daher folgerichtig als Sohn Gottes bekennen.

* Das titulare Bekenntnis »Du bist der Heilige Gottes« hatten die unreinen Geister auch bereits in Mk 1,24 abgelegt; hier entspricht dem Heiligen Geist die Heiligkeit – und auf der anderen Seite die Unreinheit und Unheiligkeit der feindlichen Geister. Sie erkennen Jesus als den Heiligen, weil sie selbst unreine, unheilige Geister sind.

* Auch bei Petri Bekenntnis nach Mk 8,29 »Du bist der Christus« oder nach Mt 16,16 »Du bist der Christus, der Sohn des lebendigen Gottes« ist

der dämonologische Kontext gegeben, und zwar in Mk 8,33 wie in Mt 16,23: Petrus wird »Satan« genannt – so wie eben sonst unreine, dämonische Geister das »falsche« Bekenntnis ablegen. Aber was war »falsch« an diesem Bekenntnis?

3.2.3 Petrus in der Satansrolle

Aus Mk 8,31 f. geht hervor: Aufgrund seines mangelhaften (Leiden ausschließenden) Bekenntnisses wird Petrus von Jesus in Mk 8,33 »Satan« genannt. Denn für Menschen gilt: Was auch immer sie bekennen, im Rahmen des *pneumatischen Dualismus* gehören sie entweder zu Gott oder zum Satan. Petrus hat durch seine Art des Bekenntnisses zu verstehen gegeben, auf welcher Seite er steht. Denn ein Messias ohne Leiden wäre offensichtlich eine Erfindung des Teufels. Auf jeden Fall gilt aber die Identität von Sein und Bekennen. Was ich bekennen kann, richtet sich nach dem, was ich selbst bin. Das Petrusbekenntnis liegt wegen seines fundamentalen Fehlers auf derselben Ebene wie das der Dämonen.

Über die Bekenntnisse von Dämonen informiert unter anderem das zweite Kapitel des Jakobusbriefes: Die Dämonen glauben an Gott, aber sie »zittern« dabei: »Glaubst du einfach nur, dass der eine und einzige Gott existiert? Ohne dass du dem Taten folgen lässt? Na, dann: herzlichen Glückwunsch! Auch die Dämonen glauben das und zittern doch vor Angst.« Vor allem ist es Gottes Name, vor dem alle Geister erzittern. Das ist eigentlich eine angemessene und übliche Reaktion vor dem Inhaber unbeschränkter Macht, dem König und Herrn (so öfter in den Zauberpapyri). Bei Jakobus kommt dieses Zittern aus schlechtem Gewissen heraus, aus Mangel an guten Werken.

Fazit: Es besteht ein Zusammenhang zwischen Mk 8,33 (Petrus will das Leiden verhindern und wird Satan genannt); Jak 2,19 (die Dämonen können nur zittern, nicht aber gute Werke tun) und Mk 3,11 f.; 1,23–25 (Jesus verbietet das »an sich« richtige Bekenntnis der Dämonen). Der inhaltliche Zusammenhang besteht darin, dass die Dämonen keinen Leib besitzen und daher weder leiden noch Werke tun können. Sie sind daher weder gut, noch können sie etwas Gutes für die Menschen tun. Sie können daher nur glauben oder das rechte Bekenntnis nachplappern, aber mit der Substanz der Geduld und Leidensbereitschaft können sie es nicht füllen. Und wer bekennt, aber das Leiden ablehnt wie Petrus, lehnt es auch für sich selbst ab. Dem Neuen Testament liegt im Ganzen sehr viel daran, dass das Bekenntnis sich in Leiden bewährt. Das gilt auch für Paulus (1 Thess 1,3). Wer bekennt, aber nicht leiden will, ist ein Greuel.

Ähnlich wie bei den Dämonen nach Jak 2 und Mk 1 ist es bei den Menschen nach Mt 7,22. Dort geht es um das rechte Bekenntnis. Also, sollte man annehmen, liegt auch der Heilige Geist zugrunde. Aber es könnte ja ähnlich sein wie bei den Dämonen, die zwar den Glauben haben, jedoch keine Werke. Denn wer im Namen Jesu heilen und Exorzismus üben kann, aber nicht gerecht ist, der gehört selbst auf die Seite der Bösen. *Pneumatologischer Dualismus* bedeutet auch: Werke und Bekenntnis müssen zusammengehören.

Dass das eine aus dem anderen hervorgeht, wird dann besonders auffällig, wenn diese Entsprechung von Sein und Bekenntnis nicht stimmt. In einer Zeit der Fernsehprediger und kapitalistisch gestrickten fundamentalistischen Sekten muss man eben auf beides achten, auf den präzisen Wortlaut des Bekenntnisses und ob die Taten dazu passen.

Ähnlich warnt Judasbrief 7 vor der voreiligen Verfluchung des Teufels. Es könnte ja sein, dass derjenige, der Exorzismus üben und den Teufel sogar verfluchen kann, selbst nicht gut ist. Dann würde der ausgesprochene Fluch auf ihn zurückkehren.

3.2.4 »Jesus ist der Herr«

Die älteste in diesem Zusammenhang zu diskutierende Stelle ist sehr ergiebig: 1 Kor 12,2b–3: »Gott redet durch seinen Geist in euch. Deshalb ist es nicht gleichgültig, was ihr sagt. Wer von Gottes Geist erfüllt ist, wird kein ›Verflucht sei Jesus‹ über die Lippen bringen. Und wenn einer sagt ›Jesus ist der Herr‹, dann kann das auch nur von Gottes Heiligem Geist her verstanden werden.« Paulus meint damit: So wie jemand ist, so bekennt er auch. Oder in den Worten von Marshall McLuhan: The medium is the message.

Ähnlich denkt auch Johannes, wenn er formuliert: »Ihr aber ... seid aus Gott« (1 Joh 4,4). Wer Heiligen Geist hat, kann Jesus als Kyrios (Herrn) bekennen.

Aber warum heißt es hier »Herr« und nicht »Sohn Gottes«? Was hat der *Kyrios* mit dem Heiligen Geist zu tun? Hier geht es jetzt um ein bei akademisch desinfizierten Neutestamentlern sichtlich ungeliebtes Feld, nämlich um die Rede von Mächten, Herrschaften (kyriotetes), Thronen und Gewalten. Die Pointe aller frühchristlichen Aussagen ist: *Allen diesen Mächten ist Jesus überlegen.* Er ist gegenüber ihnen allen der wahre Kyrios, jedenfalls aber »unser Herr«. Alle die Mächte etc. stehen dem Menschen potenziell feindlich gegenüber. Sie haben keine Leiber und können daher die Menschen auch nicht in ihrem Eigensten erlösen.

Damit stehen wir an einer Stelle der frühchristlichen Diskussion, die eine ganze Reihe neutestamentlicher Briefe bestimmt und unter anderem auch mit dem »Fleisch des Messias« zusammenhängt. Die Elemente dieser Diskussion sind:

a) Von Mächten, Herrschaften (kyriotetes), Kräften, Machthabern, Thronen und Gewalten ist die Rede in frühchristlichen Briefen: 1 Kor 15,24; Eph 1,21; 3,10; 6,12; Kol 1,16.18; 2,10.15; 1 Petr 3,22; Judas 6–8; 2 Petr 2,10. Oft herrscht die Anschauung, Jesus habe sie durch seine Auferstehung überwunden; nach Kol sind sie schon unter ihm und durch ihn erschaffen.

b) Sind diese Mächte zwischen Himmel und Erde nun für die Menschen oder gegen sie? Genau diese Frage heißt: Unterscheidung der Geister. Sie gilt für Geister, die in Menschen wohnen, genauso für die Mächte und Gewalten, für die Herrschaften, die hinter den Regierungen stehen. Es wäre gut, wenn man wüsste, welche den Menschen wohlgesinnt sind und welche nicht. Die Gegner des Kolosserbriefes fordern deshalb einfach pauschale Engelverehrung. Aber Paulus (der Verfasser des Kolosserbriefes) ist eindeutig dagegen, denn Jesus Christus ist das Haupt aller dieser Wesenheiten. Er befiehlt. So ist es auch bei Paulus in 1 Kor 12,3: Wer den Geist Gottes hat, wird Jesus als den einen und einzigen Herrn bezeichnen. Wer ihn nicht hat, weiß nicht genau, ob Jesus nicht doch der Name einer gefährlichen Gegenmacht ist. Man sieht hier, wie religiös unsicher das 1. Jh. n. Chr ist. Ganz klar ist dieses: Wer der Herr ist, ist der Herr auch der überirdischen, himmlischen

Mächte (Phil 2,11). Diese Klarheit gebracht zu haben ist der Anspruch des Christentums.

c) Jesus hat sie unterworfen bzw. in ihren Anklagen gegenüber den Menschen ausgeschaltet (1 Kor 15; Kol 2). Nach Kol 1 war er schon seit je ihr »Haupt«.

d) Die unter b) geschilderten Elemente setzen die Exorzismen der Evangelien auf »Weltniveau« fort.

e) Im Judasbrief kommt es darauf an, diese Mächte nicht durch Schelte zu reizen. Gleichzeitig wird hier der Zusammenhang mit dem Teufel nochmals greifbar.

f) Jesus ist über die Mächte erhaben, weil er Mensch geworden ist und in seinem Fleisch (menschlichem Leib) uns erlösen konnte. Damit gehört auch 1 Joh in diesen wichtigen Themenbereich.

Fazit: So wie Jesus durch den Heiligen Geist Sohn Gottes gegenüber den unreinen Geistern, den Dämonen ist und ihnen befehlen kann, so ist er analog auch der Herr gegenüber allen möglichen Herrschaften. So steht er auf der Seite Gottes und der Menschen. Jesus ist nicht ohne metaphysische Konkurrenz im Bereich der Herrschaften, Mächte und Gewalten. Aber Jesus ist unser Herr, nicht sie. Und wenn Paulus das sagt, ist das immer ein Stück Tröstung. Denn das ist ein Beitrag zur Frage nach der Wahrheit in einer schillernden Welt. Und wenn Paulus zitiert »Wir haben einen Gott und Vater ... und einen Herrn Jesus Christus«, dann meint das Wort »Herr« hier: Jesus ist als Herr Träger des Namens Gottes, und damit ist mehr »als Schall und Rauch« gemeint. Denn kein Mensch sonst ist Ort für die Anwesenheit Gottes durch seinen Namen; der Name ist das »Wesen«. Jesus ist insofern Mensch und Gott zugleich (Phil 2,11). Durch diese doppelte Qualifikation ist er – und kein anderer – als Mittler geeignet. In 1 Kor 12,1.–3 kommen beide Linien zusammen: Wer durch den Heiligen Geist auf der Seite Gottes steht, kann Jesus auch als Herr gegenüber den Herren bekennen. Die Herren und Mächte sind prinzipiell auch nichts anderes als Geistermächte.

Das Bekenntnis zu Jesus als dem Herrn ist in einer großen Breite von Aspekten verbunden mit dem pneumatologischen Dualismus. Ich will nur einige benennen:

* *Verfluchen von Geistermächten?* – Dass Jesus nach 1 Kor 12 auch verflucht werden kann, lässt der Judasbrief, Kap. 8–9, assoziieren: Es könnte ja sein, dass derjenige, der einen Exorzismus ausüben und den Teufel sogar verfluchen kann, selbst nicht gut ist. Dann würde der ausgesprochene Fluch auf ihn zurückkehren. Das heißt: Paulus zitiert in 1 Kor 12,3 einen Stil, den der Judasbrief für die gegenteilige Praxis bezeugt: Wer ist Kyrios, wer ist von der Gegenseite und muss verflucht werden? Jesus zu verfluchen, nennt Paulus als Gegenstück zum kirchlichen Bekenntnis »Jesus Christus ist der Herr«. Hat das irgendjemand getan zur Zeit des Paulus? Oder ist es nur eine rhetorische Ergänzung im Sinne des Dualismus`? Gewiss, im 2. Jh. war das gegenüber römischen Behörden die Weise des Abschwörens (Plinius d. J. an Kaiser Trajan X, 96 maledicerent Christo). Vielleicht haben auch ein paar Gnostiker so gehandelt. Aber zur Zeit der Entstehung des ersten Korintherbriefes? Doch erkennbar ist: Paulus erfindet seinen Gegensatz »Kyrios«/»verflucht« offenbar nicht, sondern er schildert einen offenkundig bekannten Stil der Auseinandersetzung um die Geltung von Engelmächten und höheren Gewalten. Offenbar ist »verfluchen« das konträre Gegenteil zu »segnen«, und »segnen« heißt auch: »lobpreisen«. Das wird auch gegenüber Menschen praktiziert, so in Dtn 27,15 ff und in Qumran, von Paulus nach Gal 1,8 und von der Gemeinde in 1 Kor 5,5 etc. Auch das »Ich widersage« des Taufritus ist eine modifizierte Form von »abschwören«.

* *Politische Anwendung* – Oft ist die Bekenntnissituation nicht gottesdienstlich, sondern politisch. Hier ist vielleicht sogar der primäre »Sitz im Leben« des frühchristlichen Bekenntnisses zu Jesus. Auf jeden Fall wird auch dieses auf das Wirken des Heiligen Geistes zurückgeführt: Nach Mk 13,11 spricht der Heilige Geist aus den Christen, wenn sie ihren Glauben bekennen vor Königen und Fürsten, und nach Lk 12,11 wird Jesus den Jüngern für dieselbe Situation sagen: »Der Heilige Geist wird euch lehren, was ihr zu sagen habt.«

* *Sünde gegen den Heiligen Geist* – Die Sünde gegen den Heiligen Geist – »Wer aber den Heiligen Geist lästert, der findet in Ewigkeit keine Verge-

bung, sondern seine Sünde wird ewig an ihm haften« (Mk 3,29) – ist deshalb so schlimm und unvergebbar, weil der böse Geist, den einer der Schriftgelehrten Jesus anhängen will, offensichtlich in dem Sprecher dieser Mundsünde selbst wohnt. Denn auch hier gelten die Regeln des Geister-Dualismus: Wer statt der Wahrheit das Falsche bekennt, in dem wohnt der Teufel. Im Falle der Sünde gegen den Heiligen Geist bedeutet das: Wer mit Worten verkündet, in Jesus wohne nicht der Geist Gottes, sondern der Geist Beelzebuls, auf den trifft letzteres schon deshalb zu, weil es als falsche Behauptung nach dem Bumerang-Prinzip von Jesus abprallt und auf den irrenden Sprecher zurückfällt.

* *Nachwirkung in der Taufliturgie* – Es sei noch einmal an eine der Grundvoraussetzungen der verhandelten Theorie erinnert: Christen betrachten ihren Glauben nicht als eigene Leistung, sondern als Gabe des Geistes. Nur weil er geschenkt ist, kann er auch das richtige Bekenntnis sagen. Das wirkt auch im Messiasbekenntnis des Petrus (Mt 16,16–17: »… nicht Fleisch und Blut haben dir das offenbart.«) nach. In der Kirchengeschichte gibt es wichtige Nachwirkungen des oben geschilderten Zusammenhangs von Dualismus und Bekenntnis. Die wichtigste ist die feierliche Absage an den Teufel beim Anlass der Taufe. Denn die Taufe ist der Ort der Übergabe des Bekenntnisses an den Getauften und des ersten Bekennens. In diesem Kontext heißt es im alten Ritual: Widersagst du dem Satan? / »Ich widersage« – »Und all seiner Pracht?« / »Ich widersage«. Diese dualistische Ausrichtung der Taufe halte ich für wesentlich und für nicht weglassbar. Denn hier kann deutlich werden, dass christliche Taufe nicht nur Anfang der Erziehung »zu anständigen Menschen« ist, sondern Abgrenzung mit Folgen.

* *Analogien zum Inspirationsbegriff* – Der hier vertretene Ansatz erleichtert auch einen Zugang zum Inspirationsbegriff, bezogen auf die Schrift. Denn das frühe Christentum ist der Meinung, die Bibel sei, so wie von der Kirche ausgewählt und abgegrenzt, vom Heiligen Geist inspiriert. Hier liegt dieselbe Entsprechung zwischen Gläubigen und heiligem Text zugrunde wie in der Beziehung zwischen Gläubigem und Bekenntnis. Diese Entsprechung bedeutet: Hier ist dieselbe Kraft des Heiligen Geistes wirksam. Der Heilige Geist verbindet in beiden Fällen Menschen, die einen Text als wesentlichen Ausdruck ihres Glaubens empfinden, mit dem, was oder wen sie damit be-

kennen, und mit dem, was sie selbst sind. Im Falle der Bekenntnisse besagt das: Wer vom Heiligen Geist erfüllt ist, kann auch den Heiligen Geist in Jesus sehen und bekennen. – Im Falle der Schrift sagt es: Die Glaubenden führen ihren Glauben nicht auf sich selbst zurück, sondern betrachten ihn als Wirken des Heiligen Geistes. Genau diesen Glauben, dieses Wirken des Heiligen Geistes finden sie auch in der Schrift. Dass man den eigenen Glauben in der Schrift wiedererkennt, kann weder Zufall noch Nachahmung sein, sondern beruht darauf, dass in den Autoren der Schrift derselbe Offenbarungsgeist wirkt, der auch ihren eigenen Glaubenssinn hervorbringt. So können sich beide Größen jeweils bestätigen und kontrollieren: der Glaube der Kirche und die Schrift; das Bekenntnis und die Wirklichkeit Gottes.

Wir fassen zusammen: Wer die christologischen Titel »gebraucht«, auf Jesus anwendet, bekennt damit seinen Glauben. Und wer diese Titel so gebraucht, wie sie gedacht sind, ist inspiriert vom Heiligen Geist. Und mit seinen Worten gibt man selbst zu verstehen, wer man ist. Denn mit seinen Worten *äußert* man sich, gibt man sich »weg«.

3.2.5 Endzeitliche Zuspitzung

Es ergibt sich auch eine besondere Beziehung zum Zeit- und Weltverständnis der Endzeit. Im Rahmen des Dualismus und vom endzeitlichen Denken der frühen Christen her gibt sich folgende überraschende Entsprechung zwischen Weiß und Schwarz, zwischen Gott und Satan:

* Der Gott des Himmels sendet jetzt Jesus Christus auf die Erde, und er sendet den Heiligen Geist in die Menschen. Seine beiden Hände werden »jetzt« auf Erden für die Menschen offenbar, der Sohn und der Heilige Geist. Vom Heiligen Geist werden viele erfüllt.

* Aber auch der Teufel wird jetzt auf der Erde offenbar. Er fällt vom Himmel zur Erde (Apk 12; Lk 10). Daraufhin und deshalb werden viele Menschen von Dämonen (bis hin zur Anzahl einer »Legion«) besetzt, parallel zur Wirksamkeit des Heiligen Geistes auf der Gegenseite.

* Gottes Reich steht gegen das Reich des Teufels.

* Auf der christlichen Seite steht die Inspiration der Glaubenden mit der Frucht der Titel für Jesus (Sohn Gottes, *Kyrios*). Wer zu Gottes Reich gehört und glaubt, kann diese Titel »hervorbringen« wie der Weinstock die Trauben. Und das sichtbare Resultat des Ganzen ist das Leiden der Glaubenden.

* Auf der teuflischen Seite steht die Inspiration böser Machthaber durch Mächte und Gewalten, ihre in Richtung Göttlichkeit angemaßten Titel im alten Rom und anderswo, es finden sich aber auch – negativ parallel zum Glaubensbekenntnis der Christen – die negative Inspiration des Petrus (Mk 8,33 »Satan«) und die Verfluchung Jesu (1 Kor 12,3). Dort, wo auf der Seite der Glaubenden das Martyrium steht, geht es hier um Anwendung brutaler Gewalt.

Es ergibt sich daher ein konsequent durchgeführter Dualismus, in dem der »Sitz im Leben« der christologischen Titel und des Bekenntnisses zu Jesus klar erkennbar sind.

3.2.6 Das trinitarische Bekenntnis war von Anfang an

Wenn der hier beschrittene Weg der richtige sein sollte, nämlich die Frage, wer Jesus ist, wie man ihn nennen soll, zu verbinden mit dem bereits vorösterlichen Streit, ob Jesus den Geist Gottes oder den Geist Beelzebuls (des Teufels) in sich hat, *dann liegt der entscheidende Bruch nicht im Ostergraben, sondern in dem Beginn des pneumatologischen Streits lange vor Ostern.*

Die Ostergraben-Theorie hat ganz recht gesehen: Es ging um den Sohn Gottes, aber eben um die bereits vorösterlich belegte und umstrittene Titulatur »Sohn Gottes«. Je nachdem, wo die Jünger und Jüngerinnen den Geist Jesu »verorteten«, bei Gott oder beim Satan, war er Sohn Gottes oder Kind des Teufels. Wenn unser Weg so richtig ist, geht es *von Anfang an um ein trinitarisches Verständnis,* da eben Sohn und Geist nach dem hier vorgetragenen Verständnis unlösbar verknüpft sind.

Wenn man sich rückhaltloser auf die Denkformen und die Erfahrungswelt der Jesuszeit einlässt, werden die Dinge für uns keineswegs einfacher. Ja, wir müssen mit einer Schockwelle der *Befremdung* rechnen. Vielleicht ließen die sich am wenigsten auf die Fremdheit dieser Welt ein, die am meisten von Hermeneutik und Horizontverschmelzung redeten. Trugen sie ihre Optionen an die Bibel heran, statt sich wirklich von der Andersheit des Anderen provozieren zu lassen? Eine von Dämonen und Exorzismen purgierte Bibel mag manchen noch als konsumables »Produkt« erscheinen, aber es ist Wein, dem man die originären Geschmacksstoffe entzogen hat. Das frühe Christentum ist uns fremd und muss uns wieder fremder werden, um uns etwas sagen zu können. Seine Geschichte ist wesentlich bestimmt durch die Frage nach der Legitimität der geistlich-charismatischen Vollmacht Jesu – und zwar von Anfang an. »Geistlich-charismatisch« – das heißt: bezogen auf das sichtbare Wirken seiner freien Vollmacht; verwirklicht wurde diese in Bereichen, die nicht »ernsthaft systematisch-theologisch« sind, sondern die so fragwürdige Bereiche wie Exorzismen, Wunderheilungen und Prophezeiungen betreffen.

Dass jüdische Kreise Jesus zum Tode verurteilen wollten, hing zuallererst damit zusammen, dass er als falscher Prophet mit einem teuflischen Geist betrachtet wurde, denn er konnte durch kein Zeichen vom Himmel her beweisen, dass er seine Vollmacht vom Himmel hatte (Mk 8,11 f.). Darauf jedenfalls weist die Frage nach der Gottessohnschaft in Mk 14,61 hin. Der Vorwurf der Gotteslästerung träfe ihn zu Recht, wenn er Gottes Geist nicht hätte.

Im Übrigen ist die Frage, ob Jesus (durch den Heiligen Geist) Gottes Sohn ist, heute von erheblicher Brisanz. Der Islam ist die Gestalt einer abrahamitischen Religion, die dann entsteht, wenn man – wie die christlichen Nestorianer es taten – die Gottessohnschaft Jesu ablehnt. Und *Gottes Sohn* ist Jesus nie für sich allein. Wir – seine Geschwister – sind damit mit definiert. Gottessohnschaft bedeutet daher etwas über die erhoffte Qualität künftigen Heils.

3.3 Der Heilige Geist als Kontinuität und Brücke

3.3.1 Kontinuität nach bekannter Art

Nun weiß in Israel jeder religiös Gebildete, dass das heikle Thema des Verhältnisses zwischen Gründergestalt einerseits und der nachfolgenden Generation von Jüngern andererseits in dieser Religion stets »wunderbar« gelöst wird. Im Verhältnis zwischen Moses und den 70 Ältesten, zwischen Elia und Elisa, zwischen Hiob und seinen charismatischen Töchtern und (nun genauso auch) bei Jesus und seinen Jüngern geschieht stets dasselbe: Der Heilige Geist geht von der Gründergestalt auf die zweite Generation über, und dieser Geist ist zugleich der des Gründers. Deshalb kann gar kein Zweifel an der Kontinuität aufkommen. Bei Elia und Elisa sowie bei Jesus und seinen Jüngern kommt noch die besondere Gemeinsamkeit hinzu, dass die jeweils Nachfolgenden Zeugen der Himmelfahrt der Gründergestalt sind.

3.3.2 Der Bauplan der Brücke

Wahrscheinlich erschien der Heilige Geist vielen Forschern als allzu luftige Materie, als dass man sich ernsthaft die Mühe gemacht hätte, ausgerechnet ihn als das Kontinuum zwischen der Jesuszeit und der frühen Kirche zu betrachten. Bei näherer Betrachtung geht es – wo der Heilige Geist auftaucht – nie ums Wolkige, Ungefähre. Fast könnte man das Gesetz aufstellen: Je mehr Präsenz des Geistes, desto mehr Präsenz des Konkreten, und zwar in Ausformungen, die sich bei Jesus ebenso wie bei den Jüngern finden.

Jesus ist erkennbar der Messias im Kampf gegen die unsichtbaren Mächte. Das verbindet die Exorzismen Jesu vor Ostern mit den Aussagen der Briefliteratur, dass der Erhöhte die Mächte und Gewalten, Throne und Herrschaften unterworfen bzw. unschädlich gemacht habe. Die übergreifende Überzeugung ist: Er muss eine stärkere Kraft in sich tragen, die ihn ihnen überlegen macht. Weil dieser Leib leidensfähig ist, kann Jesus ihn zur Erlösung der Menschen einsetzen.

Gewiss ist die heilige Schrift des Neuen Testaments um- und umgedreht worden – und doch findet sich immer noch *terra incognita*.

Ich glaube sagen zu dürfen: Die Kontinuität zwischen Herrschaft über die Dämonen (der Jesuszeit) und die Herrschaft über die Mächte und Gewalten (der frühen Kirche) ist bisher nicht gesehen worden. Aber sie ist von erheblichem Gewicht. Der Heiland auf Erden befreit jeden einzelnen Menschen, der in den Himmel Erhöhte kann jeder Macht zwischen Himmel und Erde befehlen. Die Mächte zwischen Himmel und Erde können den Menschen nicht erlösen, weil sie keinen Leib haben und daher nicht für ihn leiden können. Auch das »Fleisch des Messias« im ersten Johannesbrief und in weiterer Literatur hat genau diesen Sinn: Jesus Christus kann uns dort erlösen, wo wir sind (vgl. K. Berger, Theologiegeschichte 2. A., § 115–120).

Seit den Propheten des Alten Testaments ist der Heilige Geist nicht unbekannt. Schon das Judentum der Zeit Jesu rechnet in vorher nie gekannter Intensität mit dem Heiligen Geist. Aber mit Jesus, empfangen vom Heiligen Geist, geboren als Sohn Gottes, Sohn Gottes durch den Heiligen Geist, beginnt noch einmal etwas qualitativ Neues. In seinem Erdenleben macht Jesus wiederholt die Erfahrung des Heiligen Geistes, und andere machen sie an ihm. Für Jesus selbst ist der Heilige Geist die Kraft und Macht des Vaters, mit der er auf der Erde wirkt. Er, der Geist, ist die Kraft der Veränderung. Das reicht von der Sendung Jesu über die Kraft zum Unterwerfen der Dämonen bis hin zur Schriftauslegung. Indem sowohl die Verkündigung an Maria als auch die Auferstehung Jesu nach den Aussagen des Neuen Testaments übereinstimmend darin besteht, dass Gottes Geist Jesu leibliche Existenz bewirkt bzw. erneuert, wirkt Gottes Schöpfergeist beide Male an Jesus, und zwar mit leibhaftiger Konsequenz. Nach der Auffassung der Evangelien hat Jesus auch vor Ostern schon einen Leib, an dem sein Ursprung durch den Heiligen Geist hin und wieder durchbricht, so bei der Empfängnis, bei der Verklärung, beim Gehen auf dem Wasser und bei der Eucharistie.

Die Bedeutung des Heiligen Geistes vor und nach Ostern lässt sich an einer Fülle von Beispielen demonstrieren:

* Bei der Heilung der Tochter der Kanaanäerin (Mk 7; Mt 15) demonstriert Jesus die (Grenzen der Völker überwindende) Macht seiner Geistbega-

bung. Es ist Gabe des Geistes von der Art, wie sie später die Apostel dadurch zeigen, dass sie alles essen, ohne Schaden zu leiden (Apg 10 f.).

* Zum Kontinuitäts-Zeichen ist der Heilige Geist auch geworden, wenn Jesus sagt, er selbst bzw. der Heilige Geist, werde (nach Ostern) den Jüngern die Worte eingeben, die sie nötig hätten. Genau so wird nach Johannes der Paraklet (= Fürsprecher, Tröster) verstanden.

* In Gethsemane kommt diese Geisterfülltheit Jesu in eine dramatische Krise. Denn Jesus muss erfahren, was er zuvor wohl nie so niederdrückend erlebt hatte: »Er fragte Petrus: ›Simon, schläfst du‹? Konntest du nicht eine Stunde wach bleiben‹? Bleibt wach und betet, damit euer Glaube die Belastungsprobe besteht. Der Heilige Geist macht mutig, aber als bloße Menschen sind wir feige.‹« (Mk 14,37 f.). Das steht in der Bibel‹? Ja. Nur haben wir die traditionelle, missverständliche Übersetzung »Das Fleisch ist schwach« ersetzt durch »als bloße Menschen sind wir feige«.

* Der Heilige Geist gibt Jesus dann die Kraft, vor Gericht zu bestehen, so wie er selbst es den Jüngern verheißen hatte (Lk 12,12).

* Indem der Heilige Geist Jesus zum Sohn Gottes macht, hebt er die trennenden Unterschiede zwischen Gott und Mensch auf. Genau in dieser Funktion aber erfahren die Jünger nach Ostern den Heiligen Geist. Waren es schon nach den vorösterlichen Aussendungsreden die Differenzen zwischen rein und unrein, die durch die »offensive Reinheit« der Jünger aufgehoben waren, so wird erst recht nach Ostern jede Macht heidnischer Unreinheit verschwinden.

* Die Gemeinschaft der Jünger (und Mariens) vor der Himmelfahrt, die, wie Lukas berichtet, eine betende ist, ist für Lukas das erneuerte Gottesvolk, das auf die entscheidende angekündigte Gabe des Heiligen Geistes wartet.

So ergibt sich durch Ostern keine grundsätzliche Änderung in der neuen, starken Erfahrung des Geistes Gottes.

3.3.3 Der Geist schafft Einheit, wo Trennung war

An den Beginn der Apostelgeschichte setzt Lukas einen Bericht, der wie kein anderer die Kontinuität zwischen unterschiedlichen Phasen der Heilsgeschichte betonen soll: Zu Pfingsten kommt der Heilige Geist nur auf die Jünger und auf die Personen, die in Apg 1 als Zeugen der Himmelfahrt genannt werden, darunter ist auch Maria, die Mutter Jesu.

Wir sahen bereits: Nach 2 Kön 9 hatte Elisa gebeten, ihm möchten vom Heiligen Geist Elias zwei Erbteile zufallen. Elia hatte darauf geantwortet: »Du hast Schweres erbeten. Wenn du siehst, wie ich von dir entrückt werde, wird es dir zuteil, andernfalls aber nicht.« Das heißt: Die Zeugenschaft bei der Entrückung ist unerlässliche Bedingung für den Empfang des Geistes des Entrückten. Wenn sie nicht gegeben ist, dann ist gar nicht sichergestellt, ob der »Nachfolger« wirklich mit dem Geist des Entrückten erfüllt ist. Im Judentum kennen wir Ähnliches von der Entrückung Hiobs, des Gerechten. Seine Töchter fangen, nachdem sie Hiob haben hinauffahren sehen, an, in den Sprachen der Engel zu reden, d. h., sie verkünden geistliche Lieder. Die Liste der Beteiligten im Apostelsaal in Apg 1 ist daher im Sinne der Elia-Tradition das Bindeglied zwischen Himmelfahrt und Pfingsten. Von daher erklärt sich auch, weshalb der Schluss der 40-tägigen Erscheinung in der »Himmelfahrt« so deutlich mit den sprachlichen Mitteln gezeichnet ist, mit denen man Entrückungen darstellte, denn in 2 Kön 2 ging es um eine Entrückung.

3.3.4 Der Geist bringt Sprache und Verstehen

Durch die Gabe des Geistes wird auf jeden Fall *indirekt* der Weg des Heils ermöglicht. Im Unterschied zu Paulus ist der Heilige Geist bei Lukas nicht die Kraft, die die Gebote (letztlich in Liebe) erfüllen lässt, oder die Macht der Auferstehung oder der neuen Schöpfung. Bei Lukas, dem Autor der Apostelgeschichte, entfallen alle diese Aspekte. Für ihn ist die Gabe des Geistes ein Wunder, das zentral mit Sprache, Sprechen und Verstehen zu tun hat.

Der Schlüssel liegt in Apg 2,21: »Jeder, der den Namen des Herrn anruft, wird gerettet werden.« – »Anrufen« (Apg 2,21; Joel 3,5) aber ist nach Lukas alles, was in Worten an Gottes Adresse gerichtet wird (Jubel, Lobpreis, Gebet). Die Kraft und den Status dazu aber erlangt man nach Lukas offensichtlich erstens dadurch, dass Gott einen Menschen »hinzuruft« (2,39; Joel 3,5), und so entsteht schon in Joel 3,5 ein Wortspiel: Gott ruft *hinzu,* der Mensch ruft Gott *an.* Und zweitens erlangt man das durch den Heiligen Geist. Er gibt und ist die Kraft zum Beten und gleichzeitig auch das wichtigste erbetene Gut. Beten in der Kraft des Heiligen Geistes kann aber niemand, der den Geist nicht hat, es sei denn, der Heilige Geist kommt über ihn. Dann werden diese anderen, seien es Juden, seien es »Gottesfürchtige«, Samaritaner oder Heiden, in den Kreis der bevollmächtigten Anrufer des Namens des Herrn aufgenommen (es genügt da nicht, Jude zu sein). Der Weg des Heils ist daher folgender: Gott ruft einen Menschen – der Mensch empfängt den Geist als Kraft zu erfolgreichem Beten – das Gebet ist das Anrufen des Namens des Herrn – die Folge seiner Bekehrung, ihr sichtbares Zeichen ist Verzicht auf Besitz – durch Gebet und Caritas wird der Mensch Gott angenehm und kann durch seine Gnade gerettet werden.

Diese Auffassung hat ihren besonderen Grund in einer spezifischen christlichen Sicht von Sprache. Auch das Phänomen des »Redens in anderen Sprachen« (Zungenreden) könnte von hier aus erhellt werden. Sie umfasst folgende Elemente:

* Die Sprache, die Gott erreicht, muss *von Gott selbst eingegeben sein.* Insofern besteht hier eine Entsprechung von Sprache und Sein. Denn auch jeder Status, mit (oder: in) dem man sich vor Gott sehen lassen kann, muss von Gott selbst verliehen sein (wie das hochzeitliche Gewand in Mt 21).

* Es gibt Sprachen der Menschen und der Engel. Jede Gruppe umfasst verschiedene Einzelsprachen oder -texte. Der Heilige Geist aber verfügt über sie alle. Er ist der *»Herr der Sprachen«.* Daher kann er auch mühelos von der einen in die andere übersetzen (Röm 8,28, Bild vom Dolmetscher).

* Der Inhalt ist nicht von der Form der Sprache zu trennen: Man ist

noch nicht so weit, dass man eine abstrakt gefasste Grammatik bestimmten Einzeltexten gegenüberstellt. Sprache gibt es nicht als System von Regeln, nur in Gestalt konkreter Texte. Inhaltlich geht es in unseren Kontexten immer um den Lobpreis Gottes. Grundsätzlich kann er in verschiedenen Sprachen Gott angeboten werden.

* Zu trennen ist streng zwischen dem Verstehen und Übersetzenkönnen (in die Zielsprache) einer Sprache einerseits und der aktiven Beherrschung einer Sprache andererseits. In Apg 2,4 geht es um das aktive Beherrschen fremder (Menschen- und Engels-[?]) Sprachen auf Seiten der Apostel, weiterer Jünger und Frauen. In 2,5–13 besteht das *Wunder im Verstehenkönnen*. – Auch nach Paulus 1 Kor 14 ist beides getrennt: Die einen können in fremden Sprachen reden, die anderen können es übersetzen.

* Es gibt keine Anhaltspunkte dafür, dass Reden in anderen Sprachen ein sinnloses Äußern von Ur-, Stöhn- oder Grunzlauten wäre. Was übersetzt werden kann, *muss auch sinnvoll sein*. Nach den jüdischen Analogien sind die Texte in den Sprachen der Engel sogar auf Stelen (Säulen) aufgeschrieben. – Ein formloses Äußern von Lauten widerspräche auch ganz dem starken Formempfinden aller uns bekannten Liturgien.

* Die Gebetssprache der frühen Christen bis Ende des 3. Jh. ist Aramäisch. Wegen Gen 1 gilt sie als die Sprache der Schöpfung. Paulus betet genauso in dieser Sprache wie auch Petrus. Das ist von allem Anfang an so gewesen (vgl. im Neuen Testament: *Abba, Amen, Halleluja, Maranatha und Hosianna*). Als Sprache der Schöpfung ist Aramäisch, gleich ob nur fragmentarisch oder durchgehend als Gebetssprache verwendet, Gabe des Heiligen Geistes (ausdrücklich: Gal 4; Röm 8).

* So sind zwar alle Sprachen untereinander gleich. Die Botschaft kann in allen formuliert werden. Zudem ist die Botschaft primär Lobpreis Gottes – ein nicht unwichtiger Nebenaspekt der Pfingstgeschichte. Der Heilige Geist garantiert die inhaltliche Konvergenz aller.

* Jede Sprache, in der ich Gott loben kann, dokumentiert die *Internationalität der Botschaft*. Denn dass die Völker eins werden durch ein »konverti-

bles« Bekenntnis, eint sie unter dem einen Gott. Insofern schafft übersetzte Sprache Fakten. Das gilt nun nicht nur für das Griechische wie beim »Septuaginta-Wunder«, sondern eben für alle Sprachen und Kulturen. Das sogenannte Septuaginta-Wunder ist eine Art Vorläufer der Pfingstgeschichte in der Geschichte des Gottesvolkes. Denn als das Alte Testament vom Hebräischen ins Griechische übersetzt werden sollte, wurde eine »Kommission« von 70 Übersetzern beauftragt. Jeder einzelne übersetzte, und nach einiger Zeit konnte man das Wunder feststellen: alle Übersetzungen stimmten haargenau überein. Wie bei der Pfingstgeschichte ging es um das schwierige Problem, wer eigentlich garantiert, dass die Übersetzung eines religiösen Textes in eine fremde Sprache auch stimmt. Im Islam hat man diese heikle Frage übrigens dadurch umgangen, dass man bis vor kurzem eine Übersetzung des arabischen Originals in fremde Sprachen überhaupt verboten hat. Bei der Septuaginta und zu Pfingsten wird das Problem nicht restriktiv, sondern positiv gelöst: Gott selbst sorgt durch Wunder und Zeichen dafür, dass Menschen der Übersetzung vertrauen können.

Der Apostelgeschichte kommt es darauf an, dass der Heilige Geist, der *aktive Sprechkompetenz* verleiht, die gemeinsame Basis für alle Christen ist. Um Christ zu sein, kommt noch die Wassertaufe hinzu – jedenfalls für Lukas.

3.3.5 Der Geist ist es, der sammelt

Die Gabe des Heiligen Geistes wird in der Petrusrede gegen den Wortlaut von Joel 3 auf die »letzten Tage« bezogen. Das Einswerden der Völker unter dem einen Gott in dem interkulturell-identischen lobpreisenden Bekenntnis ist ein Geschehen der Endzeit. So haben es die Propheten Israels gesagt. Aber mit dem ausführlichen Hinweis auf Joel ist jedenfalls ein drittes Element der Kontinuität innerhalb der Heilsgeschichte genannt: die Prophezeiung durch die Propheten.

Nach Apg 2,9–11 sind die Völkerschaften im Kreisbogen um Jerusalem herum angeordnet. Jerusalem erscheint daher als die »Mitte der Welt«. In theologischer Perspektive ist es grundsätzlich der Heilige Geist, der Einheit schafft, wo Trennung war. Das gilt für das

Verhältnis von Gott und Mensch wie für das Verhältnis der Völker untereinander.

Für Lukas wie für die frühe Kirche insgesamt ist Pfingsten nicht das Sahnehäubchen obendrauf (das man zur Not auch weglassen kann, weil der Kuchen auch »ohne« schmeckt). Vielmehr ist jede Rede vom Heiligen Geist immer im Rahmen des Dualismus zu verstehen. Das heißt: An der Frage nach dem Heiligen Geist entscheidet es sich, ob die Jünger und Evangelisten es mit Gott zu tun haben oder eben nicht. Zugang zum Heil ereignet sich für Lukas eben, indem er die Kontinuität des Gottesvolkes von den Propheten über den vorösterlichen Jüngerkreis bis hin zur pfingstlichen Gemeinschaft aufweist. Der Heilige Geist stiftet die Einheit über die Zeiten hin.

Vor allem ist der Heilige Geist der Geist *Jesu*.

3.3.6 Der Heilige Geist macht Politik (Eph 4,1–6)

Paulus schreibt den Epheserbrief aus dem Gefängnis; daher hat diese Mahnrede testamentarischen Charakter, ist sie eine Abschiedsmahnung. Wie ein sterbender Vater nimmt Paulus seine Gemeinde ins Gebet: Freunde, seid um des Himmels willen einig. Jeder Vater, der Abschied nimmt, redet so zu seinen Kindern, denn er will, dass die Familie nach ihm Bestand hat. Nun fällt auf, dass sehr viele Mahnreden des Neuen Testaments gerade diesen inneren Duktus aufweisen. Daher haben sie weitgehend den Charakter von Vermächtnissen. Das gilt für die johanneischen Abschiedsreden (speziell für Johannes 13 und 17) wie für viele Briefe des Apostels Paulus und solche im Umkreis. Keine Spur also von Naherwartung und baldigem Weltende! Hier wird etwas vererbt für die Zukunft! Hier geht es um das Vermächtnis für eine künftige Weltkirche. Und diese Kirche ist *Weltkirche!* Schon im Neuen Testament wird der lauschige lokale Winkel verlassen, wird steil, ja global gedacht, findet sich die Kirche als Instanz, die durch ihre bloße Existenz übernational und dadurch reale Verwirklichung der Einheit der Menschheit ist.

Hier ist in der Urkirche etwas da, was wir geistig bis auf den heutigen Tag noch nicht eingeholt haben! Eine christliche Geschichtstheologie ist überfällig. Durch die Erben von Hegel, Marx und Hitler sollten wir uns nicht entmutigen lassen. Ein Beitrag des Christentums zum Thema *Ziel der Weltgemeinschaft* ist sicher notwendig. Der Kampf des westlichen Materialismus gegen den Islam kann doch nicht alles sein! Und was ist das für eine geschichtliche Nichtperspektive, die uns der weltanschauliche Evolutionismus nahelegen möchte, ganz zu schweigen von einigen Hirnforschern, die der Freiheit (und damit der Geschichte) den Laufpass geben und meinen, wir seien die Sklaven neuronaler Prozesse! Geschichte ade? Da muss die christliche Botschaft wieder eine starke Stimme erhalten. Denn von seinem Ursprung her ist das Christentum durch Jesus Christus, das Evangelium, die Sakramente und die Kirche ein höchst realer Beitrag zur Frage der Einheit der Menschheit und zum Frieden.

In der Vergangenheit war christliche Geschichtstheologie zu häufig ausschließlich auf den apokalyptischen Showdown inklusive Katastrophen und Antichrist bezogen. Paulus und der Kolosserbrief, insbesondere aber der Epheserbrief bieten dazu eine Alternative an. Für den Epheserbrief stehen nicht der Untergang aller Dinge und das Geschick apokalyptischer Minoritaten (also dramatisch verfolgter christlicher Minderheiten) im Vordergrund. Der Epheserbrief denkt positiv. Er betrachtet das künftige Geschehen von den Möglichkeiten her, die eine sakramental begründete Einheit der Menschheit in Jesus Christus in sich birgt. Hier geht es um die singuläre weltpolitische Chance des Christentums, Einheit und Frieden darzustellen. Der Epheserbrief verspricht sich das durch die Taufe und das gemeinsame Bekenntnis zu dem einen gekreuzigten Herrn. Auf eine solche Idee käme die europäische Kultusbürokratie nicht. Dabei geht es zentral um ein politisches Topthema: um *Integration.*

Im zweiten Kapitel des Epheserbriefes wird gezeigt, wie durch die Taufe und das eine Bekenntnis alle trennenden Unterschiede zwischen den Völkern aufgehoben werden. Dass dieses vor allem den Unterschied zwischen Israel und den Nicht-Israeliten oder Nicht-Juden betrifft, wird seit etwa hundert Jahren wieder schmerzlich bewusst. Alles dreht sich stets um diese Frage: Wie kann es Frieden geben, wenn ein Volk auserwählt ist? Man hat es öfter bemerkt und antijüdisch beantwortet. Davon ist der Epheserbrief, der sicher einen judenchristlichen »Assistenten« des Apostels Paulus zum Verfasser hat, weit entfernt. Denn ihm geht es um Aufhebung der schmerzenden Grenzen und um Versöhnung durch den Juden und Erlöser Jesus Christus. Auch die gegenwärtigen furchtbaren Ereignisse im Nahen Osten darf man im Lichte der Erwählung Israels lesen, dann bekommen sie ein ganz anderes Gesicht. Dann sind der »Kampf ums Öl« und der Streit um die Hegemonie im Vorderen Orient nur ein geringer Teil, die Hauptsache ist die geheimnisvolle und stets irgendwie »unglaubliche« Geschichte des Volkes, aus dem Jesus und seine Mutter stammen.

Nun hat man derartige Einheitsformeln, wie sie der Epheserbrief hier (Eph 4,4f.) präsentiert, zur Zeit seiner Entstehung und später gekannt. Formeln wie »ein Gott, ein Gesetz, ein Volk« kennt auch der Jude Flavius Josephus zur Zeit Jesu. Und die satanische Perversion zur Formel »ein Volk, ein Reich, ein Führer« klingt uns aus der Nazizeit noch im Ohr. Gerade diese Einheitsformeln wie »ein Gott, ein Glaube, eine Taufe« könnte man daher der beliebten These zuordnen, dass Monotheismus nur Gewalt über die Menschheit bringt. Dass es sich im Falle jeder gewaltsamen Durchsetzung dieses Programms um ein groteskes Missverständnis handelt, ist allerdings viel zu selten gesagt worden. Immer wieder muss man sich die heilsamen Folgen dieser monotheistischen Konzentration vor Augen führen: Wenn einer nur der Herr und Gott ist, hat das zur Folge, dass das Gewaltmonopol bei diesem einen liegt und dass alle anderen Brüder und Schwestern sind. Wenn nur einer Gott ist, gebührt ihm allein alle Ehre – und nicht den vielen selbsternannten Generälen und Anführern. Und wenn dieser eine Herr der transzendente Gott ist, der nichts für sich will, sondern alles schenkt, dann ist dieses eine in der Menschheit bisher unerhörte Form von Regierung. Und Machtausübung im Namen Gottes ist dann Dienen. Übrigens kennt auch die Apokalypse des Johannes das Ziel dieser Einheit, wenn es heißt: »Alle Völker kommen, Herr, und werfen sich vor dir nieder, denn deine gerechten Taten sind offenbar geworden.« (15,4)

Bisher noch nicht aufgefallen ist, dass die Rolle, die bei Paulus (und bei uns) die Eucharistie einnimmt, hier der Heilige Geist innehat, und das ist kein Zufall. Die lebendige Umsetzung der durch die Taufe begründeten Gemeinschaft des Leibes Christi geschieht nach

Paulus (1 Kor 10 f.) in der Eucharistie. In ihr entfaltet sich der Leib als lebendige Teilhabe und Gemeinschaft. Der Verfasser des Eph nennt hier den Heiligen Geist in 4,3 (zu bewahren die Einheit des Heiligen Geistes) und in 4,4 (Ein Leib und ein Heiliger Geist ...). Daraus wird zunächst für den Epheserbrief erkennbar: Gott als Heiliger Geist ist der lebendige Garant der Funktionsfähigkeit, also der Einheit dieses Leibes. Wenn man Paulus (Eucharistie) und den Epheserbrief (Heiliger Geist) hier einmal zusammendenkt und aufeinander bezieht, dann wird etwas über Sinn und Funktion der Epiklese (= Herabrufung des Heiligen Geistes) in der Messe erkennbar: Direkt vor den Wandlungsworten wird in jeder Messe um den Heiligen Geist gebetet. Der Heilige Geist schenkt nicht nur die Kraft der Wandlung, er schenkt auch deren Ziel, die Einheit der Gemeinde dank der realen, leiblichen Gegenwart des einen Gottes.

Die Zugehörigkeit zum Leib stiftet die Taufe, aber seine vitale Wirklichkeit, seinen ganzen Sinn macht der Heilige Geist aus. Weil Gott *einer* ist, kann der Heilige Geist nicht *viele* sein. Er kann nicht den Zerfall der Kirche in unabhängige Kirchentümer wollen und bewirken. Die beliebte ökumenische Formel von der gottgewollten, versöhnten Verschiedenheit hat der Epheserbrief jedenfalls nicht erfunden. Ihm geht es um so viel sichtbare Einheit wie nur möglich. Natürlich gilt das alles nicht erst für die Ökumene, sondern schon für jede Pfarrgemeinde, jedes Dekanat und jede Diözese. Der Verfasser dieses Briefes scheut sich denn auch nicht, ein höchst unmodernes Mittel zur Bewahrung oder Erlangung dieser Einheit anzugeben: »Seid demütig im Herzen und verträglich, seid sehr geduldig und versucht, liebevoll miteinander auszukommen. Bemüht euch, die vom Heiligen Geist gestiftete Einheit zu bewahren, bleibt in Frieden verbunden« (Eph 4,2 f. in der Übersetzung Berger/Nord).

Schauen wir auf die innere Lage der Kirche in Deutschland und der Stand der Ökumene-Debatte! Demut und Geduld scheinen nicht die Tugenden des modernen Menschen zu sein. Beides mag man wohl mit dem klassischen Bild des Mönches verbinden, aber nicht mit einem aufgeklärten, selbstbewussten, streitbaren Menschen, dem es zuerst um Selbstverwirklichung, um Selbstdurchsetzung, um seine Menschenrechte und die Abwehr jeder Benachteiligung geht. Sind nicht manche Berufskatholiken stolz darauf, es bei jeder Gelegenheit den Bischöfen zu zeigen? War es nicht etwas inopportun, angesichts so vieler emanzipatorisch erhobener Häupter ringsherum eine Ökumene der gegenseitigen Unterwerfung vorzuschlagen? Der Papst hat übrigens nicht dagegen protestiert, wohl aber manch stolzer Pfarrer und besonders viele protestantische Vikarinnen. In der Tat: Demut heißt im Staub liegen oder sich in den Staub werfen. Im Kampf aller gegen alle wäre das eine unkluge politische Geste.

Nun ist Demut der einzige derzeit bekannte Weg zum Frieden. Gegenvorschläge werden postlagernd entgegengenommen. Nach Phil 2 hat Gott sich selbst zum Sklaven erniedrigt; er ist in Jesus Mensch geworden, um endlich Frieden zu stiften zwischen Gott und Mensch. Offenbar ging es nicht billiger und nicht leichter. Er hat sich, Frieden schaffend, in die Hände der Menschen gegeben. Das war, wenn man es so ironisch wie abgründig sagen darf, machtpolitisch und kirchenpolitisch unklug. Für die derzeit angesagte Selbstbehauptung und Selbstdurchsetzung eigener Rechte gibt Gott kein Vorbild ab, eher für das Gegenteil.

3.3.7 Mauerblümchen, Überflieger und der Heilige Geist (1 Kor 12,12–31a)

Paulus verkündet in diesem Abschnitt wichtige Grundsätze: 1. Die Gemeinde ist wie ein Leib, und zwar durch die Gabe des einen Heiligen Geistes. 2. Gerade die Teile des Leibes, die weniger wert zu sein scheinen, ehren wir besonders. So ist es auch mit unserer Zugehörigkeit zu Christus. 3. Innerhalb des Leibes gilt eine Sympathie *(sym-pathos)*, ein gegenseitiges Mitbetroffensein aller von Ehre und Leid. 4. Der Leib ist hierarchisch und nach Charismen gegliedert.

Paulus macht diese Grundsätze angesichts beträchtlicher Spannungen in der Gemeinde geltend. Etliche fühlen sich benachteiligt, da sie im Miteinander nur eine höchst geringe Rolle spielen. Sie tragen sich als Mauerblümchen mit dem Gedanken, die Gemeinde zu verlassen, da sie nicht wirklich dazugehören. Andere dagegen haben ein komfortables Ansehen; sie sind die Überflieger. Im Miteinander aber bedeutet Ansehen einfach alles. Als Mittel, die Mauerblümchen zu beruhigen, verwendet Paulus einen Ansatz, den wir aus Kap. 1 dieses Briefes kennen und den man den »kreuzestheologischen« nennt. Es ist der Weg zum Frieden durch radikale Umwertung der bisherigen (bürgerlichen) Wertmaßstäbe. Gekippt werden die zentralen Streitpunkte in bürgerlichen Gesellschaften (übrigens jeglicher Couleur): Reichtum, Adel, Schönheit, Ehre. Gott macht es vor, indem er den *Gekreuzigten* zum *Erwählten* macht – den Letzten also, den sonst die Hunde beißen, zum Ersten. Paulus sagt nun: Nach diesem Vorbild sollt auch ihr handeln. So sollt ihr diejenigen, die die Geringsten zu sein scheinen, besonders ehren. Im Übrigen, sagt Paulus, ist das ja auch bei der Bekleidung des menschlichen Leibes so. Die Geschlechtsteile und den After, die wir für besonders schäbig halten, behandeln wir mit besonderer modischer Aufmerksamkeit (z. B. Gürtel; Röcke). So wird das Anstößigste zu dem am meisten Geschmückten.

Aber am Bild des Leibes kann Paulus noch mehr verständlich machen. Einmal den Gedanken, dass im Leib jedes Glied gebraucht wird, keines entbehrlich ist und jedes an seiner Stelle seinen Dienst zu tun hat.

Paulus konnte für diesen Gedanken zurückgreifen auf die Fabel des Menenius Agrippa. Nach dem römischen Historiker Titus Livius wanderten in der römischen Frühzeit eines Tages die Proletarier aus Rom aus mit der Begründung, sie hätten das Gefühl, mit ihren hohen Abgaben doch nur die fetten Aristokraten zu ernähren. Es ging also auch in Rom um die »kleinen Leute«, die Niedrigen, die im Ganzen die meisten Steuern zahlen und sich ausgebeutet fühlen. Agrippa weist auf den menschlichen Leib hin, in dem der Magen in der Tat von allen ernährt wird. Aber der Magen versorgt daraufhin alle anderen Glieder mit Leben und Energie. Ohne ihn könnten sie alle nicht leben. Darauf kehren, so Agrippa, die Proletarier wieder nach Rom zurück.

Nun dient diese Fabel bei Livius rein »reaktionären Zwecken«, nämlich der Stützung des Status quo durch Bejahung der Ausbeutung. Bei Paulus ist der Zweck zwar auch die Erhaltung des Leibes. Aber der Unterschied zu Livius ist die Kreuzestheologie: Es soll eben nicht alles »beim Alten« bleiben, sondern die Geringeren müssen besonders geehrt werden. Gott hat das ja schon vorgemacht, und jetzt zeigt sich der Sinn der Nennung der Hierarchie in 12,28: Gott selbst hat nämlich Apostel, Propheten und Lehrer bestellt. Der Apostel hat am meisten zu sagen. Aber Paulus betrachtet sich durchaus als den Geringsten, ja als völlig missraten (Fehlgeburt), und zwar wegen seiner Vergangenheit als Christenverfolger (Kapitel 15), oder als »billige Ausschussware«, als »Witzfigur einer Jahrmarktskomödie«, als »Idiot« (4,9 f.). So schätzt er sich selbst ein, oder so wird er offensichtlich von den weltläufigen Korinthern geschätzt. Gott hat unter Missachtung dieses menschlichen Images Paulus zum Apostel gemacht, also ihn in seiner Rangordnung an die erste Stelle gesetzt. Und genauso ist es mit den im zweiten Rang genannten »Propheten«. Auch sie gelten in der Gemeinde weitaus weniger als die Menschen, die in den Sprachen der Engel reden können (»Zungenrede«; diese Gabe wird bezeichnenderweise in 12,28 als letzte genannt). Die »kirchliche Hierarchie«, von der Paulus in 12,28 berichtet, ist also sozial betrachtet durchaus eine *Antihierarchie*. Denn Gott hat die buchstäblich Letzten ausgewählt.

Paulus verdeutlicht aber am Bild des Leibes noch etwas anderes: das Prinzip des Mitleidens. »Wenn ein Glied leidet, leiden alle anderen mit. Wenn ein Glied Ehre empfängt, freuen sich alle anderen mit.« Schon der Philosoph Platon weist in seinem Staat (»Politeia«) auf diese Gesetzmäßigkeit des Leibes hin, die auch für ein Gemeinwesen gilt. Paulus gebraucht daher das Bild des Leibes für mehrere Zwecke. Aber ist das Mit-Leiden aller Glieder miteinander in einer Gemeinschaft nicht eher ein erwünschtes Ziel, eher also eine Mahnung als Tatsache? Ist am Ende das Bild des Leibes für eine Gemeinschaft nicht ebenso moralisierend? Um diese Fragen beantworten zu können, müssen wir auf die Verwendung des Bildes »Leib« hier intensiver eingehen.

Im Unterschied zum Epheser- und Kolosserbrief gilt nicht einfach die Gleichung: die Gemeinde »ist der Leib Christi«. Denn in diesen Briefen ist Christus das Haupt des Leibes, alle anderen Christen sind Glieder. Epheserbrief und Kolosserbrief spiegeln vermutlich ein späteres Stadium des Apostels (und sind vielleicht eben deshalb von zwei »Assistenten« des heiligen Paulus geschrieben). Dort geht es um Haupt und Leib. Im ersten Korintherbrief dagegen lediglich: Die vielen sind eines durch Teilhabe an dem einen – *sie sind wie ein Leib.*

Denn in 1 Kor 12 ist Christus nicht das Haupt oder ein anderer Teil. Entscheidend ist V.12: »Die Gemeinde ist wie ein Leib, der aus vielen Gliedern zu einem zusammengefügt ist. Das gilt auch für die Verbindung mit Christus. Denn weil wir alle mit demselben Geist getauft wurden, sind wir jetzt ein einziger Leib.« Der Ausdruck »Christi Leib« fällt nicht. Höchstens kann man nach 1 Kor 12 sagen: Wir alle sind Glieder Christi. Auch nach 1 Kor 10,15–17 sind wir durch die Eucharistie nicht Leib Christi, sondern durch den Leib Christi, an dem wir in dem einen Brot teilhaben, sind wir vielen ein Leib (V.17). Das, was in der Eucharistie bewirkt wird, ist nicht unsere Qualität, »Leib Christi« zu sein, sondern dass die vielen in der Zugehörigkeit und Anteilhabe an dem einen Herrn »ein Leib« sind.

Aber sind das nicht Spitzfindigkeiten? Nein, das Ziel der Argumentation ist jeweils ein anderes. Im Epheserbrief und Kolosserbrief betont der Verfasser: Alle Glieder unterstehen dem Haupt. Christus ist das Haupt. Vom Haupt geht alles aus, zu ihm führt alles hin. Das Haupt ist schlechthin maßgeblich. In 1 Kor 12 dagegen ist Jesus Christus nicht das Haupt; nach 12,21 könnte auch Haupt zu sein der Anspruch eines einzelnen Christen sein, aber er wäre nur ein Glied unter anderen. 1 Kor 12 betont daher die Gemeinschaft der Glieder untereinander und nicht die Führungsrolle des Hauptes.

Nach 1 Kor 12 verdanken wir die Eigenschaft, ein Leib zu sein, dem einen Heiligen Geist, mit dem alle Christen bei der Taufe getauft oder getränkt wurden (V.13). Durch diese eine gemeinsame Gabe jedenfalls sind wir nach Kapitel 12 eine enge Gemeinschaft und wie ein Leib. Nach 1 Kor 10,15–17 steht an der Stelle der Taufe die Teilhabe an Brot und Wein beim Herrenmahl. Auch dadurch sind die Christen ein Leib. Worin liegt der Unterschied? In 1 Kor 12 wird jedenfalls die Taufe angesprochen, in 1 Kor 10,15.17 dagegen die Eucharistie. Beide sind in der Wirkung eng verwandt, doch das eine – die Taufe – stiftet überhaupt erst die Gemeinschaft, das andere – die Eucharistie – entfaltet sie je und je neu und gibt ihr die Gestalt verwirklichter Gemeinschaft (*koinonia* = Gemeinschaft, die durch

Teilhabe entsteht). Daher ist zum Beispiel Spaltung der Christen schon ein Vergehen gegen den einen Leib und damit eben bereits gegen die Taufe, weil sie die durch die Taufe begründete Gemeinschaft zerstört. Das Vergehen beginnt nicht erst bei der Eucharistie.

3.4 Vielfalt und Einheit in der Kirche (1 Kor 12,3–13)

Das Thema ist ebenso aktuell wie in der Kirche dauerhaft wichtig, nämlich das Verhältnis von möglicher Vielfalt und notwendiger Einheit. Aktuell ist dieses Thema stets auf mehreren Ebenen: Im Verhältnis der christlichen Konfessionen zueinander, innerkirchlich im Verhältnis der Bistümer und Nationen zueinander, innerdiözesan als Einheit und Vielfalt in einem Bistum und nicht zuletzt innerhalb von Pfarreien oder Pfarrverbänden. Im Blick auf 1 Kor 12 kann man sagen: Wer das Problem von Einheit und Vielfalt nicht innergemeindlich lösen kann, der wird es umso weniger auf den anderen Ebenen schaffen.

Das Christentum hat auf allen diesen Ebenen deshalb ein Einheitsproblem, weil ihm im Unterschied zum Judentum die Einheit nicht »in die Wiege gelegt« ist, sondern immer wieder neu errungen und geradezu erkämpft werden muss. Das Judentum vermittelt die Zugehörigkeit fast ausschließlich durch familiäre Abstammung. Das war im Christentum von Anfang an nicht so. Denn das Christentum besitzt nicht die Form einer irdischen Institution, sondern ist eine Gemeinschaft des Glaubens, sakramental begründet und auf den unsichtbaren persönlichen dreieinigen Gott hin geordnet. Das personale Element ist zugleich eine ungeheure Chance wie auch eine Gefährdung seitens untreuer oder aggressiver Menschen.

Der Apostel Paulus versucht im ganzen Ersten Korintherbrief geradezu händeringend, der Gemeinde beizubringen, dass die Verbindung jedes Einzelnen mit dem dreieinigen Gott nur über die Gemeinschaft der Kirche möglich ist. Für Paulus ist das weder apostolischer Machtinstinkt noch die theologische Hinterfütterung des Herdeninstinkts. Für ihn ist die Einheit der Christen streng in Gott selbst begründet. Und damit sind wir bei Pfingsten. Denn es ist Gott als Heiliger Geist, der die Einheit der unterschiedlichen Charismen begründet. Wie auch immer ein Christ sein Charisma begreift, es ist für Paulus der eine und selbe Heilige Geist, der jedem einzeln und allen zusammen ihren qualifizierten Stand in der Kirche zugewiesen hat.

Für Paulus macht das keinen Unterschied, dass der Heilige Geist jedem einzeln und zugleich allen zusammen die Gnade seiner Gegenwart schenkt. Denn nach 1 Kor 6 ist jeder Christ »Tempel des Heiligen Geistes« mit seinem Leib, und nach 1 Kor 3,16 f. sind sie alle zusammen ebenso Tempel des Heiligen Geistes. Das ist eine »wunderbare« Lösung der Frage von Einheit und Verschiedenheit. Denn es bedeutet das vollständige Gleichgewicht zwischen Besonderheit und Gemeinsamkeit. Da dieses Gleichgewicht aber in der Praxis gefährdet ist, weil einzelne Christen in Korinth Minderwertigkeitsgefühle entwickelt haben, muss Paulus noch zusätzlich gegensteuern, um das Gleichgewicht wirklich zu bewahren: Er fordert dazu auf, die weniger Geachteten besonders zu ehren.

Aus dem Abstand von fast zwei Jahrtausenden betrachtet, sind beide Lösungswege kirchenpolitisch beispielhaft. Zum einen: Die gemeinsame Gegenwart Gottes gibt es nicht an sich, sie ist nie ohne konkrete Personen vorstellbar. Und doch ist diese Gegenwart Gottes nicht nur die Summe der frommen Einzelbeziehungen zu Gott. Der eine gemeinsame Gott ist nicht in der Vereinzelung und Absonderung lebendig, sondern nur, wenn jeder darin »vorkommt«. Und andererseits muss Paulus einen horizontalen Ausgleich herbeiführen, damit die Einheit der Gemeinde nicht wegen der offenkundigen Qualitätsunterschiede auseinanderbricht. Paulus verweist hier darauf, dass wir auch in der Kleidung die weniger ehrenvollen Zonen des Körpers besonders ehren.

3.4.1 Jeder zählt nach seiner Eigenart

Unter Charisma versteht Paulus eine besondere, auffällige und nicht natürlich erklärbare Gabe, die auf einen himmlischen Ursprung bei Gott hinweist und in dieser Hinsicht eine überzeugende, schlüssige »Werbung« für Gott ist. Paulus hält daran fest, dass unbedingt jeder

Christ eine solche »Eintrittskarte«, eben sein Charisma, von Gott verliehen bekommen hat. So ist die persönliche Art der Zugehörigkeit eines Christen zugleich auch sein individueller Zugang und die Weise, in der er für Gott werben kann.

Das Neue Testament bietet auch an anderen Stellen Kataloge mit Charismen, so in Röm 12 und 1 Petr 4. Aber nur hier in 1 Kor 12 werden diese besonderen Himmelsgaben auf den Heiligen Geist zurückgeführt. Das hat seinen besonderen Sinn. Denn die anderen Texte betonen die Vielfalt und staunenswerte Verschiedenheit der Gaben. Nur in 1 Kor 12 aber wird deren Einheit zum Problem. So erreicht Paulus, wie wir sahen, diese Einheit auf doppelte Weise: Er zeigt, dass diese Gaben einen völlig einheitlichen Ursprung haben, den Heiligen Geist, und dass sie auch ein einheitliches Ziel haben, nämlich einen ausgeglichen temperierten Leib, der in »Gerechtheit« und ohne dass sich einzelne Glieder fremd fühlen, lebt. Das Problem von Einheit und Vielheit ist nur in 1 Kor 12 ein besonderes Problem.

Gott ist Heiliger Geist als der Gott, der alle trennenden Grenzen aufhebt. Das betrifft die Grenzen zwischen Gott und Mensch, und deshalb ist Gotteskindschaft das Markenzeichen des Heiligen Geistes. Aus Geschöpfen werden durch den Heiligen Geist Kinder. Und derselbe Geist hebt auch die trennenden Grenzen zwischen den Menschen auf. Das besagt nicht, dass die Menschen alle gleich würden. Gerade 1 Kor 12 lehrt uns: In ihrer Besonderheit und Verschiedenheit bekräftigt, bejaht, ja begründet der Heilige Geist die Menschen neu. Aber diese Verschiedenheit besteht nicht im Gegeneinander, nicht in der Konkurrenz, nicht in der Spaltung. In diesem Sinne stiftet der Heilige Geist eine neue Art von *Gemeinschaft unter den Menschen: eben die Kirche.*

3.4.2 Pfingsten vor Pfingsten – oder: Der Charismatiker Jesus

Viel zu wenig wird beachtet, dass das Wirken in dieser Art nicht eine Spezialität des Heiligen Geistes ist, an die man nur zu Pfingsten denken sollte. Wahr ist vielmehr, dass genau dieses auch ein wesentliches Element der Botschaft Jesu ist. Jesus ist – Röm 8,29 – der Erste unter vielen Geschwistern. Und die Vaterschaft des Urgrundes und Schöpfers gegenüber Jesus und allen Christen ist auch ein neuer Aspekt der Rede über Gottvater. Dreifach, in großer Weite und Universalität, taucht das Antlitz Gottes auf. Es geht um die sanfte Durchdringung aller Kreatur mit Gottes Gegenwart, die Unterwerfung aller Geschöpfe unter die Herrschaft von Gottes verwandelnder Liebe. Der Heilige Geist sagt etwas darüber aus, was Vater und Sohn mit dieser außerhalb Gottes bestehenden Wirklichkeit »machen« wollen, die es seit und mit der Schöpfung gibt.

Insofern ist und bleibt der Heilige Geist auch der *Schöpfer-Geist* und der *Geist Jesu Christi*, denn auch Jesus ist »zu uns gesandt«. Er nimmt wirklich von dem, was in Jesus gewirkt hat, und setzt es in nachösterlicher Situation um. Deshalb heißt es in Joh 16,14: »Von dem, was meines ist, wird er nehmen ...« Und so reizt gerade ein Text wie 1 Kor 12 dazu, das, was der Geist nach Pfingsten wirkt, neben das zu stellen, was wir aus den vier Evangelien über Jesus wissen. Und wir lernen, das eine vom anderen her zu begreifen.

Das ist in der Theologie, zumal in der Exegese, ganz ungewohnt. Wir sind es gewohnt, unsere Sichtweise an das Neue Testament heranzutragen. Wenn man aber, statt eine Kluft zwischen vor- und nachösterlichen Jesusworten anzunehmen, Jesus vom Wirken des Heiligen Geistes her versteht, der von ihm und vom Vater ausgeht, dann bewegt man sich viel eher in der Sichtweise des Neuen Testaments. Sollten wir nicht sogar vom Charisma Jesu sprechen – und nicht erst von den Charismen der Jünger nach Ostern? Wo nehmen wir das Recht her, die Geistrede in den Evangelien als ideologische Hinzufügung auszuklammern? Warum nicht der Bekundung des Textes folgen, durch den die Präsenz des Geistes als Tiefe von Sendung und Selbstverständnis Jesu funkelt?

Mir scheint: Den Heiligen Geist hat man aus der Jesus-Botschaft mit noch viel bissigerer Konsequenz auszumerzen versucht als die Gottessohnschaft Jesu. Es spricht vieles dafür, dass diese Ausmerzung des Heiligen Geistes theologiegeschichtlich sogar am Anfang steht (Entfremdung von Ost- und Westrom, das *filioque* des Westens und die Furcht der Reformatoren vor der linken Reformation).

Wie will man ohne den Heiligen Geist Joh 15, das Bild vom Weinstock, an dem die einzelnen Jünger Rebzweige sind, verstehen? Ist das nicht ebenso geistbestimmt wie 1 Kor 12, das Bild vom Leib Christi? Müssen wir nicht an den Heiligen Geist denken, wenn wir den sehnlichen Wunsch des johanneischen Christus bedenken, die Jünger möchten eins sein, da von ihrer Einheit alle Glaubwürdigkeit abhängt (Joh 17). Diesen johanneischen Christus erkennen wir bei Paulus im Wirken des Heiligen Geistes wieder. Dass Paulus und Johannes so nahe beieinanderstehen, war zum Beispiel für mich einer der Anlässe, das Vierte Evangelium erheblich früher zu datieren. So wird historisch Paulus besser fassbar und das Vierte Evangelium aufgewertet. Vor allem aber wird theologisch fassbar, dass der Heilige Geist auch »sachlich« wirklich der Geist Jesu Christi ist.

3.4.3 Warum wir charismatische Christen brauchen

Noch einmal: Was ist ein Charisma? Und kann es neue Charismen, neuen Be-Gabungen für heute geben? Charismen sind Gaben, die himmelwärts weisen, weil sie ohne Zweifel vom Himmel kommen. Etwas leichtfertig gesagt: Charismen sind Reklameveranstaltungen Gottes, so wie nach Ansicht mancher Juden halbwegs gerechte Menschen – wir würden sie »Heilige« nennen – Beweise für die Existenz Gottes sind. Gleichviel, ob nun Heilige, Gerechte oder Charismatiker – auf jeden Fall sind es Menschen, die auffallen. Außenstehende können durch sie leichter zu Gott finden. So heißt es über die gemeinsamen Werke von Christen in einer Gemeinde in Mt 5,16: »...Sie (die Außenstehenen) sollen sehen, was ihr tut, und so zu Gott finden und euren Vater im Himmel loben.« Auch eine Gemeinde im Ganzen kann durch ihr gemeinsames Tun indirekt so glaubwürdig Gott loben, dass die Wirkung geschickte Mission ist.

Charismen sind zuallermeist nicht Predigten, sondern imponierende Taten mit dem Richtungspfeil nach oben. Sie wirken prämissionarisch. Sie machen aufmerksam, lassen staunen. Sie sind den Wundern verwandt – daher gibt es in 1 Kor 12 auch das Heilungscharisma – aber in wunderlosen Zeiten sind sie ein wunderbarer »Ersatz«. Sie sind nicht durchweg Wunder, aber wunderbar. Und ihre Existenz ist für uns alle ein guter *Hinweg* in die Wunder. Charismen sind breiter gestreut als Wunder; wie bei diesen geht es nicht in erster Linie um die Durchbrechung von Natur(gesetzen), sondern um das Übertreffen aller Erwartungen. Durchkreuzt wird nicht die Natur, sondern das, was wir über menschliche Möglichkeiten zu wissen meinten. Insofern sind die Charismen nach den Katalogen bei Paulus (1 Kor 12; Röm 12) und in 1 Petr 4 exzellente Argumente für Gott in einer scheinbar wunderlosen Zeit.

Die Kirche der Zukunft wird eine Kirche der Charismen sein. Karl Rahners Diktum über die Mystik kann man getrost auf die Charismen anwenden. Die Kirche der Zukunft wird eine Kirche der Charismen sein, oder sie wird ganz arm dastehen. Die *eine* Kirche ist die der *vielen* Charismen und deshalb die Kirche der großen Heiligen. Was wir brauchen, sind Heilige. Wenn wir sie betrachten, bemerken wir, dass sie selten »höchst ausgeglichene und ausgewogene Persönlichkeiten« sind. Höchst einseitig setzen sie alles auf eine Karte; sie reizen ihr Charisma restlos aus; sie sind wie Kerzen, die an beiden Enden brennen.

Gerne möchte ich ein paar heutige Charismen nennen, gewissermaßen moderne Übersetzungen der Liste von 1 Kor 12. Hinter jedes Charisma könnte ich einen Namen setzen. Zum Beispiel die Gabe, mit tauben, von Alzheimer geplagten alten Menschen so umzugehen, dass sie einen ganzen Abend lang lachen und glücklich sind. Die Gabe, für Erst- und Zweitklässler so Religionsunterricht zu geben, dass sie ein Leben lang eine Ahnung haben von der Güte und Barmherzigkeit Gottes und das immer mit der Erinnerung an Person und Worte dieser Lehrerin verbinden. Oder die Gabe, Eifer und Rastlosigkeit, eine paulinische Apostelexistenz heute so zu leben, dass die Menschen merken, wie Gott sich um die Menschen kümmert. Oder der Weg der hl. Edith Stein, einer Philosophin ersten Ranges, deren Weg dramatisch in den Karmel und dann noch darüber hinaus in die ganz neue Dimension des Martyriums verläuft, dass sie in Summe sagen kann: »Ich sterbe für mein Volk«. Oder die Gabe, besitzlos wie Franziskus von Assisi und ohne Hoffnung auf irgendeine Karriere oder irgendein Ansehen den Menschen an der Basis eine unbesiegbare Fröhlichkeit und eine »Leichtlebigkeit« zu zeigen, die nichts zu verlieren, aber schon jetzt alles gewonnen hat. Oder der Jugendseelsorger, der Jugendliche begeistern, in Atem halten und für fröhliche Radikalität gewinnen kann. Oder die vielen Frauen, die in großer Güte nichts für sich behalten, sondern im Schenken glücklich sind. Die sich gerne ausbeuten lassen, aus Sehnsucht nach dem glücklichen Lächeln der Beschenkten. Oder der Arzt, der durch seinen Humor die Gebeugten und Leidenden mehr tröstet, als es durch Medikamente je möglich wäre. Oder die Fotografin, die es versteht, durch ihre schwarz-weißen Landschaftsaufnahmen und charakteristischen Fotos verborgener Winkel in der Stadt deren Schönheit, deren Schweigen und deren Geheimnis anzudeuten. Charismen sind vom Himmel, aber sie müssen geläutert und zu Leuchten gebracht werden. Oft ist es das Leiden unter Unrecht, das ein Charisma von der Last der Eitelkeit befreit und erst richtig zum Strahlen bringt.

So gehören zum Charisma immer vier: Gott, der es schenkt, Gottes Geist, der es mit Glut und Kraft erfüllt, der Träger des Charismas und die Adressaten, die sensibel und begeisterungsfähig genug sind, ein Charisma wahrzunehmen und darüber glücklich zu sein. So geht es bei den Charismen von Anfang an um die »besondere« Gnade und um die Kirche. Nur so ist es religiös sinnvoll, von besonderer Begabung zu sprechen. Denn ihr Ziel ist der Glaube möglichst vieler.

3.4.4 Charismen wachsen an der Grenze

Ein paulinisches »Dogma« ist in diesem Zusammenhang besonders wichtig. Paulus erklärt ebenso mutig wie pauschal, grundsätzlich jedem Christen, jeder Christin sei ein Charisma, eben seines oder ihres, gegeben. Paulus hat Anlass, das zu sagen. In der Gemeinde von Korinth gibt es Mauerblümchen, die offenbar nicht besonders hervortreten und sich im Gemeindeleben von anderen leicht »die Show stehlen lassen«. Auch Geistliche haben gegenüber dem jüngeren Kollegen oder dem begabteren Schauspieler unter den Mitbrüdern oft dieses Gefühl. Paulus sagt: Nein, es muss ganz bestimmt jeder sein Charisma haben.

Die aktuelle Pädagogik bestätigt genau diesen Ansatz bei Paulus. Lehrer in Hauptschulen stoßen vermehrt auf junge Menschen, die chancenlos zu sein scheinen und die dann als Berufsziel »Hartz IV« angeben. Erfahrene Lehrer versichern nachdrücklich, dass jeder

Jugendliche mit Sicherheit eine Seite besitze, auf der er besondere Begabung aufweise. Man müsse nur genügend Geduld haben, diese Begabung herauszufinden. Aber vorhanden sei sie ganz sicher. Alles liege daran, den jungen Menschen beim Auffinden ihrer Begabung behilflich zu sein.

Nach Paulus gilt das auch für die religiöse, die missionarische Seite. Nur – wenn man nie darauf stößt, gestoßen wird oder nie danach fragt, wird man sie nicht herausfinden. Vielleicht scheitern geistlich gesehen viele Biographien genau an dieser Stelle. Dann haben junge oder auch »mittelalterliche« Menschen den gleichen Eindruck wie diese Christen in Korinth, nämlich nicht gebraucht zu werden, nichts beitragen zu können, an keinem Punkt begeistert sein zu können. Sie finden den Punkt nicht, an dem sie aufblühen könnten. So aber ist Gottesdienst todlangweilig und Jugendarbeit nur noch blöd. Dann ist alles fremd, weil man nicht dazugehört. Die Geistlichen fangen dann an, die Liturgie zu verändern und Reform über Reform zu stülpen. Aber das ist genau der Ansatz am falschen Ende. Das richtige Ende liegt bei jedem einzelnen Menschen – er muss rechtzeitig erfahren, wo seine persönliche Brücke zum Christentum ist. Das wird auch die Stelle sein, an der er zu begeistern ist und andere begeistern kann. Denn wovon man begeistert ist, das kann man auch weitergeben – und kaum anderes. Contemplata aliis tradere – hatten sich die alten Dominikaner ins Stammbuch geschrieben.

Wenn man merkt: Hier kann ich leben, an dieser Stelle kann ich aufblühen, kann man seinen Glauben auch lieben. Dann wird es wirklich eigener Glaube und bleibt nicht fremdes Gegenüber. Das genau wäre auch der Übergang vom Kinderglauben zum Erwachsenwerden des Glaubens. Kinder zeigen sich noch durch faszinierend Fremdes beeindruckt, Jugendliche und Erwachsene wollen nur das »zum Leben« haben, was ihre eigenen Möglichkeiten entfaltet, segnet und was Früchte zeigt. Dann ist man plötzlich dabei.

Charisma ist eine Grenzerfahrung. Menschen überschreiten die Grenze ihrer Leistungs- oder Leidensfähigkeit. Dieser Grenzübertritt ist die Stunde der Wahrheit. Dass Menschen an der Grenze zu sich selbst finden, wusste man schon. Nur so werden wir wirklich geprägt. Aber Charisma bedeutet mehr: dass wir an den Grenzen gehalten, getröstet und gestärkt sind – von einem anderen, von Gott. Und dass dieses dann für andere etwas bedeutet, dass es für sie leichter wird, diesen anderen auch für sich selbst zu finden und zu erkennen. So wird die Überschreitung der Grenze der eigenen Leistung und des eigenen Leidenkönnens das Tor zu Gott und zu den anderen.

4. Konturen einer neuen Zeit

Im Folgenden sind die Schritte darzustellen, die das palästinische Judenchristentum über sich selbst hinaus wagen konnte. Es geht um Kontinuität und Bruch, um die unbedingt notwendige Übereinkunft mit der hergebrachten Gotteserfahrung des Volkes Israel und der Freiheit, im Heiligen Geist das Neue zu wagen.

4.1 Die Blutspur der Trennung

Die Differenz zwischen dem Charisma Jesu und den Erwartungen seines Volkes wurde zuletzt blutig am Kreuz ausgetragen. Täter waren die Römer, gewünscht war Jesu Ende zumindest von einigen Juden. Die Kontinuität zwischen Jesus und Kirche ist nicht zuletzt eine blutige. Sie beginnt mit Johannes dem Täufer, umfasst Jesus und den Herrenbruder und endet mit den Tausenden christlicher Märtyrer, die bis heute jedes Jahr für ihren Glauben ihr Leben einsetzen. Es kann keine innigere Kontinuität geben als die derer, die gelitten haben für die Wahrheit des von ihnen Bezeugten.

In der ersten Generation haben Juden positives Interesse an christlichen Martyrien, bis hin zu Paulus. Dass sich schon ab dem 4. Jh. das Blatt wendet und immer öfter Christen Ursache von jüdischen Martyrien werden, ist bekannt und sollte nicht vergessen werden. Doch wir schreiben hier nicht allgemein die Geschichte der christlichen Märtyrer, sondern besprechen die Ablösungsvorgänge zwischen Synagoge und Kirche.

Jesus wird als Jude von einer jüdischen Mutter geboren – und am Ende der hier zu beschreibenden Vorgänge stehen Judentum und Christentum nahezu als zwei verfeindete Religionen gegenüber. Obwohl ein Christ, der Paulus Röm 9–11 ernst nimmt, sich niemals damit abfinden wird, ist doch zu fragen, wie diese furchtbare und blutige Trennung zustande kam.

Am Anfang stehen die Martyrien Johannes des Täufers, Jesu, des Stephanus, des Zebedaiden Jakobus, des Herrenbruders Jakobus (61/62) und schließlich auch des Paulus. Im Horizont des Judentums werden diese Martyrien eingeordnet in die »Tradition vom gewaltsamen Geschick der Propheten« und damit in einen langen, folgenschweren Ungehorsam des Volkes über viele Generationen hin, der immer wieder, auch dann im Jahre 70, zur Zerstörung Jerusalems führte – jedenfalls entwirft sich so das Geschichtsschema, das Jesus bereits kennt und auf seine Generation anwendet. Stephanus wird durch Lynchjustiz umgebracht. Die Gruppe der Hellenisten, zu der er gehörte, wird aus Jerusalem vertrieben.

Paulus wird davon berichten, dass er dann selbst vor seiner Bekehrung Christen hat fesseln und nach Jerusalem hat abführen lassen. Etwa ab 41 n. Chr. werden durch Herodes die Judenchristen in Palästina verfolgt. Jakobus der Zebedaide wird getötet, Petrus gefangen. Der Druck auf Judenchristen verstärkt sich allgemein: sie werden »verfolgt«, in Synagogen vorgeführt, u. a. wegen pazifistischer Ethik.

Das nächste bekannte Datum gibt das Johannesevangelium an: Christen werden von Juden »aus der Synagoge ausgeschlossen« (griech.: *aposynagogos).* Das Markusevangelium dagegen steht noch im Zeichen intensiver Auseinandersetzung mit jüdischen Autoritäten, besonders über Fragen der Reinheit. Eine breite theologische Auseinandersetzung auf der Basis der Schrift-Erfüllung findet sich dagegen im Matthäusevangelium: Die Kirche wird als das messianisch vollendete Israel dargestellt, weil in dem Messias Jesus alle Propheten erfüllt sind und weil in der Bergpredigt die »bessere Gerechtigkeit« vorgelegt wird, mit der man das Himmelreich erreichen kann. Die lukanischen Christen werden dagegen von Seiten der Synagoge geschmäht, laut der Apostelgeschichte werden immer wieder Christen von Juden bei der römischen Obrigkeit angezeigt. Doch die Judenchristen verfolgen nach Lukas eine vor allem pharisäerfreundliche Tendenz. Sie werden von den Heidenchristen in Antiochien dadurch unterstützt, dass diese das Aposteldekret einhalten. Im Judasbrief und in der Apokalypse dagegen bekämpfen Judenchristen (mit dem Verf.) Heidenchristen.

4.1.1 Sind die Passionsberichte der Evangelien antijüdisch?

»Sein Blut komme über uns und unsere Kinder!« – so rufen nach Matthäus 27,25 etliche Juden, die Jesus gerne am Kreuz hängen sehen wollen. Der Ruf klingt freilich blutrünstiger, als er gemeint ist. Denn er ist nichts weiter als eine juristische Formel, die etwas über die Haftung des Klägers besagt. Wer so etwas rief, wollte damit sagen: Wenn dieser Jesus zu Unrecht verurteilt wird, dann wollen wir seine Bestrafung selbst erleiden. Der Satz drückt daher nicht mehr und nicht weniger als die feste Überzeugung aus, Jesus werde mit Recht bestraft. Von Blut ist hier die Rede, weil es sich um die Todesstrafe handelt. Nun haben aus christlicher Sicht, die der Evangelist teilt, die Juden, die das riefen, in der Tat zu Unrecht geurteilt. Wann und wie sie im Sinne ihres Ausrufs bestraft wurden, das sagt Jesus nach demselben Evangelium ganz genau: Alles in Israel an Gottes Gesandten unschuldig vergossene Blut wird mit der Zerstörung Jerusalems, die dann im Jahre 70 n. Chr. geschehen ist, gesühnt (Mt 23,34–38). Der Zusammenhang von Schuld und Gottesgericht in der/durch die Geschichte ist kein so archaisch aufragender Gedanke, wie wir oft tun; wir kennen ihn auch. Aber mit der Zerstörung im Jahre 70 ist denn dann auch alles unrechte Blutvergießen ein für alle Mal gesühnt und abgegolten. Niemand hat das Recht, sich nach dem Jahr 70 in irgendeinem Sinne auf Mt 27,25 zu berufen. Im Sinne Jesu und des Evangelisten hat darüber hinaus kein Mensch das Recht, sich zum Rächer an Israel wegen Jesu Geschick aufzuwerfen. Daher muss man sagen, dass die Evangelien selbst für den späteren Antijudaismus nicht verantwortlich sind.

Überdies sind – so der Konsens der neueren Forschung – alle Evangelien von Judenchristen geschrieben. Dass sich die Ablösung der Judenchristen von den nichtchristlichen Juden schmerzvoll und polemisch vollzog, wissen wir. Daran sind beide Seiten beteiligt. Und Jesus selbst hat den Widerstand gegen seine Person inklusive Tötung als ein in Israel bekanntes Phänomen dargestellt, und das war es auch. Juden selbst hatten zur Deutung ihrer Geschichte die Meinung entwickelt, die Ablehnung und das grausame Geschick, das die meisten Propheten erleiden mussten, sei Ursache für mannigfache geschichtliche Katastrophen gewesen. Auch die Katastrophe der Zerstörung Jerusalems im Jahre 70 n. Chr. wird von Juden selbst so gedeutet, zum Beispiel in den (Esra und Baruch zugeschriebenen) außerkanonischen Apokalypsen. Im Übrigen ist polemischer Umgang miteinander seit den Zeiten der großen Propheten in Israel ganz und gar üblich. Man erwartete eigentlich auch nichts anderes. Wenn Johannes der Täufer, Jesus selbst, Stephanus und viele Jünger alsbald den Märtyrertod erlitten, dann resultierte daraus Zorn und wütender Hass von Judenchristen gegen nichtchristliche Juden. Niemand darf freilich diese Empörung fortschreiben, niemand darf hier richten. Aber verstehen kann und darf man diese innerjüdischen Auseinandersetzungen durchaus.

4.1.2 Das Drama der Pauschalisierung

Das Problem späterer Heidenchristen liegt in unkontrollierter, gedankenloser Übertragung von biblischen Sätzen auf die jeweilige Gegenwart. Man betrachtet das Problem der Anwendung und Übertragung der Bibel heute unter dem Terminus »hermeneutisches Problem«. Die entscheidende Frage lautete oft: Darf man die Aussagen der gesamten Bibel, die gegen Juden gerichtet sind, als zu jeder Zeit gültiges Gotteswort direkt wiederholen und hasserfüllte Folgerungen daraus ziehen? Als Beispiel sei Johannes 8,44 genannt: Jesus bezeichnet hier diejenigen, die ihn ermorden wollen, als »Kinder des Teufels«. Im Sinne der Bibel tut er es zu Recht, denn wenn irgendetwas teuflisch ist, dann das Ermorden unschuldiger Menschen. Im Hintergrund steht die Auffassung, dass Kain seinen Bruder Abel erschlug, weil Kain mit dem Teufel paktierte. Eine so grausame Tat ist nicht nur das Werk eines Einzelnen, sondern da bricht, nachdem er selbst den kleinen Finger gereicht hat, das Böse wie eine besitzergreifende Sucht über ihn herein, heimtückisch und raffiniert – eben als *der Böse*. Wer auch immer einen unschuldigen Menschen ermordet, der ist so zu beschreiben.

Eine angemessene Auslegung von Joh 8,44 wird nun eben gerade nicht pauschal alle Juden aller Zeiten als Teufelskinder bezeichnen können, sondern nur die wenigen führenden Gruppen, die Pilatus zum Mord drängten. Auch damals tat dies nicht ganz Israel, sondern nur etliche Honoratioren. Und es ist erst recht nicht das Israel aller Zeiten, das man so nennen darf, sondern es sind eben nur die Schuldigen, und diese auch nur, sofern sie schuldig sind. Denn eines steht auch für das Evangelium nach Johannes fest: Verantwortlich am Tod Jesu ist allein Pilatus. Eine Auslegung, die den Text achtet, muss daher sagen: Jeder Mensch, der heimtückisch den Mord eines anderen betreibt, ist Kind des Teufels. Das trifft daher zum Beispiel auf diejenigen zu, die im Dritten Reich Judenvernichtung betrieben haben, besonders aber diejenigen, die direkt verantwortlich waren. Der Antisemitismus von Heidenchristen, wie wir es in der Regel sind, betreibt daher eine unrechte Schriftanwendung, und zwar insbesondere deshalb, weil die wahren Motive in aller Regel andere waren und sind, nämlich vor allem Neid.

4.2 Problematischer Vorstoß in Neuland: die Mission unter den Samaritern

Die Landschaft Samarien ist im 1. Jh. n. Chr. zu einem Drittel von Samaritanern, zu einem Drittel von Juden und zu einem Drittel von Heiden bewohnt. Juden dieser Zeit sind Samaritaner suspekt; man hält sie für dämonisch besessen. Ihre Religion ist nicht mit der jüdischen identisch; in ihr haben sich ältere Stadien gemeinsamer Religion bewahrt.

Die christliche Mission Samariens wird bezeugt von Joh 4; Lk 9 und Apg 8. Was die Samaritaner betraf, war sie in hohem Maße rechtfertigungsbedürftig. Lk 9 und Joh 4 berichten, dass Jesus Samarien besucht hat (auf dem Weg von Jerusalem nach Galiläa), um so wenigstens ein Argument aus der Tradition anführen zu können. Die eigentliche Mission erfolgt dann in einem ersten Schritt unter dem Diakon Philippus. Dass dieser die exorzistische Gabe besitzt, ist angesichts der sprichwörtlichen Besessenheit der Samaritaner besonders wichtig. Dass seine Wunder zu so herausragender Bedeutung gelangen, würden Menschen wie der Apostel Paulus als Merkmale jüdischer Mentalität bezeichnen (1 Kor 1).

Die erste Phase der Mission unter den Samaritanern konzentriert sich auf die Stadt Sebaste und Umgebung. Der Befreiung von den Geistern entspricht die Zueignung unter den Namen Jesu Christi in der christlichen Taufe. Auffällig ist, dass hier – wie auch in Ephesus – am Anfang eine Taufe ohne Geistempfang steht. Das kann nur daran liegen, dass der Spender der Taufe diesen nicht verleihen konnte. Daher müssen der Apostelgeschichte zufolge die Apostel Petrus und Johannes eigens von Jerusalem nach Samarien gesandt werden, um den Getauften nun auch den Heiligen Geist mitzuteilen. Ähnliches musste Paulus in Ephesus tun, denn Apollos war kein Apostel und konnte nicht mit dem (auf den) Heiligen Geist taufen. In beiden Fällen muss erst durch den Apostel das vollgültige Christentum hergestellt werden. Denn Stephanus und Philippus mögen zwar vom Heiligen Geist erfüllt gewesen sein; weitergeben konnten ihn erst die Apostel, denn nur der Delegierte kann delegieren. Daher bezieht sich apostolisches Christentum stets auch auf die Vollmacht der Weitergabe. Auf jeden Fall entsteht ein samaritanisches Schisma (= Abspaltung), eines, das lange bleibt und das seinen Ursprung in der Ausrichtung des christlichen Apostelbegriffs am Heiligen Geist hat.

In dieser ersten Phase der Kirchengeschichte Samariens spielt auch der Name des Simon Magus eine Rolle. Dieser Simon, von dem sie sagen: »Das ist die Kraft Gottes, die man die Große nennt« (Apg 8,10), erkennt die überlegene Wunderkraft des Philippus an. Das weist darauf, dass er sich als besonderen Repräsentanten Gottes begreift. Auch Moses wird »groß«, auch Jesus wird »Kraft Gottes« genannt. Simon Magus ist daher religionsgeschichtlich gesehen eine Art Parallelerscheinung zu Moses, zu Engeln, zu anderen Repräsentanten Gottes. Er hat magische Fähigkeiten, nur den Heiligen Geist kann er nicht verleihen. Er möchte Apostel werden wie die Jerusalemer. Das Ansinnen des Simon wird brüsk abgewiesen und gibt der späteren Simonie den Namen (ab 1077). Dass Simon Magus Gnostiker gewesen sei, ist aus Apg 8 nicht zu erkennen. Eine Gnostisierung hat später seine Gestalt ebenso erfasst wie das spätere Christentum weithin.

Aus dem samaritanischen Christentum wird im 2. Jh. Justin der Philosoph und Märtyrer hervorgehen; die samaritanische Religion gewinnt etwa im 3.–5. Jh. n. Chr. Gestalt in der Schrift »Memar Marqah« (Lehre des Markah), in der wiederum die heilsmittlerische Figur des Mose genauso wichtig sein wird wie die neben- und außerchristliche Weiterentwicklung des Begriffs des göttlichen Gesandten *(schaliach bzw. schlucha)*. Auch die (jüdisch-hellenistische) Schrift »Assumptio Mosis« wird aus diesem Grund öfter für samaritanisch beeinflusst gehalten. Auf jeden Fall begünstigt die samaritanische Mentalität die starke Verehrung großer, Gott repräsentierender Persönlichkeiten.

4.3 Mission unter den Heiden – oder: Der Kampf um die Beschneidung

Bevor sich das frühe Christentum auf das Abenteuer einer Heidenmission einließ, in dem die Beschneidung *nicht* gefordert wurde, gab es wohl eine erste Phase, in der man sie den Neubekehrten sehr wohl abverlangte. Man meint das erschließen zu können aus Apg 11,21: »Andere dagegen, die aus Zypern und aus Kyrene nach Antiochien kamen, trugen das Evangelium von Jesus als dem Herrn auch heidnischen Griechen vor. Weil Gottes Kraft ihre Worte begleitete, kamen sehr viele zum Glauben und bekehrten sich.« Subjekt in diesem Satz sind u. a. die nach Antiochien, 600 km nördlich von Jerusalem, versprengten sogenannten Hellenisten. Einen Glauben dieser Menschen an Jesus ohne Taufe kann ich mir nicht vorstellen.

Ob es Mission und Beschneidung im vor- oder nebenchristlichen Judentum gegeben hat, ist umstritten. Man weiß nur, dass es jüdische Proselyten (= Bekehrte) gegeben hat, um die man sich dann auch sorgfältig bemühte. So sagt Jesus nach Mt 23,15: »Wehe euch, ihr Schriftgelehrten und Pharisäer! Um auch nur einen einzigen Menschen zu finden, den ihr zum Übertritt bewegen könnt, reist ihr um die halbe Welt. Doch wenn einer einwilligt, dann verderbt ihr ihn so, dass er zur Ausgeburt der Hölle wird, noch doppelt so schlimm wie ihr selbst.« Geht es aber um die Zugehörigkeit zum Judentum oder zu den Pharisäern? Auch die Schrift Philos von Alexandrien »Über die Belohnungen und die Strafen« sieht man als eine Schrift an, die zum Übertritt in das Judentum unter den Griechisch sprechenden Alexandrinern werben sollte.

In diesem Zusammenhang bleiben meistens unerwähnt die Schriften der Sibyllen. Sibyllen sind heidnische Frauen, die im alten Rom zur Abwehr drohenden äußeren Übels dazu aufforderten, bisher vernachlässigte Götter und deren Kulte zu pflegen. Mit Judentum hatte das ursprünglich nichts zu tun. Die Schriften der Sibyllen wurden in Versform abgefasst und warnten vor allem vor der Zerstörung der Städte durch das Feuergericht der Götter.

Die griechisch sprechenden Juden haben nun diese Form nachgemacht und schon um 300 v. Chr. insbesondere die Ägypter aufgefordert, von ihren Götzen abzulassen und sich dem wahren Gott zuzuwenden. Diese Zuwendung wird wie bei den alten Propheten »Umkehr« genannt, und bei der Abkehr von den falschen Göttern und der Umkehr zu dem einen wahren Gott wird mit Drohungen, aber auch mit Verheißungen nicht gespart.

Die oben schon erwähnte Schrift Philos von Alexandrien »Über die Belohnungen und die Strafen« zeigt genau diese Doppelung von Drohung und Verheißung. Bei der Umkehr zum Judentum hin ist dann auch die Rede von einem Reinigungsbad in klarem fließendem Wasser. In dieses Wasser soll man untertauchen, und dann kann man die Hände zum Gott des Himmels erheben und um Befreiung von den heidnischen Sünden bitten. Dieser Text stammt erkennbar nicht aus Palästina, und er legt diese Umkehr vom Heidentum zum Judentum Sibyllen in den Mund, die selbst heidnisch sind, aber wie der Prophet Bileam vom richtigen Gott inspiriert werden und so die Wahrheit sagen: »Elende Sterbliche, fasst doch Reue, zum vielfachen Zorne treibet nicht Gott, den mächtigen, an. Vielmehr lasst fahren Schwerter und Stöhnen und Mord der Männer und stolzes Betragen. Und in quellenden Strömen wascht die ganze Gestalt ab, und gen Himmel erhebt die Hände und bittet Verzeihung für das frühere Tun; durch Gottesfurcht heilt die bittre Gottlosigkeit; dann wird Gott Umkehr schenken und nicht vernichten …« (Sibyllinen IV 161–167)

Die Ähnlichkeiten zwischen dieser sibyllinischen Verkündigung und der Johannes des Täufers sind so groß, dass eine historische Beziehung bestehen muss. Denn es geht um das Feuergericht, das insbesondere die Städte auffressen wird. Und den Umkehrenden wird Sündenvergebung angeboten, die nach einer Wassertaufe erfleht werden kann, weil die Menschen dann reine Hände haben. Diese Sätze liefern dann auch die Möglichkeit, die »Taufe zur Vergebung der Sünden« bei Johannes besser zu verstehen. Es läge dann eben noch kein katholisches Sakramentsverständnis bei Johannes dem Täufer vor, nach dem durch Wort und Zeichen die Sünden vergeben wären. Es ist ja hier auch anders: Eine Spendeformel gibt es nicht, und die Vergebung der Sünden muss erst nach der Taufe von Gott erfleht werden. Aber eine typologische Entsprechung zwischen Wasser- und Feuergericht besteht durchaus. Neu ist beim Täufer, dass er das auf Juden anwendet, was zuvor nur bei Heiden galt. Das heißt: Aus seiner Sicht sind die Juden, und zwar alle, so sündig geworden wie die Heiden und bedürfen der Umkehr. Die Vergehen, deren der Täufer die Juden anklagt, ähneln bis ins Einzelne dem, was die Sibylle den Heiden vorwirft. Man kann daher sagen: Zwischen der Verkündigung des Täufers und der sibyllinischen bestehen enge Querverbindungen. Die Taufe des Johannes ist von der Umkehrtaufe der Sibyllinen zu verstehen. Die Taufe Jesu und die der Christen ist dagegen in wesentlichen Elementen von der Umkehrtaufe verschieden.

Die Umkehr von den Sünden ist beim Täufer und den Sibyllinen so einschneidend, dass zwischen Juden und Heiden kein großer Unterschied zu bestehen scheint. Angesichts der Radikalität der Umkehr verblasst die Bedeutung der Beschneidung. Das wird dadurch bestätigt, dass der schon erwähnte Philo von Alexandrien in derartigen Zusammenhängen allein die Beschneidung des Herzens für wertvoll hält, und darin entspricht er dann auch Paulus nach Röm 2,25–27: »Proselyt ist nicht der körperlich Beschnittene, sondern der beschnitten ist an seinen Trieben, Gelüsten und anderen Krankheiten der Seele« (Fragen zum Buch Exodus II,2 griech. Fragment). Entscheidend ist hier das »nicht …, sondern«.

Wir halten fest: In der Zeit vor Jesus erlebt gerade das Judentum, das in der Diaspora wohnt oder Griechisch spricht, ein starkes Aufleben der Umkehrpredigt, bei der die Beschneidung keine große Rolle mehr spielt. Im Corpus der Sibyllinen spielt die Bescheidung nirgends eine Rolle. Angesichts der Notwendigkeit, sich vor dem Kommen des Zornes Gottes zu bekehren, spielt die Beschneidung keine große Rolle.

4.3.1 Kann man dazugehören ohne Beschneidung?

Dennoch ist es natürlich noch etwas anderes, wenn man bei der Bekehrung zu dem Gott Israels ausdrücklich auf Beschneidung verzichtet, denn dann löst man das Entfliehen vor dem Zorn Gottes (= Rettung durch den Glauben) von der Zugehörigkeit zu Gottes Volk. Dieses war ein gewaltiger und folgenreicher Schritt. Man tut sicher gut daran, diesen Schritt nicht allein dem Apostel Paulus in die Schuhe zu schieben. Auch das Neue Testament tut das nicht.

In einer der großen Städte – Antiochien, Rom, Alexandrien – wird es geschehen sein, dass die christlichen Missionare auf Heiden trafen, die an Jesus glauben wollten, es aber für unzumutbar hielten, erst Juden zu werden. Das betraf nicht nur die Tatsache, dass die Operation der Beschneidung lebensgefährlich und das Resultat der Operation für Heiden ein Anlass zum Spott war. Es betraf auch die Zugehörigkeit zu diesem Volk, das nicht angesehen war. Es hatte auch zu tun mit komplizierten Ritualgeboten.

4.3.2 Es begann mit dem Aufklärer Stephanus

Die Personen, an denen man diese Befreiung festzumachen suchte, waren auf irgendeine Weise der Märtyrer Stephanus, Simon Petrus (und bestimmte visionäre Erfahrungen von ihm), schließlich auch Paulus. Beginnen wir mit den namentlich noch bekannten:

Stephanus hatte in Jerusalem Worte gegen den Tempel gerichtet. Das hatte zwar nichts mit Beschneidung, Bekehrung und Judesein zu tun. Aber es wurde als Angriff auf das mosaische Kultgesetz und den Tempel als Herz Israels aufgefasst. Skeptische, kultkritische, aufgeklärte Juden aus der Diaspora konnten sich in ihm wiedererkennen. Er wird sicher deshalb in der Apostelgeschichte so ausführlich erwähnt, weil Lukas viel Wert legt auf Kontinuität. Stephanus ist mit seinen Äußerungen ein Bindeglied zwischen Jesu Vorhersagen der Tempelzerstörung und dem Abschied der heidenchristlichen Gemeinde vom Tempel in Jerusalem.

4.3.3 Die Tischtuch-Vision

Petrus hat nach Apostelgeschichte 10 eine eigenartige Vision: Petrus verspürt Hunger. »Er sah den Himmel einen Spalt breit geöffnet. Eine Art großes Tischtuch wurde an vier Zipfeln auf die Erde her-

abgelassen. (12) Darin waren alle möglichen Arten von Vierfüß-
lern, Kriechtieren und Vögeln. (13) Eine Stimme rief: »Auf, Petrus,
schlachte sie und iss.« (14) Petrus entgegnete: »Nein, Herr, noch nie
habe ich etwas Gemeines oder Unreines gegessen.« (15) Die Stimme
sagte: »Was Gott für rein erklärt, darfst du nicht für unrein halten.«
(16) Dies wiederholte sich noch zweimal. Kaum war die Stimme
verklungen, da wurde das Tuch mit seinem Inhalt in den Himmel
hinaufgezogen.« – Die Vision ist die Voraussetzung dafür, dass Petrus im Haus des heidnischen Hauptmanns Cornelius zu Gast sein
darf. Denn der Leser erinnert sich noch, dass weder Jesus noch einer
seiner Jünger je ein heidnisches Haus betreten hatten, geschweige
denn zum Essen. In dieser Vision hat Gott die Gebote über reine und
unreine Tiere aufgehoben. Eine außervisionäre Begründung steht in
1 Tim 4,3 f.: »(Gegner) versuchen, … zum Nahrungsverzicht aufzu-
rufen. Dabei hat Gott diese Dinge geschaffen, damit diejenigen, die
glauben und Gottes Wirklichkeit anerkennen, sie dankbar annehmen
können. Denn alles, was Gott geschaffen hat, ist auch gut, und auf
nichts, für das man danken kann, muss man verzichten.« Das will
sagen: Gott als der Schöpfer hat die Dinge bereits rein erschaffen.
Das wird in der Vision in Apg 10 noch einmal ausdrücklich erklärt. –
Damit ist hier ebenfalls keine beschneidungsfreie Heidenmission erklärt, aber für Petrus ist ein Hindernis beseitigt, das ihm untersagt,
unter Heiden als Missionar zu wirken.

4.3.4 Die offensive Reinheit Jesu

Eine andere Linie sind die Exorzismen Jesu. Sie hatten im Urchristentum eine Treiberfunktion, die wir uns heute nur schwer vorstellen können. Jesus, das war die Erfahrung der Jünger, hatte Macht
über die unreinen Geister, und er verlieh den Jüngern ebendiese
Macht. Unreinheit, dämonisch verursachte Unreinheit aber ist das
»Wesen« des Heidnischen, denn Ursprung und Ziel aller Unreinheit
ist der Tod. Ich habe dieses die offensive Reinheit Jesu genannt. So
wird nicht defensiv eine Reinheit gewahrt oder durch Absonderung
geschützt, hier wird Unreines rein gemacht. Hier werden unreine
Geister vertrieben.

4.3.5 Auf dass jede Zunge bekenne

Eine frühe und wohl vorpaulinische Begründung der angst- und beschneidungsfreien Heidenmission referiert Paulus im sog. Philipperhymus (Phil 2,6–11). Phil 2,11 endet mit einem kosmischen Ausblick: Jedes Knie soll sich beugen vor diesem Herrn, in dem Gott wohnt. Hier ist die Differenz zum Alten Testament erkennbar: Nach Jes 45,21b–25 heißt es: »Es gibt keinen Gott außer mir ... Jedwedes Knie wird sich beugen vor mir, jede Zunge mir schwören.« Was nach Jesaja im Alten Testament nur Gott zukommt, wird auch in Zukunft nur dem einen und einzigen Gott zukommen. Doch dessen Geheimnis ist der Ort, wo er ist. Wenn dieser Gott die sich selbst verschenkende Fülle ist – und eben nicht nur punktuell da sein soll –, dann will er aus dieser Fülle heraus nicht nur im Sohn wohnen, sondern durch ihn und mit ihm und in ihm in und bei allen Menschen. Im Licht von Phil 2 bedeutet das: Der universale Anspruch des Gottes Israels wird verwirklicht in der globalen Völkermission der Christen. Und weil es noch immer nur um den einen Gott geht, endet Phil 2,11 mit der Formel »... zur Ehre Gottes des Vaters«.

Der Vater hat dem Sohn seinen Namen gegeben, das heißt: die Wesensgleichheit offen proklamiert. Überdies aber tritt der Sohn endgültig aus dem Dunstkreis Israels heraus und wird zum Zeichen für alle Völker. Mit der Erhöhung ist er nicht mehr nur der Messias Israels, sondern der real gegenwärtige Gott im Angesicht aller Menschen der Erde. So ist das, was Paulus als Apostel tut, in Jesus Christus selbst begründet. Nur wegen der hier beschriebenen Funktion Jesu ist es legitim, alle Nichtjuden zum Gott Israels zu bekehren, und zwar ohne Beschneidung und Ritualgesetz.

Jesus ist Urbild der Erlösung. Wer ihm ähnlich wird in Demut und Gehorsam, den wird Gott verherrlichen, und vor der Gemeinde, der er zugehört, werden sogar die Menschen niederknien wie vor Jesus nach Phil 2,11 (vgl. dazu Offenbarung 3,9). Phil 2 spricht daher nicht nur über Jesus, sondern über den Weg *aller* zum Heil. Zu Demut mahnt Paulus die Philipper auch im Kontext »Lasst euch weder von Eifersucht noch von Ehrgeiz leiten, sondern übertrefft euch gegenseitig in Demut ...« (Phil 2,3–5).

Aber wir haken nach: Warum geht es nur so, über Sklavesein, Demut und Kreuz? Antwort: das Wort »Sklave« beschreibt nach dem Alten Testament das vom Menschen gegenüber Gott geforderte Verhalten und seinen grundsätzlichen Status. Denn Gott ist der *Herr* und der Mensch ist *Sklave*. Gäbe es diese eine Bedingung nicht, dann wäre der Monotheismus nicht geschützt, und – schlimmer noch – es gäbe nur Rivalität und Hauen und Stechen unter den Menschen, wer der größere Gott, wer göttlicher als der andere sei. Deshalb hatte Paulus in Phil 2,2 unmittelbar vor diesem Abschnitt gemahnt, einig zu sein und an einem Strang zu ziehen. Das heißt: Der eine und einzige Gott ist zugleich der Gott des Friedens. Denn wenn allein er Gott ist, dann sind es menschliche Mächte und Gewalten eben nicht. Dann müssen wir uns als Sklaven miteinander vertragen. »*Gemeinsam vor Gott zu liegen*«, das ist der rituelle Ausdruck dessen, was Phil 2 von der christlichen Existenz meint. Diese Gemeinsamkeit ist die Grundlage für Frieden und Eintracht unter den Menschen.

Die monotheistischen Religionen stiften die Menschen daher nicht zu Intoleranz an, im Gegenteil: Die gemeinsame Unterwerfung unter den einen Gott ist die größtmögliche Chance zum Frieden. Wegen des Unfriedens also und weil Gott der Gott des Friedens ist, geht es nur so – über Sklavesein und Gehorsam. Phil 2 ist daher eine gründliche Absage an den Versuch, eine Autonomie des Menschen ohne den Glauben an Gott zu verkünden. Zu selten wird auf diesen Zusammenhang von Emanzipation und Frieden hingewiesen. Der stolze humanistische Gestus, der den *einen* Herrn nicht über sich akzeptieren möchte, liefert sich den Hegemonialkämpfen der *vielen* Herren aus, die sich alle nicht die Freiheit und Autonomie des Individuums auf die Fahne geschrieben haben. Zuletzt fallen wir dem internationalen Kapital anheim, damit wir die Erfahrung nichtgöttlicher »Sklaverei« nur gründlich machen.

Der Verfasser dieses Hymnus sieht die christliche Gemeinde versammelt um den erhöhten Christus. Die Kniebeuge der ganzen Welt ist im Kern auch die Kniebeuge der versammelten Gemeinde vor dem Herrn. Christlicher Gottesdienst geschieht im Angesicht des Erhöhten. So wird in der Demut gegenüber dem Herrn auch die Demut überhaupt eingeübt. Im liturgischen Gestus der Unterwerfung wird vollzogen, was in der Mahnrede erwünscht ist. So bestehen Liturgie und Gemeindepraxis in lebendiger Verschränkung: Der Gottessohn selbst hat sich erniedrigt und wird erhöht. Die Gemeinde sieht den Erhöhten und beugt vor ihm demütig das Knie. Vor jedem Bruder und jeder Schwester ist jeder Christ demütig, das ist das Ziel der Mahnrede. Jeder Christ hat dieses an Christus und in der Liturgie gelernt.

Die Versammlung vor dem Erhöhten hat ein visionäres Element, weil die Liturgie nachvollzieht, was ein visionäres Grundgefüge hat: Der Erhöhte wird von allen Völkern gefeiert. Dieser Anfang der Liturgie der Gemeinde ist zugleich der Ausblick auf das Ende der Zeiten. So steht die Liturgie zwischen der Anfangs- und der Endvision, zwischen der Schau des Erhöhten und der Schau des Wiedergekommenen. Die liturgische Anbetung ist Überbrückung, Fortschreibung und Ersatz. Sie ist der wahre Ort zwischen den Zeiten. So ist dieser Text für mich kostbar, weil er mustergültig zeigt, wie christliches Verhalten an der Liturgie Maß nimmt. Hier wird es eingeübt. Das gilt von der Anbetung genauso wie vom gemeinsamen Mahl. Immer wirkt es wie Sauerteig für alle Völker. Der Text weist auf die verhüllte Gegenwart des erhöhten Herrn. Dieses Sehen und doch zugleich Nicht-Sehen nenne ich das visionäre Element. In ihm erkenne ich genau das, was Theologie des Mittelalters den »splendor veritatis« (Glanz der Wahrheit) und den »splendor ordinis« (Glanz der Ordnung) nannte. Denn in dieser Weise ist Wahrheit nicht nur richtig und Ordnung nicht nur korrekt oder gerecht, sondern es tritt jenes Element hinzu, das weit über die Vernunft hinaus als das Unbedingte erfahren wird, das sich als Begeisterung äußert. Das ist eben nicht nur die Einsicht in die Richtigkeit, sondern der Jubel, die Begeisterung, das Gepacktsein vom Glanz, von der Herrlichkeit Gottes. So endet denn auch der »Hymnus« Phil 2,6–11: »zur Verherrlichung Gottes, des Vaters«. Denn dort, wo Gott seine Herrlichkeit erweist – an der Erhöhung Jesu Christi –, reflektiert dieses auf seine Herrlichkeit zurück. Gott hat seinen Sohn verherrlicht, und dafür lobt ihn die Gemeinde aus allen Völkern.

4.3.6 Heiliger Geist und Beschneidungsfreiheit

Paulus hatte eine biographische Erfahrung, die kaum einer von uns teilt: Wir können uns nicht vorstellen, was es heißt, im Rahmen einer weltweiten Einheitskultur Jude zu sein, durch Gräben von den anderen getrennt – nicht mit ihnen feiern, essen und beten zu können, keine Mischehe eingehen zu dürfen. Alles nur aufgrund der Auserwähltheit Abrahams. Und dann zu erfahren, dass der eigene Gott, der Gott Abrahams, eine Zugbrücke baut über den Graben der Auserwähltheit, dass er es Heiden ermöglicht, ihn als ihren Gott anzubeten, ohne dass sie Juden werden müssen. Dieses muss für Paulus eine überwältigende Erfahrung gewesen sein. Das Wichtigste dabei: Die eigene jüdische Religion wurde dabei nicht zerstört oder aufgelöst, sondern der Anspruch des Schöpfers auf Anbetung durch die ganze Welt wurde eingelöst.

Fragte man den Apostel Paulus, mit welcher Erfahrung er denn das Wirken des Heiligen Geistes jetzt im Urchristentum tatsächlich belegen könne, er würde sagen: vor allem darin, dass es Judenchristen neben Heidenchristen gibt. Dass beide zu Christus gehören, und zwar in gleicher Weise. Und das sei mehr als gemeinsame Erkenntnis oder eine gemeinsame Idee. Es sei innerste Zugehörigkeit und Zusammengehörigkeit durch den gemeinsamen Herrn. Und diese Gemeinsamkeit werde hergestellt durch das Leben im gemeinsamen Heiligen Geist.

Überall im Neuen Testament ist der Heilige Geist die Kraft Gottes, die alle trennenden Grenzen überwindet. Das gilt für die Grenze zwischen Gott und Mensch: Jesus ist als Mensch Sohn Gottes, die Christen sind durch den Heiligen Geist Kinder Gottes. Es gilt für die trennenden Unterschiede zwischen Juden und Griechen, Sklaven und Freien, Männern und Frauen. Denn die Unterschiede sind Merkmale der bestehenden Schöpfung, die Aufhebung dessen, was dabei trennt, aber ist Merkmal der neuen Schöpfung. Daher ist die Gabe des Heiligen Geistes im frühen Christentum nichts irgendwie Nebensächliches, sondern Gottes des Schöpfers eigenstes Wirken, der zentrale Aspekt der erneuerten Schöpfung.

Die Schnittstelle zum Judentum ist genau zu bestimmen. Philo von Alexandrien (jüd. Philosoph, 1. Jh. n. Chr., Fragen zu Exodus 2,2) sagt: Nicht der ist der wahre Proselyt, der am Fleisch beschnitten ist, sondern derjenige, der an der Seele beschnitten ist. Das Christentum setzt nur an die Stelle von »Seele« den Heiligen Geist und meint eben damit nicht (nur) Moral und Gesinnung, sondern die göttliche Kraft der neuen Schöpfung. Das genau ist der Unterschied zwischen Anthropologie und Theologie.

4.3.7 Sieg über den Weltherrscher

Nach Joh 12,31 hat Jesus den Herrscher über diese Welt, also den Teufel, wie in einem einzigen großen Exorzismus »hinausgeworfen«, indem er in seinen Herrschaftsbereich eingedrungen ist und ihn von innen her durch seine singuläre Treue und seinen Gehorsam aufgelöst. Weil es sich um den Weltherrscher handelte, ist der daraus rührende Anspruch universal. In anderen Theologien wird diese Universalität so formuliert, dass Jesus als Mittler für alle Menschen rechts von Gott sitzt (oder steht) und für alle Menschen eintritt.

Auch wenn Jesus als der geschildert wird, der durch Tod und Erhöhung die Mächte und Gewalten oder den Teufel besiegt hat, geht es immer um ein Geschehen kosmischen und universalen Ausmaßes. Man kann sagen: Den Tod Jesu und seine Erhöhung als ein Ereignis vor Mächten und Gewalten zu schildern war ein Weg, die Grenzen des Judentums geschickt zu sprengen, ohne heidnische Mythen aufzunehmen. Der Weg in die Tiefe (bzw. in die Höhe) war hier der Pfad universaler Theologie. Selbst dem Hebräerbrief gelingt es so, die Grenzen jüdischer Fixierung auf Jerusalem zu überwinden. Für ein paar Jahrhunderte wird die Rede von Mächten und Gewalten ein Weg, auch als Judenchrist Theologie zu betreiben, mit der die Heidenchristen etwas anfangen konnten.

Etwas Ähnliches geschieht in Röm 4, wenn Paulus erklärt, allein der Glaube mache zu Abrahams Kind. Wie bei Philo wird die nationale sichtbare Kennzeichnung der Beschneidung ersetzt durch eine vorgängige, unsichtbare, internationale und jetzt allein entscheidende.

4.3.8 Wenn ihr nicht wollt, kommen andere dran

Dieser »theologische« Grundsatz zur Begründung der Heidenmission ist sehr tief mit Erfahrung gesättigt, aber dabei doch theologisch alles andere als selbstverständlich. Man hat sich nur daran gewöhnt. Der Grundsatz setzt auch nicht eo ipso die Beschneidungsfreiheit voraus, sondern eher die Zuwendung des Boten Gottes zu den Heiden. Daher findet sich dieser Grundsatz auch schon bei Johannes dem Täufer. Denn schon der Täufer kann drohen: Wenn ihr nicht wollt, kann Gott aus diesen Steinen dem Abraham neue Kinder »machen« (»erwecken«). Der Ausdruck nimmt einerseits auf Abraham-Tradition Bezug: Abraham selbst ist aus Fels gemacht, er ist der wirklich neue Anfang eines Menschengeschlechts, andererseits spiegelt sich darin religionsgeschichtlich aktueller Mithrasglaube: Denn Mithras ist aus einer Höhle (sc. aus dem Felsen) geboren, weil er der Anfang eines neuen Menschengeschlechtes ist (die Höhle wird dann deshalb auch Geburtsort des kleinen Jesuskindes). In jedem Falle ist die Abkunft aus Stein(en) ein Bild grundsätzlichen Neuanfangs.

Verglichen mit üblicher jüdischer Theologie ist dieser Grundsatz tollkühn. Denn bisher lautete die Botschaft der Propheten: Wenn Israel nicht hören wollte, wurde es bestraft. Die Auserwählung eines anderen, ganz neuen Gottesvolkes war nicht denkbar. Was bei Johannes dem Täufer vielleicht noch reine Drohung war, wird dann in der frühchristlichen Missionsgeschichte stets wiederkehrende Erfahrung. Lukas baut seine gesamte zweiteilige Missionsgeschichte darauf auf, und so verläuft jede Szene gleichartig, seitdem Jesus in seiner Heimatsynagoge in Nazaret aufgetreten ist: Es ist Sabbat, Christen werden gebeten, die Schrift (durch eine Homilie) zu kommentieren. Die Christen legen die Schrift christologisch aus und/ oder wirken Heilungswunder. Die anwesenden Juden können beides nicht akzeptieren. Sie drängen die Christen aus der Synagoge hinaus. Daraufhin wenden sich die Christen den Heiden zu. Die Heiden sind daher für die Missionare stets die zweite Wahl, und unbeirrt beginnen diese stets neu am Sabbat in der Synagoge. Denn Israel bleibt Volk Gottes und »erste Liebe« Gottes. Dieser Grundsatz wird also beharrlich in der Praxis umgesetzt.

Während es am Anfang gar nicht um den Verzicht auf Beschneidung ging – sicher nicht bei Johannes dem Täufer –, wird dieser doch immer selbstverständlicher. Seit dem Apostelkonvent ist er als selbstverständlich vorauszusetzen.

4.4 Typen frühchristlicher Heidenmission

4.4.1 Zentripetal – zentrifugal

Man kann fragen: Warum überhaupt Mission? – Im Judentum ist das Phänomen etwas Neues. Es rührt her aus der Überzeugung, dass die Menschheit am Ende aller Wege vor Gott stehen wird. Und dass Gott niemand gewachsen ist, außer er hätte sich der Gnade Gottes zuvor anvertraut. Das gilt zunächst für die prophetische Umkehrpredigt in Israel. Aber da Gott der ganzen Welt begegnen wird, ist Umkehr für alle nötig. Ein wichtiges Bindeglied zur universalen Völkermission sind die jüdischen Sibyllen. Sie stellen die Heidenvölker vor die Alternative Bekehrung zu dem einen Gott – oder Vernichtung im Feuergericht. Die frühchristliche Mission ist darin »täuferisch«, weil sie zunächst unter Hinweis auf das Gericht begründet wird. – Doch ähnlich wie bei der Taufe (s. u.) tritt neben den Aspekt des Gerichts alsbald ein bei Jesus ganz neuer, auf die neue Schöpfung bezogener.

Grundsätzlich kann man zwei Arten von Mission unterscheiden: Die zentripetale Mission orientiert sich an der bestehenden Ortsgemeinde. Diese wirkt durch ihre diakonische Arbeit und ihren Gottesdienst missionarisch. Dazu gehören: die Gemeinde(n), an die das Johannesevangelium gerichtet ist, sowie die Apokalypse des Johannes. Aussendungsreden Jesu werden nicht berichtet, auch nicht, dass Jesus Jünger woanders hin gesandt hätte. Zu diesem Typus gehört auch die vorwiegende Konzentration auf Hausgemeinden. Schon nach 1 Kor 14,24 verrät Paulus die Gemeinde als eine, die mit Besuchern von außerhalb während der Zusammenkünfte rechnet.

Die zentrifugale Mission wird überall gestützt durch ausgesandte Missionare. Die drei ersten Evangelien berichten von befristeten Aussendungen Jesu. Im Kontext finden sich detaillierte Listen von erlaubten Ausrüstungsgegenständen. Die vorösterlichen Aussendungen durch Jesus möchte ich nicht kurzerhand in die Zeit nach Ostern verlegen. Ich halte sie für Zeichenhandlungen, die den Anspruch Jesu auf ganz Israel anzeigen sollen. Die Aussendung zu zweit entspricht einerseits der Zeugenregel, andererseits einem theophanen Schema, wonach Gott inmitten zweier Engel erscheint.

4.4.2 Anstoß von oben

Auffallend ist, wie oft von frühen christlichen Gemeinschaften gesagt wird, dass der entscheidende Schritt in der Heidenmission charismatisch inspiriert sei – bei Petrus und Paulus je durch eine Vision, bei Philippus durch eine Schriftauslegung aus dem »Heiligen Geist«, und auch Stephanus redet »voll des Heiligen Geistes« und wird verklärt. Dazu kommen noch die Akte spezieller Anweisung des Heiligen Geistes im Rahmen der Heidenmission, so Apg 13,3 (»der Geist befiehlt«), 1 Tim 4,14 (»das Charisma in dir«), 1 Tim 4,1 (»der Geist sagt ausdrücklich«); 2 Tim 1,6 (»das Charisma in dir«).

Eine vergleichbar große Bedeutung des Heiligen Geistes an allen Ecken und Kanten der Kirchengeschichte würde heute wohl niemand mehr in Anspruch nehmen. Aber wie kommt die frühe Gemeinde dazu? Der Hinweis auf das offene oder versteckte Wirken des Heiligen Geistes hat einmal *legitimatorischen Charakter*, und das gilt vor allem in einer Hinsicht: Die Ereignisse der frühen Kirchengeschichte gelten auf diese Weise als von Gott gewirkt, begleitet und bestimmt. Also war Gott nicht nur in Jesus wirksam, sondern auch hier. Insofern schreibt Gott selbst die Fortsetzung der Jesusgeschichte. Die Gemeinden und ihre Autoritäten lassen überall Raum für sein Wirken.

Zweitens: Es sind stets kirchliche Zusammenhänge, in denen und durch die der Heilige Geist wirkt. Es sind nicht große Individuen in ihrem Privatleben. Gottes Wirkungsraum ist daher die Gemeinde.

Und es wird sichtbar, was man für entscheidend hält: Die Bestellung und Aussendung von Autoritäten und die grundsätzliche Entscheidung für neue Missionspartner und -gebiete. Insofern ist die Nennung des Heiligen Geistes immer auch ein Anzeiger für das, was man für wichtig hielt.

4.4.3 Ein kurzer Blick auf Zielgruppen

Rund um die griechisch sprechenden Synagogen sammeln sich Sympathisanten, die sich für den Monotheismus und die jüdische Ethik begeistern (die sog. Gottesfürchtigen). Sie scheuen es, Juden zu werden, da sie die Beschneidung oder das Image der Misanthropie fürchten, das dem Judentum anhaftet. In diesen Gruppen »wildern« die christlichen Missionare, da sie den Interessenten außer dem zweijährigen Katechumenat nur die Taufe zumuten und dann völlige Gleichberechtigung garantieren. Die christlichen Anforderungen liegen deutlich mehr auf ethischem Gebiet. Vergleiche z. B.: Apg 11,20 – den Heiden wird das Evangelium erzählt, aber weder wird Taufe noch wird Geistempfang berichtet. Die Adressaten bleiben vorerst interessierte Außenstehende. Mit christlich gewordenen Sympathisanten rund um die Synagoge rechnet besonders Lukas/die Apostelgeschichte. Das Interesse der Sympathisanten geht über das der eben genannten Gruppen hinaus. Es äußerte sich in finanziellen Zuwendungen und Teilhabe an den Gebeten und Gebetszeiten.

Man sollte auch damit rechnen, dass das griechische Modell der *Schülerkreise* nicht nur in philosophischen Zirkeln von Athen existierte – Schüler, die sich um einen anerkannten Lehrer scharen und auch mit ihm ihr Leben teilen. Philosophenschulen kennt die Umwelt z. B. für die stoisch-kynische Diatribe, in der Sokrates eine große Rolle als Vorbild spielt. Hier spielt dann die »Sukzession« (Regelung der Nachfolge des Meisters) eine Rolle für die Entwicklung der christlichen Konzeption der (apostolischen) Sukzession. Schülerkreise bleiben an ihrem Lehrer orientiert, so die »auf die Taufe des Johannes Getauften« eben an der Autorität des Johannes (Apg 18,16). In Korinth droht dieses Prinzip freilich die Gemeinde zu zersprengen. Daher attackiert Paulus die Parteien in Korinth (1 Kor 1,15 f.).

4.4.4 Die Rolle der Familien und Häuser

Welche Rolle hat die Familie gespielt bei der Ausbreitung des Glaubens im Urchristentum? Im 1. Jh. n. Chr., also zur Zeit der neutestamentlichen Ereignisse, ist die traditionelle Sippe in und außerhalb von Palästina in eine Krise geraten. Ihre festen Strukturen zerbrechen angesichts der Vielfalt und Unübersichtlichkeit der hellenistischen Gesellschaft. Das spiegelt sich auch im Neuen Testament: Der Sklave Onesimos ist entlaufen (Philemonbrief), und Paulus kann es Philemon zumuten, den Sklaven endgültig freizulassen. Die Witwen einer ganzen Gruppe von Christen bleiben unversorgt (Apg 6 f.). Dass es sich gerade um die Witwen der »Hellenisten«, also der griechisch sprechenden Judenchristen, handelt, dürfte nicht zufällig sein: Durch die Anteilhabe an griechischer, hellenistischer Kultur wächst auch das Maß an sozialer Zerrissenheit.

Ein Blick auf die Gemeinde von Korinth erhärtet das Bild. Die traditionellen Familienwerte wanken ganz erheblich. Nach 1 Kor 5–7 sind alle Werte rund um Familie und Sexualität gefährdet; und das ist nicht nur deshalb der Fall, weil Korinth eine Art Spaßhauptstadt der ganzen damaligen Welt war. Dass insgesamt fünf Stellen des Neuen Testaments, darunter auch 1 Kor 7,9 f., vor Ehescheidung warnen, hängt gewiss damit zusammen, dass man unter Heiden diese nur als juristisches, nicht aber als moralisches oder gar religiöses Thema ansah. Auf die grassierende Homosexualität nimmt Paulus in Röm 1,26–28 und 1 Kor 6,9 Bezug. Aufschlussreich für den Verfall der Familie aus jüdischer Sicht ist auch, dass in den Lasterkatalog nach Röm 1,30 auch der Ungehorsam gegenüber den Eltern gehört. Joh 4,17–19 bezeugt, dass man damals schon ohne Trauschein zusammenleben konnte. Die nicht geringe Rolle, die Prostituierte und Prostitution im Neuen Testament spielt (z. B. Lk 7,36 ff.; auch wohl Joh 7,52–8,11), zeigt, dass dieses wohl hauptsächlich bei strenggläubigen Pharisäern als anstößig galt. Weil die Lage der Familie erkennbar außer Kontrolle geriet, türmen sich Entwürfe und Konzepte zu Rettung und Neubeginn der Familie gerade im Umfeld der Botschaft Jesu. Für die Jesus-Überlieferung gilt die Abfolge von drei Schritten: die »Heilige Familie«, die radikale Trennung von der Familie und die neue Familie.

4.4.4.1 Das Ideal der Heiligen Familie

Einerseits also das Ideal der »Heiligen Familie«: Lk 2,1–12, das klassische Evangelium vom Fest der Heiligen Familie rechnet einerseits mit dem Ungehorsam »aus religiösen Gründen«, wie wir das auch aus den Berufungsgeschichten als Pietätlosigkeit kennen. Aber am Ende heißt es doch, dass Jesus sich seinen Eltern unterwarf. Ähnliches gilt für den Text in Mt 2. Joseph ist um Sorge und Schutz für seine Familie bemüht. Nimmt man die Seligpreisung der Prophetenmutter von Lk 11,27 nicht nur formal, sondern inhaltlich berechtigt, woran einen nichts hindert, dann gilt: Jesus muss von seinen Eltern ein hohes Maß an Liebe und Zuwendung empfangen haben. Auch die apokryphen Kindheitsevangelien (bei Berger/Nord, Das Neue Testament S.1279–1304) berichten es nie anders. Welch wunderbare Mutter muss Jesus gehabt haben!

Sir 3,1–16 bietet – im Sinne des eben Dargestellten – eine weisheitliche »Summe« des traditionellen jüdischen Familienbildes: Die Stabilität der Familie ist für die gesamte Weisheitstradition des Orients die Basis für eine gesunde Gesellschaft. Konkret heißt das: Den Rat der Eltern befolgen und der überlieferten Weisheit gemäß leben. In diesem Geist erzieht die Weisheit junge, männliche Führungskräfte für die Übernahme von Verantwortung in der Öffentlichkeit. Das »Ehren der Eltern« steht dabei umfassend für den Respekt vor den Dingen, die man wertschätzt. Dazu gehört vor allem die Hochschätzung von Bildung und Erziehung und »Witz«, der Verzicht auf Angeben mit Reichtum und Gewalt. Sir 3 als liturgischer Text hat daher eine Botschaft für unser Jesusbild: Jesus kommt aus einer Familie, der Unterordnung und Gehorsam nicht fremd waren. Dies ist sozusagen die andere Seite dessen, was Mt 5,17 als den Gesetzesgehorsam Jesu beschreibt und seine Gesetzeserfüllung nennt. Der Vorgang ist liturgietheologisch beachtlich: Die Liturgie (z. B. am Fest der Hl. Familie) ergänzt Angaben der Evangelien sachgemäß durch Applikation von Texten der Schrift, die in den Evangelien im Leben Jesu nicht zitiert werden. Sie tut es zweifellos sachgemäß, denn Tora und Weisheit liegen bei Darstellung der Tradition einer intakten Familie nicht weit auseinander.

4.4.4.2 Die Familienkritik Jesu

Für viele unvereinbar sind damit die extrem familienkritischen Äußerungen Jesu in zahlreichen Jüngersprüchen. Um gleich mit dem härtesten zu beginnen: »Wer sich mir anschließt und mein Jünger sein will, der muss das Band zwischen sich und Vater, Mutter, Frau und Kindern, Brüdern und Schwestern zerschneiden, sie hassen. Er muss auch sich selbst, sein eigenes irdisches Leben, hassen.« (Lk 14,26) Daher darf man sich auch, wenn man Jesu Jünger wird, von seiner Familie nicht verabschieden und soll, völlig pietätlos, die Toten ihre Toten begraben lassen (Mt 8,22). Die radikale Trennung von der Familie sieht Jesus als notwendig an, um an dieser Stelle den Filz des ewig Gleichen zu durchbrechen und die Sachzwänge zu überlisten, die sich aus den natürlichen Notwendigkeiten scheinbar ergeben. Diese Sachzwänge reichen vom Aussuchen der Braut bis zum Beruf, von der Leviratsehe bis zum Wohn- und Begräbnisort.

Für Jesus ist klar: Wer überhaupt etwas Neues beginnen will, der muss die Familienbindungen durchkreuzen. Hier geht es um die Freiheit zum Lebensstil Jesu. Aber könnte es nicht sein, dass derjenige, der als Kind so viel Zuwendung erfahren hat, damit auch die Kraft zur Freiheit mit der Muttermilch eingesogen hat. Vielleicht trifft das Bild vom Ziegelstein doch zu, der die empfangene Hitze lange speichert und dann auch in kalter Umgebung ausstrahlt. Und die Absage Jesu an die gewöhnliche Familie entspricht in ihrer Radikalität durchaus dem zeitgenössischen Verfallszustand ebendieser Familien. Und dass Jesus es sich zutraut und auch für nötig hält, die Familien in Gruppen zu zweien und dreien zu spalten (Lk 12,52 f.), zeigt doch nur deren Krankheitsbild, deren Schwäche und Spaltbarkeit.

4.4.4.3 Die neue Familie Jesu

Und drittens geschieht das Erstaunliche: Jesus, der ein a-familiäres Ethos verkündigt, gründet mit seiner Gemeinde tatsächlich eine neue Familie: »Amen, ich sage euch: Jeder, der wegen mir und des Evangeliums Haus, Geschwister, Eltern, Kinder oder Äcker verlassen hat, der wird zwar Verfolgung erleiden, aber all dies in dieser Welt, [in der Großfamilie der Christen] hundertfach zurückerhalten: Häuser, Geschwister, Mütter und Kinder sowie Äcker. In der kommenden Welt wird er das ewige Leben bekommen« (Mk 10,29 f.). Das Ziel Jesu ist also nicht ein Christentum der Individualisten, sondern tatsächlich eine neue Familie. Nicht eine neue *Gesellschaft*, die wäre namenlos und anonym.

Es gibt eine Menge von Hinweisen darauf, dass dieses Konzept der neuen Familie durchaus eine soziologische Entsprechung hat. Eindrücklich ist Joh 19,27: Der Lieblingsjünger nimmt Maria in sein Haus auf. Sie hat einen neuen Sohn bekommen, er eine neue Mutter. So hatte auch schon Jesus selbst die biologischen Verwandtschaftsgrade aufgehoben und durch »gemeindliche« ersetzt: Mutter, Kind, Bruder oder Schwester ist jeder, der Jesus nachfolgt und Gottes Willen tut (Mk 3,33–35; Mt 12,49f.; Lk 8,21). Sehr konkret und ganz real wird das Haus der Familie zum Haus der Gemeinde. Daher werden die Gemeindeglieder als Brüder und Schwestern angeredet (was keine andere Religion kennt). Daher ist die Gastfreundschaft eine wichtige christliche Praxis, denn sie öffnet das Haus. Daher kommt auch die Bedeutung der Frauen in der Frühzeit des Christentums, da auf jeden Fall die Schlüsselgewalt gleichermaßen bei Mann und Frau lag. Und das über die Familie hinaus erweiterte Haus ist der Platz, an dem fromme Witwen von der Gemeinde ernährt werden (1 Tim 5).

Vor allem aber ist das christliche Haus der Gegenpol zu den christlichen Wanderlehrern. Jesus selbst, Paulus und viele andere waren dauerhaft oder zeitweilig Wanderlehrer. Aber die Ausrüstungsbestimmungen für diese Wanderlehrer, die uns die ersten drei Evangelien überliefern, lassen erkennen: Das notwendige Gegenüber der Wanderlehrer sind ortsansässige christliche Häuser oder Großfamilien im Sinne Jesu, welche die wandernden Christen ausrüsten und beherbergen, die sie vor dem Hungertod bewahren und ihnen Schutz gewähren. In keiner anderen Religion hat das »Haus« daher eine Bedeutung, die der christlichen entspricht.

Dabei fällt auf, dass in der Liste der neuen Familienmitglieder ein neuer irdischer Vater fehlt. Das ist nicht Zufall, sondern hat System. Denn der Vater ist jetzt allein der Vater im Himmel, der für die neue Familie der Jünger sorgt. Die irdischen Väter werden auf Erden nicht ersetzt (vgl. auch Mt 23,9) – an ihrer Stelle steht in der neuen Gemeinschaft auf Erden (!) genau der himmlische Vater.

Dieser eigenartige Umstand ist zu begreifen als christliche Antwort auf die zeitgenössische massive Krise des Vaterbildes. Gott allein wird »Abba«, Vater, genannt, das ist geradezu sein Name. Dass die Christen mit ihren Gemeinden sich in der Tat um einen neuen Vater versammelt haben, darauf weist nicht nur die Rede von »Gott unserem Vater« im Präskript der Paulusbriefe, sondern auch der Gottesname »Abba« (Mk 14; Röm 8; Gal 4). Das Vorkommen dieses Namens im heidenchristlichen Bereich weist darauf, dass er die Antwort auf die Frage war, ob denn der Gott der Christen keinen Namen habe. Das aramäische Wort hält man für den Eigennamen Gottes, und die Wendung »Abba, der Vater *(abba ho pater)* ist eine Analogiebildung zu »Zeus pater« im Griechischen.

Denn die Briefe der Apostel lassen erkennen, dass die Väter nur selten christlich waren (z. B. 1 Petr 3,1). Und das Untersagen der Ehescheidung meint vor allem sie. Dass in Eph 5 umfänglich gerade die Männer/Väter ermahnt werden, ist kein Zufall. Auch in 1 Kor 5–7 betrifft die Mehrzahl der Mahnungen die Männer/Väter. Die Abwesenheit neuer menschlicher Väter in der Gemeinde ist auch ganz gewiss eine Voraussetzung für die Bedeutung von Frauen in den urchristlichen Hausgemeinden (z. B. Priszilla; Phoibe; Chloe).

Wenn in der Kirche trotzdem später für Bischöfe und Äbte die Vater-Metapher wieder eingeführt wird, dann unter völlig anderen Voraussetzungen und nur im Sinne abbildlicher Repräsentanz des himmlischen Vaters. Diese abbildliche Repräsentanz ist eine treibende Kraft in der Entwicklung hierarchischen Denkens im Urchristentum. Oft wird gefragt: Wie kann aus einer Gemeinschaft von Geschwistern (Familie) eine hierarchische Kirche werden, in der Unterwerfung gilt? Die Antwort, das Hierarchische sei eben eine typische Verfallsform, trifft nicht. Denn neben dem Modell der Geschwister gibt es von Anfang an auch das Modell, sich dem Mitchristen zu unterwerfen wie ein Sklave dem Herrn, wie ein Kind im antiken Haus dem Vater. Aber das gilt nicht platt »sozialgeschichtlich«, sondern immer nur unter der Bedingung: sich unterwerfen »wie dem Herrn«. Im Nächsten den Herrn zu sehen, das gilt auch für die Kranken und Behinderten (Mt 25,46) und ist die Wurzel dessen, dass im Mittelalter die Krankenpflege »dem Herrn Kranken« galt.

Der Unterschied der titularen Verwendung (»Vater«) zur abbildhaft-repräsentativen besteht darin, dass die letztere metaphorisch gedacht ist. Bei der Metapher aber geht es um ein, zwei vergleichbare Gesichtspunkte, die analog sind. Bei der titularen Verwendung ist keine Grenze der Anwendung in Sicht. Vaterschaft kann dann z. B. auf Sorge- und Unterhaltspflicht ausgedehnt werden oder auch auf biologischen Ursprung. Das Letztere ist das moslemische Missverständnis, das Erstere vielleicht das protestantische (z. B. bei Protest gegen die Bezeichnung »Abt«; schon reformatorisch).

Typisch christlich ist die Forderung nach Unterwerfung, denn der Verfasser des Briefes kann immer sagen: Richtet euer Tun so aus, als gälte es dem Herrn und nicht Menschen (3,23). Außerhalb des Neuen Testaments und der Apostolischen Väter finden sich Forderungen nach »Unterwerfung« nur selten, hauptsächlich an Sklaven gerichtet. Christen übernehmen hier ein Stück alttestamentlichen Gottesbildes, das auch Paulus für sich gelten lässt, der sich immer wieder »Sklave Jesu Christi« nennt.

Weitere Hinweise auf die Realität der »neuen Familie« liefert die Gattung der »Haustafeln« in den Briefen der Apostel, besonders im Umkreis des Paulus. Die Häufung dieser Gattung ist auffällig und wiederum singulär für das Christentum. Kol 3 ist ein besonders stark christlich bearbeitetes Stück aus der zeitgenössischen Gattung der Haustafeln. Darunter versteht man Kataloge mit Pflichten der Hausgenossen in einem hellenistischen Haus gegenüber einander. Es geht also um wechselseitige Pflichten von Vater, Mutter, Kindern und Sklaven. Kinder und Sklaven bedürfen oft längerer Gewöhnung an die Ordnung eines solchen Hauses. Aber auch Eltern müssen manchmal Dinge gesagt werden, die ihre Freiheit sehr einschränken, um das Miteinander überlebensfähig zu machen.

Und schließlich gewinnen auch die sog. *oikos*-Formeln an Profil, wonach sich in der Regel alle taufen ließen, die zu einem Haus gehörten. Das war eben das Haus, aus dem die Gemeinde hervorging.

Wir haben hier Spuren einer einzigartigen historischen Entwicklung vor uns: Aus radikaler Kritik an der üblichen Familientyrannei erwächst das christliche Modell, nach welchem die Grenzen der Familie systematisch gesprengt werden. Aus dem christlichen Haus wächst das Modell der Gemeinde aus Brüdern und Schwestern sowie neuen Gemeindemüttern.

5. Entfaltungen in Kontinuität

Prononcierte Verfechter der Ideologie von der nachösterlichen Verfremdung der Botschaft Jesu übten sich nachhaltig in der Kunst der kontrastierenden Absetzung: vorher Liebe – nachher Amt, vorher Reich Gottes – nachher Kirche, vorher jesuanische Freiheit – nachher Rückfall ins Gesetz.

Wir haben hingegen gesehen, dass es nicht ein einziges virulentes Element im Urchristentum gibt, dass nicht in der Zeit Jesu vor seinem Tod grundgelegt wurde, ja das nicht sogar in einer Kontinuität stünde, die über Jesus hinaus in die Geschichte Israels mit seinem Gott verweist. Wenn es Neues im Urchristentum gibt, dann wie Blüten, die aus den Knospen eines Baumes hervorbrechen.

5.1 Jesus greift die Taufe auf

Historisch gesehen entstammt das frühe Christentum einer Taufbewegung. Bis heute ist Christ, wer getauft ist. Der Anfang Jesu weist eine große inhaltliche Nähe zu Johannes dem Täufer auf. Es gibt noch heute eine eigenständige Taufreligion, unabhängig von Judentum und Christentum, die sich auch auf Johannes den Täufer zurückführt, nämlich die Mandäer im Irak – wie Judentum und Christentum eine Buchreligion und deshalb von den Moslems geachtet, vom Aussterben bedroht.

Ursprünglich steht uns das Bild einer Taufe durch Untertauchen in Wasser vor Augen. Man wird ganz und gar von einer anderen Substanz umhüllt, die eine reinigende, verändernde, erneuernde Wirkung mit sich bringt. Doch Taufe wird nicht nur mit Wasser gespendet, sondern mit allem, was einen Menschen umhüllen kann, was ihn, wenn er sich außen und innen ganz davon erfüllen lässt, vor allem schützt, das ihn bedrohen will. Selbst den Tod kann man als eine Art Taufe definieren – etwa in Hinsicht auf das »Sterben in

Christus« (Röm 14,8). Im Ganzen unterscheidet man eine Taufe mit *Wasser*, eine Taufe durch den *Heiligen Geist*, eine *Chrisam-Öl-Taufe*, eine *Feuertaufe* und eine *Todestaufe* durch Sterben. Taufe ist beinahe jeder Ritus, dem man sich ganz und wörtlich »unterzieht«. Und wenn man die betreffende Taufe überstanden hat, geht man »wie neu geboren« daraus hervor, außen getauft und innen verändert. Als praktikabler Ritus hat sich die Wassertaufe durchgesetzt (auch in der Religion der Mandäer), leider im Christentum des Westens mittlerweile nur noch im verstümmelten Ritus einer Aspersionstaufe gespendet (Besprengung mit vorgewärmtem Wasser).

Man kann fragen: Warum ist die Taufe so wichtig? Theologisch finden sich zwei sehr unterschiedliche Begründungen: Johannes der Täufer argumentiert vom bevorstehenden Gericht her. Es erfordert, dass die Menschen rein sind. Glaube, Umkehr und Gebet haben das Ziel der Reinheit. Das Wasser symbolisiert es. Der Schmutz wird abgewaschen. – Auch noch im Vollzug des Sakraments der Taufe lebt dieser Gedanke. Bei der Überreichung des Taufkleids sagt(e) der Spender: »Nimm hin dieses weiße Kleid und trage es unbefleckt vor den Richterstuhl unseres Herrn Jesus Christus.« Dieses Taufverständnis ist end-lastig.

Die typisch christliche Taufe dagegen ist am neuen Anfang orientiert. Beweis: In keiner der Aussagen über die Taufe durch den heiligen Geist oder als neue Geburt, als neue Schöpfung etc. ist vom Gericht die Rede. Das heißt: Die am neuen Anfang ausgerichtete Taufe ist nicht am Gericht, sondern an der Schöpfung orientiert. Denn Schöpfung oder Neuschöpfung sind ein Anfangsgeschehen. Insbesondere die Gabe des heiligen Geistes bei der Taufe ahmt Schöpfungsgeschehen nach, weil Gott dem Adam seinen Atem einbläst (Gen 2,7). – Trotz späterer Vermischung der Motive stehen sich damit am Anfang in der Taufe des Johannes und in der Taufe Jesu (durch heiligen Geist, als Neugeburt, als neue Schöpfung) zwei gegensätzliche Konzeptionen von Taufe gegenüber.

Ohne Frage ist die Taufe eine Institution, also ein verabredeter Ritus. Jesus praktiziert zunächst (Joh 3 f.) wie Johannes der Täufer eine Umkehrtaufe mit Wasser, das heißt wohl: Er selbst predigt Umkehr, und seine Jünger nehmen dann jeden einzelnen Täufling zum

Untertauchen mit. Dann aber beginnt Jesus, sich vom Täufer zu unterscheiden und abzugrenzen. Das geschieht wohl aufgrund dessen, was er bei seiner eigenen Taufe erfährt. Nach allen Berichten, die wir darüber haben, kommt bei der Taufe Jesu der Heilige Geist auf ihn herab. Und seitdem hält er selbst eine Geisttaufe für unabdingbar. Ja, er sagt nun, dass er eben nicht, wie der Täufer, mit Wasser, sondern jedenfalls mit heiligem Geist tauft. Die frühe Gemeinde deutet das, indem sie sagt: Die sichtbare Wassertaufe weist auf die unsichtbare Geisttaufe hin, und wie bei der Taufe Jesu spielen Wasser und Geist eine Rolle. – Das 4. Evangelium berichtet kein Getauftwerden Jesu durch Wasser, sondern nur ein »Getauftwerden« durch den Heiligen Geist (Joh 1,32 f.). Damit wird das für Christen Entscheidende, nämlich Gotteskindschaft (Joh 1,34) durch den Heiligen Geist (Joh 1,32 f.), völlig klar und kompromisslos für die Leser des Evangeliums dargestellt.

So besteht nach Ansicht der synoptischen Evangelien eine Kontinuität zwischen vor und nach Ostern, und zwar durch die Taufe Jesu selbst. In Mt 3,15 kommt das gut zum Ausdruck. Johannes will Jesus daran hindern, sich taufen zu lassen, und sagt: »Ich müsste von dir getauft werden, was kommst du da zu mir?« (15) Doch Jesus entgegnet: »Lass mich, wir beide sollen nur das tun, was Gott von jedem verlangt, den er als Gerechten annehmen will.« Da gibt Johannes nach.

5.1.1 Jesu eigene Taufe

Gegen die manchmal kumpelhafte Vereinnahmung Gottes hat keiner nachhaltiger protestiert als der große evangelische Theologe Karl Barth, der den unendlichen Abstand Gottes vom Menschen und Gottes völlige Andersheit betonte. Daran ist so viel wahr, dass wir quasi »von unten« überhaupt keinen Zugang zu Gott haben, uns keinerlei Begriff von ihm machen können. Zwischen Gott und Mensch ist eine tödliche Differenz, und wenn sie jemand oder etwas überbrückt, dann einzig und allein Gottes eigene Sehnsucht und Liebe. Deshalb muss schon jeder Engel den Menschen, denen er erscheint, zurufen: »Fürchtet euch nicht! Habt keine Angst!« – denn Angst vor dem ganz anderen, gewaltigen Gott ist das Nächstliegende. Das, was bei der Taufe Jesu geschieht, ist daher die Zusammenraffung und Überbietung aller »Fürchtet euch nicht!«-Aufrufe in einem einzigen Satz: »Du, Jesus, ich liebe dich als meinen Sohn!« Gott liebt diesen Menschen, er hat ihn erwählt und zu seinem Eigentum gemacht, durch den Heiligen Geist, ja er hat ihn sogar zu seinem Tempel gemacht. Dass Gott, der große und unfassliche Gott, einen Menschen lieben soll, das ist noch unfassbarer als seine Herrlichkeit. Auf Deutsch heißt das: Er will in Jesus wohnen, realpräsent in ihm sein. So, dass andere das spüren. Die Jünger sind offenbar deshalb zum Glauben an Jesus gekommen, weil sie sagen konnten: So nah haben wir sonst Gott nie erlebt. So, wie Jesus ist, muss Gott sein, so treu und so streng, so hinreißend und so barmherzig, so eben, dass es das Herz berührt und auf die Knie zwingt. Dass es daran denken lässt, Gott habe endlich begonnen, das verheißene Heil umzusetzen. Realpräsenz heißt hier, dass Gott nicht Gedanke ist oder frommer Wunsch, sondern faszinierende Gegenwart, die das Herz klopfen lässt und die Menschen süchtig macht nach »mehr«, so dass die Jünger Jesus folgen können, ohne den Eltern Adieu zu sagen.

Wenn es heißt, Gottes Geist sei auf Jesus herabgekommen wie eine Taube, dann bedeutet das: So eben, wie eine Taube fliegt, zielgerichtet und dann auf einer Stelle sitzen bleibt, schnell geradeaus fliegt und dann ruht. Jesus schaut das in einer Vision und sieht damit, wie Gott zu ihm kommt – heute würden wir sagen: wie ein Duschregen, wie ein Feuerstrom in einem Hüttenwerk, wie eine Windhose, die wie eine Säule ist und nur eine Stelle trifft. Was wir hier mit den Elementen Wasser, Feuer und Wind beschreiben, geschieht aber nach den Evangelien ganz still. Diese Richtung von oben nach unten ist in der Wallfahrtskirche von Ronchamp (Burgund) dargestellt als Licht, das in Schächten von oben nach unten fällt und dadurch den Raum erhellt. Der Architekt Le Corbusier hat so auf großartige Weise imaginiert, was in der Sprache der Bibel Gnade und Erwählung ist, nämlich Licht, das von Gott kommt und nichts anderes will und kann, als sich selbst mitzuteilen, durch sich selbst das dunkle Tal hell zu machen. Daher wählt der hl. Bernhard Täler für seine Klöster; daher sind seine Kirchen wie schmale Lichtschächte.

Gott fällt herab und bleibt ruhen auf Jesus. Denn der Heilige Geist ist niemand anders als Gott selbst. Und indem Jesus das schaut, erblickt er Gottes Bewegung auf ihn selbst hin, in gewissem Sinne das, was er ist, die Weise, in der er Gottes Kind ist. Das Entscheidende ist, dass Gottes Geist auf ihm ruht, und so sagt es auch die Himmelsstimme im apokryphen Taufbericht des Hebräer-Evangeliums: »Du bist mein Ruheort.«

Wo kann Gott, der sprudelndes Leben ist, zur Ruhe kommen? Zeugnisse der frühen Christen aus dem 2. und 3. Jh. nennen Gott Bewegung und Ruhe zugleich. Er ist Bewegung, weil er lebendig ist und sprudelnde Quelle des Lebens. Er ist Ruhe, weil er nicht vergänglich ist, nicht auf dem Weg zum Tod, sondern ewig ist und bleibt, in seiner Treue und in seiner Unverwüstlichkeit. Wenn Gott also, der Ruhe und Bewegung ist, in Jesus zur Ruhe kommt, dann ist Jesus der Ort, an dem er Gestalt gewinnt. Deshalb ist Jesus das einzige Bild von Gott. Aber natürlich kein totes, sondern ein lebendiges Bild, ein lebender Mensch als Gottes Bild.

Wenn Gott in Jesus zur Ruhe kommt, dann kann man Jesus auch mit dem Sabbat vergleichen, so wie ihn das Judentum des 1. Jh. erlebt. Denn am Sabbat ruhte Gott, und wenn es Sabbat wird, blicken die zum Gebet versammelten Juden auf die offen gelassene Tür, denn der Sabbat zieht ein. Wie eine Königin, sagt man im frühen Judentum, voll Hoheit, den Menschen Ruhe von aller Mühsal gebietend. Man kann das gut mit Jesu Geburt nach dem Protevangelium des Jakobus aus dem 2. Jh. n. Chr. vergleichen: Als Jesus geboren wird, hält die Schöpfung einen Augenblick den Atem an. Nach K.18 hält die Schöpfung »den Atem an«, steht für einen Moment lang still, als Jesus geboren wird. Das heißt: Als Gott durch Jesus Christus in die Welt eintritt, erfährt sie Gottes Gegenwart in seinem Sohn als die Mutter aller Sabbate. Und immer, wo Jesus am Sabbat heilen wird, gilt der Spruch: »Hier ist mehr als Sabbat«, hier ist Gott selbst zur Ruhe gekommen. Und so wie man sagen kann, alle Welt inklusive Mensch sei für den Sabbat da, auf ihn hin geschaffen, so kann man das auch von Jesus sagen als dem neuen Menschen und dem Ziel der Schöpfung.

Wenn aber Gott in Jesus Christus wohnt, dann ist Jesus *wie ein Heiligtum.* Deshalb kann er sagen: »Hier ist mehr als der Tempel«, nämlich der lebendige Ort der dynamischen Gegenwart des lebendigen Gottes. Daher nimmt Jesus bei seinem letzten Mahl auch Brot und nichts anderes, um es seinen Leib zu nennen. Denn das Brot ist immer »Brot des Lebens«, das Leben schenkt. Die Realpräsenz in der Eucharistie ist konsequente Entfaltung dieses Ansatzes. Und so wie Maria für die Zeit ihrer Schwangerschaft Tempel Gottes ist, tragen dann häufig mittelalterliche Messkelche die Inschrift »Maria«, denn sie tragen den präsenten Herrn wie ein Tempel.

Gott liebt den Sohn, so intensiv, wie nur Gott lieben kann, und um seinetwillen uns alle, so intensiv wie ihn. Und Gott ist auf ihn gekommen, wie Licht in einem Schacht das Dunkel erhellt. Und Gott wohnt in ihm, wie schon das Judentum sagen konnte: Gottes Geist wohnt im Tempel. Das Bild des Tempels könnte vielleicht auch nicht-christlichen Juden das Geheimnis Jesu Christi verständlicher machen. Und schließlich kann Gottes Gegenwart in Jesus begründen, dass Christen sich nach seinem Wiederkommen voller Liebe sehnen.

Wir halten fest: Jesu Taufe wird in der Taufe der Christen wiederholt. Nach den Evangelien Markus und Lukas setzt Jesus die Taufe ein, indem er sie selbst an sich geschehen lässt. Bei Matthäus wird nicht nur dieser Gesichtspunkt ausdrücklich gemacht; der Auferstandene verknüpft dann den Taufbefehl mit dem universalen Missionsauftrag (Mt 28).

5.1.2 Gab es bei den Urchristen schon die Kindertaufe?

Der Streit, ob es in der Frühzeit der Kirche eine Kindertaufe gegeben hat oder nicht, scheint einmal mehr eine Frage des Kirchenbildes der betreffenden Neutestamentler zu sein. Der konservative Lutheraner Joachim Jeremias nahm die Kindertaufe als gegeben an, der eher liberale Kurt Aland bestritt sie. Der Befund: Eindeutige Belege für die Kindertaufe gibt es im Neuen Testament nicht. Im Mittelpunkt des Streites standen die sogenannte »oikos«-Formeln, nach denen es hieß, »x und sein ganzes Haus ließen sich taufen«, wobei x der Hausvater war. Doch man kann nicht sagen, dass generell die Religion des Hausvaters die seiner Hausgenossen bestimmt habe. Frauen und Sklaven waren gegenüber dem Hausvater in dieser Hinsicht frei. Zudem lässt sich beobachten, dass nach 1 Kor 7,14 (»Ein nichtchristlicher Ehemann wird durch eine christliche Frau heilig, und eine nichtchristliche Ehefrau wird durch ihren christlichen Ehemann heilig. Früher hätten ihre Kinder als unrein gegolten, jetzt aber sind sie heilig, weil sie mit einem christlichen Elternteil zusammenleben.«) für die nicht-getauften Kinder und Ehepartner die »Heiligkeit« gilt, wenn sie mit einem christlichen Teil zusammenleben. Mit der Heiligkeit standen auch die Nicht-Getauften unter Gottes Schutz, weil sie Gott als Eigentum mit gehörten. Die Taufe auch nur eines christlichen Partners galt – man könnte fast sagen – wie eine ansteckende Schutzimpfung, besser gesagt: Gott übernimmt »freiwillig« den Schutz der gewissermaßen Mitversicherten. Als nun diese jüdisch und magisch bestimmte Vorstellung verblasste – da nämlich, als das Christentum weitgehend aus dem Schatten des Judentums heraustrat – wurden auch die Kinder getauft. Mit dem Nachlassen der paulinischen Vorstellung vom automatischen Schutz durch die Taufe eines Familienmitgliedes wird die Taufe für alle Mitglieder der Familie notwendig. Dieser letztere Gesichtspunkt ist neu.

Ebenso neu ist die nachfolgende Erwägung. Ich kann und möchte nicht beweisen, dass kleine Kinder von Anfang an getauft wurden. Aber was man zeigen kann, ist die theologische Möglichkeit der Kindertaufe von Anfang an – also unabhängig von der faktischen Praxis. Mir geht es also nicht um die Frage, ab wann genau die Kindertaufe allgemein üblich wurde, sondern, ob sie von der Struktur des Sakraments her möglich war. Diese ist trotz allem wenig erforscht. Jedenfalls kann man die Taufe des Johannes – wie mancherorts geschehen – nicht einfach als sakramentalen Akt verstehen.

Das hellenistische Judentum kannte die Abwaschung des ganzen Körpers in fließendem Wasser und das auf diese Abwaschung folgende Gebet um Sündenvergebung (Sibyllen, Buch IV 161–172). Das ist aber sachlich gesehen nicht mehr als das, was bei jedem Gebet stattfindet, das ja bekanntlich auch eine Waschung zumindest der Hände voraussetzt. Bei der Taufe des Johannes könnte das Bußgebet des Einzelnen (das Sündenbekenntnis einschließt) beantwortet worden sein durch die Zusage der Vergebung im Namen Gottes seitens des Täufers. Aber auch hier weiß man nicht genau Bescheid.

Etwas qualitativ anderes ist die Taufe auf den Namen Jesu (vgl.

unten den Abschnitt »Religion des Namens Jesu«). Diese Taufe wird wohl in der Regel je länger, desto mehr mit Wasser vollzogen und bedeutet mit der Nennung des Namens Jesu ein Stellen unter die Macht Jesu. Welches Verhältnis zum »Glauben« hier besteht, ist zunächst offen. Denn dass die so Getauften zuvor geglaubt hätten, wird nicht regelmäßig gesagt. Neben dem Taufen auf den Namen Jesu (oder zuvor auch an deren Stelle, vgl. 1 Kor 12) gibt es die Taufe als Geistverleihung. Nach der Auffassung des Apostels Paulus geht es dabei um geistgewirktes Glauben.

Die Frage ist zu stellen, in welchem Verhältnis Umkehr und Taufe zueinander stehen. Die schlichteste Form, im Alten Testament oft bezeugt, besteht aus Umkehr und (unsichtbarer, erhoffter) Vergebung Gottes. Ein äußeres Zeichen der Vergebung fehlt. Dass es in der Taufe hinzutritt, bedeutet nichts Oberflächliches, sondern die Leiblichkeit zeigt stets Endgültiges an. Alle Sakramente haben in dieser Endgültigkeit Anteil am »Bund«. Denn die Leiblichkeit der Sakramente bedeutet, dass das unsichtbare religiöse Geschehen aus der Unsichtbarkeit emanzipiert wird, dass es öffentlich, endgültig, historisch-faktisch und insofern unrevidierbar wird, dass es juristische Dimension erlangt und daher mit dem Bund Gottes mit seinem Volk zu tun hat oder geradezu der Neue Bund wird.

In allen weiteren Formen spielt die Taufe eine Rolle als Zeichen auch der Vergewisserung. So gibt es bei Johannes dem Täufer die Abfolge von Umkehr und Taufe. Die Vergebung durch Gott wird im Wasserritus zur Gewissheit. Sodann steht, insbesondere bei Heidenchristen, an der Stelle der Umkehr der Glaube (nach 1 Kor 2 durch den Heiligen Geist gewirkt), auf den die Taufe auf den Namen Jesu folgt. Dann gibt es die Gabe des Geistes, auf welche die Taufe folgt. In diesem Fall ist weder von Umkehr noch von Glaube die Rede (z. B. Apg 10,44–48; auch in 1 Kor 12,13?). Der Heilige Geist wird (bisweilen sichtbar) verliehen, und der Täufling hat gegen eine Taufe (auf den Namen Jesu) nichts einzuwenden. Bei der triadischen Taufformel auf den Vater, den Sohn und den Heiligen Geist (Mt 28,19) wird dem Rechnung getragen, als der Heilige Geist gleich mit dabei ist. Aber auch im Zusammenhang von Mt 28,18–20 ist *vom Glauben* nicht die Rede.

Wenn diese Beobachtungen zutreffen, dann ist der Glaube nicht notwendige Voraussetzung der Taufe auf den Namen Jesu oder auf die Dreieinigkeit. Dieses gilt sogar im Unterschied zur Analogie im Alten Testament, wonach die Umkehr die Voraussetzung der Vergebung war.

Wir beobachteten, dass das Eintauchen ins Wasser oder das Abwaschen damit die Vergebung selbst nicht verbesserte oder vergrößerte; denn »vergeben ist vergeben«. Es diente der Vergewisserung auf der Seite des vergebungsbedürftigen Menschen. Ganz ähnlich ist es übrigens mit dem Sühnetod Jesu. Natürlich »kann Gott auch ohne Kreuz und Tod vergeben«. Aber der Gewissheit der Menschen zuliebe bindet Gott sein Handeln an diese Zeichen. Diese größere Gewissheit wird der nicht verachten, der weiß, dass es hier um menschliche Herzen geht. In der Rede von der Reinwaschung durch Christi Blut besteht auch eine Querverbindung von Blut und Taufwasser. Ähnlich beim Becherwort des Abendmahles nach Matthäus (26,28) So kann man sagen: Für die frühchristlichen Autoren ist die (unausgesprochene) Glaubensgewissheit aufgrund des sichtbaren Zeichens wichtiger als der Glaube als Voraussetzung für das Sakrament. Die Vergewisserung weist auf den Bund.

Fazit: Gerade im Unterschied zur alttestamentlichen Umkehr steht im Neuen Testament die Vergewisserung über Gottes maßgebliche Gabe im Vordergrund. Daher kann auch jegliche menschliche Vorbedingung fehlen. Daher ist Kindertaufe (auch als Säuglingstaufe) theologisch sinnvoll und möglich. Selbst bei Erwachsenen ist Taufe unter diesen Bedingungen sinnvoll, sofern sie »nichts dagegen unternehmen«.

5.2 Jesus greift das Mahl auf

Nicht wenige Interpreten des Christentums sehen in seiner Fixierung auf ein soziales Mahlgeschehen etwas Neues, auch im Kontrast zum Judentum, dem man eher eine ritualisierte Tempelfrömmigkeit zuschreibt.

5.2.1 ... und brachen das Brot miteinander

Richtig ist: Die christliche Religion ist vor jeder anderen ausgezeichnet durch eine unüberbietbare Bedeutung des Gemeinschaftsmahls (Eucharistie) und der Mahlgemeinschaft (Kirche). Selbstverständlich kann das keine bloß kirchliche Ausprägung sein. Hier gibt es einen starken Verbindungsträger zwischen der Zeit Jesu auf Erden und der Zeit der Kirche liegt.

Die früheste Gemeinde trifft sich zum Beten im Tempel, zum Brotbrechen jedoch in den Häusern der Christen (Apg 2,46). Weil das jüdische Mahl mit Brotbrechen und Segensworten über dem Brot beginnt, bleibt in der Folge gerade im Blick auf Heidenchristen diese Bezeichnung als »terminus technicus« bestehen, stellenweise bis heute.

Unbestritten ist, dass Jesus durch die Praxis offener Mahlzeiten der Botschaft des Evangeliums Gestalt verleiht. Gemessen daran, dass im Alten Testament die Zukunftserwartung nur selten in Gestalt eines Mahles formuliert ist, kommt Jesus in seinen Gleichnissen sehr oft auf das große gemeinsame Mahl als dem Zielpunkt der Geschichte zu sprechen (vgl. besonders das Bild des Hochzeitsmahles). Hierher gehört auch die Verheißung der Sättigung für alle, die jetzt hungern (Mt 5,6).

Das Brotbrechen ist eher typisch jüdisch (der Segen über dem Brot und das Brotverteilen ist der Beginn der Mahlzeit), der Becher eher hellenistisch (Assoziation des Symposions, des freundschaftlichen Gelages, das primär am gemeinsamen Trinken orientiert ist). Beweis: In eher hellenistisch als jüdisch geprägten Gemeinden steht das Kelchwort voran (1 Kor 10,16; Didache 9,2).

5.2.2 Warum die vielen Speisungsberichte?

Aus den übrigen Jesus-Überlieferungen ragen die Speisungsberichte hervor. Sie sind in allen vier Evangelien mindestens je einfach belegt und stehen immer in Zusammenhang mit einer Geschichte über die Jünger im Boot, bei der Jesus den Sturm stillt bzw. auf dem Wasser geht. Besonders Merkmal ist auch, dass das Wunder je unter den

Händen der Jünger geschieht. Jesus beauftragt die Jünger mit dem Verteilen des Brotes – und dann sind plötzlich alle satt, ja es gibt noch Überfluss. Selten hat eine neutestamentliche »Wundergeschichte« eine so direkte Entsprechung im Alten Testament (2 Kge 4,42–44).

Die Art, in der das Johannesevangelium die Wundergeschichte über den Erweis der Göttlichkeit Jesu beim Seewandel hinaus dann auf Jesus selbst öffnet, eröffnet einleuchtende Möglichkeiten des Verständnisses. Die Sättigungsgeschichte wird christologisch vertieft. Am Ende ist – typisch für Johannes – Jesus selbst das Brot des Lebens. So leistet das Vierte Evangelium in Joh 6 die Einheit von Speisung und Eucharistie, was bei den übrigen Evangelien weit auseinanderliegt. Man könnte sagen: Die übrigen Evangelien trennen Speisungsberichte und Eucharistie, bei Johannes werden sie zusammen gesehen. Im Johannesevangelium ist nur eine ganz klare Identifikation der Gabe jedes Wunders mit Jesus selbst möglich.

Im Vierten Evangelium steht dann beim letzten Mahl nichts mehr von Eucharistie, nur noch von Dienst (Fußwaschung) und Geben des Lebens für die Freunde. Für die Synoptiker dagegen ist die Eucharistie die höchste Zusammenfassung des Wirkens Jesu in einer Zeichenhandlung. Das Johannesevangelium verzichtet in Kap. 6 auf die Erwähnung von Becher und Bund. Wie ist dieser Tatbestand überlieferungsgeschichtlich zu beurteilen? Im Vierten Evangelium steht erst die Gabe (Joh 6), dann die Auswirkung als Liebe (Joh 13). Das ist insofern gut pastoral gedacht. Bei den Synoptikern wird ein Schnitt gemacht zwischen Speisung und Eucharistie. Bei den Speisungsberichten geht es nicht um Jesu Leib, das ist erst bei der Eucharistie der Fall. In der Wirkungsgeschichte zeigen sich dennoch Einflüsse der Speisungsberichte auf die rezitierten Abendmahlstexte (z. B. im römischen Kanon: Et elevatis oculis in caelum ad te deum patrem omnipotentem …).

Auch ist nicht zu vergessen: Das Speisungswunder geschieht stets an einem typisch »täuferischen« Ort, nämlich in der Wüste. Und es steht der Elia/Elisa-Tradition nahe, aus welcher der Täufer kommt. Nur wirken hätte dieser es selbst nicht wollen oder können. Das zeigt, worin Jesus dem Täufer überlegen ist. Jesu Thema ist die messianische Fülle.

5.2.3 Anstößige Mahlzeiten und Reinheitsgebote

Vorausschicken möchte ich: Alles über die Gastfreundschaft Gesagte (vgl. unten) gilt von gemeinsamen Mahlzeiten unter Christen.

In den Aussendungsreden zur Mission befiehlt Jesus die Missachtung der Speisegebote. »Esst, was sie euch vorsetzen« heißt nichts anderes als: »Kümmert euch nicht um rein und unrein!« Gerade so wird es dann auch die himmlische Vision in Apg 10 dem Apostel Petrus empfehlen. Die Universalität der Mission zeigt sich zunächst an derartigen Kleinigkeiten, anlässlich deren eine innerjüdische Sendung schon bei Jesus transzendiert wird. Diese so leicht zu übersehenden »Kleinigkeiten« sind freilich tief in der Botschaft Jesu verankert. Zu sagen, hier sei eben die nachösterliche Kirche am Werk, erklärt nichts. Die Jüngeraussendung, von der die Synoptiker berichten, ist eine vorösterliche Zeichenhandlung Jesu (wie etwa auch die Reinigung des Vorhofs der Heiden in Mk 11), und die Aufhebung der Reinheitsgebote ist tief verwurzelt in der offensiven Reinheit, die ein Stück des Programms Jesu ist. Denn wer den Heiligen Geist hat, muss vor nichts Unreinem und Totem mehr zurückweichen. Denn er macht es rein und lebendig; seine Heiligkeit ist ja gerade nicht die Reinheit der Bewahrung; sie ist offensiv und »imperialistisch«. Sie hat vor Ostern vor allem Wunder wie Heilung des Aussätzigen und der Blutflüssigen hervorgebracht, vor allem aber die Exorzismen. Und in jedem Exorzismus steht auch ein Stück Begegnung mit dem Heidentum auf dem Spiel.

Die Aufhebung der Reinheitsgebote beim Mahl wird später (Gal 2,11–14) zur akuten Provokation: Petrus hatte sich – durchaus entgegen den Abmachungen des Apostelkonvents, die nach Gal 2,8 für ihn einen jüdisch orientierten Typ von Mission vorsahen – in Antiochien mit seinen Judenchristen den Mahlfeiern der paulinischen Gemeinde angeschlossen. Aufgrund der Intervention des Herrenbruders Jakobus freilich, der um das Leben aller Judenchristen, besonders derer in Jerusalem, fürchten musste, zog sich Petrus aus dieser gemeinsamen Mahlfeier zurück. Paulus hielt ihm vor, ein solcher nachträglicher Rückzug müsste die Heidenchristen irritieren. – So wurden Speisegebote zum Anlass der Gefährdung der Einheit der Kirche.

5.2.4 Abschied und Übergang

Eines der großen prophetischen Zeichen Jesu bestand darin, dass er sich sagen lassen musste: »Wie kann er zusammen mit Zöllnern und Sündern essen?« (Mk 2,16b)

Jesu letztes Mahl nimmt angesichts dieser »offenen Mähler«, in denen die universale Mission vorausgenommen ist, noch einmal einen ausgezeichneten Rang ein: Nur hier wird ein Bund geschlossen, nur hier sind die Zwölf (als Repräsentanten des erneuerten Israel) gegenwärtig, nach Lk 22; Joh 13 sagt Jesus hier Entscheidendes über sein Selbstverständnis als Diener aller beim Mahl.

Vor allem aber fasst Jesus anhand einer doppelten Zeichenhandlung zu Brot und Wein zusammen, wer er ist und was er für die Jünger bedeutet: Als Brot ist er Leben für sie, und sein hingegebenes Leben ist Sühne für die Sünden aller, die glaubten und sich taufen ließen. Wer daran Anteil hat, gehört zum Neuen Bund.

5.2.5 Das letzte Mahl Jesu als Mahl der Kirche

Ich rechne hier mit einer Kontinuität, welche die vorösterlichen Mahlzeiten Jesu, sein letztes Mahl mit den Jüngern und die Mahlfeiern der Gemeinden betrifft. Ich nehme diese Verbindung an, weil es sich um eine erkennbare Besonderheit des Christentums handelt. Die gemeinsamen Mahlzeiten sind sozusagen ein durchgehendes Markenzeichen. Es geht nicht um absolut Neues dabei – es gibt für die Verbindung von Gottesdienst und Mahl gewisse Vorstufen im Judentum –, aber doch um relativ Kennzeichnendes. Auch sind die einzelnen Mahltypen gewiss zu unterscheiden.

In den missionarischen Gastmählern vor Ostern und beim letzten Abendmahl ist die persönliche leibhafte Gegenwart Jesu in menschlicher Gestalt die absolute Voraussetzung des Mahls. Jesus ist Gastgeber und Leiter des Mahles zugleich. Das Mahl ist geradezu die Form der Verkündigung Jesu. Und es besteht kein Zweifel, dass dabei Wein getrunken wurde, denn unwidersprochen nennt man Jesus »Fresser und Weinsäufer«. Wein aber ist ein Zeichen der Freude und das Erkennungszeichen des Messias. Denn Wasser zu trinken ist pure Notwendigkeit. Wer aber Wein trinkt, feiert etwas, und die luxuriöse Verschwendung, die Merkmal jeden Weintrinkens ist, ist Erkennungsmerkmal der messianischen Zeit.

Bei seinem letzten Mahl geht Jesus noch über dieses Zeichen hinaus. In der Gabe des Brotes fasst er sein ganzes Tun, sein Reden und Wirken für die Jünger zusammen. Wie wenn jemand mit einem Brennglas Sonnenstrahlen sammelt und damit etwas entzünden kann. Die ganze Energie seiner Worte und Taten fasst Jesus im Brotwort zusammen. Das Kelchwort dagegen blickt auf die Zukunft: Auf den Tod Jesu, auf die Wiederholung des Weintrinkens und nicht zuletzt auf den Neuen Bund, der damit hier gestiftet wird. Denn indem die Jünger erstmalig und dann immer wieder aus dem Becher trinken, vollziehen sie den Neuen Bund. Wenn man sagt, Jesus habe beim letzten Mahl die Kirche als Institution gestiftet, dann ist das richtig: Denn dieser Mahlritus, den er einsetzt, setzt diese Jüngerrunde als Institution ein. Das Wort »Bund« ist schließlich ein rechtsverbindlicher Ausdruck.

So wie man beim Zustandekommen von Vertragswerken und anderen Bundesschlüssen mehrere Stationen unterscheidet, so ist es auch hier: Am Kreuz wird dieser Bund geschlossen, denn durch Jesu Blut werden die Glaubenden Gottes Eigentum. In der Jüngerrunde beim letzten Mahl wird der Bund ratifiziert, die Bundessatzungen sind die Mahnreden und Worte Jesu nach Markus, im Gehorsam werden sie vollstreckt, und Paulus kann hier vom Bund des Heiligen Geistes reden, denn der Heilige Geist ist denen gegeben, die an Jesus glauben.

Die frühe Gemeinde setzt die durch Jesu Gegenwart geprägten Mahlzeiten fort. Die reale und verborgene eucharistische Gegenwart Jesu bedeutet für die Gemeinde die Fortführung der Lebensgemeinschaft mit Jesus. Das heißt: Die Eucharistie ist für die Christen ein Zugang zum Ostergeheimnis. Es ist ähnlich der Erfahrung der beiden Emmausjünger.

Die These lautet daher: Für die frühen Christen ist die Eucharistiefeier der Mittelpunkt ihres Christseins. Denn hier geht es um die reale leibliche Gegenwart Jesu Christi. »Real« steht im Kontrast zu »virtuell«, »gedacht«, nur symbolisch oder nur als Erinnerung, rein lehrhaft. »Leiblich« steht im Gegensatz zu »rein geistig«, »abgehoben von der Menschwerdung«, unverbindlich und unabhängig von den Elementen von Brot und Wein. – Über die Art dieser Gegenwart streiten Theologen und Konfessionen seit Jahrhunderten. »Die« katholische Deutung des hl. Thomas von Aquin ist ohne Zweifel großartig und beruht auf einer Weiterentwicklung der Kehre des Aristoteles über Substanz und Akzidenzien. Interessant ist nur, dass der Versuch noch nicht unternommen wurde, direkt vom Vorstellungshintergrund des Neuen Testaments her nach den Möglichkeiten, der Denkbarkeit einer realen leiblichen Gegenwart zu fragen. Also: Wie ist die eucharistische Gegenwart Jesu Christi vorstellbar, wenn man die neutestamentlich-biblischen Vorstellungen über Gottes Gegenwart, über die Wirkmacht des Wortes und die Dynamik des Heiligen, über Anthropologie und Auffassung von Gottesdienst, Schekinah (eine Art Gegenwart Gottes in der Welt) und Logos Gottes heranzieht? Dieser Versuch ist noch nicht unternommen worden, weil man stets auf direkte dogmatische Verwendbarkeit erpicht war und die Fremdheit jeder modernen Theorie gegenüber den biblischen Auffassungen nicht genügend beachtet hat.

Tut man das aber, so ergibt sich eine ganz besondere eucharistische Gegenwart des Herrn unter dem Elementen von Brot und Wein. Dabei steht 1 Kor 10 f. als ältestes Zeugnis im Mittelpunkt.

Vom unwürdigen Genuss von Brot und Wein gehen katastrophale Folgen aus (1 Kor 11,30). Diese sind durchwegs leiblicher Art. Wie wenn ein Unbefugter die Bundeslade berührt und dann tot umfällt. Wer als Unheiliger dem Heiligen zu nahe kommt, wird durch dieses »geschlagen«. Diese Auffassung teilt Paulus mit Act 5 (Tod von Ananias und Sapphira, weil sie den Heiligen Geist belogen haben) und vertritt sie auch in 1 Kor 5 (leibliche Destruktion des ausgeschlossenen Sünders). Das heißt: Ohne dass jemand es glaubt oder gar will, hat das Heilige physische Wirkungen. Dass dieses im Neuen Testament so ungeschützt behauptet wird, widerlegt schon an sich alle Theorien von der Abhängigkeit aller Dinge von Glaubensvorstellungen.

Fragt man weiter, warum in 1 Kor 11 so gedacht wird, so ist die Antwort: Das Essen von Brot und das Trinken von Wein bedeutet physische und personale, also ganzheitliche Anteilhabe an Leib und Blut des Herrn. Denn diese sind »gesegnet«, was in der Sprache der Katholiken und Luthers heißt: konsekriert. – Diese Anteilhabe »funktioniert« nicht durch Glauben allein, sondern durch die volle Mahlgemeinschaft, also wesentlich durch Essen und Trinken. Deshalb gilt das in 1 Kor 11,29 f. Gesagte nur von der Mahlgemeinschaft und nicht von jedem anderen beliebigen Konflikt in Korinth. Aber in der Missachtung des Sakraments wird Jesus Christus selbst attackiert, der sich darin gibt. Diese Missachtung geschieht nicht durch falsche Meinungen oder falsche Dogmatik im engeren Sinne des Wortes, sondern durch sichtbare und störende Verletzung der Gleichheit der Mahlteilnehmer (»Frieden«).

Das heißt: Wenn die Gemeinde ein wilder, streitender Haufen ist, kann und darf Eucharistie nicht gefeiert werden. Denn dann ist die Kernbedingung auf menschlicher Seite nicht gegeben.

Das aber bedeutet: Wie kein anderes Sakrament ist die Eucharistie die soziologisch greifbare Verbindung der Gemeindeglieder in Liebe, Einheit und Frieden. Sie ist die Verwirklichung der in der Taufe grundgelegten Einheit.

Dazu muss die Gemeinde ihren Anteil leisten, indem sie zuvor mit den Streitereien aufhört (und wenn sie dazu nicht in der Lage ist, muß ein Apostelbrief sie dazu drastisch antreiben, wie es in 1 Kor 10 f. geschieht). – Diese Einheit wird durch den Herrn mit seiner Gegenwart beantwortet und gefüllt. Das Wohnen Gottes unter den Menschen, das entscheidende Element des »achten Tages« der Schöpfung (Apk 21,3), wird hier bereits real, wenn auch verhüllt. Wir werden noch sehen, dass eben deshalb die Eucharistie am Sonntag, dem 8. Tag der Woche, gefeiert wird.

Im Vorfeld der Eucharistiefeier ist es daher Aufgabe der Gemeinde bzw. Kirche und ihrer Leiter, alles zu beseitigen, was diese Einheit verhindert. Denn Eucharistie ist wirklich die Verwirklichung des Einsseins Gottes mit den Menschen und der Menschen untereinander.

Wenn das zutrifft, ist die Realität und Legitimität der Eucharistiefeier durch zwei Elemente ausgezeichnet, die wir an der katholischen Auffassung besonders deutlich erkennen können.

Einmal sind die Wandlungsworte (Das ist mein Leib…, Das ist der Kelch des Neuen Bundes…) wirklich Schöpfungsworte. Durch sie werden Brot und Wein umgeschaffen. Schöpfungsmacht aber liegt nach dem Neuen Testament durchaus in der Kompetenz von Christen, wenn sie nämlich eins sind mit Gott und untereinander. Das bedeutet: Wer eins ist mit Gott, kann Berge und Bäume versetzen. Und das gilt auch, wenn Friede ist unter den Menschen (ThomasEv 48: »Wenn zwei in einem Haus miteinander Frieden schließen können, dann können sie auch zu einem Berg sagen: Geh weg von hier und begib dich dort drüben hin, und er wird es tun«, vgl. 106.22 i. syr. Didaskalie 31: »Wenn zwei sich einigen …«). In der Eucharistiefeier wird daher die paradiesische Verheißung der Schöpfungsmächtigkeit der Worte Jesu und der Christen deshalb Wirklichkeit, weil sie dank Gottes Wirken und dank Beseitigung der Hindernisse durch Menschen die Verwirklichung des Geheimnisses der Liebe ist.

Zum anderen muss die Kirche alles tun, damit die Eucharistie als Sakrament der verwirklichten Einheit auch wirklich diese Einheit der Christen darstellt. Die sog. apostolische Sukzession ist nichts anderes als die greifbar durch die Jahrhunderte dargestellte Einheit. Einheit der Kirche ist deren wahres und einziges »Anliegen«, und zwar in der vertikalen Linie durch die Jahrhunderte. Diese Konzeption ist nicht zu bekämpfen, indem man darauf verweist, dass die Sukzession anscheinend Lücken hat und im Neuen Testament noch keine Rolle spielt. Das Letztere ist doch klar, weil es den Eindruck mehrerer Jahrhunderte noch nicht gibt. Das Erstere würde bedeuten, dass man nur juristisch urteilt, das aber ist das Niveau der schlechteren unter den Kanonisten. Es geht vielmehr ums »Prinzip«, dass Einheit nicht nur Absicht oder Theorie, sondern nachvollziehbar und greifbar ist.

Der Einheit in der Vertikalen (durch apostolische Sukzession in der Praxis der Handauflegung durch die Vorgänger) entspricht die Einheit in der Horizontalen, in der der Leiter der Eucharistiefeier nicht nur Garant ist für die Einheit der »Gemeinde vor Ort«, sondern – laut Erwähnung der Bischöfe und des Papstes im »Kanonteil« der Eucharistiefeier – die Einheit der Weltkirche als gegeben voraussetzt. Das Kirchenrecht dient daher in der Vertikalen wie in der Horizontalen nichts anderem als der Einheit, wie sie in der Eucharistiefeier vorausgesetzt wird.

Fazit: Sowohl in der Auffassung der Wandlungsworte als auch in der Betonung der »apostolischen Sukzession« geht es um nichts anderes als um Konsequenzen daraus, dass die Eucharistiefeier die größtmögliche Verwirklichung der Einheit der Getauften mit Gott und untereinander ist. Dieses Einssein hat schöpferische Wirkung. Und schon immer hat man betont, dass die Verwandlung der Elemente von Brot und Wein der hoffnungsvolle Anfang der Verwandlung der ganzen Welt ist.

5.2.6 Eucharistie und Ostererfahrung

Wir wählen Kol 3,3 als Kernvers aus. Luther übersetzt: »Denn ihr seid gestorben, und euer Leben ist verborgen mit Christus in Gott.« Also offenbar eine traurige Botschaft? Wir sollen gestorben sein? Und unser Leben soll verborgen sein, also gar nicht fröhlich, sondern wie tot, nicht sinnlich, sondern weltabgewandt? Aber unser wirkliches Leben ist doch alles andere als in Gott verborgen. Und was heißt das überhaupt? So übersetzen wir neu: »Denn für das Irdische seid ihr tot. Euer neues Leben kann man weder sehen noch begreifen, doch lebt ihr mit Christus in der Gemeinschaft Gottes« (Berger-Nord). Und das heißt: In der Taufe habt ihr radikal Abschied genommen von den alten Maßstäben, von den Schein-Werten, die hier auf Erden gelten. Dieser Abschied ist so radikal wie ein Tod. Doch nun habt ihr seit der Taufe gleichzeitig ein neues Leben. Weder Gott noch den erhöhten Christus, noch die Wirklichkeit dieses neuen Lebens kann man sehen und greifen.

»Unsichtbar«, »ungreifbar« – ist also das alles nicht doch nur Lug und Trug? Nun, strikte Beweise gibt es nicht, wohl aber die Evidenz der Folgen. Das heißt: Die Folgen der Annahme oder der Ablehnung dieses Glaubens, dieses Bekenntnisses sind jeweils so gravierend und einleuchtend, dass die Früchte sehr wohl die Erkenntnis der Qualität ihres Ursprungs ermöglichen.

Ich möchte gerade diesen Vers auswählen, weil es hier um das Leben der Christen nach der Auferstehung Jesu geht. Es gibt für uns ein *Leben nach der Auferstehung* – wohlgemerkt: nach der Auferstehung Jesu. Es ist ein anderes als das Leben vorher. Und es ist ein Leben in geheimnisvoller, eben verborgener, also mystischer Gemeinschaft. Und ich möchte zu Kol 3 etwas sagen zur Mystik der verborgenen Herrlichkeit in der Gemeinschaft mit dem Auferstandenen. Die Verborgenheit entspricht der Verborgenheit Gottes auch sonst, von der es schon in Jes 45,15 heißt: »Du bist ein wahrhaft verborgener Gott.« Das ist dort allerdings nicht negativ zu verstehen; es ist geradezu die Voraussetzung der Anwesenheit Gottes, dass er in einer Art bleibendem *Geheimnis* da ist. Wäre er sichtbar, fassbar da – es wäre »etwas«, aber nicht Gott.

Zur Verborgenheit in Kol 3 bemerkt Thomas von Aquin in seinem Kommentar: Hier gehe es um die verborgene Herrlichkeit, die einst die offenbare Herrlichkeit sein wird. Er weist auf Psalm 30,20: »Wie reich ist, Herr, deine Güte, die du denen zugedacht hast, die dich fürchten, und bereitet denen, die sich bei dir bergen vor den Menschen.« Denn in der Tat: Gott birgt alle, die bei ihm Zuflucht suchen, im Schutze seines Angesichtes. Das gilt nach der griechischen Übersetzung von Psalm 30,20 für die, die auf Gott hoffen, und zwar entgegen den Wünschen und Erwartungen der Menschen. Also geht es hier um ein geheimes Schutz- und Trutzbündnis. Inwendig ist es verborgene Herrlichkeit.

Der heilige Bernhard von Clairvaux führt uns noch weiter. Zu dieser Stelle bemerkt er: »Er gab uns inzwischen jenes verborgene Manna, von dem der Apostel sagt: ›Euer Leben ist verborgen in Gott‹, da wir zur Betrachtung in der Anschauung und zur vollen Vereinigung in der Liebe noch unfähig sind, damit wir es im Glauben verkosten und in der Sehnsucht suchen. Durch diese beiden wurden wir tatsächlich zum zweiten Mal vom Nichtsein in das Sein versetzt und sollten beginnen, ... einst zum vollkommenen Menschen heranzuwachsen« (Brief 18). Das »verborgene Manna« bezieht sich auf Apokalypse 2,17: »Dem Sieger werde ich geben vom verborgenen Manna.« Wir werden das Thema »verborgenes Manna« unten in der eucharistischen Deutung aufgreifen.

In seiner sechsten Fastenpredigt bringt Bernhard von Clairvaux das Bild des anderen Lebens in Gott zusammen mit dem Bild des Pilgers und sagt: »Für alles andere bin ich gestorben: ich fühle es nicht, beachte es nicht, kümmere mich nicht darum; wenn aber etwas Christus betrifft, dann findet mich dieses lebendig und bereit.« – Ostkirchliche Theologen beschreiben dieses Leben mit Christus als ein Leben voll Liebe und Licht, das unfassbar ist. Über österliche Spiritualität sucht man ohnehin am besten in den Liturgien der Ostkirche – und man wird reich belohnt, etwa mit diesem liturgischen Text: »Schweigen soll alles sterbliche Fleisch und in Furcht und Zittern dastehen. Und nichts Irdisches soll es bei sich erwägen. Denn der König der Könige und der Herr der Herrscher naht, sich töten zu lassen und als Speise sich zu geben den Gläubigen. Es ziehen vor ihm her die Chöre der Engel mit aller Herrschaft und Gewalt, die vieläugigen Cherubim und die sechsflügeligen Seraphim, und sie verhüllen ihr Antlitz und singen die Hymne: Halleluja, Halleluja, Halleluja.« Zu diesem Text: »Nichts Irdisches« – was ist das? Ich denke dabei an die Farben der Fresco-Bilder von Fra Angelico im Dominikaner-Konvent in Florenz. Durch klare, reine, leichte Farben kann man das Gemeinte hier leichter sagen. In dem zitierten Text aus der Liturgie der Ostkirche wird die himmlische Existenz eucharistisch vermittelt: »Brot der Engel isst der Mensch.«

In der Tat: Die Eucharistie ist ein Zugang zum Ostergeheimnis, ein ganz eigenständiger, sehr leibhaftiger und dennoch nicht »verkopfter«. Denn in der Eucharistie geht es ...

✧ erstens um die leibhaftige Gegenwart des Auferstandenen und Erhöhten. Hier ist Gott in Jesus Christus als der Lebendige leibhaftige Gegenwart. Hier ist das überzeugende Lebenszeichen Gottes, auf das Israel so lange gewartet hatte, auf das auch in unseren Tagen Menschen warten.

✧ Zweitens ist die leibhaftige Berührung, die Gott uns in der Kommunion für einen Augenblick schenkt, Angeld unserer eigenen Auferstehung und in mancherlei Hinsicht deren Beginn. Denn viele Menschen fragen danach, was das Ostergeheimnis für sie selbst bedeute. In der Kommunion liegt – nächst der Taufe – der Beginn unserer Zukunft, ganz umfassend gesehen.

✧ Drittens ist die überaus sanfte und freundliche, im besten Sinne therapeutische Annäherung Gottes an uns in der Kommunion auch der Ausgangspunkt für die typisch frühchristliche Ethik der

Sanftheit. Sie besteht immer in der Selbstzurücknahme und im Machtverzicht. Denn Liebe, Freude, Friede, Geduld und Langmut haben genau dieses gemeinsam: den Verzicht auf ein »mächtiges« Auftreten. Jesus Christus, wahrer Gott und wahrer Mensch, »leistet« das in der Eucharistie: Er ist sich nicht zu schade, sich in einem Stück Brot uns anzuvertrauen, sanft und wehrlos, ein wenig Lebensmittel, scheinbar.

✧ Viertens schließlich entspricht die Verborgenheit Gottes in der Eucharistie auch unserer eigenen Verborgenheit in Gott, von dem Kol 3 spricht. Ein Gebet, das ich besonders liebe und stets als erstes bete, wenn ich vor einem Tabernakel knie, ist der Hymnus des hl. Thomas von Aquin: »Adoro te devote, latens deitas«: »Hier bet ich auf den Knien, verborgener Gott, dich an.« Denn, so fährt der Hymnus fort, am Kreuz war nur die Gottheit verborgen, hier ist es auch die Menschheit Jesu Christi. Aber beiderlei Verborgenheit liegt sozusagen »auf einer Linie«. Diese Verborgenheit Gottes gilt daher bis in die äußerste Konsequenz. Das Ärgernis der Unsichtbarkeit und Unhörbarkeit Gottes reicht bis dahin, dass er »ein Stück Brot« wird. Aber irgendwie ist auch dieses ganz die Handschrift des biblischen Gottes, von dem die Mystiker immer mit Recht sagten, er sei unzugängliches Geheimnis. So ist das auch in der Eucharistie: unzugänglich liebevolles Geheimnis. – Und nach Kol 3 entspricht nun dieser Verborgenheit Gottes auch die christliche Existenz. Sie spiegelt damit die Verborgenheit, Unzugänglichkeit und Unfassbarkeit Gottes. In unserer Eigenschaft als Kinder Gottes, als »Kinder der Auferstehung« sind wir sozusagen »aus demselben Holz geschnitzt«, ist unsere Identität als Kinder der Auferstehung unsichtbar, aber eben doch in den Früchten fühlbar, in den Auswirkungen.

Viele Menschen haben Glaubenszweifel und weisen darauf, dass sich ja doch nichts geändert habe. Sie leiden unter der Unsichtbarkeit, in der wir doch eben Gottes Handschrift und unsere eigene Art der Anteilhabe an der Auferstehung beschrieben haben. Ich stelle die Gegenfrage: Seit wann kann man Liebe sehen? Ist nicht Liebe deshalb so spannend und immer Thema Numero eins, auch in der biblischen

Religion, weil sie ein ständiges Ringen zwischen Unsichtbarkeit und Zutagetreten, zwischen innerer Glut und den Möglichkeiten des Sich-Äußerns, zwischen Herz und Leib ist? Wie schrecklich schon die Vorstellung, man könnte das alles sehen! Und wie richtig die Erwartung, gerade von Frauen, dass sich Liebe in den Kleinigkeiten zeige, in den kleinsten Kleinigkeiten. So ist es übrigens auch bei Jesus, der den Pharisäern in dieser Hinsicht nahesteht: Die Wirklichkeit Gottes, die Wirklichkeit der Identität Jesu ist unsichtbar – das war in keiner Religion anders.

5.2.7 Durch den Leib Christ, den sie empfängt, wird die Gemeinde Christi Leib

Der Gedanke, um den es hier geht, wird von Paulus in 1 Kor 10,16 f. ausgeführt. Er ist die Basis für den Zusammenhang von »Kirche« und »Eucharistie«: »Wenn wir beim Herrenmahl über dem Becher den Segen sprechen, dann haben wir alle Anteil am Blut, das heißt: am gewaltsamen Tod, des Messias. Und das Brot, das wir teilen, stiftet die Gemeinschaft mit dem Leib des Messias, mit ihm selbst. (17) Denn wir alle zusammen sind wie ein Brot und ein Leib und haben alle Anteil an dem einen Brot.«

Um einschätzen zu können, was Paulus meint, muss man wissen: In der Kultur des 1. Jh. n. Chr. ist *Leib* eine politische Metapher, ein Bild, das einen komplexen politischen Zusammenhang auf einen Nenner bringen kann. Das Volk der Stadt Rom wurde insgesamt mit einem Körper mit verschiedenen Organen verglichen. Ja, der römische Kaiser wurde das Haupt des ganzen Leibes des Römischen Reiches genannt. Wer eine größere Gemeinschaft von Menschen »Leib« nennt, und zwar »Leib des X«, wobei X der Anführer dieser Gemeinschaft ist, bedeutet das stets: Einheit trotz Verschiedenheit.

Paulus verbindet nun beides: das Brot als Christi Leib aus dem Abendmahlsaal und die bildhafte Bezeichnung der Gemeinde als Leib Christi. Und er sagt: Durch das Erstere kommt das Letztere zustande. Wie könnte die Verbindung von Jesus und Gemeinde intensiver sein als gerade so? Jesus gibt sich, schenkt sich und erfüllt jeden Einzelnen und alle miteinander so, dass er die Gemeinschaft der Glaubenden zum Ort seiner Gegenwart macht. Die Zielrichtung entspricht ganz dem, was wir vom Gottesbild des Neuen Testaments auch sonst wissen: Gott geht auf die Menschen zu, um unter uns (durch Jesus Christus, durch die Verbundenheit mit ihm) zu wohnen. Gewiss ist die Vorstellung, dass eine nationale politische Gemeinschaft wie ein Leib sei, griechisch-hellenistisch. Aber die Juden Philo von Alexandrien und Flavius Josephus (1. Jh v. Chr bis 1. Jh. n. Chr.) kennen die Vorstellung auch. Daher ist es nichts Besonderes, sie auch für die ältesten Christen im Jerusalem anzunehmen.

5.2.8 Eucharistie und Amt im Neuen Testament

Häufig wird bemerkt, dass in den Einsetzungsberichten des Abendmahls von bevollmächtigten Amtsträgern, die das Mahl zur Erinnerung weiterhin feiern sollen, nicht die Rede ist, schon gar nicht von geweihten.

Nun darf man freilich von paulinischen Gemeinden wie der in Korinth mit Grund annehmen, dass Paulus »dem Geiste nach anwesend« ist (1 Kor 5,3), wenn sie Eucharistie feiert. Daher gilt, was sie in seiner Abwesenheit tut, als mit ihm zusammen getan. Und die drei ersten Evangelien sehen noch keine Notwendigkeit, einen bevollmächtigten Vertreter Jesu anzunehmen, da Jesus selbst noch da ist. Doch auch die Didache (Lehre der Zwölf Apostel) nennt keinen Bevollmächtigten. Dennoch muss einer die Gebete rezitieren und Wein und Brot segnen und verteilen. Rein technisch gesehen und aus der Tradition des antiken Mahles heraus (vgl. nur Plutarch, Symposiaka) muss es daher zwingend einen Vorsitzenden des Mahles geben. Das ist kein Postulat, sondern eine Selbstverständlichkeit. Dennoch wird man aus konfessionellen Gründen immer wieder auf diesem Punkt insistieren und fragen, warum kein Ältester oder Hausherr erwähnt sei, wenn dieses doch für die Orthodoxen und Katholiken so wichtig ist.

Antwort: Offensichtlich ist auch die Gestalt des Mahlvorsitzenden selbst (nur bzw. immerhin) so etwas wie ein theologischer Faktor. Denn er garantiert die Einheit des Mahles in der Gegenwart der

Kirche und in deren gesamter Geschichte. Er dient als Amtsträger einer wichtigen Funktion. Er macht nichts anders deutlich, als dass Eucharistie das Mahl der Einheit ist. Als dieses Mahl der Einheit ist die Eucharistie zentraler Ausdruck des gesamten Heilswillens Gottes. Und auch der Mahlvorsitzende tut nichts anderes, als diesen Zweck des Mahles zu unterstreichen und darzustellen. Also erstens: Es hat den Mahlvorsitzenden »in persona Christi« immer gegeben (weil es immer einen gab, der das Brot segnete und verteilte), und zweitens: Als Mahlvorsitzender ist er nicht Selbstzweck oder Ziel der Veranstaltung, sondern er dient ganz und gar und in jeder Hinsicht dem Ziel der Einheit, die das ganze Mahl darstellen soll.

Der eigentliche Grund, weshalb die Feier der Eucharistie Einheit voraussetzt und abbildet, eben feiert, ist, dass sie dem Zeichen nach das gemeinsame Ernährtwerden vom Leib Christi her rein darstellt. In der Feier der Eucharistie wird die Einheit der Kirche gewissermaßen kreuzförmig dargestellt, als vertikale Linie (von oben nach unten) und als horizontale (von links nach rechts). Die vertikale Linie ist die historische Abfolge aus der Vergangenheit in die Zukunft hinein. Die Früheren geben das Amt weiter an die Späteren. Im Bild des Kreuzes sind die Früheren »oben« und die Späteren »unten«, dort wo die Linie in der Gegenwart endet. Und eben in diesem Bild geht es um die Einheit der Kirche über die Zeiten hin. Denn so vollzieht es sich im Weiheritus: Die Älteren, jedenfalls die zuvor selbst Geweihten, geben die Weihevollmacht weiter an die Jüngeren, die Nachfolger, die nächste Generation. So entsteht durch Handauflegung und Salbung eine Kette durch die Generationen hin. Wir werden noch fragen müssen, warum die katholische Kirche so intensiv an dieser Kette durch die Generationen hin festhält. In unserem Zusammenhang ist nur der Gedanke der ununterbrochenen Kette wichtig. In der Handauflegung wird dieses wichtige Element nur »sakramental auf den Punkt gebracht«.

Was die *horizontale Linie* betrifft: Das priesterliche Amt findet in dem gleichzeitigen Nebeneinander von Aufgaben und Gaben in einer Gemeinde seine Aufgabe, seinen Ort und seinen Maßstab darin, *Einheit zu organisieren, Einheit (wieder herstellend) zu heilen, Einheit zu garantieren.* Der Geweihte ist insofern derjenige, der die Einheit der

Gemeinde in der Gegenwart organisiert. Darin übernimmt er ein Stück der Aufgabe des Apostels, wie sie etwa Paulus kunstvoll und phantasiereich als Seelsorger und als Kirchenpolitiker bewältigt hat. Dass das etwas anderes ist, als Gemeinde zu beherrschen, dass es vielmehr Dienen ist, dürfte deutlich sein.

Natürlich gibt es in der Kirche neben dem in Sukzession weiter-gegebenen Weiheamt auch andere, direkt von Gott mit der Taufe oder überhaupt im Raum der Kirche geschenkte Gaben. Man nennt sie seit Paulus Charismen. Diese Gaben werden »quer zu den ge-weihten Amtsträgern« verliehen. Sie entfalten sich ganz gewöhnlich in jeder Gemeinde; noch einmal existenziell gefiltert im Beispiel der bunten Vielfalt charismatischer Profile bei den Heiligen. Gegenüber den Charismen hat indes das priesterliche Amt eine andere, singu-läre Funktion. Denn das Amt garantiert gegenüber der Verschieden-heit der Charismen deren Einheit, besser gesagt: deren Zuordnung auf die in jedem Fall zu wahrende Einheit. Paulus demonstriert in 1 Kor 12 f. eindrucksvoll, dass er gerade so die Aufgabe seines Apos-telamtes versteht.

Weil die Eucharistiefeier höchste Verwirklichung der Einheit der Kirche ist, gehört das Amt als Garant der Einheit in der Geschichte (vertikal) und in der Gemeinde (horizontal) in seine Mitte. Wenn also das Herrenmahl Entfaltung und Feier der Einheit der Gemeinde ist, dann ist das Amt dabei unerlässlich. Die vornehmste Aufgabe des kirchlichen Amtes ist somit die »Leitung« der Eucharistiefeier. Denn jede Einladung zum Herrenmahl, jeder ordentliche Vollzug und die Abwehr jeder Gefährdung der Einheit ist eben Aufgabe des Amtes. So ist nicht nur in der Folge der Zeiten die Einheit der Kirche gewahrt, sondern auch in der gegenwärtigen Organisation.

5.3 Die Religion des Namens Jesu

Der von Grund auf sakramentale Charakter des Christentums kommt nicht zuletzt zum Ausdruck in der Bedeutung, die der »Na-me Jesu« für die religiösen Handlungen der frühen Christen spielt. Die Bedeutung des Namens »Jesus« ist ein in vielfacher Weise exklusives Merkmal des frühen Christentums. Dabei geht es jetzt nicht um Jesu Rolle als Sohn Gottes, um seine Worte, seine Taten und sein Geschick. Vielmehr ist das Thema hier das Aussprechen seines Namens, also ein Vorgang, der schon auf den ersten Blick gottesdienstlich (kultisch), sakramental und geradezu juristisch zu verstehen und von einer magischen Verflachung abzugrenzen ist.

Wer sich mit der Bedeutung des Namens Jesus im frühen Christentum beschäftigt, bemerkt alsbald: Wohl nichts ist so einfach, fundamental praktisch, so stark alles durchdringend – und so oft übersehen worden wie dieser »Alltagsbefund« aus dem frühen Christentum. Mit dem Namen Jesus auf den Lippen vollziehen frühe Christen die Taufe, schließen sie die Gebete, eröffnen sie die Gottesdienste und Versammlungen der Christen, unter diesem Namen hoffen sie auf Heilung von Besessenheit und Krankheit. Mehr noch: Im Namen Jesu werden nicht nur im Christentum bis heute Sünden vergeben (was nur Gott kann), das »Wort«, durch das die Welt erschaffen wurde, ist offenbar sozusagen deckungsgleich mit dem Namen Jesu.

Jedenfalls ergibt sich von hier ein sehr guter Zugang zu dem, was die Theologen »Präexistenzchristologie« nennen (s. u.). Zum Gesamtbefund gilt: Dieser Gebrauch des Namens eines Menschen (und Gottessohnes) ist religionsgeschichtlich völlig einzigartig, gerade auch in der an Besonderheiten nicht gerade armen Umwelt Jesu.

5.3.1 Voraussetzungen zum Gebrauch des Namens Jesu

Natürlich lassen sich eine Reihe von Voraussetzungen nennen, ohne die dieser extensive und praktisch wirksame Gebrauch des Namens Jesu nicht zu denken ist. Dazu gehört einmal die besondere Heiligkeit des Gottesnamens (Tetragrammaton) im Judentum (siehe auch das Zweite Gebot im Dekalog). Aber in der hier zu diskutierenden Hinsicht ist die Konsequenz gerade entgegengesetzt. Denn den Gottesnamen dürfen nur wenige (Priester) zu besonderen Anlässen aussprechen. Der Name Jesu ist nun gleichfalls heilig, aber Angst vor Missbrauch besteht nicht – im Gegenteil (1 Kor 12,3 und Mk 9). Der umfassende Gebrauch des Namens Jesu ist geradezu die Kehrseite und – wenn man so will – die christliche Antwort auf die jüdische

Praxis der Zurücknahme des Namens aus Angst vor Verunehrung. Im Kontrast zur strikten Abgrenzung des heiligen Namens steht die Erlaubnis für jedermann, den heilige Namen zu gebrauchen. Um einen Vergleich aus der Kirchengeschichte zu bemühen: Es ist wie mit der Handhabung der Kommunion bei strengen Protestanten und strengen Jansenisten im Unterschied zur »Freigabe« der Kommunion seit Pius X. und Pius XII. Der Name Jesu darf von jedermann als der heilige Name gebraucht werden.

Sodann ist eine Voraussetzung die fast völlige Konzentration der jüdischen und frühchristlichen Religion auf das Wort in allen seinen Dimensionen. Im Zentrum stand eben nicht der blutige Opferkult im Tempel von Jerusalem – andernfalls hätte das Judentum die Katastrophe des Jahres 70 n. Chr. nicht so leicht überlebt. Die Texte von Qumran zeigen es schon recht genau: Das Judentum ist schon längst eine Religion des Wortes geworden. Daran hat das frühe Christentum durch Lied, Hymnus, Segen, Brief, Evangelium und durch das ganze Feld literarischer und mündlicher Gattungen reichlich Anteil.

Schließlich ist auf die immense, gar nicht zu überschätzende Bedeutung der Magie und der magischen Formeln und Bücher (vgl. Apg 19) im Kontext des frühen Christentums hinzuweisen. Christentum ist in dieser Umgebung nicht einfach etwas ganz anderes und nicht einfach der Sieg von Vernunft über Irrationales. Sondern Christentum ist – so pflegt es bei den Gegnern des Christentums stets zu sein – ganz nahe daran und für Unkundige zum Verwechseln ähnlich. Gerade die »Offenbarung« des Sehers Johannes zeigt immer wieder, dass sich Wahrheit und Lüge wie Sein und Schein gegenüberstehen, wie Kult und Magie (dem Mal der Anbeter des Tieres entspricht das Siegel bei den Christen). So haben denn Sakrament und Magie gemeinsam die Unverhältnismäßigkeit der Wirkung, das Handeln im Namen einer großen unsichtbaren Autorität, das Zauberwort (zum Teil als Name; auch in fremder Sprache), die Manipulation als das sichtbare Zeichen, das eben bewirkt, was es bezeichnet. Die Kirche hat das Sakrament stets als die wahre Wirklichkeit bezeichnet, die magischen Praktiken dagegen als teuflische Nachäffung des Wahren. Das gilt auch für den obersten Grundsatz aller Sakramentstheologie – dass es nämlich bewirkt, was es bezeichnet.

Schließlich ist für das frühe Christentum wichtig, dass alles vollmächtige Handeln, worauf immer es bezogen ist, dualistisch zu beurteilen ist. Daher kommt die Alternative Heiliger Geist oder Beelzebul in Mk 3, die Symptom eines grundlegenden Legitimitätsstreits ist, der im Grunde nie gelöst wurde: Ist Jesus von Gott inspiriert oder vom Satan? Oder angemessener im Blick auf den »Namen Jesu« formuliert: Wird durch die Nennung des Namens Jesu die Wirklichkeit des einen und einzigen Gottes angerufen und zugänglich? Ist dieser Name der Schlüssel?

Der »Name« ist nach biblischer Anschauung so viel wie der Inbegriff des Wesens einer Person, das Kraftzentrum, die geheimnisvolle, weil verborgene Einmaligkeit einer Person. Der Name ist nicht »Schall und Rauch«, sondern wer den Namen kennt und nennt, hat gegebenenfalls Macht über den Träger des Namens. Diese Auffassung hat sich bis ins deutsche Märchen erhalten (»Ach wie gut, dass niemand weiß, dass ich Rumpelstilzchen heiß«). Die Anrufung der Namen der Engel und Heiligen in den Litaneien hat bis heute diesen Sinn. Schon in einer Variante der Erzählung von Ri 13 aus dem 1. Jh. bitten die Eltern Simsons den erschienenen Engel, er möge ihnen bitte seinen Namen offenbaren, damit sie ihn zukünftig anrufen können. Der Engel tut ihnen aber diesen Gefallen nicht. – Nach den Kirchenlehrern Origenes und Arnobius gilt die bloße Nennung des Namens eines Engels als unerträglich für die Dämonen (RAC 5,188). – Die Nennung des Namens Jesu ist die Grundlage des »Jesusgebets« der Ostkirche. Von dem hl. Philipp Neri wird berichtet, sein Gebet habe schließlich nur noch aus der Anrufung »Jesus, sei mir Jesus!« bestanden.

Der Name »Jesus« wird dem Sohn Mariens ausdrücklich auf Weisung des Erzengels Gabriel hin gegeben. Dieser Satz ist der einzige, der zwischen den beiden Kindheitsberichten nach Mt und Lk wörtlich übereinstimmt (»Du sollst seinen Namen Jesus nennen.« Lk 1,31; Mt 1,21). Auf diesem Satz liegt daher besonders Gewicht. Die Verordnung des Namens durch einen Engel ist ein ganz singulärer Vorgang, der aus keiner anderen Kindheitsgeschichte bekannt ist. Angesichts der hervorragenden Bedeutung, die der Name Jesus dann im gesamten frühen Christentum haben wird, bedeutet diese Offenbarung des Namens durch den Engel: Der Name ist »vom Himmel« wie Jesus selbst. Zur Tatsache der Jungfrauengeburt (besser: der Entstehung Jesu durch den Heiligen Geist) besteht eine enge, bisher nicht aufgedeckte Beziehung. Denn der irdische Vater hat gewöhnlich das Recht der Namensgebung (vgl. Zacharias bei Johannes dem Täufer nach Lk 2). Wenn Gott selbst durch den Engel den Namen gibt, weist das auf seine exklusive himmlische Vaterschaft hin. Zudem bedeutet der Name »Jesus« so viel wie »Retter«, und es erschließen sich von hier aus die nicht wenigen Stellen, nach denen durch den Glauben an den Namen Jesu Rettung kommt, z. B. Apg 13,23; 16,31. Zudem ist »Jesus« der Name des Nachfolgers des Propheten Moses, nämlich Josua, der in der griechischen Bibel »Jesus« heißt. Die Prophezeiung, dass Gott einen Propheten wie Moses senden werde (Dtn 18,15–18), konnte man entweder historisch korrekt auf Josua (Jesus), den historischen Nachfolger des Moses, beziehen oder aber auf den endzeitlichen Propheten »wie Moses«, von dem man dann die Erfüllung aller Verheißungen erwartete. Im Grunde ist im Judentum beides in gleicher Weise legitim: Die für die Endzeit erwartete Figur des neuen Moses oder des neuen Davids wird mit den Zügen und dem Namen des irdischen Nachfolgers ausgestattet, der schon da gewesen ist (Sohn Davids mit den Zügen des weisen Salomo, der auch die Macht über die Geister hatte; Prophet wie Moses, der Jesus hieß). Jesus ist also der Retter, den man erwartete. Dabei bedeutet »Retter« eben: der alles Erdenkliche für das Volk tut. Ähnlich wie der Name »Sohn Davids« in einen exorzistischen Kontext gerät (vgl. auch die apokryphe Schrift »Testament des Salomo«, ed. P. Busch), geschieht es auch mit dem Namen »Jesus« in einem sakramentalen Kontext, wobei wir die Beziehung Magie/Sakrament schon dargestellt haben. Zum Namen Retter/Erlöser vgl. auch den Satz über Gott in Jes 63,16: »Unser Erlöser, von alters her ist das dein Name.« Daraus wird deutlich: Der Name Jesu als des Erlösers ist eine »Ausgliederung aus dem Gottesnamen«.

Weil es hier um die Geschichte des Urchristentums geht, ist die Frage zu wiederholen, die man öfters gestellt hat, ob es sich jeweils, wenn vom Namen Jesu die Rede ist, um eine konkrete, hörbare Nennung des Namens handelte oder nur ganz allgemein um eine Gesinnung, die alles spezifisch christliche Tun irgendwie »im Namen Jesu« zu tun befiehlt. Eindeutig für die konkrete Nennung sprechen Stellen wie Mt 18,20 (»versammelt in meinem Namen«) oder Sündenvergebung in seinem Namen. Aber wo soll der Name Jesu genannt sein, wenn es heißt »leiden um meines Namens willen« (Offb 2,3) oder »festhalten an meinem Namen«? Bedeutet das konkret, dass man nicht davon ablässt, den Namen Jesu kultisch anzurufen? Heißt »die ihr glaubt an den Namen des Sohnes Gottes« (1 Joh 5,13), dass diese Christen mindestens bei der Taufe gesagt haben: »Ich glaube an Jesus, den Sohn Gottes.« In der überwiegenden Zahl der Fälle lässt sich eine Situation zumindest vorstellen, in welcher der Name konkret genannt wurde. Daher möchte ich vorschlagen, bis zum konkreten oder logischen Erweis der Unmöglichkeit daran festzuhalten, dass es sich um konkrete Namensnennungen Jesu handelte.

Für die Mitte des 2. Jh. n. Chr. bezeugt das kürzlich neu gefundene Judasevangelium die Bedeutung des Namens Jesus für den kirchlichen Kultus, den es bekämpft. Den wahren Namen Gottes dürfen die Menschen wegen Unwürdigkeit nicht aussprechen (Kap. 1). Aber die kirchlichen Priester »rufen deinen Namen an, während sie die Opfer rituell verrichten«. Jesus bestätigt: »Alle Priester, die vor jenem Altar stehen, rufen meinen Namen an ... sie (die Priester) werden dort stehen und meinen Namen verwenden ... mein Name ist auf diesen geschrieben ... [am Altar] werden sie meinen Namen verwenden und Generationen von Frommen werden treu zu ihm stehen ... In meinem Namen werden sie huren und Kinder töten ...« Es wird deutlich, dass der Name Jesu im Gottesdienst ausgesprochen wird. Wer »im Namen« Jesu Unrecht tut, handelt heuchlerisch. Denn der Name Jesu wird dadurch entweiht.

5.3.2 Der Name, der eine Brücke baut

Der Gebrauch des Namens Jesu zu sakramentalen Zwecken ist, historisch gesehen, Brücke zwischen vor und nach Ostern, und das aus zweifachem Grund. Einmal zeigen Phil 2,11 und 1 Kor 12,3, dass Gott (Vater) bei der Erhöhung Jesu nach der Kreuzigung und Auferweckung mit dem Namen Jesu etwas gemacht hat: Er hat den Namen Jesus um das Attribut »Herr« (gr. kyrios) erweitert. Erst damit hat er ihm den Namen verliehen, der über alle Namen ist. Diese Aussage ist logisch aufgrund des Sprachgebrauchs der griechischen Bibel Alten Testaments: »Kyrios« ist nämlich der Gottesname (JHWH) nach der griechischen Übersetzung. »Jesus« ist nicht der Gottesname, sondern der persönliche Name Jesu und zusätzlich die Funktionsbezeichnung für den Retter. Wir sagten bereits: In der praktischen Verwendung überschneidet sich der Name Jesu mit dem Gottesnamen, weil er nicht unaussprechlich, sondern hilfreich für jedermann ist. In 1 Kor 12,3 ist das »Jesus ist der Herr« das aktuelle Bekenntnis der nachösterlichen Gemeinde. Also gibt es eine typisch nachösterliche Form (mancherorts), und die heißt: »Herr Jesus«. Die andere Form hat sich von vor Ostern her erhalten (»Im Namen Jesu« oder »In Jesus« usw.).

Zum anderen ist auf Mk 9 zu verweisen: Offensichtlich schon zu irdischen Lebzeiten Jesu bürgert sich ein sakramentaler Gebrauch des Namens Jesus ein. Im Unterschied zu seinen Jüngern hält Jesus das nicht für tadelnswert. Denn auch wenn man getrennt marschiert, kann man den Feind (Satan) doch gemeinsam schlagen. Im »Namen Jesu« werden daher auch schon vor Ostern diverse Gruppen exorzistisch tätig gewesen sein.

Nun zum sachlichen Geschehen: Mit dem Namen Jesu ist es, wie wenn man sich beim Telefonieren mit einer bestimmten (Geheim-) Nummer in ein Netz einwählt oder wie man sich über einen bestimmten Code im Internet einloggt. Der Name Jesu erschließt den gesamten Bereich, in dem Gottes Macht wirkt. Das betrifft zunächst vor allem Zugehörigkeit und Nicht-Zugehörigkeit. Um das hier Gemeinte richtig einzuordnen, denke man sich zwei teilweise sich überschneidende Kreise, einen größeren und einen kleineren. In der Mitte des größeren Kreises ist der unzugängliche Ort Gottes. Der größere Kreis stellt den gesamten Bereich dar, in dem Gottes Macht wirkt, der kleinere die Kirche. Da die Kirche auch in den größeren Kreis hineinragt, hat, wer ihr zugehört, auch Anteil an dem größeren Machtbereich Gottes. Die Zugehörigkeit zur Kirche und damit zu Gott erlangt man, indem man an den Namen Jesu glaubt, sich auf den Namen Jesu taufen lässt und also durch den Namen Jesu gerettet wird. Gleichbedeutend ist (wenigstens zum Teil), »den Namen des Herrn« anzurufen. Die Taufe haben die Jünger und Jüngerinnen Jesu mit den Jüngern Johannes des Täufers gemeinsam. Insofern gehören sie zu den Taufreligionen. Doch weder die Johannestaufe noch etwa die Reinigungstaufe bei der jüdischen Heidenbekehrung kennt eine Taufe »auf den Namen«. Die Johannestaufe ist eine bloße Umkehrtaufe auf die Predigt des Täufers hin, ohne dass sein »Name« für die Substanz der Taufe eine Rolle spielte. Demgegenüber bedeutet die Taufe auf den Namen Jesu (auch Röm 6,3, wo wir »auf Christus Jesus« getauft sind) eine Übereignung zu dauerhafter Zugehörigkeit, damit auch zu beständiger Verähnlichung (mit alldem, was das auch ethisch bedeutet). Sie bedeutet demnach kontinuierliches Verwiesensein an Jesus, der Mittler zu Gott ist. Im Unterschied zu Johannes dem Täufer, der durchaus andere (wie Jesus) neben sich taufend zulassen kann, gilt hier: »Es ist kein anderer Name, darin man gerettet werden kann« (Apg 4,12). Diese exklusive Stellung Jesu ist eindeutig in den zugrunde liegenden alttestamentlichen Texten begründet: Es gibt nur einen Gott und daher nur einen Namen des Mittlers, mit dem man sich in den Machtbereich Gottes einloggt.

5.3.3 Den Namen anrufen zur Rettung

Eine besondere Rolle spielt dabei Joel 3,5 und seine Auslegung: »Jeder, der den Namen des Herrn anruft, wird gerettet werden.« Die Stelle wird zitiert in der Missionsrede Apg 2,21, dann in Röm 10,13 in der Form: »Jeder, der den Namen des Herrn anruft, wird gerettet werden.« Das entscheidende Wortpaar »Name« und »Rettung« zitiert auch Apg 4,12 (»Es ist kein anderer Namen unter dem Himmel den Menschen gegeben, in dem wir gerettet werden können«). Weiter wirksam ist der Text in Mk 16,16: »Wer glaubt und sich taufen lässt, wird gerettet werden«, und in Apg 16,31: »Glaube an Jesus, den Herrn, und du wirst gerettet werden und auch deine ganze Familie.«

Die Stelle ist wichtig, weil es unmissverständlich heißt: Den Namen anrufen, bezogen auf liturgischen Gebrauch. Im Neuen Testament ist überall vorausgesetzt, dass Jesus der Träger des Namens

Gottes ist; wo der Herr genannt wird, da erscheint schon in der vermeintlich bloß nachösterlichen Verbindung Jesus als Kyrios. Einerseits wird so die Exklusivität des Christentums begründet (Name des einen Gottes), andererseits erklärt die Wiedergabe mit »Jeder, der ... anruft« in Röm 10,13 die Universalität der Völkermission.

Zugleich aber liegt mit der Auskunft, dass man auf diese spezielle Weise »gerettet« wird, eine sehr beachtliche Variante der Rechtfertigungslehre vor. Denn wir beobachteten bereits anhand der oben genannten Stellen: »Den Namen des Herrn anrufen« kann auch ganz selbstverständlich wiedergegeben werden durch »glauben« oder »glauben und sich taufen lassen.« Noch Joh 1,12 spricht vom »Glauben an seinen Namen«.

Zu den Elementen des Eintritts in die Gemeinde »in Jesu Namen« gehört auch die Vergebung der Sünden in seinem Namen.

5.3.4 Ausschluss aus der Gemeinde/Kirche im »Namen Jesu«

Kaum beachtet wird, dass nicht nur der Eintritt in die Gemeinde kraft des Namens Jesu wirksam wird, sondern ganz parallel dazu auch der Ausschluss. Überdies ist der Ausschluss eine Art Gegenbild zur Beauftragung durch das Gremium der Gemeinde. Denn so wie bei der kollegialen Beauftragung ein Kollegium sich versammelt und fastet und betet, so geschieht auch die kollegiale Aussonderung aus der Gemeinde als religiöser Akt eines Gremiums. Man vergleiche 1 Kor 5 mit Mt 18. Paulus fordert die Gemeinde von Korinth auf, sie möge sich im Namen Jesu versammeln und den notorischen Sünder dem Satan übergeben »zum Verderben des Fleisches«, d. h. zur Zerstörung seiner Gesundheit. In Mt 18 ist die Gemeinde gleichfalls versammelt, und der unbußfertige Sünder wird ausgeschlossen, weil er in Hinkunft wie ein Pharisäer oder Heide für sie sein soll. Ausdrücklich wird die Gremien-Vollmacht gebunden an die reale Gegenwart des Herrn, und zwar gilt das selbst dann, wenn die Gemeindeversammlung nur zwei oder drei Mitglieder hat. Der Ausdruck »versammelt in meinem (sc. Jesu) Namen« hat diese Autorität, weil Jesus sie ihr verheißen hat. Aber die verheißene Vollmacht gilt nicht jeder beliebigen Zusammenkunft von Gemeindemitgliedern, sondern nur denjenigen Zusammenkünften, die »im Namen Jesu« vollzogen werden.

Und während die Aufnahme in die Gemeinde/Kirche im Namen Jesu Vergebung der Sünden und ewiges Leben bedeutet, bedeutet der Ausschluss das Gegenteil, also Nicht-Vergebung und Zerstörung bereits des leiblichen Lebens. Die Gemeine/Kirche besitzt in diesem Fall genau das, was man die Vollmacht, zu binden und zu lösen, nannte. Und zum Thema Amt bemerkten wir bereits, dass diese Vollmacht entweder vom Gremium oder von der monarchischen Autorität vollzogen wird (Apostel, Petrus).

Selbstverständlich kennt das Neue Testament nicht nur Aufnahme und Ausschluss, sondern auch einen Dauerzustand des Seins von Jesu Namen in der Gemeinde/Kirche.

5.3.5 Dauerhafte Präsenz des Namens Jesu

Bereits im Alten Testament lässt Gott seinen Namen dauerhaft in Israel wohnen. Denn sein Name liegt auf den Kindern Israels (Nu 6,27). Israel ist erwählt, auf dass Gott seinen Namen dort wohnen lassen kann (Dtn 12,5). Der Tempel ist ein Haus für Gottes Namen (2 Sam 7,13), d. h., Gottes Name wohnt darin dauerhaft. So ist der Tempel oder ist Jerusalem der Ort, an dem Gottes Name ist (1 Kge 8,29; 11,36).

Nach Offb 14,1 tragen die Christen den Namen Jesu und den Namen Gottes auf der Stirn, und das Mit-Sein Jesu nach Mt 28,20 ist als Präsenz des Namens zu verstehen, der über dem Volk Gottes angerufen ist.

Dass der Name Jesu Anteil hat am Namen Gottes, wird aus Hebr 13,8 am deutlichsten, wie ersichtlich wird aus dem Satz: »Jesus Christus war gestern und heute derselbe und das auch in Ewigkeit.« Diese unveränderte Selbigkeit ist aber nach dem Alten Testament exklusives Merkmal Gottes (vgl. auch Dan 2,20: Gottes Name gelobt von Ewigkeit zu Ewigkeit). So ist es nach Offb 2,13 gut für die Gemeinde, wenn sie sich an den Namen Jesu hält.

5.3.6 Jesus handelt im geistlichen Handeln der Gemeinde

Nach dem Johannesevangelium wird das Gebet der Jünger erhört, wenn sie im Namen Jesu Gott um etwas bitten. Diese Stellen finden sich alle in den Abschiedsreden (Joh 14,13; 16,23 f.). Man sollte diese Stellen nicht im Sinne harmloser Erklärungen guten Willens missverstehen, schon gar nicht moralisch. Vielmehr wird dem Gebet der Jünger absolute »Wirksamkeit« und volle charismatische Legitimität verheißen.

Das gilt ebenso für die »größeren« Wunder und Zeichen, die denen verheißen werden, die an Jesu Namen glauben. Deshalb sind Dämonen untertan im Namen Jesu (Lk 10,17) und ist der Heilige Geist, den der Vater sendet, in Jesu Namen gesandt (Joh 14,26). Deshalb ist Sündenvergebung »in seinem Namen« wirkliche Sündenvergebung durch Gott (Apg 10,43). Und ebendeshalb wird es nicht vergeblich und aussichtslos sein, wenn Christen im Namen Jesu anderen auch nur einen Becher Wasser reichen, wenn sie leiden, oder wenn sie ihre Familien aufgeben. Mit dem Glauben an ihn ist Rettung verbunden.

Die vielen Texte und die vielen Situationen, die den Namen Jesu erwähnen, bestätigen sich gewissermaßen gegenseitig, sind wie ein Netzwerk miteinander zusammen. Es ist bisher kaum je erkannt worden, dass alle diese Stellen zusammen, das Geflecht, das sie darstellen, gerade in dieser Dichte und Fülle die verstärkte Antwort auf die Frage geben sollen, ob denn der Glaube an Jesus wirklich auch hilft, ob er denjenigen, der sich nach Heil und Rettung sehnt, auch wirklich retten – das heißt: sicher mit Gott verbinden kann. Und die Antwort dieser vielfältigen Texte ist eine einzige: Ja, hier wird nicht ins Blaue hin geschwätzt, hier hörst du denkbar hoch verbürgte Worte, hier wird *im Namen* Jesu gesprochen – und dieser Name ist gültig. Dieser Name ist wirklich und wahrhaftig der, der Anteil hat an Gottes Namen. Der Name Jesu bezeichnet wirklich den verbindlichen Mittler. Gläubig ausgesprochen ist dieser Name wirklich der Code – das »Schlüsselwort«. Mit unglaublicher Entschiedenheit setzt das frühe Christentum auf den Namen Jesu, den einzigen Namen des einzigen Mittlers.

Auch später noch wird das so verstanden: Die Kreuzesinschrift »Jesus der Nasoreer, König der Juden« wird zusammen mit dem Kreuz als Zeichen zur Überwindung des Bösen angesehen, so auf vielen Glockeninschriften.

5.3.7 Der Name Jesu als Ursakrament

Es liegt nahe, unsere Beobachtungen zur Taufe auf den Namen Jesu auszuweiten auf eine Betrachtung der übrigen Sakramente. Immer wieder hat man diese als Entfaltung oder Ergänzung zur Taufe angesehen, und diese Betrachtungsweise bestätigt sich angesichts der Bedeutung des Namens Jesu. Zur Präzisierung: Das Aussprechen oder Anrufen des Namens Jesu bei Menschen erschließt den Kontakt mit Gott überhaupt. Diese Bedeutung des Wortes oder Namens wird durch einzelne Zeichenhandlungen jeweils besonders aktualisiert, so zum Beispiel bei der Taufe durch das Abwaschen/Untertauchen. Bei der Firmung (Confirmatio), die auch öfter Versiegelung genannt wird, wird diese Zugehörigkeit durch Schutz gegen widrige Mächte abgeschlossen. Was das bedeutet, lässt sich z. B. durch Offb 7,3 illustrieren (Versiegelung der Christen auf der Stirn, auf der nach 14,1 der Name Jesu und des Vaters steht). Die Eucharistie dankt für Jesus (so in den alten Gebeten der Lehre der zwölf Apostel) und wird zur Erinnerung an Jesus gefeiert, über den der Abendmahlsbericht zitiert wird. Die Macht, um die es hier geht, ist die des Schöpfungswortes Gottes (Thomas von Aquin). Sie setzt gegenwärtig, macht, dass die Erinnerung und Danksagung nicht leer ist. Die Sündenvergebung im Sakrament der Buße (Versöhnung) erfolgt »im Namen Jesu« (»Unser Herr Jesus Christus spreche dich frei ... und ich in seiner Bevollmächtigung spreche dich los von deinen Sünden im Namen des Vaters, ...«). Das Sakrament der Krankensalbung erneuert die neutestamentliche (umfassend verstandene) Heilung im Namen Jesu, das Weihesakrament hat die verschiedenen Vollmachten im Namen Jesu selbst zum Inhalt, und in der Ehe geht es (anders als in Taufe und Eucharistie) um Teilhabe an Schöpfung und Schöpfungsvollmacht.

So wird erkennbar, dass die christlichen Sakramente Entfaltung der einen Mittlerschaft Jesu Christi sind. Es wird auch erkennbar, warum Vergleichbares im Judentum und im Islam fehlt. In diesen Religionen gibt es keine vergleichbare Erleichterung des Zugangs zu Gott durch einen Mittler, insbesondere nicht auf dem alltagsnahen, weil durch Zeichen gestützten einfachen Weg der Sakramente. Auch das erbringt dieser Vergleich: Die Sakramente sind christozentrisch gedacht – oder gar nicht denkbar. In allen Sakramenten wird die Rolle Jesu als die des menschennahen Mittlers ausgespielt. So etwa bei Ignatius von Antiochien; indem er die Eucharistie »Medizin der Unsterblichkeit« nennt, gibt er einen im Vergleich zu antiken philosophischen und asketischen Versuchen und Überlegungen kinderleichten Weg zur Unsterblichkeit an. Nicht zuletzt durch die Sakramente ist das frühe Christentum dem Alltagsleben der Menschen unvergleichlich nahe.

In der neutestamentlichen Forschung wird oft der Eindruck erweckt, als seien »die« Sakramente etwas »dinglich Sekundäres« und zusammen mit so suspekten »Kirchenprodukten« wie Amt und Tradition entstanden. Das Umgekehrte ist der Fall: Das frühe Christentum entsteht im Rahmen jüdischer Taufbewegungen, und die Mittlerrolle Jesu ist von Anfang an 'der Unterschied zu Johannes dem Täufer. Sie ist das altbekannte Markenkennzeichen des Markenprodukts, kein sekundär hinzugekommener, interpretativer Markenvorteil. Christliche Taufe ist die »auf den Namen Jesu«. Noch steht die Zahl der Sakramente lange nicht fest (was aufgrund der hier beschriebenen strukturellen Gemeinsamkeiten aller Sakramente nur allzu gut verständlich ist), aber das sakramentale Prinzip ist schon da – als die »Kehrseite« des christologischen Prinzips.

5.3.8 Der Name, das Wort, die Schöpfung und das Gericht

Der »Name Jesu« steht für einen ebenso personalen wie verbalen Weg zu Gott. Der Mittler ist eine Person, und daher ist der Mittlerdienst letztlich durch Zeichen im umfassenden Sinne (inklusive Wort) bestimmt. Diese Eigentümlichkeit ist aber breiter entfaltet und betrifft auch Schöpfung und Gericht.

Schon immer habe ich über die Kühnheit gestaunt, mit der frühe Christen, lange vor Entstehung der ältesten Briefe, auf der Aussage bestanden, dass Jesus kein anderer sei als der eine Mittler zwischen Gott und Welt, durch den alles geworden ist. Auf einer Ebene sind der Name Jesu und das Wort. Daher die Formulierungen: Er ist das Wort, durch ihn ist alles geworden, er trägt alles »mit seinem mächtigen Wort« (Hebr 1,3).

Und beim Gericht genauso. Nach Offb 19,2 ist der Name des Richters, der auf dem weißen Pferd erscheint, »Wort Gottes« (Logos), und daher muss er mit Gottes Feinden auch gar nicht lange kämpfen, sondern sein bloßes Erscheinen entscheidet das Gericht. In 2 Thess 2 und anderswo entscheidet der »Hauch seines Mundes«, d. h. wiederum er selbst als Wort, das Gericht.

Oben wurde bereits gesagt: Die Präsenz des Wortes, bzw. des Namens Jesu, hat dualistischen Charakter. Das heißt: In seiner Gegenwart gibt es nur zwei Qualitäten, Licht oder Finsternis, Leben oder Tod. Über die Geschichte hinweg verkündigen Menschen dieses Wort, taufen sie, sprechen sie Sündenvergebung oder Heilung zu oder den Ausschluss aus der Gemeinde aus, segnen sie und beten sie unter Bezugnahme auf dieses Wort, das Person ist. Am Anfang aber war dieses Wort »pur« da, und so ist es auch am Ende.

Man kann nicht einfach sagen, das Wort, durch das alles geschaffen ist, sei der Name Jesu; das wäre viel zu undifferenziert. Richtig ist vielmehr: Durch den Gebrauch des Namens Jesu in Gebet, Sakrament usw. beziehen sich die Christen genau auf jene Wirklichkeit, die »das Wort« oder »der eine Mittler« ist und die uns nicht anders zugänglich wird als durch Jesus.

Das exegetische Problem im Hintergrund lautet: Was hat Jesus zu tun mit dem Logos von Joh 1,1 f.? Oder anders: Was heißt: Das Wort ist Fleisch geworden, d. h. als Mensch, in einem Menschen, in Jesus, erschienen. Antwort: Die eine Mittlermacht ist keine andere als die, die uns in Jesus begegnet ist. Für uns ist diese menschenfreundliche Seite Gottes nur personal vorstellbar, denn für uns ist sie als Person Jesus Christus erschienen. Daher ist Jesus wirklich »der Weg«, wie es Joh 14,6 formuliert. Nicht anders als durch ihn wird den Menschen der Vater zugänglich. Der Mittler ist der Weg der Zuwendung Gottes zu den Menschen und der Hinwendung der Menschen zu Gott. Anders gesagt: Gottes Zuwendung zur Welt in Schöpfung und Gericht geschieht durch ein einziges Wort. Eine Vielzahl von Worten ist Gott nicht gemäß. In der neuen und definitiven Offenbarung zeigt sich Gott eben von dieser Seite. Denn Gottes Wort ist Person und Macht zugleich.

Vielleicht hilft ein Bild weiter: Es könnte sein wie bei zwei durchsichtigen Folien (Klarsichtfolien), die man aufeinanderlegt. Und sie sind in vielen Punkten, Formen und Linien deckungsgleich. Die eine Folie stellt Jesus dar, die andere den Logos. Die Deckungsgleichheit in vielen Punkten kommt auch dadurch zustande, dass der Evangelist viel Material über den irdischen Jesus mit verarbeitet. So vergleichen wir den Logos Gottes mit dem, was der Evangelist über Jesus wusste: Jesus war Heiler – seine Wunder lassen sich auch als Neuschöpfung durch den Schöpfungslogos verstehen. – Jesus war Sohn Gottes – der Logos ist »von Gottes Art«. – Jesus hat Sünden vergeben – das kann man als Neuschöpfung verstehen (vgl. das Anblasen in Joh 20,22). – Jesus hat die Menschen geliebt bis zum Tod – der Logos ist die der Welt zugewandte Seite Gottes.

Man kann also in Jesus den Logos wiedererkennen – und umgekehrt. Die Neuigkeit bei Jesus liegt darin, dass er die Menschen geliebt hat und dass seine Sendung Ausdruck der Liebe Gottes zur Welt war (Joh 3,16: »Also hat Gott die Welt geliebt ...«). Beides wird vom Logos nicht oder nicht so gesagt. Der Logos als Weltenschöpfer hat, wenn man das so sagen darf, nicht »gereicht«. Gottes Zuwendung zur Welt musste überboten werden – durch die Sendung Jesu. Die Menschwerdung des Wortes in Jesus hat daher etwas mit Liebe zu tun (vgl. auch Joh 13,1: Jesus liebte seine Jünger bis zum Ende). Nur an einem Menschen kann man Liebe wirklich wahrnehmen, nicht in der puren Majestät. Der Hebräerbrief wird es ähnlich sagen: Nur ein Mensch, einer von uns, konnte Mittler zwischen Gott und Mensch sein. Nur er konnte von der Liebe Gottes glaubwürdig künden, durch ihn wird Gottes Liebe akzeptabel, annähernd verstehbar.

Vom Namen Jesu her weitet sich der Blick zum Gottesdienst der frühen Christen überhaupt.

5.4 Der Gottesdienst der Urkirche

Um den Gottesdienst der Urkirche ranken sich einige neuere Mythen, die umso schlechter sind, je jünger sie sind. Oft heißt es: Eine Mahlzeit vor allem sei das gewesen in der Urgemeinde, ein freundschaftlicher Essenstreff, ein Clubabend mit Parlando und wohl auch Gebeten, eher alltäglich vom Ambiente her, eine Art höherer Snack unter verständigen Menschen, keineswegs aber ein Tempelakt, ein Ritus, eine Liturgie, eine zeremonielle, gar heidnisch auf das Opfer fixierte Kultdarbietung. Bei näherer Betrachtung wird man sich allerdings von der Vorstellung verabschieden, irgendetwas im Gottesdienst der Urgemeinde eigne sich als Vorläufer von Rotary. Überhaupt ist Abschied zu nehmen von der Vorstellung, die Urchristen seien jenseits einer wie immer gearteten Eucharistiefeier quasi religionslose Zeitgenossen gewesen. Die ersten Christen – das wird häufig vergessen – waren fromme Juden, und diese hatten eine hochdifferenzierte Kultur gemeinsamen Betens.

5.4.1 Der christliche Gottesdienst ist zunächst einmal der jüdische Gottesdienst

Weil der Gott Jesu und aller Apostel der Gott Abrahams, Isaaks und Jakobs ist, deshalb ist der Gottesdienst der Urkirche zunächst einmal auch der Gottesdienst der Juden. Aus diesem höchst zentralen theologischen Grund gilt bis zum Erweis des Gegenteils für jede hier anstehende Frage, dass sie zuerst von jüdischen Voraussetzungen her zu klären ist.

Das hat man keineswegs immer so gesehen. Man denke nur an die abenteuerlich-romantische Schilderung des Kyrios-Kultes bei Wilhelm Bousset: »Denn hier in den Versammlungen der Gemeinschaft, in Gottesdienst und Kult erwuchs den Christgläubigen das Bewusstsein ihrer Einheit und einzigartigen soziologischen Geschlossenheit. Tagsüber zerstreut, im Beruf des alltäglichen Lebens, in der Vereinzelung, innerhalb einer fremden Welt dem Spott und der Verachtung anheimgegeben, sammelten sie sich des Abends, wohl so oft wie möglich, zur gemeinsamen heiligen Weihemahlzeit. Da erlebten sie die Wunder der Gemeinschaft, die Glut der Begeisterung des gemeinsamen Glaubens und der gemeinsamen Hoffnung; da flammte der Geist auf und umgab sie eine Welt voller Wunder; Propheten und Zungenredner, Visionäre und Ekstatiker beginnen zu reden, Psalmen, Hymnen und vom Geist eingegebene Lieber durchtönen den Raum, die Kräfte brüderlicher Mildtätigkeit werden in ungeahnter Weise wach; ein unerhört neues Leben durchpulst die Schar der Christen. Und über diesem ganzen Gewoge der Begeisterung thront der Herr Jesus als das Haupt seiner Gemeinde, mit seiner Kraft in einer den Atem raubenden Greifbarkeit und Gewissheit unmittelbar gegenwärtig...« (Kyrios Christos, S.89). Nach Bousset, der sich für diese Szene auf Phil 2,9 ff. beruft, vollzieht sich hier ein mystischer Heroenkult, der mit dem Judentum nichts mehr gemeinsam hat.

Auch ein gehöriges Quantum Sozialromantik ist hier zu spüren. Aus heutiger Sicht dürfte Wilhelm Bousset wohl beeinflusst worden sein durch eine von außen herangetragene Leitidee »Versammlungen der Gemeinschaft(en)«, vielleicht auch von dem, was man im euphorischen Kontext amerikanischer Pfingstgemeinden in die Urgemeinde rückprojizierte. Bousset hat hier erkennbar ernst gemacht mit dem heidenchristlichen Ursprung der gesamten paulinischen und späteren katholisch-byzantinischen Kirche. Ich meine dazu: Die unmittelbare Verwandtschaft der basileomorphen (= in Anlehnung an den byzantinischen Kaiserkult Gestalt gewordenen) Teile des Gottesdienstes zum Kaiserkult sind nicht zu bestreiten; das zeigen die Formen und Gattungen der »Lieder« der Apokalypse. Doch der Gesamtcharakter inklusive Theologie ist genuin jüdisch.

Am Anfang der Beeinflussung des christlichen durch den jüdischen Gottesdienst stehen zwei Formen, die freilich nicht lange unabhängig voneinander bleiben. Das eine ist der *synagogale Gottesdienst,* das andere das im Idealfall sieben (acht) Mal gefeierte *Stundengebet.*

Der synagogale Gottesdienst verbindet sich einerseits mit dem Stundengebet, in dem er teilweise bis ganz wieder auftaucht. Andererseits verbindet er sich mit der Mahlfeier – mit dem Resultat der Gesamtgestalt der Eucharistiefeier (Messe) der Ost- und der Westkirche(n).

Die theologische Grundvoraussetzung ist, dass der Beter grundsätzlich eine kultische Existenz führt. Das heißt: Seine ganze Zeit
gehört Gott. Daher kommt die ideale Fiktion, dass er unaufhörlich
betet. Aus naheliegenden Gründen ist das im wörtlichen Sinne nicht
möglich. Schon Ps 119,164 formuliert das Konzept: »Siebenmal am
Tag lobe ich dich.« Dabei ist »Sieben« die Zahl der Vollkommenheit,
und siebenmal steht für das Ganze. Noch in 1 Thess 5,17 fordert
Paulus: »Betet unablässig.« Es gehört zur Eigenart biblisch-kultischer
Zeitauffassung, dass das »Ganze« dann von Gebet oder Gottesdienst
erfüllt ist, wenn dieses an markanten Eckpunkten getan wird, wenn
die *Zeit dadurch strukturiert* wird. In der Institution des Sabbats hat
diese Auffassung eine vom Judentum aus auf die ganze Welt verbreitete Bedeutung erlangt. Dass die Zeit im Ganzen Gott gehört, bringt
man dadurch zum Ausdruck, dass man den siebenten Tag um Gottes
willen heilig hält und dadurch alle Zeit, die kommen mag, gliedert.
Die Eckpunkte, die man dann »stellvertretend« für das Ganze heilig
hält, sind besonders Anfang und Ende. Dabei kann man für den Anfang Sonnenaufgang oder Mitternacht hernehmen, beides ist belegt.
Das Ende ist der Sonnenuntergang. In jedem Fall wird die Zeit durch
die Sonne angezeigt.

Dieser »solare« Ursprung des Stundengebets hat sich bis heute
durchgehalten. Neben Anfang und Ende spielt zunehmend ein Drei-
errhythmus eine Rolle, sei es, dass man neben Morgen und Abend
auch den Mittag als Gebetszeit nimmt, sei es als ein Drei-Stunden-
Rhythmus, der aber auch die Mitte des Tages einbezieht. So gibt es
als Ergänzung zu Morgen-Mittag-Abend dann bald die damit ver-
schränkte Dreizahl von dritter, sechster und neunter Stunde, wobei
das Mittagsgebet die sechste Stunde ist. Das macht dann fünf Ter-
mine für das Stundengebet, und einige Ostkirchen sowie weltweit
vor allem die Moslems haben diese Eigenheit der alten syrischen
Christen bewahrt. Die Moslems zeigen sich daher hier in größter
Nähe zur christlichen Praxis der Frömmigkeit, aus der sie ihren
Ursprung nahmen. Die Zählung der dritten, sechsten und neunten
Stunde orientiert sich an der römischen Zählung, in der als Sonnen-

aufgang morgens 6 Uhr als Beginn der ersten Stunde angesetzt wird. Die dritte Stunde ist dann ab morgens 9 Uhr, die sechste Stunde ab 12 Uhr mittags, die neunte Stunde ab 15 Uhr.

Um die heilige Siebenzahl über die Fünfzahl hinaus zu erreichen, hat man den Anfang verstärkt und ein zweimaliges Nachtwachen-Gebet hinzugefügt (Vigiliae). Da diese beiden Nachtgebete stets aufeinanderfolgen, kann man sie auch als Einheit sehen, und dann ist die Komplet (Abendgebet) das siebte oder achte Stundengebet. Jedenfalls hat man, dem Ursprung folgend, Anfang bzw. Ende verstärkt. Wer heute in einem Kloster lebt, in dem alle acht Tageszeiten gehalten werden, kommt schnell zu dem Eindruck, dass am Anfang des Tages und am Ende die hauptsächlichen Gebetszeiten liegen. Denn am Anfang folgen erste Nachtwache und zweite Nachwache sowie Laudes (Morgengebet) relativ dicht aufeinander, am Abend Vesper (Sonnenuntergang) und Komplet. Von diesen Ausführungen her lassen sich nun etliche Angaben des Frühjudentums, des Neuen Testaments und der Alten Kirche sinnvoll einordnen.

Zunächst sind im Tempel die Morgen- und Abendopfer mit Gebeten verknüpft, und hier liegt wohl der Ursprung des dann von der sichtbaren Opfergabe gelösten Gebets (Dan 9: Abendopfer mit Gebet; 1 Chron 16,40.41: Morgen- und Abendopfer mit Danklied). So weit zum Zweierschema.

Bereits Dan 6,11–14 erwähnt das dreimalige tägliche Gebet. Nach der apokryphen frühchristlichen Schrift »Lehre der Zwölf Apostel« (Didache, um 65 n. Chr.) 8,3 sollen Christen dreimal am Tag das Vaterunser beten. Nach der Apostelgeschichte beten die Jünger der Urgemeinde (im Tempel oder anderswo) wenigstens zur sechsten (10,9) und neunten (3,1, vgl. 10,3.30) Stunde, und man darf voraussetzen, dass sie auch zur dritten Stunde gebetet haben; jedenfalls sind sie da versammelt, als das Pfingstereignis geschieht (2,15). Jesus betet am Kreuz Psalm 22 (»Mein Gott, mein Gott, wozu hast du mich verlassen ...«) ausdrücklich zur sechsten Stunde (Mk 15,33). Die frühen Christen haben demnach die drei jüdischen Gebetszeiten (dritte, sechste, neunte Stunde) bewahrt und beten entsprechend nach Did 8 dreimal das Vaterunser. Die jüdische Mischna (um 220 n. Chr.) bestätigt die drei Gebetszeiten: Das Morgengebet soll man bis zum Mittag gehalten haben, das Mittagsgebet bis zum Abend und das Nachtgebet bis zum Schlafengehen.

Auch in der inhaltlichen Gliederung der Tageszeitengebete lieferte das Judentum wichtige Vorlagen: Sir 50 nennt Opfer, Psalmen und Segen (= Benediktionen); die Benediktionen haben sich im monastischen Stundengebet kräftig erhalten. Andere betonen die Morgenfrühe und das Händewaschen. So schlägt der Aristeasbrief vor, in der Frühe die Hände im Meer zu waschen und dann in der Heiligen Schrift zu lesen und zu übersetzen. In der »Weisheit Salomos« 16,27 soll man beim ersten flüchtigen Sonnenstrahl die Danksagung halten. Das Händewaschen, das der Aristeasbrief erwähnt, wird auch sonst als Voraussetzung zum Gebet genannt. In der kath. Eucharistiefeier hat sich Entsprechendes erhalten: Vor dem entscheidenden Gebet um Annahme der Gaben wächst der Priester die Hände (»Lavabo inter innocentes ...«).

Im Zusammenhang mit dem Gebet frühmorgens hatten wir bereits auf den möglichen Zeitpunkt Mitternacht verwiesen. Wir finden Entsprechendes bei Hippolyt von Rom (Apostolische Überlieferung § 35 Botte 70.72): »Etwa um Mitternacht stehe auf, wasche die Hände mit Wasser und bete. Wenn auch deine Gattin dabei ist, betet zusammen. Wenn sie aber noch nicht gläubig ist, so lass dich in einer anderen Kammer nieder, bete und gehe dann wieder in dein Schlafzimmer. Zu dieser Stunde ist es notwendig zu beten. Denn die Alten, von denen wir die Überlieferung haben, haben uns belehrt, dass um diese Stunde die ganze Schöpfung für einen Augenblick ruht, um den Herrn zu loben. Sterne, Bäume und Wasser halten einen Augenblick inne, und der ganze Zug der Engel dient Gott in dieser Stunde, um mit den Seelen der Gerechten Gott zu loben. Deswegen müssen die Gläubigen zu dieser Stunde sich beeilen, um zu beten ... Zum Hahnenschrei erhebe dich gleicherweise. Denn in dieser Stunde haben die Söhne Israels beim Hahnenschrei geleugnet Jesus Christus, den wir durch den Glauben bekennen.«

Nach der alten syrischen Ordnung (erhalten im syrischen »Testament unseres Vaters Adam«) ist jede Stunde der Nacht und des Tages (2 × 12) bestimmten himmlischen oder irdischen Lebewesen zugeteilt, auch den Menschen, besonders den Priestern und Gerechten.

Hier wird das Stundengebet theologisch besonders begründet mit der Teilnahme am Gottesdienst der Engel (Isangelie).

Aus dem Judentum übernimmt das kirchliche Stundengebet im Laufe der Jahrhunderte: die Psalmen, das Gebet und den Segen, den Hymnus (mit Canticum wie Magnificat etc.). Der Antwortgesang hat sich in zwei Formen entwickelt: als Responsorium (Antwortgesang) und als antiphonarischen Gesang (Wechselgesang; im Neuen Testament gut belegt in der Offb).

5.4.1.2 Eine kleine Theologie des Stundengebets

Man versteht darunter bis heute das Beten zu bestimmten Zeiten des Tages und der Nacht – eine »sichere Ordnung« also.

Stundengebet halten heißt: die Zeit als gegliederte aus Gottes Händen nehmen und dabei Ps 119 (118) 164 wörtlich umsetzen (»siebenmal am Tage lobe ich dich«). Die Zeit gehört nicht mir – dass sie Gott gehört, erkenne ich an den einzelnen Gliederungspunkten (Stationen) an. Daher versucht man, möglichst genau den Stand der Sonne zu ermitteln, um sich wirklich an Gottes eigene Ordnung zu halten. »Meine Zeit steht in Gottes Händen und wird von ihm bestimmt.«

Das Stundengebet vor allem ist der vergessene Gottesdienst der Urkirche. Fast nur noch in kontemplativen Orden wird es gepflegt – und bei einer Milliarde Moslems, die es als christliches Erbe mitnahmen. Bevor es im Christentum ganz stirbt, sei wenigstens in Erinnerung gerufen, dass das Stundengebet wie das Atmen des Leibes Christi ist. Das Stundengebet lebt von der Wiederholung. Dafür gibt es verschiedene Zeiträume: den Tag, die Woche und das Kirchenjahr. Innerhalb dieser Zeiten wird jeweils narrativ ein Ganzes abgebildet. *Vorgegebene Ordnungen/Abfolgen* werden in die Ordnung des Stundengebets übernommen:

✧ die Reihenfolge des Psalters – bisweilen rudimentär erhalten in den Vigiliae (morgens) am Sonntag
✧ die neutestamentlichen Heilsereignisse inklusive Eschatologie – angewandt (1) im Kirchenjahr zwischen Advent und Pfingsten (2)

in der Woche Mittwoch bis Sonntag (Vorbild der Karwoche) – (3) an jedem Tag in den Horen Terz, Sext, Non; im Magnificat abends und im Benedictus morgens (Mariä Verkündigung bis Geburt Jesu Christi). In (3) besonders die Stunden der Passion am Karfreitag.

✧ die Abfolge der Schöpfungstage – erhalten in den Vesper-Hymnen der 1. Woche (in Klöstern, die das Psalterium auf zwei Wochen verteilen)

✧ die Hierarchien im Himmel – erhalten in der alten syrischen Ordnung

✧ die natürlichen Tageszeiten (Stand der Sonne; Licht und Finsternis) – erhalten in den Hymnen und in der Komplet.

Allerdings ist nicht der gesamte Verlauf der Heilsgeschichte in schlichter Abfolge das Thema der zeitlichen Struktur des Stundengebets, vielmehr nur Schöpfung und Erlösung. Es fehlt weithin das AT als Schrift der Juden: Noah – Abraham – Sinai – Landnahme – Propheten – David – Exil – ein Hinweis wahrscheinlich auf die Entstehung im Diasporajudentum (Ägypten). Dieselben Themen, die im Stundengebet fehlen, kommen auch in der alttestamentlichen Weisheitsliteratur nicht oder nur am Rande vor. Das weist auf gemeinsame Entstehung.

Nur die Osternacht (außerhalb des Stundengebets) bietet mit der Zwölfzahl der Lesungen Ansätze zu den anderen Themen (eine Nacht als Zeitrahmen).

Die Struktur des Stundengebets ist dennoch grundsätzlich narrativ (wie in Bibel und Credo) »und dann ... und dann ... und dann ...«.

Und so ist das gedacht: Das Originalgeschehen wird durch Implantation in unsere eigene, fremde Zeit abgebildet und appliziert. Auf Mikrostruktur verkleinert wird es applizierbar (wie bei Passionsspielen, Kreuzweg und Rosenkranz) und auf elementare Weise der Vergangenheit entrissen. Die erinnerten Zeiten werden *Zeit in meiner Zeit*. Die biblische Zeit wird Gegenwart in der Zeit des Beters. Die Heilsordnung erhält in dieser Praxis ihre Plausibilität von der Schöpfungsordnung her, leiht sie gewissermaßen von dieser. Entscheidend für die Überzeugungs- und Prägekraft dieser Praxis ist nicht das Einzeldatum, sondern die immanente Zielrichtung der Folge, die Planmäßigkeit und Logik der Stufen. Sie ergibt Sinn, Prägung von den Stationen der Ur-Zeit her.

Anders als in späterer Predigt oder Exegese wird die Applikation (= Anwendung) der biblischen Texte nicht geleistet durch ständigen didaktischen Input, durch Begriffserklärung, Analyse oder rationale Unterfütterung (Allegorie), sondern dieser monastische Stil wahrnehmenden Verstehens stützt sich auf die beiden Prinzipien der Abfolge und der Wiederholung. So wird der Beter allein dadurch geprägt, dass er sich immer wieder einfach der Folge der Ereignisse aussetzt. Die Anteilhabe geschieht durch Abbildung.

Erhellend ist auch die Frage, was mit der Zeit ist, in der nicht erinnert wird. Das sind fünf von sieben Monaten des Jahres, die meisten Stunden des Tages, Montag bis Mittwoch jeder Woche. Am deutlichsten: Karsamstag. Diese Zeiten, in denen der Sänger schweigt, sind Zeiten des Einwirkens, des Wachsens, des Arbeitens, des Sammelns der Kräfte. Es ist verbleibende Eigenzeit in Differenz zur Zeit des Erinnerns.

Dank des Fehlens begrifflicher Vermittlung wird die Bedeutung der Affekte entsprechend größer. Es entsteht eine Kultur der compassio, des ständigen Mit-Fühlens, des nachspürenden Durchagierens, mithin eine Theologie des Herzens. Wo das Äußere rituell gleichartig bleibt, geschieht das jeweils Neue im Inneren des Beters.

5.4.2 Gemeindegottesdienst und Eucharistiefeier

Auch die Beurteilung des frühchristlichen Gottesdienstes ist in der Forschung ungewöhnlich stark ideologisch bestimmt. Insbesondere wird das angeblich »schwierige« Verhältnis des nordamerikanisch-mitteleuropäischen Bürgers zum Gottesdienst vom Neuen Testament her gerechtfertigt. Einmal mehr lässt man sich die europäische Aufklärung als Bären aufbinden.

Nach den älteren exegetischen Autoren ist der frühchristliche Gottesdienst vor allem Absage an den jüdischen: Der Herrentag trat an die Stelle des Sabbats. *Gegeneinwand:* Der Herrentag schließt den Sabbat nicht aus. – Nach anderen besteht bei Jesus und den frühen Christen grundsätzliches Desinteresse am Kult. *Gegeneinwand:* Jesus lehrt am Tempel und wird immer wieder mit dem Tempel verglichen. – Oder man sagt: Nach Röm 12,1–3 gelte nur ein »vernünftiger« Gottesdienst; aber auch hier gilt der *Gegeneinwand:* Der Gebrauch des Bildes (!) setzt ein positives Verhältnis zur Sache voraus. – Oder man sagt: Die Sündenvergebung durch Jesu Wort oder Sühnetod schaffe den Kult ab. *Gegeneinwand:* Schon immer gab es im Judentum mehrere Wege der Sündenvergebung nebeneinander.

Oder man sagt: Mit der Vertreibung der Händler aus dem Tempel sei der Vollzug des Kultes unmöglich und daher abgeschafft. *Gegeneinwand:* In Mk 11 geht es bei dieser Aktion um ein Zeichen für die Hinzunahme der Heiden, in Joh 2 um die Befreiung des Tempels von menschlichen Geschäftemachern. – Oder man weist auf die Drohworte über Tempelzerstörung. *Gegeneinwand:* Aber sie besagen nur etwas darüber, wie kostbar der Tempel für die Juden war.

Der reale historische Weg dürfte vielmehr dieser gewesen sein: Der Rahmen wird aus dem Judentum übernommen. An der Stelle des Tempels, den Gott allein als sein Haus bewohnt, ist die Synagoge wie die christliche Kirche (zunächst: Versammlungshaus) getreten. Nicht als Wohnsitz Gottes: Synagoge und Kirche bieten Menschen einen Ort, um Gott zu loben und um sein Wort zu hören. Auch das Inventar der Kirchen ist weitgehend jüdisch: Podium und Lesepult, Lampen und Leuchter, Bänke und Ehrensitze, Waschbecken; die Trompeten sind durch Glocken ersetzt.

Auch hier gibt es ein reiches Erbe aus den sabbatlichen Wortgottesdiensten der Synagoge: Dazu gehört die doppelte Schriftlesung, unterbrochen durch Psalmen mit anschließender Predigt, die Psalmen, die homiletische Auslegung der Schrift, das Gebet, »Amen« und »Halleluja« als Antworten der Gemeinde, die Idee des Kirchenjahres mit Ostern (Passah) und Pfingsten, die kultische Verwendung des Dreimalheilig, der Märtyrerkult, das große Fürbittengebet im Gottesdienst, das Beschließen liturgischer Gebete mit einem Lobpreis, die Ordination.

Solange die Christen noch an den Synagogengottesdiensten teilnehmen, bedeutet dieses für sie selbst eine Zweiteilung in Gebets- und Mahlgottesdienst. Bei der Trennung von der Synagoge können diese beiden auf christlicher Weite zusammenwachsen.

Mutmaßlich hat es in Verbindung mit den jüdischen Wortgottesdiensten am Sabbat auch Mahlgottesdienste gegeben (ich folge hier
M. Klinghardt: Gemeinschaftsmahl und Mahlgemeinschaft; 1996).

Um die Mitte des 2. Jh. schildert Justin, 1. Apologie Kap. 67 einen
christlichen (Eucharistie-)Gottesdienst wie folgt: a) Lesung aus Aposteln
und Propheten, b) Ansprache des Vorstehers, c) Gemeinde erhebt sich zum
gemeinsamen Gebet, d) Brot, Wein und Wasser werden hereingetragen,
e) Mahl. – Zum Vergleich: Philo von Alexandrien (20 v. 60 n. Chr., jüd.
Philosoph) beschreibt in seiner Schrift »Das betrachtende Leben« über die
gemeinsamen Mahlzeiten der sogenannten Therapeuten, sie hätten diese
Ordnung gehabt: a) Vortrag durch den Vorsteher (Schriftauslegung oder
Thema), b) alle erheben sich: Der Vorsteher singt einen Hymnus, c) Brot,
Salz, Hysop und Wasser werden aufgetragen, d) das Mahl.

Bei Philo ist zweifellos die Institution des jüdischen Vereins der
Hintergrund für das Zusammenwachsen von Mahl- und Wortgot-
tesdienst. Zunächst waren beide Formen getrennt: Jesus hat nicht
erst vor dem Essen gepredigt, und der Synagogengottesdienst ist am
Wort orientiert. Als die Christen nicht mehr am Synagogengottesdienst teilnehmen, erlangen sie sozialgeschichtlich gesehen den Status eines Vereins.

5.4.3 Das christliche Mahl als Danksagung

Das christliche Gemeinschaftsmahl ist zu verstehen als eine Art
Auffüllung der Danksagung. Das normale jüdische Mahl beginnt mit
einer Danksagung. Die Didache hat die ersten Stufen der Christianisierung noch getreulich bewahrt: »Nun einige Worte über die Eucharistiefeier. So sollt ihr Dank sagen: (2) Zuerst über den Becher: ›Wir
danken dir, unser Vater, für den Messias. Er ist der heilige Weinstock
aus König Davids Geschlecht. In Jesus, der dir gehorcht, hast du ihn
uns geoffenbart. Denn dein ist die Herrlichkeit für allzeit.‹ (3) Dann
über das geteilte Brot: ›Wir danken dir, unser Vater, für das Leben
und die Erkenntnis, die du uns geoffenbart hast durch Jesus, der dir
gehorcht. Dein ist die Herrlichkeit für allezeit.‹« (9,1–3)

Die Segnung (hebr. *berakha*) von Brot und Wein wird in christlichen griechischen Texten als Danksagung (gr.: *eucharistein, eucharistia*) wiedergegeben. Es ist ein typisch christliches Wort – jedenfalls gibt es in der ganzen griechischen Bibel Alten Testaments (Septuaginta) nur elf Belege, in den Pseudepigraphen (= Schriften mit falscher Verfasserangabe) nur fünf; im Judentum verwendet nur der Philosoph Philo das Wort häufiger. Das Neue Testament dagegen kennt 54 Belege, besonders in den Briefen.

Der praktische »Sitz im Leben« (so nennt man den regelmäßigen Verwendungsort) der Segnung/Danksagung im Judentum ist der Beginn der Mahlzeit. Und genau daher hat auch die Eucharistie ihren Namen. Denn noch heute beginnt die ausführlichere Form mit den Sätzen »Es ist in Wahrheit würdig und recht, ... dir immer und überall dankzusagen ...« Die Gemeinde antwortet auf jede Danksagung mit Amen (1 Kor 14,16). So finden sich die ältesten Formeln der christlichen Eucharistiefeier in dem obigen Zitat Didache 9, und beide Formeln, die Danksagung über dem Wein und die über dem Brot, beginnen mit »Wir danken dir ...«. Die Einsetzungsworte selbst dagegen werden nicht zitiert, und das bleibt in alten Liturgien bis zur Mitte des 4. Jh. die Regel. Der Dank bezieht sich auf Jesus als die messianische Heilsgabe.

Wenn die Gemeinde Abendmahl feiert, stellt sie durch die Danksagung also bewusst den Zusammenhang mit den judenchristlichen Gemeinden und der Gebetspraxis Jesu her; dabei fällt nämlich auf, wie oft Jesus Gebete beginnt mit »Ich danke dir« bzw. sie als Danksagung formuliert (Mk 8,6; 14,23; Mt 15,36; 26,27; Lk 22,17.19; Joh 6,11; 11,41, vgl. Mt 11,25). Umso auffälliger finde ich es, wie selten in der Gebetspraxis der Kirche Dankgebete sind, wenn man von der Eucharistiefeier absieht (dort auch im Gloria: »gratias agimus tibi propter magnam gloriam tuam«). Die Kirche hat sich diese Gebetspraxis und damit auch die darin enthaltene Theologie Jesu im Großen und Ganzen *leider nicht* zu eigen gemacht. Wie viel theologischer Streit wäre erspart geblieben, hätte man öfter von Danksagung als von Rechtfertigung gesprochen. Denn die Danksagung hat den Blick fest auf Gott allein gerichtet, und wer dankt, kann nicht aufhören von Gottes schenkender Gnade zu sprechen. Bei der Rechtfertigung besteht ausweislich der Wirkungsgeschichte dieses Topos die Gefahr, dass der Mensch sich und seine Fragen in den Mittelpunkt stellt; es ist nicht ganz zufällig, dass diese Frage in der Renaissance voll erblüht und dass die Antworten nicht selten individualistisch und subjektivistisch wurden. Jedenfalls geriet die feiernde Gemeinde oft in den Hintergrund. Schon im 2. Jh. wird Eucharistia die Bezeichnung für den christlichen Mahlgottesdienst; bei Ignatius von Antiochien (Anfang 2. Jh.) heißt jeder formelhaft ablaufende Gottesdienst »Eucharistie«. Die Hymnengemeinschaft mit den Engeln (mit einer Stimme) ist auch Anfang des 2. Jh. in Philipper-Evangelium 26,9 bezeugt. Ein Bezug auf Jesu Tod findet sich zuerst in der Traditio Apostolica 4 (Rom um 230 n. Chr.) bei Hippolyt von Rom. Ursache dafür war wohl besonders 1 Kor 11,26 (Gedächtnis des Todes).

Eine Trennung von Eucharistie und Agape, wie sie H. Lietzmann aufgrund von Judasbrief 12 vorschlägt und woraus man weitreichende Folgen gezogen hat, hat sich für mich nicht ergeben. Denn auch wenn Agapemahl gefeiert wurde, geschah das mit einem christlichen Tischgebet. Denn auch theologisch ist das Element der »Liebe« aus den Einsetzungsberichten der Eucharistie im Neuen Testament nicht wegzudenken.

Die ursprüngliche Trennung von Brot und Wein im christlichen Mahl hat eine Analogie in den griechischen Mählern, besonders bei Vereinen. Man unterscheidet Syssition und Symposion. Der Abschnitt 1 Kor 11–14 spiegelt den Aufbau eines solchen Symposions wider und hat in einer christlichen Mahlfeier seinen »Sitz im Leben«: Zum Syssition gehört die Mahleröffnung mit dem Segen über dem Brot und das Sättigungsmahl (von Paulus dann reduziert), zum Symposion gehört der Dank über dem Becher (außerchristlich: Libation) und ein geselliges Beisammensein mit Darbietungen. Nach 1 Kor 14 sind das mehr oder weniger fromme charismatische Darbietungen.

5.4.4 Zur Formel »Maranatha«

Die Formel »Maranatha« ist zu übersetzen »Unser Herr kommt« oder »Komm, unser Herr!«; sie ist belegt in 1 Kor 16,22, Offb 22,20 (griech.) und Didache (Lehre der Zwölf Apostel) 10. Die ältere Forschung hat die Formel immer wieder als Teil des christlichen Mahles verstehen wollen; sie sei aus der Liturgie zu erklären. Doch in 1 Kor 16,22 steht die Formel nicht im Zusammenhang mit einem Mahl, sondern am Briefschluss. Sie ist als Fluchformel Teil einer bedingten Unheilsansage. Mit dem Kommen des Herrn wird jedenfalls hier zuallererst gedroht. Sein Kommen ist wirksames Eingreifen in die Geschichte, auch nicht unbedingt die Parusie (endgültige Wiederkunft), so wie man eben auch griechische Götter um schnelles, hilfreiches oder die Bösen bestrafendes Kommen bat. Einzig in Didache 10 steht die Formel im Zusammenhang mit dem Mahl, aber auch hier bezieht sie sich auf die Bestrafung Unwürdiger, die nicht zur Eucharistie zugelassen sind. Sie werden dem Eingreifen Gottes überlassen.

5.4.5 Wann wurde die Eucharistie gefeiert?

Es gibt gute Gründe dafür anzunehmen, dass das eucharistische Mahl der Christen – wenn es denn nicht nur einmal im Jahr in der Karwoche stattfand – früh an dem Tag begangen wurde, den der Seher Johannes »kyriake hemera« nennt (Offb 1,10). Das heißt übersetzt entweder »der erste Tag der Woche«, und dann heißt »kyriakos« eben der Anführer, der Erste. Der erste Tag der Woche stünde dann in Kontrast zum Sabbat als dem letzten Tag der Woche. Oder man kann das Wort »kyriakos« »anspruchsvoller« wiedergeben, dann bedeutet es »Herrentag«. Dann wäre die Bedeutung bereits christianisiert und nach Jesus, dem Kyrios, benannt.

Belege für die Zusammenkunft der Gemeinde am ersten Tag der Woche: 1 Kor 16,2 (»... Kollekte weglegen am ersten Tag der Woche«), Apg 20,7 (»Am ersten Tag der Woche waren wir versammelt, um das Brot zu brechen ...«); Did 14,1 (»Jeden Sonntag versammelt euch und brecht das Brot des Herrn ...); Justin 1. Apol 67,3 (»Am Tag, den man den Tag der Sonne nennt ...«).

Fest steht jedenfalls, dass so oder so der Morgen des Auferstehungstages, also der Zeitpunkt der Auffindung des leeren Grabes, der erste Tag der Woche war (Mk 16,1). Aber gab es besondere Gründe, an diesem Tag das Herrenmahl zu feiern? Dem Fragenden fallen zunächst die Emmausjünger ein, die mit dem Herrn Mahl hielten, und zwar am Auferstehungstag. Aber dass das Mahl in Emmaus eine Eucharistiefeier war, wird zwar immer wieder behauptet, ist jedoch schwer zu beweisen. Der Skopos des Berichtes liegt darauf, dass Jesus lebt und an typischen Gesten erkannt wurde.

Mit dem Tag der Auferstehung begründen die Feier am ersten Tag der Woche: Ignatius, An die Magnesier 9,1 (»Wir feiern nicht mehr Sabbat, sondern am ersten Tag leben wir, dem unser Leben ist aufgegangen durch ihn und seinen Tod«); Barn 15,9 (»Wir feiern den achten Tag zur Freude, an ihm ist Jesus von den Toten auferstanden und sichtbar geworden zum Himmel hinaufgegangen«); Justin 1. Apol 67,8 (Tag der Sonne: erster Tag, Jesus von Toten auferstanden); Tertullian, De Oratione 23,2.– H. J. de Jonge Zondag en sabbat, Afscheidscollege Leiden, 8. 2. 2006, Note 52 notiert, dass wir nicht genau wissen, an welchem Wochentag Jesus gestorben ist; Mk sei der einzige unabhängige Zeuge. Doch wie ist es mit Christus als Passahlamm schon bei Paulus?

Vor allem spricht eigentlich nichts dafür, dass der »Sonntag« überhaupt »Herrentag« hieß, und noch dazu wegen der Auferstehung. Die Analogien zu Offb 1,10 weisen alle auf den ersten Tag der Woche. Keiner der kirchlichen Autoren leitet die Bezeichnung »Herrentag« von Jesus, dem Herrn, ab. Vielmehr bedeutet »kyriakos« der oder das »Erste« (im Sinne des ersten Ranges), und der Sonntag heißt »erster« Tag oder eben der erstrangige Tag. An etlichen Stellen wird auch erkennbar, warum das so ist: Der erste Rang entsteht wegen seiner Beziehung zur Sonne; sie ist König/Königin unter den Gestirnen; die römische Woche war ja astronomisch besetzt, und der erste Tag war dem wichtigsten Gestirn, der Sonne, gewidmet. Dieser Aspekt wird dann auch auf Jesus Christus umgedeutet: Er ist »aufgegangen« als das Leben (Ignatius Magn 9,1: daher wird er am Sonntag gefeiert), und auch Offb 1,13–20 schildert nun am Sonnentag (1,10) Christus als neue Sonne. Wenn der erste Tag der Woche zu Jesus in Beziehung gesetzt wird, dann, weil er die Sonne ist, nicht weil er Kyrios heißt.

Waren es also nur der oben genannte Kontrast zum jüdischen Sabbat und das Spiel Ende der Zeiteinheit (Sabbat), erster Tag der neuen Woche? Wäre das nicht zu wenig als Begründung? Warum hat man dann nicht den Tag vor dem Sabbat, den Freitag, zur Erinnerung an Jesu Leiden genommen? Oder den Donnerstagabend? Dann wäre wenigstens die Beziehung zu Jesus vorhanden gewesen. Ich möchte vielmehr die These aufstellen, dass die Eucharistie vornehmlich und hauptsächlich am Sonntag gefeiert wird, weil der Sonntag der achte Tag ist und damit den Anfang der neuen Welt darstellt:

✧ Bereits beim letzten Mahl stellt Jesus der Sache nach diesen achten Tag, an dem er wieder mit den Jüngern beim Mahl vereint sein wird, heraus (Mk 14,25; Mt 26,29). Es ist der einzige Zeitpunkt, von dem übrigens im ganzen Neuen Testament von einer Wiederholung oder neuer Feier die Rede sein wird. So meint es auch 1 Kor 11,26 (»bis dass er kommt«).

✧ Bereits der Barnabasbrief (um 60) kennt die symbolische Bedeutung der Acht. Der achte Tag ist für ihn der, an dem Jesus von den Toten auferstanden ist (15,9) und der daher als Freudentag begangen wird; die gleiche Wendung auch bei Tertullian, Apol 16,11 (Wir weihen den Sonntag der Freude). Dass Barn ausgerechnet vom achten Tag spricht und er sowie Tertullian von der »Freude«, ist sicher auf die Hoffnung der Christen zu beziehen.

✧ Auch dass der Seher Johannes am ersten Tag seine Vision empfängt, ist in diesem Sinne theologisch sehr sinnvoll. Denn er sieht die Auflösung der sieben Siegel und danach eben die neue Schöpfung als achten Tag.

✧ Die Eucharistie ist damit keine Vorwegnahme des achten Tages, aber sie kündet von ihm als dem Zielpunkt. Von daher lässt sich auch die Ausrichtung der alten Eucharistiegebete (z. B. Did 9 f.) auf die mit Jesus geschenkten Güter verstehen, insbesondere die Bitte: »… sammle deine Kirche von den vier Enden der Erde, damit sie eingehe in dein Reich.« Die intensive Bezugnahme auf Jesu Tod finden wir erst rund 200 Jahre später. Vorher sind die eucharistischen Gebete auf Wiederkunft und Reich ausgerichtet.

✧ Die Eucharistie tritt somit in besondere Beziehung zur Reichsbotschaft Jesu. Das Mahl ist ein kennzeichnend christliches Bild zur bildhaften, gleichnishaften Darstellung des Reiches Gottes.

Aus diesem Grunde ist es für mich ganz klar, warum der achte Tag als Tag der Eucharistiefeier bestimmt wurde. Denn der Sabbat war für das jüdische Mahl (inklusive Passah) reserviert. Der achte Tag ist Symbol der eschatologischen Vollendung. Entscheidend ist, dass das am achten Tag gefeierte Mahl auf diese Vollendung hinweist.

Die bloße Tatsache der Auferstehung Jesu am ersten Tag der Woche ist für sich genommen noch kein Hinweis auf die Feier des Mahles. Entscheidend ist das Datum für das himmlische Gastmahl der Gemeinde. Die Auferstehung Jesu selbst ist ja mit der allgemeinen Totenauferstehung und damit dem Mahl nicht verbunden; erst Paulus schafft in 1 Kor 15 eine Verbindung von Jesu Auferstehung und Auferstehung der Christen; den Evangelien ist dieser Aspekt fremd. Das Einzige, was die Christen als Kommunität miteinander tun, ist das, was sie auch im Himmel tun werden. Die starken eschatologischen Aspekte besonders in der Abendmahlsliturgie der Didache kommen daher.

Abgesehen vom gemeinsamen Mahl hat daher auch die Herstellung von Gleichheit genau den wichtigen Stellenwert, dem Paulus zum Beispiel der Gleichheit *(isotes)* zumisst. In unserem Beitrag zum urchristlichen »Kommunismus« (s.u.) werden wir diese Linie wieder aufgreifen, denn gerade im Zusammenhang mit der Eucharistie werden immer wieder urchristliche Erwartungen über Einheit und Gemeinsamkeit – wie es sein sollte und sein wird – lebendig. In diesem Sinne betont Mt 20,1–15 den gleichen gemeinsamen Lohn für alle.

Und so kommen wir zu folgendem Resultat: Der erste Tag der Woche ist der Tag der Sonne und damit Zeichen und Symbol für eine Konkurrenz Jesu; der erste Tag ist der achte Tag und daher Hinweis auf die Zeit, die kommt. Der erste Tag garantiert auch die Auferstehung der Christen, weil Jesus an ihm auferstanden ist. Aus all diesen Gründen legte es sich nahe, an ihm Eucharistie zu feiern.

In den ersten Jahrhunderten bis Konstantin war der Sonntag kein Ruhetag, sondern ein gewöhnlicher Arbeitstag. Daher kam man erst gegen Abend zum Mahl zusammen.

6. Jesus, die Kirche und das Amt

Viele geneigte Leserinnen und Leser werden dieses Kapitel zuerst aufschlagen, um sich über den Stand der inneren Konfessionalisierung des Autors zu informieren. Denn die Frage nach Kirche »überhaupt« ist ein Thema der Konfessionen geworden. Es gibt Richtungen im liberalen Protestantismus, die strikt bestreiten, dass Jesus die Kirche gewollt und gestiftet hat. Kirche, so sagen sie, sei eine rein profane nachösterliche Verwaltungsangelegenheit. Auch wenn man diese Meinung nicht teilt, bleiben gegenüber herkömmlichen Begründungsmustern (wie dem Zitieren von Mt 16,16–19) Fragen offen. Ich möchte einen anderen Ansatz wählen: Könnte man nicht die inzwischen mit tausend Objektionen befrachtete Frage auflockern, wenn man sie einmal von der Eschatologie, also vom *Endziel* dessen, was Jesus veranstaltet hat, her neu stellt? Bietet nicht gerade die Offenbarung des Johannes eine derartige Auffassung von Kirche, in der vom himmlischen Jerusalem her gedacht wird? Ergänzt sich diese Sicht nicht hervorragend mit dem Gebet der Didache: »Sammle deine Kirche aus allen Gegenden der Erde, dass sie eins werde in deinem Reich (9,4).« »...Gedenke, Herr, deiner Kirche. Befreie sie von allem Bösen und mach sie vollkommen durch deine Liebe. Sammle sie von den vier Winden her, sie, die du heilig gemacht hast, dass sie eingehe in dein Reich, das du für sie bereitet hast.« (11,4).

6.1 Jesus wollte einen Kirche stiften

Ich habe diese Texte aus der Didache vorangestellt, weil aus ihnen erkennbar wird, dass zwischen den Leitideen »Kirche« und »Reich Gottes« der Vorstellung nach kein Gegensatz besteht. Dass Jesus eine Kirche gestiftet und gewollt hat, geht für mich aus folgenden Anhaltspunkten hervor:

Jesus hat beim letzten Mahl den Neuen Bund gestiftet und seine

Jünger zu Trägern dieses Bundes bzw. zu Partnern dieses Bundes mit Gott gemacht. Indem Jesus über dem gefüllten Becher sagt: *Dieses ist der Bund ...,* meint er den gesamten Akt des Reichens und Trinkens aus dem Becher. Man könnte auch übersetzen: Diese Runde ist der Bundesschluss. Damit ist Kirche als Bund an die Gemeinschaft der Eucharistie gebunden. Diese Feststellung gälte auch dann, wenn es sich nur um eine einmalige Runde und Feier handelte, also wenn der Wiederholungsbefehl fehlte (wie bei Mk und Mt).

Jesus beruft von Anfang an Jünger, und er tut dieses nicht planlos oder willkürlich, sondern in wortwörtlicher Kopie der Berufung des Elisa durch den Propheten Elia. Das heißt: er sieht sich nicht als isoliert Beauftragten oder als Einzelkämpfer, sondern inmitten der Tradition der »Söhne des Propheten«. Dass alle, auch die außerkanonischen, erhaltenen Anfänge der Evangelien die Jüngerberufung unter den ersten öffentlichen Akten Jesu ansetzen, bedeutet, dass sie Wert auf die Ernennung von Zeugen legen.

Jesus stiftet den Kreis der Zwölf und setzt damit ein Zeichen, dass spätestens unmittelbar danach als Zeichen der Kirchengründung verstanden wurde. Nicht nur Offb 22, auch Eph 3 und die zugehörige Tradition bezieht sich darauf.

Die Nachwahl des Matthias bestätigt, dass es sich bei dem Zwölferkreis um eine klar umrissene, den Beteiligten (drinnen wie draußen) bewusste »Institution« handelte. Diese Institution ist schon da in der Sicht der Gemeinde unmittelbar nach Ostern.

Jesus gibt seine Vollmacht über die unreinen Geister an Jünger weiter, die er zu zweien und zweien aussendet. Das Wort »senden« bedeutet gleichzeitig delegieren, und zwar mit der Vollmacht der rechtsgültigen Stellvertretung versehen (Schaliach-Institut), und deshalb heißt es in Mk 6,7b auch »Und er gab ihnen Vollmacht über die unreinen Geister«. Ich bin nicht der Meinung, dass es sich in Mk 6,7–13 um eine erst nachösterliche Erfindung handelt, sondern um eine demonstrative vorösterliche Zeichenhandlung.

Nach Mt 16,16–20 ist das Bekenntnis des Petrus damit verbunden, dass Jesus Petrus zum Fels einsetzt (Gattung der »Installatio«) und mit dem Bild des Felsens das Bild des Hauses/der Stadt auf dem Felsen verbindet. Dass der Fels mit der Wahrheit und Stabilität der

Lehre zu tun hat, wird durch die Wiederholung des Bildes in Mt 7 deutlich. Dabei ist zu beachten: Die Installation mit »Du bist + Anrede« gibt es in dieser Zeit pro Schriftstück/Text nur einmal. Und sie richtet sich an den maßgeblichen Vermittler der Offenbarung.

Das Bild vom Binden und Lösen bezieht sich auf die Zulassung oder Nicht-Zulassung in die Gemeinde (Binden: Stopp! Lösen: Geh!). Dass in Kapitel 18 die Vollmacht zum Binden und zum Lösen auch der Gemeinde übertragen wird, bestätigt Kap. 16 im Sinne der ellipsoiden frühen Kirchenstrukturen (vgl. dazu unten).

Mir ist wohl bewusst, dass man jeden einzelnen dieser Akte auch nachösterlich erklären wollte. Für zwingend halte ich diese Versuche nicht. Aus dem Konsens der Belege geht für mich hervor, dass Jesus kein religiöser Individualist war, sondern Kirche in den Dimensionen des Volkes Gottes gedacht hat.

6.1.1 Die Frage nach dem Fundament

Ist das eigentlich eine dem Judentum fremde Vorstellung, wenn Jesus vom Felsen spricht und damit eine oder mehrere Personen meint, auf denen eine Gemeinschaft aufgebaut wird?

Die folgenden Texte spiegeln das frühe Kirchenverständnis in Bildern des Bauens: In 1 QS 8 (vorchristlich, 2.–1. Jh. v. Chr.) ist das Haus Bild für Gemeinde (Tempel). Das Fundament dieses Hauses sind die »zwölf Männer«. 1 Kor 3,11 nimmt den Tempel als Bild für Gemeinde (ekklesia, naos), ergänzt um das Bild des Pflanzens. Es gibt nur ein Fundament: Jesus Christus; Paulus, Apollos sind »Mitarbeiter«. Eph 2,20 stellt ebenfalls den Tempel als Bild für die Gemeinde (ekklesia) vor, in dem die Christen »auferbaut« sind zu einem Haus (oikodome). Das Fundament sind die Apostel und Propheten; der Eckstein ist: Jesus Christus. Offb 21,14 nimmt Stadt/Tempel als Bild für die Gemeinde; die Fundamente sind die (Namen der Zwölf) Apostel. Mt 16,18 bietet wiederum das Haus als Bild für Gemeinde (ekklesia). »Bauen« geschieht auf dem (Fundament) Fels (Fundament) Petrus.

So kann man sagen: Das Bild von der Gemeinde als heiligem Bau (Tempel) ist bereits vorchristlich-jüdisch. Hier ist auch das prägnante

Wort »Fundament« gegeben, das allen Textbelegen gemeinsam, ist. Die Gemeinde bzw. der Tempel ruht auf einem eigens hervorgehobenen Fundament. Das Fundament ist stets in Form von Personen gedacht. Dieses ist gegebenenfalls personell verschieden von den übrigen Bewohnern des Tempels oder der Stadt. Als Fundament sind außer 1 Kor 3 in christlichen Texten stets Apostel genannt. 1 Kor 3,11 bestätigt eher als Ausnahme die Regel. Denn Paulus will betont die menschlichen Autoritäten als sekundär darstellen gegenüber der absoluten Rolle Jesu Christi; das tut dem Parteienstreit in Korinth gut. An allen anderen Stellen ist das kirchenpolitisch nicht notwendig.

Mt 16 ist in den vier Evangelien zwar der einzige Beleg für diese Tradition, doch keineswegs im gesamten Neuen Testament. Wo im Übrigen die Zwölf genannt werden, ist Petrus einer von ihnen; ersetzt ist er demnach nur in 1 Kor 3 durch Paulus und Apollos, und zwar nicht als Fundament. Die Reduzierung auf Petrus bei Mt dokumentiert die faktische Reduzierung aller apostolischen Autorität auf die seine. Ob Paulus die petrinische Fassung und Zuspitzung der Tradition bei Mt schon kennt, bleibt ungewiss. Nur Eph 2 bemüht sich, Jesus Christus als Eckstein hier hinzuzufügen.

Was war der Sinn, was die Funktion dieser als Tradition identifizierbaren, immer wieder verwandten Überlieferung? Das herausgehobene, stets vertretene Stichwort »Fundament« lässt diesen Zweck erahnen: Eine religiöse Gemeinschaft begründet mit dieser Überlieferung die Tatsache, dass nicht alle die gleiche Funktion haben, sondern einige eben eine *tragende Rolle* spielen, weil ihre Funktion im Ganzen die eines Fundaments ist. Das Fundament ist nicht heiliger als andere Steine, aber notwendiger als die meisten.

Die besprochene Tradition bezieht sich demnach – ganz unabhängig davon, ob Jesus Mt 16,16–19 (»Du bist Petrus, und auf diesen Felsen ...«) expressis verbis so gesagt hat – auf die Apostel, und zwar seit jüdischen Zeiten auf den Zwölferkreis als Mitte der neuen Gemeinde. In Mt 16 wurde dieses – durch wen auch immer – auf Petrus zugespitzt.

Von diesen Fragen zu unterscheiden ist die der Wirkungsgeschichte – konkret: ob hier das Papsttum eingesetzt ist. Nach katholischem

Verständnis kommt den neutestamentlichen Personen und Funktionen ein überzeitlich-struktureller Charakter zu. Andere betonen je nach Bedarf die historische Einmaligkeit und Vergänglichkeit der Institutionen des Anfangs.

6.2 Wozu überhaupt Bischöfe? Wozu Priester? Wozu das Amt?

6.2.1 Die Klage über das Amt

Ist schon das Wort »Kirche« für viele Kritiker des Christentums kaum erträglich, so erfreut sich das kirchliche Amt erst recht der besonderen Kritik. Amt klingt nach Beamten, nach Amtschimmel, Bürokratie – Konnotationen, die man im Umfeld des informell gedachten charismatischen Aufbruchs der Jesusbewegung nicht gerne sieht. »Wem Gott ein Amt gegeben, dem gibt er, wenn nicht Verstand, so doch eine Frau«, höhnt Jean Paul den feisten Verwaltern der Macht hinterher. Und natürlich ist mit jedem Amt Missbrauch durch den Inhaber verbunden; Ehrgeiz und Hang zur Bereicherung liegen mehr als nahe. Daher ist hier theologisch »nicht viel zu retten«, und manche flüchten in eine rein pragmatische Begründung der Notwendigkeit von Amt und Verwaltung in jeder Gemeinschaft: Ein bisschen Administration, Leute, muss sein!

In seiner berühmten Vorlesung »Das Wesen des Christentums« (1899/1900) hat der große Kirchen- und Dogmenhistoriker Adolf von Harnack gesagt: »Der Protestantismus muss rund bekennen, dass er eine Kirche wie die katholische nicht sein will und nicht sein kann, dass er alle formalen Autoritäten ablehnt und dass er ausschließlich auf den Eindruck rechnet, welchen die Botschaft von Gott und dem Vater Jesu Christi und unserem Vater hervorruft.« Und an anderer Stelle seines Buches preist er den unendlichen Wert, den im Christentum die Einzelseele in ihrem Verhältnis zu ihrem Gott habe – und beruft sich dafür ausgerechnet auf das Vaterunser, in dem es doch um Gottes Reich geht. Die Meinung Harnacks über den grundsätzlichen religiösen Individualismus des Christentums fände auch heute in Deutschland jede nur denkbare Zustimmung, nicht nur im Norden. Sie verbindet sich mit der kirchlichen Formel vom Protestantismus als »Religion der Freiheit«. Das hat hier und da deutlich antiinstitutionellen Beiklang, dient sich nicht selten gar dem Zeitgeist an, der sich Christentum partout nur noch als Consumer-Baukasten vorstellen kann, dem das freie Individuum dies und das Brauchbare entnimmt. Doch der Eindruck trügt. »Freiheit« ist im frühen Christentum nicht im Sinne von Autonomie zu verstehen.

Wer Christentum an den Quellen aufsucht, findet dort ein grundsätzliches Gegenüber von Boten Gottes und Hörern des Wortes. Das Wort ereignet sich dort, wo Gott es einem bestimmten Boten anvertraut und wo Menschen anlässlich seiner Rede die Ohren und Herzen aufgehen (und ist nicht, möchte man hinzufügen, im Wald oder sonst wo zu finden, wo wir es lieber hätten). Elias Charcour, der charismatische Erzbischof von Galiläa, bekannt für seine Unerschrockenheit, pflegte schon einmal in vollem Ornat unangemeldet an den Türen der großen Politik anzuklopfen und den erstaunten Hausherrn mit dem Diktum zu verblüffen: »We men of Galilea make no appointments. We appear.«

Im Christentum gibt es eben nicht in jeder Hinsicht eine direkte Beziehung zwischen der Einzelseele und Gott – die gibt es auch, in den Psalmen etwa –, das Christentum greift vielmehr im Rahmen des Frühjudentums auf Mittler-Gestalten und Mittler-Rollen zurück. Auch Jesus Christus ist solch ein Mittler, auch der Apostel oder Maria. Das Prinzip heißt: durch einen menschlichen (oder: gottmenschlichen) Mittler zu Gott. Die Mittler sind also aus dem Christentum gar nicht wegzudenken. Diese Vermittler-Struktur schlägt sich in der Kirche und ihrem Amt historisch grundsätzlich nieder. Der Blick auf die Rolle Jesu Christi zeigt, dass es im Gottesbild verankert ist.

Seit Johannes dem Täufer gibt es in der Christenheit ein besonderes Gegenüber von Vollmachtsträgern und »einfacheren Gläubigen«. So gibt es ein unvertauschbares Gegenüber von Johannes dem Täufer und den von ihm Getauften, die ihre Sünden bekennen. Ebenso gibt es in der Taufe aller Christen seither ein unumkehrbares Gegenüber zwischen dem Getauften (meist Diakon oder Pfarrer) und dem nicht getauften Täufling. So ist es auch in der Verkündigung: Der die Schrift auslegt (zumeist durch Schulung vorbereitet), steht denen gegenüber, die zuhören. Bei der Beichte sitzt der, der im Namen Jesu Vergebung der Sünden zuspricht, dem gegenüber, der seine Sünden bekennt. Das ist in der Praxis alles überhaupt nicht problematisch. Auch beim Abendmahl gibt es den, der die Einsetzungsworte rezitiert, und die anderen, die zuhören und aus seiner Hand das Mahl empfangen. Dieser Leiter des Abendmahls steht daher zwangsläufig in der Rolle Jesu Christi, der ja auch die Einsetzungsworte gesprochen und Brot und Wein verteilt hat.

Im Sinne der Ethik Jesu und seiner Menschensohn-Theologie ist freilich jedes Amt nur als Dienst an den anderen und als ihre Stützung möglich.

Sowohl beim Apostel wie bei den Ältesten werden wir feststellen: Hier gibt es kein Amt unabhängig vom Offenbarungsgeschehen. Weder der Apostel noch die Ältesten sind fremde Zutaten zur Offenbarung. Sie stehen beide mitten darin und setzen die Handschrift des Alten Testaments insofern fort: Offenbarung fällt nicht vom Himmel, sondern ist an menschliche Vermittler gebunden. Diese Vermittler aber sind gleichzeitig strukturgebend für das Volk Gottes.

6.2.2 Arbeitsplatzbeschreibungen in der Urkirche

Wo eine Gemeinschaft von Menschen in kleineren und größeren Zusammenhängen zusammenlebt, kann man nicht immer nur improvisieren; bald gibt es verlässlich übernommene (manchmal bezahlte, manchmal unbezahlte) Arbeit, klare Funktionen, bekannte Dienste, ehrenvolle und weniger ehrenvolle Ämter.

Früher hat man eine Zweiteilung der urchristlichen Ämter zwischen charismatischen und eher rechtlich-formalen angenommen. Dabei verstand man unter »charismatisch« ein Amt, das durch prophetische Berufung nach dem Vorbild Elija/Elischa oder durch die Vision des Auferstandenen begründet war. Solche charismatischen Ämter waren der Apostel, der Prophet, der Evangelist, die Prophetin, die zum Gebet bestellte und von der Gemeinde ernährte Witwe. Als funktional-juristische Ämter betrachtete man die Ältesten, die Lehrer, die Schriftkundigen, die Diakone (z. B. für die Versorgung der Armen). Dazu gehörten dann auch »Vorsteher« und »Gemeindeleiter«, vor allem aber die spätere Hierarchie, bestehend aus Bischof, Diakon und Presbytern. Schon im 2. Jh. ist diese Entwicklung abgeschlossen.

Nun hat es diese »Ämter« zwar gegeben, doch die Einteilung in »charismatisch« oder »juristisch« ist verfehlt, denn das weithin zugrunde liegende Ältestenamt hat schon im Alten Testament auch charismatische Ursprünge. Weiter führt schon die Einteilung in vorwiegend sesshafte und vorwiegend wandernde Ämter. Apostel sind zum Beispiel bis gegen Ende des 1. Jh. als Wandermissionare anzutreffen (Didache), und so war es auch bei Paulus. Nach allem, was wir wissen, sind auch die Evangelisten und (selten) Propheten an den Wanderberuf gebunden. Im Allgemeinen ist der Prophet die sesshafte Entsprechung zum Wanderapostel. Den wandernden Verkündigern stehen von Anfang an sesshafte Ortsgemeinden gegenüber, und man darf davon ausgehen, dass die äußerst sparsame Ausrüstung, welche die synoptischen Evangelien für die Wanderapostel vorsehen, ihr Korrelat in entsprechender Fürsorge der lokalen Gemeinden hat.

Einen eindeutig alttestamentlichen Ursprung haben im frühen Christentum nur die »Propheten«. Dabei knüpft die Gemeinde sicher nicht an die großen Schriftpropheten wie Jesaja und Jeremia an, sie verwendet das Wort vielmehr im zeitgenössischen Sinn, wie es auch in Qumran gebraucht wird: Prophet ist jeder, der religiöse Rede an Menschen richtet.

6.2.3 Wo das geistliche Amt herkommt

Ein Amt, das sich neben Christus aufbaut und wichtig macht, da haben die Reformatoren recht, ist eine unerträgliche Vorstellung. Auch über Klerikalismus, nämlich Christus verstellende Amtsausübung, wird einmal Gericht gehalten. Das Amt kann kaum anders gedacht werden als im Sinne der Teilhabe am Werk Jesu Christi, und zwar sowohl in seiner Vollmacht als auch in seinem Leiden. Teilhabe heißt: zeichenhafte, intensive Darstellung und Präsenz vor Ort. Die Vollmacht bezieht sich auf die Übermittlung von Kraft und

Herrlichkeit an den Einzelnen vor Ort. Das reicht vom Exorzismus über die Taufe bis zur Sündenvergebung. Besonders soll der Amtsträger das Geschick Jesu abbilden, indem er sich nicht weigert, an seinem Leiden teilzuhaben. Der lebendige Nachvollzug vor Ort ist in der Tat das, was am Leiden Jesu »noch fehlt« (Kol 1,24).

In funktionaler Hinsicht dient der Amtsträger dem wichtigsten und kostbarsten Gut, das die Gemeinde/Kirche besitzt, ihrer Einheit. Dort, wo die Gemeinde existiert, stellt er deren Einheit dar und repräsentiert sie (wie z. B. der Bischof in seinem Sprengel), und durch das Zustandekommen seiner Ordination repräsentiert er die Einheit der Kirche über die Generationen und Zeiten hin. Alles liegt daran, dass der Zeichencharakter seiner Berufung kräftig und eindeutig hervortritt. Dazu gehört auch, dass er – wie die Nicht-Amtsträger auch – das Evangelium glaubwürdig vorlebt.

6.3 Die Apostel und das Apostolat

Die »zwölf Apostel« gelten als typische Erscheinung in den Gründerjahren des Christentums. Das gilt vor allem für die dramatischen Höhepunkte des Lebens Jesu beim letzten Mahl und in den Visionen des Auferstandenen inklusive der Himmelfahrt.

Nun weiß man seit rund 120 Jahren, dass die »Zwölf« nicht einfach identisch sind mit »den Aposteln«, denn man fand um 1890 eine Schrift aus dem 1. Jahrhundert n. Chr., die noch mit einer unbegrenzten, zahlenmäßig nicht festgelegten Anzahl von Aposteln rechnet, die sich von Fall zu Fall erst als solche erweisen mussten. Gemeint ist die Didache, eine Art Katechismus und Handbuch der frühen Gemeinden; Apk 2,2 bestätigte diesen Befund. Die Zwölf dagegen werden an den älteren Stellen wie 1 Kor 15,5 und im Attribut des Judas »einer von den Zwölfen« gar nicht genannt. Daraus kann man schließen, dass die Zwölf erst sekundär mit den Aposteln zusammengewachsen sind, wobei dann Paulus immer so etwas wie der 13. Zeuge war. Es war zudem aufgefallen, dass nach Apg 14,2 neben Paulus auch Barnabas »Apostel« genannt wird, so dass es – nach der Zuwahl des Matthias in Apg 1 – mindestens vierzehn

Apostel gab. Und in 2 Kor 8,23 gibt es gar Apostel, die von Gemeinden ausgesandt sind. Es empfiehlt sich daher auf jeden Fall, den Ausdruck »Apostel« getrennt von dem Phänomen des Zwölferkreises zu
untersuchen, zu dem Paulus ja nun keinesfalls gehörte. – Ob in Röm
16,7 Andronikos und Junia Gemeindeapostel sind oder Apostel wie
Paulus oder ob sie nur im Kreis der Apostel bekannt und gelobt sind,
ohne welche zu sein, bleibt umstritten.

Im Frühjudentum hat man den Titel »Gesandter« ausweislich ara-
mäischer und lateinischer Texte auch von Propheten und von Engeln
gebraucht; der Kreis funktionaler Boten umfasst aber auch solche
Größen wie Gesetz und Weisheit, vom Bild Gottes in dem, der ihm
ähnlich ist, von Gottes Tempel, sogar Sabbat und Gesetz. Von allen
diesen Größen gilt nämlich: Wie man sich zu ihnen verhält, so verhält man sich zu Gott. Wer sie ehrt, ehrt Gott. Im Neuen Testament
kommen eben die Apostel hinzu. Schön anschaulich wird das, wenn
Paulus den Galatern schreibt: »Wie einen Engel Gottes habt ihr mich
aufgenommen, wie Christus Jesus« (Gal 4,14).

Damit ist freilich die oben gestellte Frage nach dem Inhalt und
der Art dieser Vollmacht noch nicht erklärt. Die reichen Quellen geben Auskunft: Es ist »etwas« von Gott, das in seinen Boten präsent
ist, weder ein Ding noch eine Substanz, noch ein formales Recht,
sondern entweder Gottes Name oder sein Heiliger Geist oder auch
seine Herrlichkeit oder eine qualifizierte Ebenbildlichkeit, also eine
bestimmte Art von Ähnlichkeit.

6.3.1 Engel, Propheten, Apostel und andere
Ankündiger Gottes

Immer stärker gewinnt die Vorstellung Raum, dass Gott (um es bildlich zu sagen) ein wichtiges Stück von sich einem Engel oder Menschen, vor allem Propheten, überträgt. Es ist nicht das isolierte Wort,
mit dem Gott auf die Welt zugeht, sondern Gott bleibt dauerhaft
in dem, den er gesandt hat. Aus diesem Grund finden wir Elemente
der Christologie des Johannes-Evangeliums wieder im paulinischen
Apostelbegriff; dazu gehört z. B. die Formel, dass der Gesandte
»nichts von sich selbst her sagt oder tut«, dass Gott »durch« ihn han-

delt oder erscheint (Acta Johannis: »... der sich gezeigt hat durch Gesetz und Propheten«). Auch der Menschensohn in Dan 7,13 sieht ja »wie Gott aus«. Aber auch der Heilige Geist kann als Gottes Gesandter gedacht werden (Lk 24,49).

Insbesondere zwischen Engeln und Menschen besteht eine enge Beziehung, da »Engel« eigentlich nur »Bote« heißt. Daher werden menschliche Boten des Himmels bisweilen verklärt und sehen dann aus wie Engel (im Judentum schon Daniel; Mose und Aaron) oder heißen Engel oder werden wie Gott angebetet. Oder Engel verkünden das Evangelium (Offb 14,6; Gal 1,8; 4,14). Die Aussendung zu zweien betrifft im Neuen Testament Engel wie Boten Jesu. Beide heißen auch Erntearbeiter. Engel werden schon in der Septuaginta (= der ältesten griechischen Übersetzung des Alten Testaments) Apostel genannt. Auf Engel wie Apostel wie auf den Heiligen Geist wird in dieser Zeit Ex 23,20 angewandt (»Siehe, ich sende meinen Engel/Boten vor meinem Angesicht ...«).

Hier ist besonders auf das jüdische Mosebild (verklärtes Antlitz!) und seine Bedeutung für den Botenbegriff hinzuweisen (Stephanus, diverse Apostel in den apokryphen Akten). In einer jüdischen apokryphen Schrift heißt Mose einfach »der große Bote«.

Daher kann man sagen: Die frühjüdische Auffassung vom göttlichen Boten ist eine der Voraussetzungen für den neutestamentlichen Botenbegriff. Engel, Propheten (Weisheit, Heiliger Geist) und Apostel sind funktional und dem Auftreten nach, in der verwendeten Fachsprache und im Verhältnis zu Gott und den Menschen austauschbar. Der Botenbegriff ist mit theophanen (auf die Erscheinung Gottes bezogenen), also mit stark visionären Elementen ausgestaltet.

Doch wer so viel Ähnlichkeit entdeckt, muss auch die Differenzen erklären. Warum also ergreift das Neue Testament so beherzt den zuvor so raren Titel »Apostel«? Man hätte ja mit »Bote« (gr.: angelos) oder »Prophet« zufrieden sein können. Antwort: Man hat um ein Wort gerungen. Apostel Jesu Christi oder dann auch die Zwölf Apostel ist schon eine Besonderheit, etwas kategorial Verschiedenes. Bisher waren die religiösen Boten auf den transzendenten Gott bezogen. Boten eines Menschen (der Mensch und Gott) gab es noch nie. Diese neuen Apostel kommen nicht einfach von Gott, sie müssen vielmehr den Lebensstil Jesu bis ins Einzelne nachahmen. So bleiben sie erkennbar – bis hinein in den Märtyrertod.

6.3.2 Der Apostel ist wie der, der ihn sendet

Wenn es ein Lieblingswort des frühen Griechisch sprechenden Christentums gibt, dann heißt es »apostolos«. Vorher war das Wort bei Griechen und Juden kaum gebräuchlich; das aramäische Äquivalent kannten aber die jüdischen Juristen. Gemeint ist das sogenannte *Schaliach-Institut;* der Schaliach ist der Bevollmächtigte. Hier gilt der Grundsatz: Der Bevollmächtigte handelt oder leidet für den, der ihn bevollmächtigt hat. Für Engel und Propheten, besonders für Moses, wird der Titel auch bereits in religiösem Zusammenhang, bezogen auf die Sendung durch Gott, verwendet.

Im Neuen Testament nimmt der Gebrauch der griechischen Übersetzung von Schaliach durch Apostolos sehr zu. Der Ursprung ist die bereits skizzierte Mittler-Theologie. Wenn Gott sich an die Menschen wendet, tut er es nur selten direkt (durch Theophanie oder Himmelsstimme), meistens dagegen durch »Gesandte«.

So kommt es, dass im Neuen Testament Jesus Apostel genannt wird (Hebr 3,1; Joh 13,16); dann gibt es die fixierte Größe der »zwölf Apostel« (mit dem nachgewählten Matthias), dann gibt es Paulus, der im Verhältnis zu ihnen irgendwie der 13. Apostel ist (und Barnabas der 14.? Vgl. Apg 14,14), dann gibt es eine zahlenmäßig unbegrenzte Gruppe von Aposteln (1 Kor 15,7), die freilich von Fall zu Fall auf Echtheit überprüft werden müssen (Offb 2,2), und schließlich gibt es die Gemeinde-Apostel, die für eine begrenzte Zeit und Aufgabe von einzelnen Gemeinden ausgesandt werden (wie Paulus und Barnabas in Apg 13,1; 14,2) und vielleicht auch Junia und Andronikus (Röm 16,7), jedenfalls aber alle, die nach 2 Kor 8,23 Aufgaben im Zusammenhang der paulinischen Kollekte erhalten, sicherlich begrenzt und auf Zeit.

Diese Apostel sind nun gewiss nicht alle über einen Kamm zu scheren. Die Zwölf werden ursprünglich den Aposteltitel nicht getragen haben; sie heißen einfach »die Zwölf« (vgl. 1 Kor 15,3 und die Bezeichnung des Judas als »einer von den Zwölfen«). Paulus schließt sich als zeitlich einer letzten Gruppe von Aposteln an, die rund um Jakobus in Jerusalem wirksam sind – für diese alle ist aber, wie für ihn, die Vision des Auferstandenen elementare Voraussetzung. Insofern ist dieser Aposteltitel charismatisch begründet, und Paulus darf sich in diesem Sinne als Apostel verstehen. Das ist anders bei den Gemeindeaposteln und wohl auch bei der unbestimmten Anzahl von vagabundierenden Aposteln, die noch im letzten Drittel des 1. Jh. als Wanderprediger unterwegs sein könnten (Offb 2,2; Didache 11,3 ff.).

Fazit: Wir unterscheiden genuine Apostel des Jerusalemer Typs (die Zwölf, Paulus, alle, die durch Vision berufen sind) mit lebenslänglicher Berufung von solchen des antiochenischen Typs, die für Teilaufgaben ohne lebenslängliche Bestimmung da sind.

Wohl nicht zuletzt wegen der Uneinheitlichkeit des Inhalts ist der Titel am Ende des 1. Jh. bereits ausgestorben. Der Seher Johannes, dem der Auferstandene nach 1,10 noch erscheint, beansprucht den Titel Apostel nicht mehr für sich, er will lediglich Prophet sein.

Theologisch wird der Jerusalemer Apostelbegriff vor allem von den vier Evangelien und von Paulus gefüllt. Dabei gilt für diese – recht repräsentative – Richtung, dass er stets fraglos die Spitze der »Hierarchie« bezeichnet (1 Kor 12,28: »Gott hat berufen erstens Apostel ...«). Das hängt wohl mit der Anciennität zusammen; denn für Paulus ist die Liste in 1 Kor 15,1–12 mit Paulus zeitlich abgeschlossen.

Inhaltlich sind zwei Aspekte wichtig: Einmal gelten Sätze wie »Wer euch aufnimmt, der nimmt mich auf, und wer mich aufnimmt, der nimmt den auf, der mich gesandt hat« (Mt 10,40). Das bedeutet: Was man dem von Gott Gesandten antut, das tut man Gott selbst an. Und das gilt für Hören, Sehen, Aufnehmen, Ablehnen, Glauben an ihn. Der Apostel droht also nicht mit dem Eingreifen der kirchlichen Oberen. Sein Bezugspunkt ist Gott selbst.

Zum anderen ist Paulus als Person eine lebendige Inszenierung des Geschicks Jesu in der Abfolge von Leiden und Rettung. Paulus trägt das Leiden Christi an seinem eigenen Leib herum, damit an seiner jeweiligen Rettung die Kraft Gottes sichtbar wird, auf die er baut.

Der Aposteltitel ist daher nichts Starres, sondern bestimmt Leiden und Leben des Apostels in direkter Anschaulichkeit.

Fazit: Der Apostelbegriff enthält in jeder seiner Nuancierungen noch ein Stück Gottunmittelbarkeit des Anfangs: Durch die Vision des Auferstandenen, durch die ungesicherte Existenz als Wandercharismatiker, durch die Anteilhabe am Geschick oder die direkte Wirkung des Empfangenen auf Gott.

6.3.3 Das Rätsel der »Zwölf«

Nach Mk 3,13–19 hat Jesus »auf dem Berg« die »Zwölf« eingesetzt, »auf dass sie mit ihm seien und er sie aussende zur Verkündigung und dass sie Vollmacht hätten, die Dämonen auszutreiben«. Markus bietet dann eine Namenliste; bei den ersten drei Namen, Petrus und den Söhnen des Zebedäus, fügt er hinzu, welchen Beinamen Jesus ihnen gegeben hat. Beides weist darauf, dass es sich hier fraglos um eine Institution handelt; darauf weist insbesondere der spätere lukanische Bericht über (das Lebensende des Judas nach der Kreuzigung Jesu und) die darauf folgende Nachwahl des Apostels Matthias.

Das größte historische Rätsel ist die Frage, warum der Zwölferkreis vermutlich schnell an Bedeutung verloren hat. In unseren Quellen (Apostelgeschichte) werden die Zwölf zuletzt als Teilnehmer am Apostelkonvent erwähnt, danach nicht mehr. Doch es kann an der Optik unserer Quellen liegen, dass die Zwölf buchstäblich aus dem Blick geraten. Denn verwunderlich ist schon, dass die Logienquelle (Lk 22,29; Mt 19,28) die Zwölf auf zwölf Thronen sitzen und Israel richten sieht und dass Eph 4,21; Offb 21 das Bild von den Fundamenten auf die Zwölf anwenden. Es entsteht daher der Verdacht, dass außerhalb der erhöhten Geltung von Petrus und Paulus die Zwölf sehr wohl eine bedeutende Rolle spielten. Aber welche?

Ein Zusammenhang mit den zwölf Stämmen Israels bzw. mit den zwölf Söhnen des Patriarchen Jakob ist schon durch die Zwölfzahl gegeben. Das Wort Jesu von den zwölf Thronen und dem Richten der zwölf Stämme (am Ende, beim Kommen des Menschensohnes) macht das unausweichlich. Gerade in den Texten von Qumran (besonders Höhle 11) wird immer wieder hervorgehoben, dass Israel als das Volk der zwölf Stämme Gottes heiliges Volk ist und dass Gott diese Zwölfzahl wiederherstellen werde. Aber was bedeutet das über die konkrete Funktion in der Gegenwart?

Wenn für die Zukunft eine direkte Parallelität zwischen den Zwölf und dem Menschensohn besteht (der Menschensohn wird als eine Art Regent über die Völker erwartet, die Zwölf als Regenten über Israel), wird sie entsprechend auch in der Gegenwart des 1. Jh. existieren. Beim Menschensohn gehen dem künftigen Regieren in der Gegenwart Niedrigkeit und Dienen voraus.

»Auf dass sie mit ihm seien« (Mk 3,14) verweist zusätzlich zur Israel-Typologie auf die »astrologisch« ideale Zwölfzahl von Zeugen. Oft ist bei antiken Urkunden von den zwölf Zeugen die Rede. Gewiss steht auch hier eine babylonische Himmelsvorstellung im Hintergrund. Sie ist hier in Hinsicht auf ihre juristische Konsequenz hin entfaltet. In Apg 1,20 spielt der Gesichtspunkt der Zeugenschaft bei der Wahl des Matthias eine entscheidende Rolle. Die verbliebenen elf Jünger wählen einen, der mit ihnen alles Geschehene bis hin zur Auferstehung Jesu als Zeuge bezeugen kann. Daher sind die Zwölf zumindest im Rahmen der Bildung der Evangelien die Augenzeugen, die für die Wahrheit des Berichteten einstehen. Aber wie soll das alles zusammenpassen: die Zwölf als Fundamente, als Augenzeugen, als Regenten, als demütige Diener der Verkündigung, als Häupter Israels im Sinne von Repräsentanten Israels?

Im Blick auf andere frühchristliche Gremien kann man sagen: Die Vorliebe für die »symbolische Zahl der Vollkommenheit« spielt hier eine große Rolle. Wir kennen das von der Zahl der Siebzig (Anzahl der Heidenvölker; Lk 10,1), der Sieben (irdische Vollkommenheit; Apg 6), der Vierundzwanzig (Himmel und Erde; Offb 1.4), der sieben Erzengel (Vollständigkeit; Offb 1), der 144 000 (Offb 7; absolute Vollkommenheit). In jedem Falle ist die vollständige Zahl selbst ein Stück der entscheidenden Botschaft: Hier wird ein Zeichen aufgerichtet, das heilvoll ist. Wenn die Zahl stimmt, dann ist auch die Botschaft in Ordnung. Es kommt nicht darauf an, ob die Zahl von praktischem Nutzen oder praktikabel ist. Weil das Gremium numerisch vollkommen ist, stellt es ein Stück von Gottes heiler Welt in dieser großenteils noch ungeordneten Weltzeit dar. Das vollkommene Gremium ist auf jeden

Fall etwas Heiliges, das die Existenz des Tempels nachahmt. Es ist ähnlich wie bei der vollkommenen Zahl der täglichen Stundengebete (7 oder 8).

Sicher ist, dass die Zwölf nicht an eine direkt vorausgehende Institution anschließen. Sie sind also relativ neu. Gewiss, es gibt die Patriarchensöhne, und man kann an die Ältesten Israels denken, die bei Moses auf dem Berg waren. Sie erben auch seinen Geist.

Wahrscheinlich ist dieses die Schlüsselstelle, dass Jesus mit den zwölf Jüngern das letzte Mahl feiert und mit ihnen den Bund schließt bzw. erneuert. Zwölfer-Institution und Bundes-Institut kommen dann hier zusammen bei Jesus. Als die Zwölf repräsentieren sie das Volk des erneuerten Bundes. Für die Verbindung mit dem letzten Mahl Jesu spricht auch, dass die Judas-Tradition, in der Judas »einer von den Zwölfen« heißt, eng mit dem letzten Mahl verbunden ist. Und bei Judas geht es ja um das Gegenbild zum treuen Aushalten mit dem Menschensohn.

So denke ich mir die Geschichte des Zwölferkreises im ersten Jahrhundert: Die Einsetzung der Zwölf ist eine Zeichenhandlung Jesu (neben anderen). Ihr Sinn ist, ein Signal zu setzen für die Erneuerung Israels. Diese Zwölf sollen sein wie er, Jesus, der Menschensohn selbst: treu im Dienst, demütig in der Verkündigung. Dann wird es ihnen auch ergehen wie dem Menschensohn selbst. Wie er erhöht wird und wiederkommt, um Davids Thron zu erben, werden sie als erneuertes Israel dastehen. So wie der Menschensohn auf Davids Thron setzt, werden sie auf den Thronen Israels sitzen. Diese Verheißung gilt unter der Bedingung treuer Nachfolge. So weit ihre Beziehung zum Menschensohn. Der Menschensohn verzichtet sehr bewusst darauf, einzig und einmalig zu sein. Er weist auf die Zwölf, und er will damit wohl sagen: Meine Botschaft braucht Menschen, die sie darstellen (und die dafür dann auf Dauer in bestimmter Weise in mich hineingenommen sind).

Ihre Beziehung zu Israel: Sie sind die vornehmsten Repräsentanten, die Fürsten des erneuerten Israel. Sie sind Grundsteine, Fundamente, weil auf ihrer Verkündigung, ihrem Zeugnis alles Weitere aufbaut. Das Wort Fundament oder Grundstein, das wir oben ausführlicher besprochen haben, bedeutet zu dieser Zeit: Als Personen sind sie Gründerväter des erneuerten Gottesvolkes. Leben, Lehre und Zeugnis sind da nicht zu scheiden.

Von den Personen bleibt die Botschaft, die Evangelien sind ihr Zeugnis. Aber wenn Offb 21 sie Fundamente nennt, dann bedeutet das doch mehr als bloße Wissensspeicher. Denn das Wissen hatte auch Judas; aus der Sicht der Evangelisten hat er – wie auch immer – als Person versagt. Die Rolle der Zwölf nach Ostern ist also auf jeden Fall die der Zeugen für die vier Evangelien. Die beginnende Heidenmission verzichtet erkennbar weitgehend auf den Titel Menschensohn wie auf den Zwölferkreis. Die Zwölf geraten dort in den Hintergrund, wo mit allen Mitteln die Legitimität der Heidenmission begründet wird, also in der Apostelgeschichte. Sie werden für die Judenchristen eine ähnlich konstitutive Roller gespielt haben wie Petrus und Paulus für die Heidenmission. Offb 21 bescheinigt ihnen, dass sie auf jeden Fall und mindestens Garanten der apostolischen Überlieferung sind. Die Lehre der zwölf Apostel (Didache) zeugt auch außerhalb des neutestamentlichen Kanons davon. Später werden sie – wie Petrus es war – zu Heidenaposteln für die ganze Welt gemacht. Offb 1 zeigt, dass der Menschensohntitel für Heidenchristen vielleicht begreiflich war. Mit Hilfe der Schrift konnte man sich ihn aus Ez 1 (oder Dan 7) verständlich machen.

6.3.4 Die Zwölf als Zeichen Jesu

Viel zu wenig wird bedacht, was die Stiftung der Zwölf als zentrale Zeichenhandlung Jesu bedeutet und was sie für die nachösterliche Kirche bedeutet hat. Als Handlung Jesu ist die Berufung der Zwölf zunächst Zeugnis dafür, dass Jesus sich nicht allein und isoliert versteht. »Menschensohn« ist ein Wort, das von seiner Herkunft in Dan 7 her eine intensive Beziehung zu Israel aufweist, denn in der Bildhälfte der Schilderung von Dan 7 steht der Menschensohn an derselben Stelle, an der in der Sachhälfte das »Volk der Heiligen des Höchsten« (Dan 7,22.25 f.) steht, also Israel. Wenn also Jesus als der Menschensohn sich durch die zwölf Häupter des Volkes repräsentiert sieht, dann zeigt das, wie nicht nur sein Verständnis von Reich Gottes, sondern auch sein Selbstverständnis in Dan 7 gründet. Das

Thema von Dan 7 ist ja auch durchaus die Herrschaft dieses Volkes über die Heiden.

Meine These lautet daher: Die Konzeption des Menschensohnes hat mit den zwölf Repräsentanten des »Volkes der Heiligen des Höchsten« einen gemeinsamen Ursprung in Dan 7, und zwar dort im Verhältnis von Bildhälfte (Menschensohn) und Sachhälfte (Heilige). Was in Dan 7 aufeinander folgt bzw. füreinander steht, existiert im frühen Christentum gleichzeitig bzw. im Rahmen der ellipsoiden Gemeinschaftsverfassung (dazu vgl. unten), die Merkmal des frühen Christentums ist.

Die grundsätzliche Ähnlichkeit zwischen Menschensohn und den Zwölf, die sein soll (in der Gegenwart des Dienens) oder sein wird (im Regieren am Ende der Zeiten), kann man so verstehen. Andererseits wird neben der Ähnlichkeit auch ein Gegenüber begründet: Der Menschensohn ist Lehrer und Vorbild der Zwölf. Er weist sie zurecht, er »arbeitet an ihrer Gleichförmigkeit mit ihm«. Es geht also um eine besondere, am Bild Israels ausgerichtete Form von Jüngerschaft.

Der Bundesschluss beim Abendmahl, das ausdrücklich mit den Zwölfen und niemand anderem stattfindet, macht aus der Institution zugleich das Erbe. Auch wenn es irgendwann Heidenchristen gibt, so werden die Zwölf doch den innersten Kreis bilden, der konzentrisch den Menschensohn als Mitte hat. Dieser Kreis bildet Israel ab, aber auch nach den Erwartungen des Deutero-Jesaja wird das befreite Israel der unverwechselbare Kern für die erlöste Welt sein.

Auch nach Ostern werden die Zwölf das dargestellt haben, was Jesus von ihnen erwartete: Erinnerung an die Verkündigung und den Lebensstil Jesu. Mit seiner ganz betonten und von der Völkermission verschiedenen (z. B. an Wundern und Zeichen ausgerichteten) Mission an die zwölf Stämme hat der Evangelist ihnen ein besonderes Denkmal gesetzt (vgl. bes. Mt 10,6.23; 15,24).

Fazit: Auch wenn unsere Quellen bzw. unsere Lektüre des Neuen Testaments die Fortsetzung der Israel-Mission ausblendet, gibt es zwingende Anhaltspunkte für die Annahme, dass die Zwölf ihre Tätigkeit fortgesetzt haben.

An dieser Stelle ist ein Einzelportrait einzublenden.

6.4 Paulus – Versuch eines Portraits

Mit Paulus, so argumentieren manche Kritiker, die sich auf das Urchristentum berufen, habe die Verfälschung der Lehre Jesu und der sukzessive Aufbau einer kirchlichen Institution begonnen. Die Apostel seien noch persönlich von Jesus geschult worden. Doch Paulus habe Jesus ja nie wirklich kennengelernt; er sei von außen gekommen und habe die Bewegung für sich okkupiert und seine Zwecke instrumentalisiert. Jesus werde bei Paulus eine »metaphysische Figur, der man alles unterschieben konnte«, wie Nietzsche meinte.

Über Paulus kennen wir unterschiedlichste Quellen: seine echten Briefe (1 Thess, 1.2 Kor, Röm, Gal, Phil, Phm), umstritten ist 2 Thess. Datieren muss man die Schriften bis ca. 68 n. Chr. (Martyrium des hl. Paulus). Hinzu kommen die Briefe engster Schüler und Vertrauter (Kol, Eph, 1.2 Tim, Tit). Neuerdings ist das Zutrauen zur Echtheit, d. h. zur Herkunft von Paulus, bei diesen Briefen gewachsen. Sie sind zu datieren zwischen 55 und 80 n. Chr. Als Quelle kommt hinzu die Apostelgeschichte des »Lukas«, Datierung 66–80, neuerdings vor dem Martyrium des hl. Paulus, ebenso die sogenannten Paulusakten des 2. Jh. (»Apga Pauli et Theclae«) und Paulus-Martyrien (»Martyrium des Petrus und Paulus«) sowie die Paulus-Akten nach dem Heidelberger Papyrus. Manche nehmen an, dass in der judenchristlichen Literatur der Pseudo-Clementinen in der Figur des Simon Magus in Wahrheit Paulus bekämpft wird. Ich halte das für unwahrscheinlich.

Paulus war Jude und wurde in Tarsus in Kleinasien (heutige Türkei) geboren – er war also (anders als viele Jünger Jesus) ein Stadtmensch. Tarsus war in der Antike als wichtige Kulturstadt bekannt; aus ihr stammte auch der Stoiker Antipatros. In der Großstadt Jerusalem erhielt er seine Ausbildung. Seine Biographie wird geziert durch die Namen wichtiger und großer Städte: Damaskus, Antiochien, Ephesus, Thessaloniki, Athen, Korinth, Milet und schließlich Rom. Die Sprache des Apostels Paulus ist in wichtigen Elementen städtisch geprägt. Begriffe wie »Diakonie« oder »Gerichtstribüne« waren in Städten bekannt. Dort hat er sie »mit der Muttermilch eingesogen« Nach eigenen Angaben stammte Paulus aus dem Stamm Benjamin und wurde dem Gesetz gemäß am achten Tag beschnitten (Phil 3,5). Wir wissen nicht, wie Paulus ausgesehen hat – in Texten, die hundert Jahre nach seinem Tod entstanden, wird sein Aussehen geschildert. Dort, in den Akten des Paulus und der Thekla § 3 heißt es über Paulus: »Ein Mann, klein von Gestalt, mit kahlem Kopf und krummen Beinen in edler Haltung mit zusammengewachsenen Augenbrauen und ein klein wenig hervortretender Nase, voller Freundlichkeit«. Aber wir wissen nicht, wie sehr sich darin die Wirklichkeit widerspiegelt, wissen auch nicht, was seine Krankheit oder seine Behinderung war, auf die er öfter Bezug nimmt (2 Kor 12,7).

6.4.1 Der Pharisäer Paulus

Nach Angaben der Apostelgeschichte (22,3) wurde er in Jerusalem von dem bekannten Lehrer Gamaliel (vgl. Apg 5,34) in der Tora ausgebildet. In heutige Kategorien übersetzt: Paulus war Theologiestudent, Gamaliel sein Professor. Er bewegte sich also im intellektuellen Milieu, war wohl selbst ein Intellektueller. Er schloss sich der pharisäischen Richtung (der »Schule« seines Lehrers) an und war nach Phil 3,5 f. observanter Pharisäer. Die Pharisäer waren eine religiöse Laienbewegung, die neben der Schrift auch die mündliche Überlieferung schätzte und zum Beispiel die Auferstehung der Toten annahm – ein Glaube, der jedenfalls aus den fünf Büchern Mose nicht hervorging. Die Pharisäer erstrebten besondere Heiligkeit, indem sie priesterliche Vorschriften auch auf Laien anwandten. Dieses traf sich insofern mit ihrer Hoffnung auf Auferstehung, als eine engelgleiche Reinheit die Vorbedingung dafür war, nach diesem Leben vor Gottes Thron gemeinsam mit den Engeln zu stehen und Gott loben zu dürfen (vgl. zu diesem Konzept besonders die Hymnen von Qumran). Hier liegt der Ursprung der christlichen Hoffnung darauf, »in den Himmel« zu kommen. Das Pharisäertum des Paulus ist auch für sein späteres christliches Wirken weiterhin in folgenden Punkten wirksam: Das Thema Gerechtigkeit bleibt (zumindest in Gal; Röm; Phil) dominant; die Sehnsucht nach Auferstehung wird in Jesus Christus grundsätzlich, wenn auch nicht vollständig erfüllt. Dass man als Gerechter nach dem Tod bei Gott sein darf, hat Paulus wohl von den

Pharisäern mitgebracht. Dazu gehört die Bedeutung des Heiligen Geistes für die Heiligkeit des Menschen. Schließlich kennen die Pharisäer eine große Verantwortlichkeit jedes einzelnen Laien für das heilige Volk im Ganzen. Das Volk Israel hat im theologischen Konzept der Pharisäern eine hohe Bedeutung, wodurch sich die Gestalt von Röm 9–11 gut erklären lässt.

Man kann annehmen, dass Paulus auch in der damaligen Philosophie (der kynisch-stoischen Diatribe mit starker Beziehung zu Sokrates) und in der Rhetorik bewandert war. Vielleicht hat er auch von Johannes dem Täufer gewusst, denn Taufe ist für ihn nichts Fremdes.

6.4.2 Paulus organisiert Terror gegen die Urchristen

Nach der Apostelgeschichte stand Paulus schon bei der Steinigung des Stephanus, des ersten christlichen Märtyrers nach Jesus, dabei (Apg 7,58). Jedenfalls hat er frühe christliche Gemeinden in Palästina grausam und nachhaltig verfolgt. Bekämpfte er die Gruppe der Hellenisten, denen Stephanus zugehörte, wegen deren Ablehnung des Tempels (in Jerusalem)? Aber es gab doch andere Kreise im aufgeklärten Judentum, die jedenfalls die blutigen Opfer ablehnten.

Oder verfolgte Paulus Christen als Falschpropheten, weil sie vorgaben, Jesus und sie selbst seien vom Heiligen Geist Gottes erfüllt? Für diese Lösung spricht immerhin, dass er selbst in seinem wohl frühesten Brief von der Verfolgung von Propheten spricht, und zwar ausdrücklich bezüglich der Gemeinden in Judäa, wo er selbst in ebendiesem Sinne gewirkt hatte (1 Thess 2,14f.). Dem entspricht auch, dass Stephanus und andere Mitglieder seiner Gruppe von Lukas als »voll des Heiligen Geistes« geschildert werden. Die Bedeutung des Heiligen Geistes bei Paulus hat gewisse Züge von »Konvertiteneifer«, will sagen: Er nimmt nach seiner Bekehrung umso heftiger an, was er vorher bestritten hatte. Falschprophetie wird vor allem geahndet, weil sie die Zerstörung des Tempels und der Stadt Jerusalem voraussagt, ohne dass sie eintrifft, aber dadurch die Menschen demoralisiert (vgl. Jeremia 26 mit dem Martyrium des Uria). Bei der Falschprophetie geht es daher nicht um irgendeine falsche Lehre oder falsche Zukunft, sondern immer um die Grundlage des Volkes in Tempel und Stadt. Wenn Jesus Christus von einem teuflischen Geist erfüllt war, dann durfte man um der Existenz Israels willen keine seiner Weisungen erfüllen.

Viele Forscher sehen in den Hellenisten eine Art früher Pauliner. Dagegen muss man sagen: Paulus verfolgte die Hellenisten nicht wegen deren Gesetzesfreiheit, denn dafür gibt es keinen Hinweis; Stephanus wirft in seiner Rede den Juden doch gerade vor, dass sie das Gesetz nicht einhalten (Apg 7,53).

Paulus wird dann – angeblich von jüdischen Autoritäten in Jerusalem – bevollmächtigt, auch auf fremdem Territorium, nämlich in Damaskus, Christen zu bedrängen (Apg 9,1–3). Er wird sie »terrorisiert« haben. Ob dazu auch Folter etc. gehörten, ist unbekannt.

6.4.3 Der prophetische Durchbruch

Die Wende im Leben des Paulus bringt seine »Bekehrung«: Auf dem Weg nach Damaskus erscheint ihm Jesus Christus. Paulus beschreibt das so, dass Gott ihm seinen Sohn geoffenbart habe (Gal 1,16). Das bedeutet: Jesus Christus wurde ihm als lebendig, als Auferstandener und als vom Heiligen Geist Erfüllter präsentiert. Dass Paulus gerade so darüber spricht, weist darauf hin, dass es tatsächlich um die Frage prophetischer Legitimität ging. Denn wo immer das Neue Testament von Gottessohn und Gotteskindschaft redet, ist dieses durch den Heiligen Geist begründet. Damit aber ist die Frage des Dualismus gestellt: Heiliger Geist oder Teufelsgeist; ein Drittes gibt es nicht. Die Bekehrung des Paulus ist daher eine Bekehrung zu dem Glauben, dass in Jesus Christus nicht der Geist der Gegenseite herrscht, sondern der Geist Gottes, der Heilige Geist, der zu Gottes Sohn macht. Auch die Gesetzesfrage wird Paulus dann auf genau dieser Basis erörtern, dass den Christen Gottes Heiliger Geist zuteil wurde. Denn so wird Ez 36,26 f. in ihnen erfüllt, dass Gott seinen Geist in die Herzen der Menschen legt und sie daraufhin sein Gebot erfüllen können.

Lukas stellt in der Apostelgeschichte diese Vision etwas anders dar, nämlich im Schema der jüdisch-hellenistischen Bekehrungsvisionen mit der Erscheinung von Licht und Stimme (Apg 9.22.26); dabei stand die Stimme für die Mitteilung der Gebote am Sinai, das Licht für die Theophanie, d. h., an jedem einzelnen Erleuchteten und Bekehrten wird im Kleinformat die Sinai-Offenbarung nachvollzogen und erneuert.

Jesus fragt Paulus nach Lukas tadelnd: »Warum verfolgt du mich?« Dabei hatte Paulus doch nach unserem Verständnis nicht Jesus, sondern Christen verfolgt. Aber Lukas zeigt hier ein ihm sonst fremdes, nämlich auch paulinisches Kirchenverständnis, wonach Jesus sich mit den verfolgten Christen ganz und gar identifiziert. Entsprechend dann in der Quo-vadis-Legende: Wenn Petrus in Rom den Märtyrertod stirbt, dann wird der Herr darin erneut gekreuzigt. Dieses entspricht übrigens genau dem Selbstverständnis des Paulus von seinen Leiden. Er hat in seiner Bekehrung den Standpunkt seiner früheren Opfer akzeptiert.

An vier Stellen der authentischen Briefe macht Paulus Angaben zu seiner Bekehrung: So in 1 Kor 9,1; in 15,9 spricht er vom Sehen des Herrn, in Gal 1,12–16 von der Offenbarung des Sohnes, und in Phil 3,4–8 spricht er wie ein Konvertit/Proselyt über den Kontrast von vorher und nachher. Alles Frühere hält er für Dreck um Jesu Christi willen. In den vielleicht »sekundären« Paulusbriefen berichtet »Paulus« vor allem in 1 Tim 1,12–16 von der Bekehrung: Der Verfolger und Lästerer ist durch Gnade gläubig geworden und Vorbild und Urbild für alle künftigen Christen.

Die Bekehrung fiel wohl in die Zeit zwischen 34 und 36 n. Chr., was sich vor allem aus Gal 1 f. rekonstruieren lässt. Paulus tritt demzufolge etwa 10 bis 12 Jahre nach Jesu Tod als Christ auf den Plan. Nach seiner Bekehrung wirkt Paulus zunächst in der Umgebung von Damaskus und in der Provinz Arabia (Gal 1,15–17). Ein bis zwei Jahre später reist Paulus nach Jerusalem und begegnet dort Petrus (Gal 1,18–20).

Diese kurze Begegnung mit Petrus schafft für Paulus die Brücke zur Jesus-Überlieferung, Wir können das wahrscheinlich an den Stellen erkennen, an denen sich Paulus auf ältere Tradition oder gar auf Jesusworte beruft. Das gilt besonders für die Überlieferung vom Abendmahl (1 Kor 11), für das Grundbekenntnis (1 Kor 15,3), das

Wort vom Schweigen der Frau in der Gemeinde (1 Kor 14 – in der Tat gilt Petrus in allen frühen Apokryphen als Frauenfeind. Ist das gleiche Tradition wie 1 Kor 14?), das Wort von der Ehescheidung, das geheimnisvolle Wort in 1 Thess 4,15. – Viele Fragen bleiben offen: Warum steht gerade 1 Petr Paulus so nahe? Wenn dieser Brief doch Petrus zum Verfasser hat, sind die großen Ähnlichkeiten doch durch die historische »Brücke« zu erklären? – Noch spannender ist die Frage, wie Paulus dazu kommt, in Gal 1 Material zur Selbstkennzeichnung zu gebrauchen, das wir in Mt 16 als petrinisch erkennen können (Begründung des Apostolats durch Offenbarung der Gottessohnschaft Jesu, ohne Bedeutung von »Fleisch und Blut«). Offensichtlich war Petrus doch das »Vorbild«, an dem sich Paulus orientierte, auch dort, wo er anderer Meinung ist.

Nach vierzehn Tagen geht er nach Syrien und Kilikien (Türkei). Dort ist er annähernd dreizehn Jahre lang tätig, vielleicht in der Judenmission. Es war üblich, wir wissen das auch von Barnabas (Cypern), dass der Missionar zunächst unter seinen früheren Mitbürgern oder Landsleuten tätig wurde. Bezüglich der missionarischen Praxis des Paulus ist längst nicht alles geklärt: Ist er auf den langen römischen »Haupt«-Straßen gewandert – dann wäre er durch zahlreiche Dörfer gekommen. Oder ließ er sich von Fahrzeugen mitnehmen?

6.4.4 Wie Paulus predigte

Das klassische Bild von dem mutigen Prediger Paulus ist sehr stark geprägt durch die Art, wie sich moderne Menschen so etwas vorstellen – sei es in den Bibelillustrationen von Gustave Doré, sei es dass man an die Redner in Hyde Park´s Corner denkt. So, glaubt man, müsse es gewesen sein, als Paulus seine (übrigens erfolglose) Rede auf dem Areopag (Apg 17) gehalten hat. Doch mit der historischen Wirklichkeit hat das wenig zu tun. Neuere Untersuchungen zum Stil der paulinischen Briefe haben ergeben, dass sie nicht der klassischen Missionspredigt »sei es gelegen oder ungelegen« auf der Straße entsprechen. Für diese Missionspredigt unter Heiden haben wir einige Beispiele in der Apostelgeschichte, besonders aber in den apokryphen Apostelakten. In diesen Predigten wird hauptsächlich der eine lebendige Gott gegen die toten Götzen abgesetzt, und es wird häufig mit dem Gericht gedroht – angesichts seiner fordert der Prediger zur Umkehr auf. Nur in 1 Thess 1,8–10 hat sich davon bei Paulus eine Reminiszenz daran erhalten; man könnte auch an Röm 1,18–2,10 denken.

Doch überall sonst wird nicht die *Initialpredigt* wiederholt, sondern bei Paulus gebraucht den Stil der sogenannte *Diatribe*. Darunter versteht man einen rhetorisch ausgebauten Lehrvortrag, in dem zum Beispiel potenzielle Einwände der Hörer vorweg genannt und auch vorweg beantwortet werden. Man könnte diese Briefe als schriftliche Niederschläge eines fingierten (und zum Teil auch wirklichen) Lehrdialogs verstehen. Dann wäre der Auftritt des Apostels Paulus nicht die große Straßenpredigt, sondern das zu Herzen gehende Einzelgespräch. Gegen die Straßenpredigt spricht auch die von Paulus selbst zugegebene Unsicherheit aufgrund von Behinderung (1 Kor 2,3 f.; 2 Kor 10,10).

Im Übrigen verdient Paulus sein Geld tagsüber als Zeltmacher (Herstellung grober Tuche) selbst. Erst am Abend dürfte er zur Predigt Zeit gehabt haben.

6.4.5 Jerusalem und der antiochenische Zwischenfall

Nach dieser Zeit geht Paulus nach Antiochien. Von dort wird er vor 48 n. Chr. zusammen mit Barnabas von der Gemeinde zu einer »ersten« Missionsreise ausgesandt (Apg 13 f.). Barnabas hat in dieser Zeit eine große Bedeutung für Paulus. Barnabas ist von Jerusalem nach Antiochien gesandt, aber er sorgt auch dafür, dass Paulus den Jerusalemern bekannt wird: Er erst (!) führt Paulus bei ihnen ein.

Ein bedeutsames Ereignis ist der sogenannte Apostelkonvent in Jerusalem im Jahre 48/49. Für Paulus ist es nach dem Besuch bei Petrus der erste in Jerusalem. Zusammen mit Barnabas ist er dort Abgesandter der antiochenischen Gemeinde. Er kann mit Barnabas in Jerusalem bei den dortigen Autoritäten (vor allem: Jakobus der Herrenbruder) einen zentralen Punkt aushandeln: *Die beschneidungsfreie Heidenmission* ist legitim. Überdies verpflichtet er sich nach Gal 2,10 dazu, »der Armen in Jerusalem zu gedenken«. Das wird der Ansatz für die paulinische Kollekte werden. Per Handschlag wird mit Petrus vereinbart, dass Paulus für die Heidenmission, Petrus aber für die Mission der Beschnittenen zuständig sei.

Nun hat aber Petrus sicher auch Heiden missioniert (Apg 10 f.). War mit der Formel »zur Beschneidung« eine petrinische Mission gemeint, die sich dann, wenn sie sich an Heiden wandte, diese unter jüdischen Gesichtspunkten integrierte, also dadurch, dass das Aposteldekret, das in Jerusalem für Antiochien vereinbart wurde (Apg 15,20; s. u.), für sie gelten sollte? Paulus hat jedenfalls darin recht, dass er sagt, ihm persönlich habe der Apostelkonvent nichts auferlegt.

Etwa im Jahre 49 n. Chr. verlässt Paulus Jerusalem, nach einigen Forschern erst zur ersten Missionsreise; nach anderen, die sich mehr an Apg halten, bereits zur zweiten Missionsreise, die ihn auch nach Europa (Korinth) führte. In diese Zeit (49 n. Chr.) fällt der »antiochenische Zwischenfall« (Gal 2,11–14). Petrus war nach seiner Flucht aus Jerusalem im Jahre 44 (unter Agrippa I.) n. Chr. in Antiochien tätig geworden. Er hatte sich in Antiochien auf Vorschlag des Paulus zu gemeinsamen Mahlzeiten von Judenchristen aus seiner eigenen Missionspraxis mit Heidenchristen aus paulinischer Mission bewegen lassen. Das Motiv war durchaus idealistisch: Warum sollte nicht zusammenkommen, was zusammengehörte? Warum sollten Christen nicht zusammen essen?

Doch diese Praxis war für Judenchristen nicht tragbar. Denn die judenchristlichen Brüder in Jerusalem hatten darunter zu leiden. Denn nicht-koschere Mahlzeiten und Essen von Blut war für Juden verboten. Jede Verletzung dieser jüdischen Tischgebote wurde zum Anlass genommen, Judenchristen den Abfall vom Judentum vorzuwerfen. Die Judenchristen in Jerusalem sahen die Gefahr heraufkommen, dass sie für ihre »abgefallenen« Brüder in Antiochien büßen mussten; das weitere Schicksal des Jakobus des Herrenbruders (Martyrium) zeigt, dass diese Furcht berechtigt war.

Auf Anweisung von Leuten um den Herrenbruder Jakobus hin ließ sich Petrus davon überzeugen, dass er mit seiner Einwilligung zur gemeinsamen Mahlpraxis gegen die Vereinbarung des Apostelkonvents gehandelt hatte, und zog sich vom gemeinsamen Mahl mit den Heidenchristen zurück. Das wiederum kritisierte Paulus, der Petrus nicht die strengere Praxis vorwarf, sondern den Rückzieher. Denn nun musste es scheinen, als solle auch für die Heidenchristen – um der Bewahrung der Mahlgemeinschaft willen – etwas von der ihnen zugestandenen Freiheit genommen werden. Es konnte der Eindruck entstehen, sie hätten wie Petrus etwas falsch gemacht. Und so endete der antiochenische Zwischenfall: Petrus musste sich von der Mahlgemeinschaft zurückziehen, aber Paulus setzte sich mit seiner Forderung nicht durch, dieses Praxis beizubehalten. So hatte keiner von beiden diesen Streit siegreich gewonnen.

In der Forschung ist umstritten, ob sich der Zwischenfall von Antiochien vor oder nach dem Apostelkonvent ereignete. Lag er zeitlich vor dem Apostelkonvent, dann stellt dieser die Einigung über die strittigen Probleme dar. Mir scheint das weniger wahrscheinlich. Denn das Problem des Apostelkonvents existierte vorher: Judenmission oder auch Heidenmission? Nach dem oben für den Apostelkonvent Angenommenen galt für die Heidenchristen in Antiochien das Aposteldekret (Verbot von Götzenopferfleisch, nicht geschächtetem Fleisch, von Blutgenuss und Mischehen mit Heiden). Es galt indes nicht für Paulus persönlich und für seine unabhängig von Antiochien durchgeführte Heidenmission. Was im antiochenischen Konflikt aufeinanderstößt, ist also das persönliche Verständnis des Paulus von völlig ritualienfreier Heidenmission und die für Antiochien getroffene Vereinbarung, nach der das Aposteldekret galt (Apg 15,20).

6.4.6 Paulus unterwegs

Ab 49–50 n. Chr. unternimmt Paulus, wie wir hier annehmen, eine zweite Missionsreise.

Merkmale der Missionsreisen sind: Auswahl der zu Sendenden, feierliche Aussendung, Sendung zu zweien, äußerst sparsame Ausstattung, Quartiernahme bei Sympathisanten (je ein Quartier pro Ort; kein Wechsel), Rückkehr zum Ausgangspunkt, Rechenschaftsbericht. Diese Phänomene treffen wir sowohl in den synoptischen Evangelien an (Mk 6; Lk 9.10; Mt 10) als auch in der Apostelgeschichte oder in Spuren in paulinischen Briefen. Offensichtlich handelt es sich um ein erfolgreiches Aktionsmodell.

Was könnte Vorbild gewesen sein? Man hat auf wandernde Essener verwiesen; diese waren ähnlich sparsam ausgestattet. Dann nannte man die kynisch-stoischen Wanderphilosophen, auch hier war die Ausstattung ähnlich. Essener wie Philosophen hatten jeweils eine Botschaft auszurichten und durch sparsamen Lebensstil glaubwürdig unter Beweis zu stellen. Doch von Aussendung und Rückkehr, alles im Auftrag einer Gemeinde, kann bei diesen Analogien keine Rede sein.

Wahrscheinlich ist an profanere Analogien zu denken: an politische Gemeinden, die zu flächendeckender Sympathiewerbung Vollmachtsträger entsenden, die Handelsbeziehungen und Verträge einwerben sollen. Das Bild der entsendenden und dann Rechenschaft fordernden Ekklesia ist im hellenistischen Bereich durchaus geläufig.

Paulus wendet sich nach Europa und gründet als erste christliche Gemeinde in Europa die Gemeinde von Philippi und missioniert von dort aus Thessaloniki. In diese Reise fällt der Gründungsaufenthalt in Korinth (50–52). Dabei trifft Paulus laut Apg 18,2 dort Aquila und Priszilla, die nach dem Edikt des Kaisers Claudius im Jahre 49 n. Chr. Rom verlassen mussten. Sie sind schon Christen, und durch sie weiß Paulus von römischen Christen, die jedenfalls nicht er selbst christianisiert hatte.

Im Jahre 50/51 schreibt Paulus an die kürzlich für den Glauben gewonnene Gemeinde von Thessaloniki den 1. Thessalonicherbrief. Zwischen 50 und 51 steht Paulus in oder bei Korinth vor dem Provinzstatthalter Gallio. Dieses Datum gehört zu den wenigen wirklichen historischen Gewissheiten in der Chronologie des paulinischen Lebens. Denn Gallio ist inschriftlich nachgewiesen, seitdem man in Delphi die sogenannte Gallio-Inschrift gefunden hat. Lucius Iunius Gallio war Statthalter in der römischen Provinz Achaia, und zwar 51/52 n. Chr. Er war Bruder des bekannten Philosophen Seneca. (In der Alten Kirche wird man dann einen Briefwechsel zwischen Paulus und Seneca fingieren.) Zwischen 52 und 55/56 hält sich Paulus (auf der 2. Missionsreise) in Ephesus und in der römischen Provinz Asia auf. In dieser Zeit besucht er um 52 n. Chr. Galatien. Um 52/53 hatte Paulus wohl die Gefahr zu bestehen, von der 1 Kor 15,32 berichtet: ein Kampf gegen (menschliche) Bestien in Ephesus.

Von Ephesus aus schreibt Paulus um 54–57 den 1. Korintherbrief; er besucht im selben Jahr noch einmal Korinth und verfasst daraufhin den nicht erhaltenen Tränenbrief von 2 Kor 2,4. Im Jahre 54/55 gerät Paulus in Todesgefahr und Gefangenschaft, und zwar wiederum in der Provinz Asia und auf Betreiben dort ansässiger Juden. Die Gefangenschaft in Ephesus könnte 54–55 gewesen sein.

Er verfasst den 2. Korintherbrief und 54/55 den Philipperbrief und den Philemonbrief. Nach 54/55 bricht Paulus zu einer dritten Missionsreise auf (Apg 18,23 ff.). Diese Reise währt von 56 bis 58. Nun entsteht der Römerbrief. In dieser Zeit sind Aquila und Priszilla wieder in Rom, wie Röm 16 nahelegt.

Paulus versucht, im Anschluss an die dritte Missionsreise seine Kollekte in Jerusalem der Gemeinde zu übergeben (ca. 56). Dabei wird er auf Anstiften von Juden aus der Asia gefangen genommen und nach verschiedenen Verhören und Verteidigungsreden (Apg 23 bis 26) nach Rom überstellt. Zwischen 58 und 60 ist er als Missionar in Rom tätig. Dort stirbt er zwischen 64 und 66 den Märtyrertod, und zwar wohl eher im Rahmen der neronischen Verfolgung als wegen des ihm von Juden angelasteten Vergehens (Entheiligung des Tempels durch einen abgefallenen Juden). Über diesen Tod berichten aus dem 1. Jh. der 1. Klemensbrief, Kapitel 5,1–5, aus dem 2. Jh. das Martyrium Pauli.

6.4.7 Gegründet auf die Briefe des Paulus

Die wichtigste Hinterlassenschaft des Apostels Paulus sind seine Briefe. Daher hat man im Mittelalter gebetet: »Herr, du hast deine Kirche gegründet auf die Tränen des Petrus und auf die Briefe des Paulus ...«.

Paulus schreibt seine Briefe an drei unterschiedliche Personengruppen: entweder an von ihm selbst gegründete Gemeinden wie die in Galatien, Thessaloniki, Philippi und Korinth oder an Privatpersonen wie Philemon (freilich nicht als Privatbrief) anlässlich des entlaufenen Sklaven Onesimos oder an die ihm von Angesicht nicht bekannte Gemeinde in Rom. Die für unecht gehaltenen Paulusbriefe richten sich entweder an Gemeinden (Kol, Eph, letzterer wohl an mehrere) oder an Schüler (1.2 Tim; Tit). Die angeschriebenen Gemeinden, die Paulus selbst gegründet hat, waren wohl überwiegend heidenchristlich. Der Römerbrief stellt auch hier eine Besonderheit dar, da hier der Ausdruck »Gemeinde« im Corpus des Briefes noch gar nicht fällt und da Nachrichten über die Organisation der römischen Christen schwierig zu erschließen sind. Möglicherweise gab es Christen im Umkreis einzelner der zahlreichen Synagogen. Der Römerbrief könnte eine gleichmäßige Zusammensetzung aus Juden- und Heidenchristen voraussetzen. Man muss damit rechnen, dass die Hälfte der Christen Roms Judenchristen waren.

Der heidnische Polytheismus scheint für das frühe Christentum überhaupt kein ernsthaftes Problem mehr gewesen zu sein; nur 1 Thess 1,9 berichtet von der Bekehrung zum lebendigen Gott. Und nur in 1 Kor 8 und 10 werden, im Zusammenhang des Götzenopferfleisches, heidnische Götter genannt. Es gibt sie zwar, aber sie sind nur sogenannte Götter, und im Übrigen werden sie als Dämonen angesehen. Nach Röm 1,23 f. ist der Götzendienst die Perversion schlechthin, aus der andere Perversionen dann als Strafe des wahren Gottes folgen. Die einzige wirkliche Gefahr besteht nach 1 Kor für Christen hier darin, dass sie durch gedankenloses Handeln nach außen hin ihr Bekenntnis verleugnen. Darauf achtet Paulus sehr: Die Selbstdarstellung der Gemeinde nach außen hin ist das wichtigste missionarische Instrument.

Wir erleben Paulus in seinen Briefen nicht als abgehobenen Lehrer und theologischen Denker. Seine Einlassungen sind niemals akademisch, sondern beziehen sich meistens auf eine Unsicherheit, einen Missstand, eine offene Frage aus den Gemeinden. Die Probleme aus den Gemeinden lassen vor allem immer wieder die Frage entstehen: Wie sah die Erstverkündigung des Apostels aus? Wieweit hatte er darin schon alles bedacht oder wenigstens angedeutet? Oder kam er erst dann auf manche Konsequenzen zu sprechen, als die Probleme in den Gemeinden auftauchten? Erwähnt er die allgemeine Auferstehung von den Toten erst, als er damit die Probleme der Gemeinde von Thessaloniki lösen kann? Wie viel hatte Paulus den Gemeinden überhaupt von Jesus erzählt? Sicher ist nur, dass Paulus immer wieder von der eigenen Jesus-Erfahrung ausging.

6.4.8 Paulus im Team

Es ist sicher ein Fehler des klassischen Paulusbildes, sich den Apostel als Einzelkämpfer vorzustellen. Paulus ist gewiss stark von Person wie von der Rolle her, die er selbstgewiss einnimmt. Dennoch tritt Paulus kaum im Singular auf; er war teamfähig und eingebunden in ein Team. Einen großen Teil seiner Missionstätigkeit hat er zusammen mit mindestens einem Mitarbeiter durchgeführt. So war es – laut synoptischen Evangelien – auch bei den Aussendungen Jesu bzw. der Art von Mission, die sich darauf berief: Die urchristliche Mission war eine von je zwei Ausgesandten. So ist es auch nach Ostern ausweislich der Emmausjünger gewesen. Und zur ersten Missionsreise werden Paulus und Barnabas gemeinsam ausgesandt, gemeinsam gehen sie nach Jerusalem zum Apostelkonvent.

Diese Zweizahl spielt nicht erst seit der Jüngeraussendung Jesu eine Rolle; sie beruht auf der alttestamentlichen Regel von den mindestens zwei, womöglich drei Zeugen (Deut 19,15). Schon Lk 24 (Emmausjünger) weist auch auf ein theophanes Element: Der Herr kommt inmitten zweier Engel/Boten; so schildern es auch die apokryphen Berichte über Jesu Auferstehung. So könnte es die frühchristliche Auffassung über Mission sein: In der Mitte der zwei sichtbaren Boten kommt unsichtbar der Herr selbst; er ist »mit« ihnen (Mt 28,20).

Später übernimmt Timotheus die Begleitung des Apostels, und er wird auch als Mitabsender der meisten Briefe genannt (2 Kor, Phil, 1 Thess, Phm, vgl. 2 Thess und Kol), Röm 16,21 nennt ihn ausdrücklich »Mitarbeiter«. Dass er ein eigenes theologisches Profil gehabt hätte, ist nicht überliefert. Doch sind immerhin zwei der mutmaßlich sekundären Paulusbriefe, nämlich der 1. und 2. Timotheusbrief, für immer mit seinem Namen verbunden. Weisheitlichem Stil entsprechend heißt Timotheus hier »Kind« des Paulus. Ein Mitarbeiter war auch Silas bzw. Silvanus, ein Judenchrist, auf der 2. Missionsreise Begleiter des Apostels (bis Korinth) und Mitverfasser laut 1 Thess 1,1. Ob man sich das Ehepaar Priszilla und Aquila (aus Rom, dann in Ephesus und wieder in Rom) unbedingt als »Mitarbeiter« des Paulus vorstellen soll, ist fraglich. Zumindest hat er bei ihnen gewohnt.

Aber selbst Lukas schildert sie als durchaus selbständig, zum Beispiel in der »Nachhilfe«, die sie dem Apollos geben. Apollos selbst ist keineswegs Mitarbeiter, sondern steht eher in einer gewissen Rivalität zu ihm, jedenfalls aus der Sicht des Paulus. Apollos ist allerdings kein »Apostel«, und es wird auch keine Instanz erkennbar, die ihn ausgesandt hat. Nach der Apostelgeschichte ist er ein Charismatiker, vor allem in der schriftgelehrten Exegese, der aber im Unterschied zu Aposteln den Heiligen Geist selbst nicht weitergibt.

In den Gemeinden hat Paulus Vertrauensleute, auf die er sich stützen kann. Für Korinth sind besonders Stephanas mit seinem Haus (1 Kor 16,15–17 und 1,16) und die Diakonin Phoibe (Röm 16,1 f.) zu nennen. Stephanas war der erste Christ in Achaja, und Phoibe hatte offenbar die selbständige Leitung eines häuslichen Unternehmens inne. Vertrauensleute dieser Art sind noch keine Mitarbeiter. Paulus lässt keinen Zweifel daran, dass allein der Apostel das Sagen hat. Äußerungen des Heiligen Geistes bei lokalen Propheten behandelt er sehr zurückhaltend (1 Kor 14). Er ist offenbar weit davon entfernt, derartigen Leuten eine auch nur ähnliche Bedeutung wie sich selbst zuzuschreiben. Mit einem Wort: Paulus und niemand anders ist Vater/Mutter seiner Gemeinden.

6.4.9 Paulus und Barnabas

Barnabas ist neben Apollos der wichtigste christliche Heidenmissionar im unmittelbaren Umfeld des Apostels Paulus. Er hat lange mit Paulus zusammengearbeitet, und unter seinem Namen ist ein sehr alter echter (?) Brief erhalten, der typisch frühchristliche Schriftauslegung und Ethik (Zwölfapostellehre) enthält. Barnabas stammt aus Cypern, ist hellenistischer Jude aus dem Stamm Levi. In Jerusalem verkauft er einen Acker und spendet den Erlös seiner christlichen Gemeinde (am Tempel). Da er Levit war, legte sich eine Beziehung zum Tempel nahe, besonders weil sich die Gemeinde selbst im Bild des Tempels sah. Stiftungen an den Tempel (und an Synagogen) waren seit alters üblich. Barnabas führt den bekehrten Paulus in Jerusalem ein (Apg 9,27). Auch später wird Paulus nie ohne Barnabas nach Jerusalem kommen (11,30; 15,2). Wegen seiner Herkunft aus der Diaspora kommt ihm offenbar – was Paulus betrifft – eine Vermittlerrolle zu.

So stellt sich sein gesamtes Wirken als eine fortgesetzte vermittelnde Reisetätigkeit zwischen Antiochien und Jerusalem dar. Immer wieder reist er von hier nach dort und zurück. So schafft er durch seine Reisen das unabdingliche persönliche Band. Er ist Einheitsstifter in seiner Funktion als reisender Diplomat. So sieht es zum Beispiel Apg 11,22: Die Gruppe der Hellenisten missioniert in Antiochien nichtjüdische Griechen. Als »Apostel der Gemeinde« wird Barnabas von Jerusalem nach Antiochien geschickt (Reise 1). Dann kehrt er jedoch nicht zur Berichterstattung nach Jerusalem zurück, sondern sucht nach 11,25.26 Paulus in Tarsus auf, um ihn zurück nach Antiochien zu holen (Reise 2). So rettet er Paulus buchstäblich für die christliche Mission. Ohne ihn wäre Paulus wohl in Tarsus geblieben. In Diensten der Gemeinde von Antiochien wird er nach Apg 11,30 unter Clauius (41–54 n. Chr.) zur Übergabe einer Kollekte nach Jerusalem geschickt (Reise 3). Barnabas steht dann weiter in antiochenischen Diensten und wird nach Apg 13 f. mit Paulus zu einer Missionsreise ausgeschickt (Cypern, Kleinasien, Antiochien) (Reise 4). Dass er in Cypern beginnt, ist typisch, denn den Missionar schickt man zuerst in seine Heimatstadt. Daher war Paulus auch zuerst nach Tarsus gegangen. Auf dieser ersten Missionsreise dominierte Barnabas. In Lystra werden Barnabas und Paulus mit Zeus und Hermes verglichen. Barnabas war in den Augen der Leute der »Zeus«, Paulus fungierte demnach als Dolmetscher. Dass sie zu zweit auftreten, entspricht der Zeugenregel des Alten Testaments (Dtn 19,15).

Zum Apostelkonvent schickt die Gemeinde von Antiochien 48/49 Paulus und Barnabas nach Jerusalem (Reise 5); nach Gal 2,1 f. sind sie freilich durch eine Offenbarung beauftragt – für damalige Auffassungen kein Gegensatz. In Antiochien geht es um die Legitimität der beschneidungsfreien Heidenmission. Es folgen die Rückreise nach Antiochien und die Übergabe des Dekrets (Reise 6). Nach Apg 15,37 ff. kommt es anlässlich des antiochenischen Zwischenfalls auch zur Trennung zwischen Barnabas und Paulus (Apg 15,35–40; 48/49 n. Chr.). Danach ist Barnabas wieder in der Mission tätig (49 bis ca. 55 n. Chr.). Er stirbt wohl um 55 n. Chr.

Barnabas war eine Vermittlung stiftende Figur hohen Ranges. Sein Leben galt der Einheit der Juden- und Heidenkirche, auch wenn er einen anderen Weg wählte als Paulus. Sein(?) apokrypher Brief vertritt eine typisch christologische Auslegung des Alten Testaments; er ist der erste Beleg für die Deutung des Sonntags als den achten Tag (deutsch bei: Berger/Nord, Das Neue Testament). In diesem Brief setzt sich Barnabas auch indirekt mit Paulus auseinander. Der Würdestellung nach heißt Barnabas in Apg 13 f. »Apostel«; damit bezeugt er u. a. die Existenz von sogenannten Gemeindeaposteln (2 Kor 8), die von den gemeinchristlichen Aposteln zu unterscheiden sind. Wie bereits gesagt, wurden Gemeindeapostel nur zu begrenzten Aufgaben von Gemeinden berufen. Die generellen Apostel wurden durch den auferstandenen Herrn berufen (1 Kor 15,7).

6.5 Der eine und das Gremium

Auch bei der Frage, wie die Urchristen als gesellschaftliche Gruppe verfasst waren, gibt es die unterschiedlichsten Vorstellungen. Der Pegel der Assoziationen schlägt aus bis Kommune und Orden. Waren die ersten Christen das singuläre Phänomen einer sozialen und demokratischen Gesellschaft in der Antike? Wie war das Verhältnis von Leitung und Einzelnem? Von charismatischen Führungsfiguren zu »normalen« Gemeindemitgliedern?

Die bekannteren älteren Darstellungen der urchristlichen Verfassung haben unterschiedliche Interessen: Hans von Campenhausen wollte zeigen, dass am Anfang und möglichst weit jedenfalls nicht-juristische Strukturen dominierten. Zu Anfang waren alles freie, charismatische, nicht verhärtete, dem Zug der Liebe folgende Phänomene. Für alles juristisch Festgelegte (Amt) stand die katholische Kirche, für alles Bewegliche, Inspirierte (dann wieder) die eigene evangelische Kirche. Eher gegenteilig war das Anliegen des Erlanger Lutheraners J. Roloff, der zeigen wollte, dass Amt und rechte Auslegung der Schrift von Anfang an zusammengehörten.

Hier geht es um eine neue Beobachtung, nach der vom biblischen Befund her eine strenge Zuordnung zwischen dem einen und den vielen besteht, damit also zwischen Monarchie und Aristokratie bzw. Demokratie. Zu keinem Zeitpunkt ist Christentum monarchisch organisiert gewesen, zu keinem Zeitpunkt ist es jedoch auch eine Demokratie mit Mehrheitsabstimmungen gewesen. Zwischen der Führung durch den einen und dem Gremium der vielen bestand vielmehr stets ein Spannungsverhältnis, das zumindest dann nicht besser wurde, wenn der leitende »eine« Apostel in der Regel nicht vor Ort weilte. Aber abgesehen von diesen typisch paulinischen Ausnahmen war auch im Übrigen die Geschichte des Christentums weitgehend bestimmt vom Gegenüber des einzelnen Leiters oder Vorsitzenden und des Gremiums, dem er vorstand. Dieses Gegenüber hat seinen Ursprung bereits im Gottesbild des Alten Testaments, aber es wiederholt sich auch in jüngeren Gemeindestrukturen. Maßgeblich für die im Folgenden sich niederschlagenden Untersuchungen war die Einsicht, dass der Schlüssel zum Verständnis der frühchristlichen Verfassung das Ältestenamt ist.

6.5.1 Die Kirche als Republik

Wenn es Christen in der Antike darum ging, sich selbst zu organisieren, mussten sie dazu zeitgenössische Denkform und Verfassungsstrukturen adaptieren. So sind Lösungen in der Ämter- und Gremienfrage auch im Horizont der sehr weltlichen Kategorien der römischen *res publica* entwickelt worden. Oder wie Augustinus es sagt: Kirche ist eine civitas, ein Gemeinschaftsgebilde, das dem Wohl seiner Bürger dient. Diese nüchterne Selbsteinschätzung der frühen Christen ist allemal erstaunlich. Hier geht es um gerechtes Miteinander – und dies selbstverständlich im Wettstreit mit jedem anderen Gemeinwesen auf Erden.

Wir beginnen mit Beobachtungen zu den Titeln *Ältester, Diakon* und *Bischof:* Was die Herkunft dieser drei Titel betrifft, so fällt ins Auge: Sie werden vorchristlich fast vollständig profan gebraucht. Keiner steht in exklusiv kultischem Gebrauch. Und genauso auffallend ist, dass kein kultisch-alttestamentlicher Titel im frühen Christentum fortlebt (Priester, Hoherpriester [auf Jesus beschränkt], Levit). Wenn man die übrigen Amtsbezeichnungen mit einbezieht, vervollständigt sich das Bild: Der einzige religiöse Titel, der übernommen wurde, ist »Prophet«, relativ neu ist »Apostel«, ganz neu »Evangelist«. Alle übrigen Bezeichnungen sind gleichfalls neutralen weltlichen Ursprungs.

Insbesondere für *Ältester, Diakon* und *Bischof* bedeutet das: Jede Assoziation an einen früheren Kult wird vermieden. Die Gemeinde versteht sich klar als eine Art politisches Gemeinwesen. Damit konkurriert sie von Anfang an mit anderen Gemeinwesen. Darauf weisen auch die Ausdrücke »Leib Christi« und »Christus als Haupt des Leibes« hin, welche beide dem römischen Staat nachempfunden sind, aber auf der religiösen Linie schon viel weiter gehen als unsere anspruchslos funktionalen Begriffe. In der Selbstauffassung ist die Gemeinde daher von Anfang an »Staat (Gemeinwesen) Jesu Christi«. Ziele sind, wie bei jedem anderen Staat, Gerechtigkeit und Friede, Versöhnung der Mitglieder untereinander. Sowohl Augustinus als auch der frühe Calvinismus haben daher – jeder auf seine Weise – die nüchternen politischen Ambitionen der christlichen Gemeinschaften erkannt. Das bedeutet auch: Im innerkirchlichen Miteinander wird nichts mystifiziert, sakralisiert oder verklärt. So ist die Konsequenz: Ein *Diakon* ist nicht zuerst Kleriker, sondern einer, der die Drecksarbeit für alle tut. Ein Ältester (von presbyteros kommt das Wort »Priester«) ist nicht zunächst geweihter Vollzieher des Herrenmahles, sondern Verwalter bestimmter Aufgaben. Und ein *Bischof* ist nicht zuerst Abbild Christi oder geistlicher Fürst, sondern Aufseher und Kontrolleur, der die Durchsetzung der gemeinsamen Normen überwacht. Die Betonung dieses schlichten Grundverständnisses soll nur die Funktionen nicht von Anfang an überladen, weil man sonst, wie die Geschichte zeigt, immer ungeheuer enttäuscht ist, wenn der Betreffende dann doch nicht so heilig war, wie aufgrund des Titels angeblich erwartbar. Kein Sakrament wird bestritten, nur, was Personen betrifft, geht die Nüchternheit vor.

Zum Wort *Bischof:* griechisch *episkopos* = Kontrolleur, Aufseher (gr.: ephoros), verantwortlicher Verwalter. Zugeordnet ist die jeweilige Verfassung, deren Überwachung der *episkopos* vollzieht. Sachlich benachbart ist daher auch der Richter in der Funktion des »aufdeckenden Staatsanwalts«. Recht und Gerechtigkeit werden so gepflegt, der Herrscher delegiert diese Rolle an den *episkopos*. Dieser darf nichts unbeaufsichtigt sich selbst überlassen. In wenigen alten Belegen sind »Aufseher« und Ältester noch austauschbar und sprachlich nicht festgelegt; wenn das der Fall ist, steht »Aufseher« noch im Plural. Im frühen Christentum ist der Bischof zwingend ortsansässig. Seine Funktion ist weder aus dem Haus noch gar aus der Mission herausgewachsen. Die Gemeinde ist als »Stadt« begriffen. Im ältesten Stadium frühchristlicher Gemeinden vollziehen die Christen noch selbst die gegenseitige Überwachung: 1 Thess 4,18; 5,11.14; Hebr 10,24; Röm 15,14; regelmäßig erkennbar ist das an der Verwendung des Wortes »einander«. Denn Gott nimmt sein Überwachen durch andere (Menschen) wahr. Religiöse Verwendung gibt es für »episkopos« im Judentum nur für Moses (schonungsloser Aufseher über böse und guteTaten), in Sibylle Fragment 1,3: »Gott, der euer Aufseher ist, Zeuge von allen«. An einer Stelle ist auch »Hirte« synonym.

Zum Wort *Diakon*: Das Wort kann den Tischdiener bezeichnen, und in diesem Sinne gilt die besondere Rolle bei der Feier der Eucharistie. Das Dienen betrifft dann nicht nur den Tischdiener, sondern die Versorgung überhaupt, besonders im Sinne von Gastfreundschaft. – Als politischer Begriff meint Diakon jeden, der (mühsame) Aufgaben für die Allgemeinheit übernimmt, und zwar auch im Sinne von finanziellen Aufwendungen; so kann Paulus seine Kollekte als »Dienst« bezeichnen. Im öffentlichen Leben bekam man solche Sonderaufgaben durch Wahl. Im privaten Bereich ist »Diakonos« der Gehilfe, die Ordonnanz. Die Verbindung von »Diener + Genitiv« meint den, der sich für eine Sache öffentlich einsetzt. In Verbindung mit »Gott« kann das Wort an wenigen Stellen auch den Boten und Diener Gottes bezeichnen. Im Unterschied zu Sklave (gr.: doulos) markiert »Diener« nicht einen sozialen Stand. Erst dort, wo die Funktion an bestimmte persönliche Eigenschaften gebunden wird (wie in 1 Tim 3), ist der Weg zu einer dauerhaften Verbindung mit einer Person im Sinne von Amt gegeben, wie das dann bei Ignatius von Antiochien zweifellos erreicht ist.

Zum Wort *Ältester*: Aus der griechischen Verfassungsgeschichte ist der Ausdruck »Rat der Alten« (gerusia) geläufig, und in vielen

Vereinen, Kollegien und Städten im ganzen Mittelmeerraum gibt es Ähnliches. Insofern kann man, zum Beispiel dann, wenn Jak 5 von den *Ältesten* der Gemeinde spricht, nicht von einer Rejudaisierung sprechen. Die Sache war überall verständlich, auch wenn der Grad der Institutionalisierung unterschiedlich war. Wichtig ist, dass der Begriff im Judentum kein typisch religiöser ist, denn in Synagogen finden sich entsprechende Älteste nicht vor dem 3. Jh. n. Chr. Im Sinne internationaler Weisheit ist der Ältere der mit der größeren Lebenserfahrung und Lebensleistung, der aus vielerlei Gründen zu achten ist und deshalb in jeder Gemeinschaft einen ruhenden Pol darstellt.

6.5.2 Der eine Gott und das himmlische Gremium

Die Herleitung eines Organigramms der Urkirche aus außertheologischen Quellen, wie zum Beispiel der römischen *res republica,* geht dennoch an der Sache vorbei. Leitung im jüdischen Kontext führt tief in die Weise hinein, wie Gott herrscht und leitet und andere mit Elementen vollmächtiger Leitung begabt. Nach vielen biblischen Texten ist Gott von einem Gremium umgeben, das in den jüngeren Texten »Älteste« heißt. In älteren Texten gibt es diesen Thronrat auch, dessen Mitglieder Martin Luther etwa »Gottwesen« nennt. Man geht davon aus, dass damit existierende, aber eben unterworfene Götter gemeint sind. Wo sie Älteste genannt werden, spiegeln sich darin bereits Elemente der städtischen Verfassungen des Mittelmeerraumes. Diese im Prinzip pluralen Elemente werden nicht einfach beseitigt, sondern leben fort, weil typisch biblisch nicht die monistische Existenz, sondern die Spannung zwischen dem einen Gott und der Vielfalt des Geschaffenen ist, zu der dann eben auch andere Gottwesen gehören.

Jes 24,23 »Denn König ist der Herr ... und vor seinen Ältesten wird Herrlichkeit sein« bezieht sich auf Gottes Königtum auf dem Berg Sion und in Jerusalem. Geht es um Erneuerung der Vision der Ältesten nach Ex 24,9–11, die gleich zu zitieren ist? Sind die bei der Verklärung nach Mk 9 genannten Jünger die typologische Entsprechung zu diesen Ältesten? Was hat das alles mit Verfassung zu tun?

6.5.3 Moses und die Ältesten Israels

In Ex 24,9–11 heißt es (nach dem Bundesschluss): »Dann stiegen Moses und Aaron, Nadab, Abihu und 70 von den Ältesten Israels hinauf. Sie schauten den Gott Israels. Unter seinen Füßen war es wie Saphirplatten und wie der Himmel selber in seiner strahlenden Reinheit. Er aber streckte seine Hand nicht aus gegen die Edlen der Israeliten. Sie durften Gott schauen und danach unbehelligt essen und trinken.« Die Ältesten Israels sind daher namentlich genannte (!) Offenbarungszeugen, die unter anderem durch ihr wunderbares Unbehelligtsein angesichts des Anblicks Gottes die Legitimität des Gesamtvorgangs (insbesondere Bundesschluss) bestätigen.

Nach Num 11,24 f. ging Moses »hinaus und redete zum Volk alle Worte des Herrn. Er rief 70 Männer von den Ältesten zusammen und stellte sie rings um das Zelt auf. (25) Der Herr fuhr in einer Wolke herab und redete zu Moses. Dann nahm er etwas von dem Geist, der auf ihm ruhte, weg und ließ es über die 70 Ältesten kommen. Als der Geist sich nun auf sie niederließ, gerieten sie in prophetische Verzückung. Sie wurden jedoch nicht hinweggerafft.« Hier ist der direkte Partner Mose nicht das Volk, sondern die Ältesten des Volkes. Sie erhalten entsprechenden Anteil an dem Heiligen Geist, der Moses erfüllt. Indem derselbe eine Heilige Geist von einem auf eine größere Gruppe übergeht, geschieht Analoges wie zu Pfingsten. Der Geist Jesu geht über auf seine Jüngerinnen und Jünger. (Ähnlich von Elia auf Elisa nach 2 Kön 2,9). Bei Philo (Gig 24) heißt dieser Geist der »allweise Geist«. Im Neuen Testament werden wir beobachten, dass an verschiedenen Stellen gerade das Gremium von Ältesten durch das Wirken des Heiligen Geistes gekennzeichnet ist. Es ist sehr gut denkbar, dass diese Auffassung aus Num 11 kommt.

In beiden Fällen ist Moses der erstgenannte und erstrangige Empfänger der Offenbarung, doch ihm zur Seite steht ein begrenztes Gremium, das in diesen Fällen dafür sorgt, dass Moses nicht alleinsteht und sich daher die Offenbarung nicht ausgedacht hat. Das Gremium allein kann nicht genügen, aber die Absicherung durch das Gremium ist notwendig. So ruht der Glaube »auf zwei Beinen«.

Die auch in Qumran erhaltene Damaskusschrift (CD) spricht in

5,4 von »Josua und den Ältesten«, wiederholt also die Konstellation auf der geschichtlich folgenden Ebene.

6.5.4 Das Gremium Jesu – oder: Der Menschensohn und die Zwölf

Eine gewisse Parallelität von Menschensohn und Zwölferkreis ist durch Mt 19,28 gegeben: »Wenn die Welt neu geschaffen wird und der Menschensohn sich auf den Thron der Herrlichkeit setzt, werdet ihr, die ihr mir nachgefolgt seid, auf zwölf Thronen sitzen und die zwölf Stämme Israels richten.« Sie rührt aus Dan 7 her: Der Menschensohn aus der Bildhälfte ist in der Sachhälfte das Volk der Heiligen des Höchsten. Daher kommen auch die stark »gemeinschaftlichen« Züge im Bild vom Menschensohn, etwa sein Leben einzusetzen für alle (Mk 10,45) oder die Geschicksgemeinschaft im Dienen und in der Niedrigkeit mit seinen Jüngern.

Es gibt auch ein kleineres Gremium, das Zeuge besonderer Offenbarung wird, nämlich die vier (Petrus, Andreas, Johannes, Jakobus) bzw. die drei (ohne Andreas), die zum Beispiel bei der Verklärung durchaus eine ähnliche Funktion haben wie die Ältesten bei der Sinai-Offenbarung. In dem kunstgeschichtlichen Bild-Typus der Traditio Legis (3.–5. Jh. in der Gegend um Rom) werden die Ältesten beschränkt auf Petrus und Paulus.

Es ist hier grundsätzlich zu fragen, welche Rolle Offenbarungszeugen dieser Art dann später in der nachösterlichen Gemeindeverfassung haben und ob das eine das andere bedingt hat.

6.5.5 Petrus und die Apostel

Petrus ist der Sprecher der übrigen Jünger bei der Bekenntnisfrage nach allen vier Evangelien und in den Judenpredigten nach Pfingsten. Als Sprecher gehört er zu ihnen und steht ihnen doch selbständig gegenüber. Im Bild der Ellipse ist Petrus das eine Zentrum, die Apostel sind das andere.

6.5.6 Petrus (Paulus) und die Gemeinde

Nach Mt 16,19 hat Petrus die Schlüssel zum Binden und zum Lösen, nach Mt 18,18 hat die ganze Jüngergemeinde dieselbe Vollmacht. Daher ist hier das Bild der Ellipse angemessen. Beide Brennpunkte sind gleichartig, nur der eine ist Petrus allein, der andere die Gemeinde. Die gleiche Verteilung ergibt sich nach 1 Kor 5: Paulus hat bei sich beschlossen, den Unzuchtssünder »freizusetzen« (5,3), dasselbe soll als Gremium die Gemeinde tun (5,4). So bestätigen die beiden Vollmachten einander. In beiden Schriften ist hier die Zuordnung von Apostel und Gremium nicht eine leblose Struktur, sondern es handelt sich wirklich um parallele Aktionen. Vorausgesetzt ist, dass sie harmonieren. Der Apostel wird jeweils nicht nur zuerst genannt, in 1 Kor 5 inspiriert er auch das Gemeindegremium.

6.5.7 Der Apostel und die Ältesten

Ergänzung oder zeitliche Folge der Apostel ist durchgehend eine Ältestenverfassung. Das gilt offensichtlich von Korinth bis Jerusalem. Auch die Zwölf sind nichts anderes als Älteste Israels. Die Typologie der alten und neuen Offenbarung zum Beispiel stellt gegenüber dem alten Bund den erneuerten oder neuen Bund, dem alten Bundesmittler Moses den neuen Bundesmittler Jesus und den Ältesten nach Ex 24 oder Num 11 ebenjetzt die neuen zwölf Ältesten.

Der 1. Petrusbrief spiegelt eine Ältestenverfassung, doch Petrus ist als der zuständige Apostel (1,1) weisungsbefugt und nennt sich – understatement – in 5,1 Mitältester.

Nach Apg 14,23 heißt es von Paulus und Barnabas: »In jeder christlichen Gemeinde bestellten sie Älteste, indem sie ihnen die Hand auflegten, fasteten, Gebete sprachen und sie der Obhut des Herrn empfahlen, dem sie sich glaubend zugewandt hatten.« Vor noch nicht allzu langer Zeit bezeichnete man derartige Notizen als interessegeleitete Erfindungen und als reine Phantasiegebilde. Die Frage ist, warum solche Urteile wahrscheinlicher sein sollen als das, was dasteht. Was konnten Paulus und Barnabas denn Klügeres tun – bei den verwaltungsmäßigen Möglichkeiten der damaligen Zeit?

Von derartigen Ältesten ist in der testamentarischen Rede des Paulus in Apg 20 die Rede. Paulus macht in Milet Station. (20,17) »Doch von Milet aus forderte er durch Boten die Ältesten der Gemeinde von Ephesus auf, zu ihm zu kommen. (18) Als sie kamen, sagte er zu ihnen: … (28) Achtet auf euch und die ganze Herde, über die euch der Heilige Geist als Hirten eingesetzt hat.«

Für die judenchristliche Gemeinde in Jerusalem berichtet die Apostelgeschichte nur in den Kapiteln 15 und 16 (15,2.4.6.22.23; 16,4) von einer Struktur »Apostel und Älteste«. Nur stehen hier die Apostel im Plural. Es handelt sich erkennbar um zwei Gremien, von denen die Apostel das kleinere und im Rang höhere ist. Aber beide ergänzen sich – wiederum im Bild der Ellipse. Hier liegt womöglich der Sonderfall dessen vor, was in den Missionsgebieten der eine Apostel (oder die zwei Apostel) gegenüber den Ältesten sind. Im LukasEv spiegelt sich dieses Miteinander und Gegenüber von Apg 15 f. in der »Sendung« der Zwölf und der Siebzig (Lk 9,1–6; 10,1–12).

Die Konstellation Apostel/Älteste ist auch gegeben in 1 Tim 4,14: Paulus wendet sich als Apostel an einen Ältesten (s.u.). Wie in Apg 20,28 ist auch nach 1 Tim 4,14 die Bestellung zum Ältestenamt mit Hilfe des Heiligen Geistes geschehen. In 1 Tim 1,1 stellt sich Paulus als Apostel vor, er richtet sich an den Ältesten namens Timotheus. Früher hat man öfter überlegt, ob Timotheus hier nicht ein »Bischof« sei. Das ist – mit Verlaub gesagt – ein halber Anachronismus und daher hier auch nur halb wahr. Wie noch darzustellen sein wird, kommen die Bischöfe aus dem Kreis des Presbyteriums und bilden später (also nach dem Tod der Generation der Apostel) doch den einen vorsitzenden Apostel ab. Auch heute ist es ja die Regel, dass der künftige Bischof aus dem Kreis der geweihten Presbyter aufsteigt.

Paulus erinnert seinen Schüler Timotheus daran, dass er ihm einst die »Hände aufgelegt« hat und dass Timotheus dadurch Gnade und Heiligen Geist empfangen hat. Diesen Funken soll Timotheus nun bewahren und wieder lebendig werden lassen. Da dieser Funken voll »Liebe und Klugheit« (V. 7) ist, darf man annehmen, dass es sich um das handelt, was sonst »Charisma« heißt. Dieser Bericht steht nun in Spannung zu dem, was 1 Tim 4,14 besagt: »Sei bestrebt, die besondere missionarische Gabe weiterzuentwickeln, die dir verliehen wurde, als damals in der Gemeinde eine Prophetie auf dich ausgelegt wurde und der Kreis der Ältesten dir die Hände auflegte.« Die Frage ist: Welche Situation meint 2 Tim 1 und welche 1 Tim 4? Die Entscheidung ist deshalb schwierig, weil Handauflegung im 1. Jh. und lange danach mehrdeutig ist und von der Geistverleihung bei der Taufe bis zur Bischofsweihe vieles bezeichnen kann. Wissen muss man als Voraussetzung: Die Ältesten gibt es in der Regel nur als Gremium (Kollegium), und so handeln sie auch »kollektiv«. Und ferner: An der Spitze der Ältesten steht – von ihnen selbst gewählt oder von woanders her bestimmt – der Bischof. – Und schließlich: Der eine Vorgeordnete steht dem Gremium stets gegenüber; er kommt aus ihm oder wird aus ihm gewählt. – Dabei gilt: Der Apostel kann das Tun des Gremiums der Ältesten ersetzen oder bestätigend begleiten.

So gibt es mehrere Möglichkeiten für unsere beiden Texte. Entweder beide Texte meinen tatsächlich dieselbe Situation. Paulus und die Ältesten – das wäre dann wie das Ganze und ein Teil. Als Apostel wäre Paulus Mitältester (vgl. 1 Petr 5,1). Gemeint wäre die Situation der Installation als Ältester – oder als Bischof (an der Spitze des Ältesten-Gremiums). Die Prophetie in der Gemeinde ist bekannt als besonderes Mittel zur Bestellung erwählter Personen (vgl. Apg 13,2). – Die zweite Möglichkeit: 2 Tim 1 meint jedenfalls etwas, das Paulus allein vollziehen kann: Die Einsetzung zum Bischof oder Ältesten (wie Apg 20,28), 1 Tim 4 meint die Installation als Ältester. – Die dritte Möglichkeit: 2 Tim 1 meint die Taufe und das Taufcharisma, 1 Tim 4 die Ko-Optierung in den Kreis der Ältesten.

Ich halte es für gegeben, dass in 1 Tim 4 die Hinzuwahl zu den Ältesten das Thema ist. Und ich meine, dass es sich in 2 Tim 1 um die Bestellung zum Bischof handelt. Das eine wäre eine Bewegung auf gleiche Höhe: Die Ältesten berufen in ihr Gremium, so wie heutzutage noch Akademiemitglieder berufen werden. Und was Paulus tut, wäre ein Ruf von oben nach unten, entweder in das Gremium oder zum Vorgesetzten des Gremiums (als Bischof).

Auf jeden Fall zeigt unser Text: Zwischen Amt und Charisma besteht nicht der geringste Gegensatz. Wie auch immer das, was Timotheus erhalten hat (Ältesten- oder Bischofswürde) funktional ausgerichtet war – sowohl der Weg der Berufung (Prophetie) als auch der Inhalt der Begabung (Liebe und Klugheit als Gaben des Heiligen Geistes) waren charismatisch strukturiert, das heißt: Gottes freie Gnadengabe, die sich als je persönliches Geschenk von Begabungen zu missionarischen Zwecken äußerte. Der Heilige Geist überwindet alles das, was in einem Gremium zufälliger Pluralismus sein kann – als hätte man das Diktum geahnt »Die Mehrheit ist immer der Unsinn.« Gerade diese Bindung des Heiligen Geistes an die Gremien der Ältesten samt ihrer Begründung im Alten Testament hätte doch der älteren Forschung auffallen müssen, denn sie bedeutet ein im höchsten Maße charismatisches Element in dieser Institution. Gerade das aber durfte – aus erkennbar konfessionalistischen Gründen nicht sein: Wo Gesetz und Judentum walteten, durfte vom Heiligen Geist keine Rede sein. So sind nach der älteren Studie von Hans von Campenhausen die Ältesten »Hüter des Gesetzes«, strikt nachpaulinisch und die Voraussetzung für amtlich-kirchliches Denken überhaupt. Gegenüber Paulus sei das alles ebenso neu wie fremd.

Auf jeden Fall geschieht dieses: Paulus erinnert Timotheus an die Gnadengabe, die dieser in sich aktivieren soll. Uns erinnert das daran, dass in der Taufe an jedem Christen Ähnliches geschieht (deshalb habe ich oben als dritte Möglichkeit die Taufe genannt). Denn Taufe und »Ordinationssakramente« sind offensichtlich parallel strukturiert: Die Verleihung des Heiligen Geistes bedeutet für jeden und jede ein Initiationscharisma. Es ist dieses geradezu ein seelsorgerliches Grunddogma des Apostels Paulus: Jeder Getaufte hat mindestens ein Charisma, das seine persönliche Aktivität im Dienste glaubwürdiger Gemeinde und Mission begründet. Dabei ist Charisma jede Kraft und Fähigkeit, die so stark ist, dass sie nur vom Himmel her erklärt werden kann. Und wenn jeder Getaufte eine solche durch den Taufgeist vermittelte Kraft in sich hat, dann ist es auch sinnvoll, den Text allen Getauften und Gefirmten vorzulesen.

Die Gemeinde von Korinth hatte offenbar im Anschluss an paulinische Zeiten eine Ältestenverfassung, doch im Vakuum nach dem Tod des Apostels hatte man keinen Bischof bestellt. So griff Clemens von Rom an des Apostels statt als Bischof ein (1 Clem). Der Brief dokumentiert daher, dass bei Verblassen der Ordnung Apostel-Älteste die Ordnung Bischof-Älteste potenziell an die Stelle trat.

In Phil 1,1 spricht Paulus, der Apostel, zuerst in der Gemeinde »Aufseher und Diakone« an. Zweifellos geht es hier um mindestens ein Gremium. Aber die entsprechenden Menschen heißen nicht Älteste. So belegt die Stelle nur das Gegenüber des einen Apostels zum lokalen Gremium. Die »Aufseher« heißen »episkopoi«, aber solange diese in der Mehrzahl sind, geht es noch nicht um das Bischofsamt. Auch nach 1 Petr ist Christus der Aufseher Vorbild für die Ältesten in ihrem Weiden (zur Beziehung zum Bischofsamt vgl. den folgenden Abschnitt)

Auch im Jakobusbrief gilt eine Ältestenverfassung (vgl. 5,13 ff.). Doch Jakobus, der Herrenbruder, der den Brief verfasst, ist nicht Apostel. Dennoch gilt das Schema »einer gegenüber dem Gremium von Ältesten«. Demnach ist der Jakobusbrief auch Spiegel der Verhältnisse in Jerusalem: Jakobus der Herrenbruder und Älteste als die beiden Pole auf Seiten der Adressaten. Genauso dürfte auch das Selbstverständnis des Herrenbruders Jakobus gegenüber dem Apostelkonvent gewesen sein, der um 48 in Jerusalem stattfand (Apg 15 f.): Hinweis darauf ist die Einleitung zu dem entscheidenden Schriftstück, dem Aposteldekret. Denn es beginnt mit den Worten: »Der Heilige Geist und wir haben beschlossen ...« Diese Rolle des Heiligen Geistes finden wir stets bei gemeinsamen Aktionen von Gremien der Ältesten, und sie geht wohl sicher auf die Mose/Ältesten-Typologie zurück, die oben dargestellt wurde. – Und wenn kein Apostelkonvent tagte, stand der Herrenbruder dem Presbyterium (Älteste) vor wie sonst Apostel oder später Bischof, so in Apg 21,18.

Nach Titus 1,5 hat Paulus seine Vollmacht, Älteste per Handauflegung einzusetzen, an Titus delegiert. Damit bleibt es eigentlich der Apostel, der einsetzt: »Wie ich dir aufgetragen habe, solltest du in jeder Stadt Älteste einsetzen.« Damit soll Titus ebendas tun, was Paulus selbst nach Apg 14,23 getan hat.

6.5.8 Apostel und Bischöfe

Das klassisch katholische Geschichtsbild lautet: Die Bischöfe sind die rechtmäßigen Nachfolger der Apostel. Dieses Bild ist stark vereinfacht. Die Gremien spielen dadurch keine Rolle. Nach Apg 20,28 sagt Paulus zu den Ältesten, die er in Milet zusammengerufen hat: »Achtet auf euch und die ganze Herde, über die euch der Heilige Geist als Hirten (gr.: Aufseher, Bischöfe) eingesetzt hat.« In den Acta Pauli (3 Kor 1,1) ist die Rede von »Stephanas und die Ältesten mit ihm«. Von der nachpaulinischen Ältestenverfassung in Korinth wissen wir durch 1 Clem. In der Zwischenzeit ist Stephanas offenbar zum Nachfolger des hl. Paulus geworden. Gegenüber den Ältesten könnte er diese Stelle einnehmen.

Öfter werden demnach als Gremien Aufseher (gr.: episkopoi) mit Aufgaben genannt, die später den Bischöfen zukommen. So sind in Apg 20,28 die Aufseher synonym mit den Ältesten nach Apg 20,17. Der eine Episkopos ist strukturell Nachfolger des je einen Apostels, insbesondere als Vorsitzender des Presbyteriums. Man kann auch sagen: Das Presbyterium bleibt, der Vorsitzende wechselt (vom Apostel zum Bischof). In wenigen alten Belegen sind »Aufseher« (gr.: episkopos) und Ältester noch austauschbar und sprachlich nicht festgelegt; wenn das der Fall ist, steht »Aufseher« noch im Plural

Offensichtlich speist sich daher die Entstehung des monarchischen Bischofsamtes aus zwei Quellen: aus der Nachbildung des monarchischen Apostelamts und der Übernahme von Hirtenfunktion, die früher einige oder alle Älteste wahrnahmen. Gerade an der Hirtenfunktion lässt sich das auch terminologisch festmachen: Von den Ältesten wird sie behauptet in 1 Petr 5,2, von den Aufsehern (Episkopen im Plural, Apg 20,28), vom Episkopos (Bischof) im Singular in 1 Petr 2,25. – Entscheidend ist die Nachbildung des einen. In diesem Sinne wird Jesus Christus als der eine Bischof der Seelen genannt.

6.5.9 Doppelgremien

Lukas berichtet mehrfach von Doppelgremien. Fall 1: Nach Lk 9 instruiert Jesus die Zwölf über ihre Ausrüstung, nach Lk 10 sendet er die 72 Jünger aus. Fall 2: In Apg 6 berichtet Lukas über das Gremium der Zwölf und das Gremium der Sieben, welche die Diakonie wahrnehmen sollen (aber doch nebenbei auch predigen wie Stephanus und der Evangelist Philippus). Fall 3: Für Jerusalem setzt Lukas in

Apg 15 das Gremium der Zwölf neben dem Gremium der Ältesten an.

Ganz offensichtlich haben diese Gremien je unterschiedliche Funktion. Die Zwölf mit Petrus an der Spitze sind eine Art Kronrat oder Thronassistenten. Die Sieben dagegen und die 70 (Lk 10; in Apg 15 ist 70 vielleicht die Zahl der Ältesten) sind Mitarbeiter im Außendienst, für das äußere Erscheinungsbild zuständig. *Fazit:* Es ist möglich, dass von diesen Gremien jeweils das eine mehr für den Innendienst, das andere für die Repräsentation nach außen zuständig ist. Für die Zwölf ist Petrus der eine Leiter, für die Siebzig Jakobus der Herrenbruder (Apg 21,18, vgl. aber zum Jakobusbrief).

Auch die Offenbarung des Johannes kennt – wenigstens für den »idealen« Bereich des Himmels – zwei Gremien: die zwölf Apostel als Fundamente der himmlischern Stadt und die 24 Ältesten rings um Gottes Thron. Wichtig scheint mir dabei, dass, ähnlich wie in den meisten lukanischen Belegen, der Anzahl nach die Ältesten ein Vielfaches darstellen.

In der typologischen Darstellung bei Ignatius von Antiochien stellt das örtliche Presbyterium das Kollegium der Apostel abbildlich dar (in Tralles, Philadelphia und Smyrna). Entsprechend sieht er dann den Bischof in der Rolle Jesu Christi. Historische Ansprüche verbindet Ignatius nicht mit dieser Sicht. Aus neuerer Sicht muss man sagen: Das Kollegium der Apostel wird abgebildet durch das weltweite Kollegium der Bischöfe.

6.5.10 Die Kooptierung in das Ältestenamt

Paulus spricht seinen Schüler Timotheus auf die Handauflegung an, die er durch das Presbyterium erhalten habe: »Sei bestrebt, die besondere missionarische Gabe weiterzuentwickeln, die dir verliehen wurde, als damals in der Gemeinde eine Prophetie auf dich ausgelegt wurde und der Kreis der Ältesten dir die Hände auflegte.« (1 Tim 4,14) Die Frage wurde lange diskutiert: In welcher Rolle befindet sich Timotheus? Offenbar ist er ein Ältester, der durch die Handauflegung kooptiert, d. h. zum vollgültigen Mitglied gemacht. Die neuen Mitglieder wurden daher nicht von Anfang an durchgehend nur durch den einen Vorsitzenden bestimmt, sondern auch durch die Mitglieder des Presbyteriums insgesamt (im Konsens?). In welcher Rolle ist Paulus da? Im Rahmen der Konstellation Apostel/Älteste richtet er sich an einen Ältesten.

Ähnlich ist die Lage in Apg 13,1–3: Auch hier ist es ein Gremium (Propheten und Lehrer), das für einen Dienst Paulus und Barnabas bestimmt. Man beachte die Rolle des Heiligen Geistes, und zwar im Blick auf Apg 20,28 und 1 Tim 4,14: Die Bestellung zum Ältestenamt ist mit Hilfe des Heiligen Geistes geschehen. Diese Aspekte bestätigen unsere Sicht, dass es sich auch in Apg 13 um die Kooptierung ins Ältestenamt handelt. Diese erfolgt hier – zu einem besonderen Zweck (Missionsreise) – unabhängig von der Apostelwürde des Paulus.

Wir beobachteten bereits, dass auch auf dem Apostelkonvent in Jerusalem nach Apg 15 der Heilige Geist in der Mitte des Konvents wirksam war: »Der Heilige Geist und wir haben beschlossen ...« Daraus folgern wir, dass zumindest Jakobus der Herrenbruder in diesem Konvent eine Art Ältestenversammlung gesehen hat, für die dieses Wirken des Heiligen Geistes typisch ist.

Zu erwähnen ist noch, dass zwischen 1 Tim 4,14 (Handauflegung durch das Presbyterium) und 2 Tim 1,6 kein Widerspruch besteht. In 2 Tim 1,6 schreibt »Paulus« persönlich an Timotheus: Deswegen möchte ich dich an etwas erinnern: »Als ich dir einst die Hände aufgelegt habe, hast du dadurch Gottes ganz spezielle Gnade empfangen. Lass diesen Funken wieder zur Glut in dir werden. (7) Denn der Heilige Geist, den Gott uns geschenkt hat, ist nicht ängstlich, sondern kräftig, voll Liebe und Klugheit.« Hier ging es darum, dass Paulus Timotheus getauft hat. Oder hat er ihn zu mehr gemacht? Die an die Taufe anschließende Handauflegung hat grundsätzlich für jeden die Folge, dass ihm sein Charisma mitgeteilt wird. Bei Paulus ist das für jeden ein Muss, d. h., grundsätzlich muss jeder Christ davon ausgehen, dass er bei der Taufe ein Charisma empfangen hat (1 Kor 12,7).

In Tit 1,5 sehe ich keine Kooptation von Ältesten, sondern eine vom Apostel Paulus delegierte Einsetzung von Ältesten; daher gehört dieses zum Thema Apostel/Älteste.

6.5.11 Verhältnisbestimmungen, biblisch

❖ *Der Bischof und die Ältesten:* Spätestens bei Ignatius von Antiochien (um 115 n. Chr.) existiert ein festes Gegenüber des morarchischen Bischofs zum Gremium der Ältesten. Es wird ausdrücklich gesagt, diese Relation bilde Moses und die Ältesten ab. Wenn Bischof Clemens von Rom an die Ältesten von Korinth schreibt, wird diese Struktur auch zwischengemeindlich sichtbar. Im Zweiten Vaticanum ist diese Relation berücksichtigt als das Verhältnis von Diözesanbischof und Priesterrat.

❖ *Der Papst und die Bischöfe:* Anschauliche Gegenwart wird diese Beziehung auf den Konzilien der Alten Kirche. Kontinuierlich wächst der Anteil des Papstes bei der Besetzung einzelner Bischofsstühle. Die mildeste Form ist das römische Plazet, die härteste die direkte Ernennung durch Rom. Das Zweite Vaticanum hat die Bedeutung des Kollegiums der Bischöfe aufgewertet.

❖ *Der Papst und die Kardinäle:* Vom frühen Mittelalter an bildet sich auch in Rom ein Gremium, das dem monarchischen Papst gegenüber steht.

❖ *Der Bischof und das Domkapitel:* Ähnlich wie bei Papst und Kardinälen bildet sich auch am Bischofssitz ein Gremium. Wie bei der Papstwahl besteht das Recht der Bischofswahl (die freilich zumindest von Rom bestätigt werden muss, wenn nicht der Papst größere Mitwirkungsrechte hat). Aber im Prinzip ist es ähnlich wie bei Papst und Kardinälen.

❖ *Der Pfarrer und das Presbyterium:* In der calvinistischen Kirchenverfassung (z. B. Rhein. Kirche) ist bestimmend ein Gegenüber von Ältesten und Pfarrer. Dabei beruft das Presbyterium den Pfarrer (ähnlich wie an vielen Orten das Domkapitel den Bischof), unter bestimmten Bedingungen kann es ihn auch absetzen. Jedenfalls gab es bis zum Zweiten Vaticanum das Verhältnis von Einzelnem und Gremium pfarrlich gesehen nur bei den Calvinisten. In weniger streng ausgerichteten unierten Gemeinden (z. B. in Baden) hat der Landesbischof (Oberkirchenrat) ein Eingriffsrecht subsidiären Charakters.

❖ *Der Pfarrer und der Pfarrgemeinderat:* Diese röm.-kath. Neuerung aufgrund des Zweiten Vaticanums führt auch im kath. Bereich das Verhältnis von Einzelnem und Gremium auf Gemeindeebene ein.

6.5.12 Fazit im Dschungel der Ämter und Gremienfrage

Wir stellen als besonderes Merkmal frühchristlicher Verfassungen fest: Einem Gremium (dem Presbyterium) ist jeweils eine Einzelfigur höheren Ranges vorangestellt. Oder umgekehrt: Diese ranghöhere Figur ist jeweils durch ein Gremium vertreten, entfaltet, dargestellt. Die Repräsentation ist gegenseitig. Das beginnt bereits bei Moses (gegenüber 70 Ältesten), Jesus (gegenüber den zwölf Aposteln), den Aposteln (Älteste in Gemeinden), Jakobus dem Herrenbruder (Älteste in Jerusalem), dem Bischof (Presbyterium). Im Unterschied zum Presbyterium sind die Diakone nie ein solches Gremium.

Das Gegenüber von Einzelperson und Gremium ist typisches Merkmal christlicher Verfassungen. Denn in ihm spiegeln sich – im Bild der schon erwähnten abbildhaften Repräsentation gedacht – sowohl Einheit (Gott) als auch Vielfalt (Kreatur). Das Gegenüber des Einzelnen und des Gremiums ist an die Ausdrücke Apostel oder Bischof einerseits und Älteste oder Presbyterium andererseits nicht gebunden. Aber an diesen Begriffen ist diese hier zu beschreibende Struktur gut erkennbar.

Der theologische Sinn des elliptischen Schemas: Es ist zutiefst »sozial« und fördert in gar keiner Hinsicht einen Individualismus des einzelnen Amtsträgers oder des Gremiums. Beide behalten »einander im Auge«. So bleibt das Ganze lebendig. Aber der einzelne Amtsträger kann sich auch nicht hinter dem Gremium verschanzen. Jeder ist in seiner Rolle verantwortlich.

Nicht selten wird daher die Verfassung mit der einen Spitze auch theologisch-monotheistisch gedeutet; z. B. bei Ignatius von Antiochien: Der Bischof bildet Gott ab. In der Regel geht aber der eine Leiter aus dem Gremium hervor. Insofern bleibt er dann (theoretisch) Mitglied des Gremiums. Gut kommt das im 1 Petr zum Ausduck: Petrus nennt sich sowohl Apostel (1,1) als auch Mitältester (5,1). Die Ältesten sind das zur Zeit der Apostel bereits an den meisten Orten existierende Gremium. Der Apostel ist einer davon.

Das Gremium kann auch den potenziellen Nachfolger für den einen Leiter stellen. Im Gremium der Ältesten kann dieser sich bewähren. Ein »Gremium« der Diakone gibt es, soweit ich sehe, nicht. Es fehlt auch das Wort dafür.

In der früheren Forschung war es üblich, den Einfluss von Ältestenverfassung als »jüdisch« zu bezeichnen und gleichzeitig damit die Pflege des Gesetzes und der Tradition zu postulieren. Schuld daran war wohl der Jakobusbrief (mit seinem angeblich antipaulinischen und also angeblich jüdischeren Image) mit seiner Ältestenverfassung und die Ältesten in Jerusalem nach Apg 15. Von einem besonderen Einfluss des Judentums kann jedoch in dieser Hinsicht überhaupt keine Rede sein. Eher ist das Gegenteil anzunehmen. Die jüdischen Inschriften, die Älteste für die Selbstverwaltung ausweisen, sind alle nachchristlich. Älteste in jüdischen Synagogen gibt es erst ab 3. Jh. n. Chr. Vielmehr wird das Urteil so lauten müssen: Irgendein Rat der Alten oder Ältesten gehört speziell in die hellenistischen Städte des Mittelmeerraumes. Für die Entstehung des monarchischen Episkopats möchte ich daher folgende Faktoren nennen:

✧ Die Grundausrichtung auf den einen monarchischen Leiter ist »genetisch« vorgegeben und auch theologisch im Monotheismus (und seiner Ausprägung in der Christologie) begründet und setzt sich daher immer wieder durch.
✧ Die Apostel fanden über das 1. Jh. hinaus keine nennenswerte Fortsetzung. Einer der Gründe dafür war ihr Charakter als »Wandergewerbe«, ein anderer ihre visionäre, jedenfalls kirchenrechtlich nicht fassbare Bestellung, ein Dritter das Erstarken der lokalen Presbyterien.
✧ In den lokalen Presbyterien werden daher auch sowohl die personellen Ressourcen für die Bestellung der Bischöfe gebildet als auch die Merkmale der Tätigkeit der künftigen Bischöfe bewahrt. Dazu gehörten Hirtenamt und Eucharistiefeier. [Hier liegt einer der Gründe für die schwierige Unterscheidbarkeit von Priester- und Bischofsweihe noch im 16. Jahrhundert.]
✧ Die Priesterweihe entsteht aus der mehrfach bezeugten gremialen Kooptation in das Gremium der Ältesten schon zu ntl. Zeit. Dar-

aus hat sich die teilweise praktizierte Handauflegung durch die bei der Weihe anwesenden Priester erhalten.

❖ Der Bischof übernimmt vom Apostelamt die monarchische Struktur, das Gegenüber zum Ältestenkreis, und damit konzentriert er dessen sämtliche Vollmachten auf sich.

❖ Nur das Gremium aller Bischöfe repräsentiert den Herrn. Der einzelne Bischof kann das nur sehr unvollkommen. Aber diese Regel gilt für jedes Gremium, welche auch immer in der Hierarchie der Gremien aufeinander folgen.

Die hier ins Spiel gebrachte Denkform ist an Ignatius von Antiochien orientiert und teilweise auch katholisch. Ignatius von Antiochien setzt die verschiedenen Gremien (zum Beispiel Apostelkollegium zur Zeit Jesu und Presbyterium zu seiner Zeit) in das Verhältnis der Abbildlichkeit. Er entdeckt also die Strukturanalogie. »Katholisch« ist der durch das Zweite Vaticanum geschärfte Blick für Kollegialität, also für Gremien wie z. B. den diözesanen Priesterrat. Mir scheint, dass diese Neuentdeckungen zum Teil aus biblischen Gedankengängen oder solchen, die ihnen wenigstens ähnlich sind, gespeist sind. Es wäre eine Folgekonsequenz unserer Untersuchung, wenn man die Presbyterien (Priesterräte) stärker betonte.

Nun muss man natürlich fragen, wie denn die apostolische Sukzession vermittelt zu denken sei. Denn vermutlich standen im 2. und 3. Jh. bei der Wahl eines neuen Bischofs nicht zwei oder drei Kollegen zur Bischofsweihe parat, so dass man von einer wirklich ununterbrochenen Kette von historischen Handauflegungen ausgehen könnte. Die historisch richtige Antwort scheint mir zu sein: Die apostolische Sukzession verläuft zu diesen Zeiten über die Presbyterien. Denn diese werden nun wirklich nachweislich von den Aposteln eingesetzt, und aus diesen kommen die neuen Bischöfe. Historisch noch schärfer geurteilt: Im Rahmen der vorgegebenen »genetischen« monarchischen Struktur geraten die übrigen Presbyter eines Presbyteriums unter die Führung je eines monarchischen Episkopos.

Die historische Entwicklung vollzieht sich tatsächlich zwischen Apostelamt einerseits und Bischofsamt (inklusive Presbytern und Diakonen) andererseits. Recht interessant ist die Frage, warum welche Ämter ausgestorben sind. Manchmal lässt sich das recht genau sagen. Die Apostel waren von Anfang an nicht (nur) die Zwölf, sondern ein weiterer Kreis, der zahlenmäßig unbestimmt gewesen ist (1 Kor 15,7: »Jakobus und allen Aposteln«); noch die Didache (Lehre der Zwölf Apostel) aus dem letzten Drittel des 1. Jh. rechnet damit, dass es wandernde Verkündiger gibt, die den Anspruch erheben, Apostel zu sein. Als einziges Kriterium wird dann ihr Verhalten angegeben (keine übermäßige Inanspruchnahme des Gastrechts). Auch der Gnostiker Mani zu Beginn des 3. Jh. nennt sich noch Apostel. Der Grund des Aussterbens war das Erstarken des lokalen Amtes, bei dem es für persönlich fragwürdige Apostel keinen Bedarf gab. Ähnliches gilt für die Evangelisten.

Die christlichen Lehrer hatten wohl die christliche Tradition zu verwalten, insbesondere die Jesus-Überlieferung. Sie starben aus mit der Entstehung der Evangelien. Bereits Mt 23,10 verteidigt das Monopol der Evangelienschriften gegen jede nur denkbare alternative Lehrautorität. Propheten haben etwas länger überlebt, denn immerhin kann sich noch der Seher der Offenbarung des Johannes als Prophet bezeichnen.

6.5.13 *Exkurs I:* Ist das Weihepriestertum schriftgemäß?

Hiermit ist auch der Rahmen für die alte konfessionelle Streitfrage des katholische Weihepriestertums angegeben. Hier betrifft der konfessionelle Streit direkt die Darstellung der Geschichte des Urchristentums. Die Ungenauigkeiten, die sich dann emotional leicht steigern lassen, beginnen schon bei der Terminologie.

Ein »Priestertum« kennt das Neue Testament für die urchristliche Verfassung überhaupt nicht. So etwas gibt es nur im Alten Testament und im Heidentum. Hierfür gibt es Fachausdrücke, das hebr. Wort *kohen* und das griech. Wort *hiereus,* dem das lateinische *sacerdos* entspricht. Nur der Hebräerbrief kennt, und zwar nur für Jesus Christus (und Melchisedek), ein besonderes Hohepriestertum himmlischen Charakters. Auf irdische christliche Priester wird es nicht übertragen.

Das Neue Testament kennt daher auch kein allgemeines Priestertum der Gläubigen neben dem besonderen der Weihepriester. Den Ausdruck »allgemeines Priestertum« wird man in der gesamten Bibel vergebens suchen. Es gibt in beiden Testamenten lediglich die Metapher für das Volk Gottes, dass es »Königtum« und »heiliges Priestertum« sei, und zwar im Unterschied zu den anderen Völkern. Irgendein Gegensatz zum besonderen Priestertum besteht hier nicht, schon gar nicht im Neuen Testament.

Das, was wir höchst missverständlich katholisches Weihepriestertum nennen, muss biblisch korrekt heißen: *ordinierte Älteste*. »Ordo« ist der Fachausdruck für die katholische »Priesterweihe«, und das deutsche Wort »Priester« kommt von »presbyteros«, was nichts anderes heißt als »der Älteste«. Nach biblischem Sprachgebrauch ist es völlig ausgeschlossen, den Ältesten, den Presbyter, mit einem Priester zu verwechseln. Das deutsche Wort Priester führt immer wieder in die Irre! Denn es dient zur Übersetzung des heidnischen und alttestamentlichen Kultpriesters wie des neutestamentlichen Presbyters. Diese Unsitte sollte man aus Gründen ökumenischer Klarheit abstellen. Klartext: ins Museum der Religionsgeschichte mit dem deutschen Wort »Priester«, auch wenn es wehtut! Biblisch korrekt den Terminus »Presbyter« verwenden!

Mir ist nicht unbekannt, dass die lateinische Kirche im Lauf der Jahrhunderte dann beginnt, den neutestamentlichen Presbyter mit dem alttestamentlichen *sacerdos* (hebr.: *kohen;* gr.: *hiereus)* zu identifizieren. So hielt der damalige Nuntius Bafile den Seminaristen des Priesterseminars zu Fulda im Sommersemester 1961 eine lateinische Ansprache, die immer wieder in dem Ausruf gipfelte »sacerdotes estote …«. Nun ist Typologie Altes/Neues Testament immer eine schöne Sache; aber wenn sie zu Missverständnissen führt, ist Klarheit nötig. Auch »presbyter« ist ein lateinisches Wort (Lehnwort aus dem Griechischen).

Der ordinierte Presbyter ist schriftgemäß. Denn das Kernstück der Ordination, die im Ordo vorgenommen wird, besteht darin, dass der Ordinator (der Bischof an der Stelle der neutestamentlichen Apostel) z. T. neben dem Presbyterium dem künftigen Presbyter die Hände auflegt, um ihn zum Presbyter einzusetzen.

6.5.14 *Exkurs II:* Kirchliche Ämter für Frauen?

Die große Bedeutung der Frauen im Gesamt der Urchristen ist an drei Punkten festzumachen: erstens an der Bedeutung des christlichen Hauses für Gemeinde und Mission, zweitens an der über das Haus hinausgehenden Nachbarschaftshilfe als Primärmission und drittens an der charismatischen Begabung von Frauen. Da die frühen Gemeinden an die Häuser einzelner Christen als Missionsmittelpunkte gebunden sind, erklärt von hier aus auch die große Rolle, die Frauen im Rahmen dieser zentralen Stätten neuen Lebens einnehmen (vgl. 1 Kor 1,11: »Leute aus dem Haus der Chloe haben mir nämlich berichtet, dass es unter euch Streit gibt ...«).

Der wichtigste Beleg für die kirchliche Funktion einer einzelnen Frau im Neuen Testament könnte Röm 16,1 f. sein: Phoibe wird hier »diakonos« genannt. Die Forschung diskutiert über die Frage, ob hier Diakonin im kirchlich-technischen Sinne gemeint ist; mit Blick auf Phil 1,1 (»mit den Aufsehern und Diakonen«) wird das bejaht. Aber dort steht das Wort absolut, in Röm 16 dagegen wird das Wort noch so verwendet wie im allgemeinen Sprachgebrauch: Diakon ist der oder die, der oder die Aufgaben für die Allgemeinheit übernimmt; genauso unspezifisch wird Diakon in Röm 16,1 f. gebraucht: »Ich lege euch hiermit Phoibe, unsere Schwester, ans Herz, die im Dienst der Gemeinde von Kenchreai steht ... Sie hat vielen geholfen, auch mir.«

Wenn das Haus der »diakonos« Phoibe in Kenchreai besonders erwähnt wird, dann doch deshalb, weil von hier aus Diakonia, d. h. Fürsorge für Arme und Mittellose, ihren Ausgang nimmt. Im Rahmen ihres Hauses (man darf ruhig an eine Art sozialen »Betrieb« denken) kann Phoibe für eine Versorgung der ihr anvertrauten Armen aufkommen. Die spätere Diakonissa – das Wort selbst gibt es noch nicht im Neuen Testament – hat eine Aufgabe bei der Taufe von Frauen. Sie muss für dezenten Schutz der nackt getauften erwachsenen Frauen sorgen. Aber sie tauft nicht selbst. In den Apostolischen Konstitutionen sind Gebete für ihre Installation überliefert, die aber nicht als Weihegebete verstanden werden. Ebenso gibt es Gebete für die Installation von Witwen, die gleichfalls nicht als Weihegebete aufgefasst werden.

Das Zweite betrifft die Primärmission: Christliche Frauen besuchen Kranke in der Nachbarschaft und versorgen sie. Bei dieser Gelegenheit können sie leicht und glaubwürdig für den christlichen Glauben werben. Die apostolischen Kirchenordnungen berichten darüber. Für die spätere Einweisung in die Sakramente war dann der »Pfarrer« zuständig.

Das dritte Element betrifft die vollständige Gleichstellung von Mann und Frau angesichts des Heiligen Geistes bzw. der von ihm geschenkten Charismen. Denn ebendiese sind Ausdruck der neuen Schöpfung, in der die trennenden Unterschiede zwischen Mann und Frau vergessen sind.

Für die Ablehnung des Priester- und Predigtamtes der Frauen beziehen sich die alten Kirchenordnungen immer wieder auf die paulinische Argumentation in 1 Kor 11,3 f., die sie demnach verstanden zu haben scheinen. Paulus liest hier die beiden Schöpfungsberichte aus Gen 1 und 2 so, dass Gen 1 sich auf Jesus Christus bezieht, Gen 2 auf die gegenwärtige Schöpfung (vgl. dazu K. Berger, Glaubensspaltung, 6, S. 211–217).

Ich beziehe mich hier auf schöpfungstheologische Überlegungen des Apostels Paulus in 1 Kor 11. Dort kann Paulus sagen: »Der Mann muss sein Haupt nicht verhüllen, da er unmittelbar Bild und Abglanz Gottes ist. Die Frau ist dagegen nur Abglanz des Mannes. Denn der Mann kommt nicht von der Frau, sondern die Frau vom Mann ...« (11,7). In 11,3 entwirft Paulus eine entspechende Rangfolge: Gott – Christus – Mann – Frau. – Man muss natürlich weiter fragen: Woher kommt diese Folge? Antwort: Diese Abfolge kommt aus der Lektüre der Schöpfungsgeschichte(n), und zwar bei Paulus wie bei dem mutmaßlichen Mitarbeiter des Apostels, dem wir den Kolosserbrief verdanken. Der gebildete Laie weiß: Es gibt im Buch Genesis gleich zwei Schöpfungsberichte, einen in Gen 1, einen zweiten in Gen 2. Nach Gen 1 erschafft Gott den Menschen »zu seinem Bild und ihm ähnlich«. Nach Gen 2 wird erst Adam, dann Eva geschaffen. Schon zur Zeit des Neuen Testaments hatte man diese Doppelheit beachtet (Philo v. Alexandrien, Paulus in 1 Kor 15,44–48). Paulus wie der Verfasser des Kolosserbriefes beziehen den ersten Menschen aus Gen 1 auf Christus. Bei Paulus geht das aus 1 Kor 15,45b.49 hervor, im Kol aus 1,15 (Bild Gottes). Gen 1 wird also für sie zur Quelle dazu, Jesus Christus an die erste Stelle der Rangfolge zu setzen. Dann lesen sie weiter und finden in Gen 2 die »normalen«, sterblichen Menschen. Liest man daher die Kapitel Gen 1–2 unter dieser Voraussetzung, dann ergibt sich die Reihen- und Rangfolge Christus – Mann – Frau.

Nun aber gilt, wie aus 1 Kor 11,3–8 ersichtlich, hier das Prinzip der Repräsentanz: Gott wird durch Christus repräsentiert, Christus wird durch den Mann repräsentiert, der Mann durch die Frau. In einer solchen Lektüre von Gen 1–2 liegt daher der Schlüssel dafür, dass Jesus Christus nicht durch eine Frau repräsentiert werden kann, sondern nur durch einen Mann.

Trifft das zu, dann bedeutet das auch für den sakramental-liturgischen Bereich: Eine Frau kann Christus nicht direkt repräsentieren. Da der ordinierte Presbyter aber Repräsentant Christi ist, folgt daraus, dass er ein Mann sein muss. – Der letzte Grund ist daher nicht bewusste Diskriminierung der Frau oder der unreflektierte Ausfluss einer sexistisch-patriarchalischen Gesellschaft, sondern der letzte Grund ist die christologische Lektüre von Gen 1. Nun kann man fragen, ob das nicht durch die neuere Genesis-Exegese überholt ist, die Gen 1,1–2,2a einer anderen Quelle zuteilt. Dazu möchte ich sagen: Für die Analyse des AT nach dem hebräischen Text mag das wohl gelten. Aber ich kann die christologische Lektüre des Alten Testaments bei Paulus und seinen Mitarbeitern nicht auf anachronistische Weise je nach der Lage alttestamentlicher Forschungshypothesen ändern und umstellen. Paulus hat die Schrift so gelesen, wie wir sie heute vorfinden, und zwar in seinem Glauben an Jesus Christus, und dieser Glaube ist vom Geist Gottes inspiriert, deshalb hat die Kirche den 1 Kor für inspiriert erklärt. Wieder einmal haben wir den Fall, dass die Schrift als das »Fremde« in unsere Zeit hereinragt, Fremdes, das wir nur zu gerne auf das Prokrustesbett unseres neuzeitlichen Selbstverständnisses schnallen. Aber die Bibel ist nicht der Steinbruch unserer Wünschbarkeiten. Bibel lesen bedeutet, sich der Fremdheit aussetzen, um sich von etwas jenseits unserer Vorurteile provozieren zu lassen.

Aus dem Gesagten wird erkennbar, warum für die Frau hier anderes gilt als für den Mann: Nach dem frühjüdischen Repräsentationsdenken stellt der Mann für die Frau »den Herrn« (Christus) dar, und daher gilt für die Frau, dass sie sich im Manne ihrem Herrn unterwirft wie eine Sklavin. Dasselbe gilt auch vom Mann gegenüber Christus, und deshalb nennt Paulus sich »Sklave Jesu Christi«. Nach Ignatius von Antiochien gilt das dann auch gegenüber dem Bischof, der den Herrn abbildet. Dass der Mann die Frau »lieben« soll, meint Gleichbehandlung im Sinne praktischer Solidarität. Wem es sachlich schwerfallen sollte, im (Ehe-)Mann Christus abgebildet zu finden, der sei an das noch ärgerliche Kapitel Mt 25,40.45 erinnert, wonach sogar jeder Bettler, Kranke und Behinderte den Menschensohn darstellt.

Seit einiger Zeit versucht man, der Rolle der Frau in der Kirche dadurch eine Aufwertung zukommen zu lassen, dass man die »Prophetin(en)« im Neuen Testament entdeckt haben möchte. Gibt es da vielleicht eine (von der herrschenden Männerkirche) unterdrückte Tradition? Das ist sehr von außen herangetragen. Die Institution »Prophetin« findet sich wohl deshalb nicht im Christlichen, weil das Wort im heidnischen Umfeld eigentümlich aufgeladen war. Offensichtlich erinnert zumindest den Verfasser der Offenbarung eine »Prophetin« zu sehr an Prophetinnen wie die in Delphi. Das Charisma des »Prophezeiens« ist allerdings bei Männern wie Frauen möglich. Aber wie ist das zu verstehen: Die Institution der »Prophetin« gibt es nicht, bzw. Frauen, die sich so nennen, wird das Recht dazu bestritten. Doch die Tätigkeit des Prophezeiens gibt es sehr wohl bei Frauen (z. B. 1 Kor 11,5).

Dass es in Korinth zur Zeit des Apostels Paulus prophezeiende Frauen gegeben haben kann, geht aus 1 Kor 11 hervor. Daraus jedoch einen Berufsstand (»Prophetin«), eine dauerhafte Funktion in der Hierarchie, ein Standesmerkmal oder auch nur eine kontinuierliche Eigenschaft herzuleiten, gibt der Befund beim besten Willen leider nicht her. Nein, es gab keine christlichen Prophetinnen in Korinth, auch wenn es einer gewissen Sorte von interessierter Theologie mit Biegen und Brechen darum zu gehen scheint, solche aus dem Grüften der Historie auferstehen zu lassen. Und wenn »Prophezeien« nichts weiter heißt als religiöse Rede im Munde führen, dann geht es noch nicht einmal um einen Teil des Gottesdienstes. Es ist daher unnötig, was viele Exegeten vollführen, mit Rücksicht auf 1 Kor 11 nun 1 Kor

14 als spätere Glosse zu bezeichnen. Nach 1 Kor 14 wird ja der Frau das Reden in der gottesdienstlichen Versammlung untersagt. Hielte sie aber als Prophetin Predigten, so widersprächen sich 1 Kor 11 und 1 Kor 14. Also musste man dann 1 Kor 14 entsorgen – ohne jeden Anhalt an der Textgeschichte.

»Prophezeien« heißt: mahnend, erbaulich, appellativ oder beschreibend oder narrativ über Themen der Religion reden. Dass solches Reden nicht oder nicht notwendigerweise in den Gottesdienst gehörte, bezeugt der Hirt des Hermas, der eine Praxis angreift, nach der nichtöffentlich, »in Winkeln«, prophezeit wurde. Das heißt: Alle Zwischenstufen zwischen »Winkel« und »öffentlicher Gemeindeversammlung« sind für den Hirten des Hermas mögliche und erlaubte Gelegenheiten und Orte der Prophetie. So ist es auch für Paulus vorauszusetzen. Bevor man die textkritisch abenteuerliche, weil durch nichts gerechtfertigte Operation in 1 Kor 14 durchführt, sollte man also lieber nach der Tragweite der in 1 Kor 11 gegebenen Weisungen fragen. Das Resultat: Prophezeien bezieht sich nicht nur auf *öffentliches* Lehren.

Entsprechend liest man zwei Jahrhunderte später in den Apostolischen Konstitutionen 8,2: »Auch Frauen haben prophezeit in der alten Zeit: Maria, die Schwester des Moses und Aaron, nach ihr Debbora und nach ihnen Holda und Judith, die eine zur Zeit des Josias, die andere des Darius. Auch die Mutter des Herrn hat prophezeit und ihre Base Elisabeth und zu unseren Zeiten die Töchter des Philippus. Aber diese erhoben sich nicht über die Männer und hielten das ihnen eigene Maß ein. Wenn also unter uns ein Mann oder eine Frau lebt und eine solche Gnadengabe erlangt, so sollen sie demütig sein ...«

Aber warum dürfen Frauen nach Paulus zwar prophezeien, aber nicht in der offiziellen Gemeindeversammlung öffentlich reden? Denn 1 Kor 11 gestattet den Frauen das Prophezeien, 1 Kor 14 verbietet es ihnen in der »Versammlung«. Warum? Schon in 1 Kor 11 gibt es eine schwer verständliche Bemerkung. Nach dieser muss sich die Frau beim Prophezeien allemal verhüllen. Damit ist sie als Frau nicht mehr erkennbar.

Die Begründung, die Paulus gibt, lautet: »... wegen der Engel.« Zumeist wird als Grund angegeben, die Engel könnten scharf auf menschliche Frauen sein wie in Gen 6. So könnte sich die Engelfall-Episode wiederholen. Aber von einer Wiederholungsgefahr ist im Judentum, in dem Gen 6 eine große Rolle spielt, nirgends die Rede. Aus meiner Sicht geht es um die Isangelie, dass nämlich der Mensch, schon wenn er betet und prophezeit, erst recht wenn er öffentlich Gottesdienst hält, sich in den heiligen Bereich der Engel begibt. Als Gottesdienst feiernder ist der Mensch den Engeln gleich (daher Is-angelie von isos »gleich« und angelos »Engel«). Nur sind Engel auf menschliche Frauen nicht gut zu sprechen. Denn Frauen stehen für Gebären und Tod, also für Anfang und Ende der Vergänglichkeit. Das ist den Engeln total fremd. Sprüche wie ThomasEv 114, dass Frauen das ewige Leben haben, wenn sie den Männern (und Engeln) gleichen, sind von daher zu verstehen. Es ist schwer für heutige Leser und Leserinnen, derartige Meinungen nicht für sexistisch zu halten. Doch sie sind es unter keinen Umständen. Denn das Thema ist hier nicht die Diskreditierung der Frauen als Menschen, sondern die Überwindung der Vergänglichkeit. Wenn Frauen dennoch in den Bereich der Engel eindringen, können sie es nur als »blinde Passagiere«. (Zur Sache vgl. O. Hofius, Gemeinschaft mit den Engeln ..., in: ZThK 89 [1992] 172–196; K. Berger, Glaubensspaltung ..., 211–217). – 1 Kor 14 ist also lediglich Verschärfung gegenüber 1 Kor 11. – Paulus selbst hat übrigens die Schwierigkeiten bei der Vermittlung wohl bemerkt und bemüht sich um andere, zusätzliche Argumente.

Noch strikter als 1 Kor 14 wird in 1 Tim 2,10–12 Weisung gegeben: »Bei Frauen, die durch ihr Verhalten grundlegend christliche Mission betreiben, muss alles zusammenpassen. (11) Im Unterschied zu den jungen Männern, die in der Schule laut lernen, sollen Frauen sich die überlieferten Lehren leise aneignen und auf strenge Unterordnung achten. (12) Ich kann einer Frau nicht gestatten, öffentlich zu lehren oder sich Männern gegenüber besserwisserisch zu verhalten. Frauen wirken eher hinter den Kulissen.« Vgl. aber ohnehin Mt 23,8.10.

Rund 150 Jahre später wird es in den »Apostolischen Konstitutionen« 3,6 heißen: »Wir gestatten nicht, dass Frauen das Lehramt in der Kirche ausüben, sondern sie sollen nur beten und die Lehrer anhören. Denn unser Lehrer und Herr Jesus selbst hat nur uns Zwölf gesendet, das Volk (Israel) und die Heiden zu belehren, niemals aber Frauen, obwohl sie nicht mangelten. Denn es waren mit uns die Mutter des Herrn und ihre Schwestern und noch Maria Magdalena und Maria Jakobi und Martha und Maria, die Schwester des Lazarus, Salome und einige andere. Wenn es also für Frauen geziemend gewesen wäre, die Lehre Jesu zu verkünden, so würde er selbst sie zuerst berufen haben, mit uns das Volk zu unterweisen. Denn wenn der Mann das Haupt des Weibes, so ist es nicht schicklich, dass der übrige Leib das Haupt beherrsche.« In Kap. 9 heißt es: »Wenn wir aber im Vorhergehenden den Frauen das Predigen nicht erlaubt haben, wie möchte ihnen jemand unnatürlicher Weise priesterlichen Dienst gestatten? Denn aus den Frauen Priesterinnen zu nehmen ist ein Irrtum der heidnischen Gottlosigkeit, nicht aber Christi Anordnung. Wenn aber auch Frauen taufen dürften, so wäre fürwahr auch der Herr von seiner eigenen Mutter getauft worden und nicht von Johannes ...«

Anders sind die Verhältnisse dort, wo Frauen sich Prophetin nennen; das führt regelmäßig zu Konflikten, so im 2. Gemeindebrief der Offenbarung des Johannes (2,20). Der Brief setzt voraus, dass es zumindest eine Frau gibt, die sich Prophetin nennt. Der Seher Johannes weist ihr Wirken und ihre Selbstbezeichnung ohne Wenn und Aber ab. Weil die Prophetin Götzenopferfleisch und »Unzucht« (Mischehen mit Heiden) erlaubt hat, ist es gut möglich, dass es sich bei allen drei Phänomenen um Auswüchse paulinischer Praxis in Richtung stärkerer Kompromisse mit Heiden handelt. Im 2. Jh. gibt es Prophetinnen bei den Montanistinnen. Selbst noch im 3. Jh. erwähnt Cyprian von Karthago (75. Brief, § 10 f.) eine Prophetin; dass sie ein »Auslaufmodell« ist, erkennt Cyprian daran, dass sie die Sakramente auf die alte Art spendet (Messe ohne Einsetzungsbericht).

6.6 Wie leitet man eine Kirche?

Unter »kirchenleitendem Handeln« verstehe ich Aktivitäten, welche die Gemeinde im Ganzen betreffen, sie in bestimmte Richtungen lenken und auch die Zugehörigkeit zu ihr bestimmen. Den Begriff entnehme ich als Fragestellung der reformierten Tradition, weil sich damit eine Reihe von Vorgängen und Geschehnissen im Zeitalter des Neuen Testaments erklären lassen, die nicht einfach mit dem »Amtsbegriff« schon geklärt sind, sondern ein breiteres Spektrum umfassen – auch Vorgänge, die für das Urchristentum typisch sind, heute aber weniger im Fokus stehen. Im Unterschied zum »Amtsbegriff« geht es hier auch um ein stark dynamisches Element, denn es kommen eine Reihe von »Maßnahmen« zur Sprache. Allerdings wird auffallen, in welch hohem Maße alle diese Vorgänge bereits juridischen Charakter haben, ohne juristisch von einem bereits vorhandenen Kirchenrecht her abgeleitet werden zu können. Neu zu diskutieren sind auch Fälle des Verzichts auf kirchenleitendes Handeln sowie die Selbsteinschätzung der handelnden Personen in ihrem Handeln.

6.6.1 Handeln an den Grenzen der Gemeinde

Sobald ein gesellschaftliches Gebilde klare Konturen gewinnt, gibt es ein Drinnen und Draußen, eine Art, wie man »hinein-« und wieder nach draußen kommt. Wenn wir von den Grenzen der Gemeinde sprechen, so reden wir von Zulassung (Ermöglichung der Mitgliedschaft) und Ausschluss.

Die Vergebung der Sünden durch die ausdrücklich dazu bevollmächtigten Apostel ist offenbar identisch mit der Gewinnung der Zugehörigkeit zur Gemeinde (Joh 20,22 f.; Mt 18,18). Das »Lösen« aus der Formel »Binden und Lösen« bedeutet offenbar »hinzutreten lassen«. In Mt 18,15–20 wie auch in 1 Kor 5 wird jeweils einer, der durch sein Tun der Gemeinde und ihrem Ansehen schadet, mir nichts, dir nichts durch das Gremium der Gemeinde (ekklesia) aus der Gemeinde ausgeschlossen. – Schon um die Wende zum 2. Jh. gehört zur Aufnahme in die Gemeinde die Abnahme eines Eides, und zwar des Inhalts, bestimmte moralisch defekte Handlungen ab Eintritt zu unterlassen. Dieser Eid der Christen ist bezeugt bei Plinius d. J. Briefe 10,96. Der Eid am Anfang wird dann in der westlichen Theologie zum Namen für alle Sakramente (sacramentum, der Fahneneid).

6.6.2 Ordnung schaffen

Schon die allgemeine Organisationslehre weiß, dass Ordnungen eine
entlastende Funktion haben. Die Gründerjahre des Christentums sind
auch gekennzeichnet vom Versuch, Regeln und Strukturen zu finden.

✧ *Ordnen diakonischen Handelns:* Nach Apg 6,1–6 werden Leute für
  die Diakonie (planvolle Ordnung!) namentlich abgestellt, hier zur
  Versorgung der Witwen, und Paulus bestellt zum Einsammeln der
  Kollekte vertraute Mitarbeiter wie Timotheus. Das alles heißt: Armenpflege ist nicht Sache Einzelner, sondern sie wird großflächig
  organisiert. Organisierte Armenpflege übernehmen die frühen
  Christen vom hellenistischen Judentum.
✧ *Ordnen der Sakramente:* Laut Apg 19,5 f. muss eine »defekte« Taufe
  geheilt werden, und es ist klar, dass dieser Bericht normativen Charakter haben soll. In 1 Kor 11 regelt Paulus den Verlauf des Herrenmahles mit bis heute anhaltender Wirkung: Das Herrenmahl ist
  kein Sättigungsmahl. Letzteres soll man zu Hause einnehmen. Am
  Beginn des Herrenmahles steht die Danksagung über dem Brot. In
  1 Kor 10–14 regelt Paulus den Sonntagsgottesdienst. In Jak 5 wird
  das bestimmt, was Katholiken und Orthodoxe als Krankensalbung verstehen. In allen Fällen ist jedenfalls aufschlussreich, dass
  die Klärung der Zeichen nicht per Abstimmung erfolgt, sondern
  durch die maßgebliche Autorität (Apostel oder Herrenbruder).
✧ *Schaffen innerkirchlichen Friedens:* Hierher gehören die Einberufung
  und Abhaltung des Apostelkonvents, die Auseinandersetzung mit
  innerkirchlichen Gegnern, die Ankündigung autoritativer Straf-
  maßnahmen, Verfassen und Versenden von Zirkularschreiben
  (Epheserbrief? Offb 2–3) oder ökumenischen Briefen (1 Petr; Jak?).
  In der Liste der Charismen gibt es die »Leitungsgabe« *(kybernesis)*
  als eigenes Charisma (1 Kor 12,28).

6.6.3 Führen als Dienst

Das kirchenleitende Handeln wird auf jeden Fall als Dienst aufgefasst, wie ihn auch Jesus verrichtet hat (Mk 10,42 f.; Lk 22,26 f.; Joh

13,14 f.), denn Dienst ist stets *Handeln zugunsten aller.* Die Texte, in denen das Stichwort »Dienst« fällt, meinen noch weit mehr: Jesus will hier dem Missbrauch der Führungsrolle wehren; er fordert innerlichen Machtverzicht.

Nach 1 Kor 3,10 unterscheidet man im kirchlichen Handeln das Legen des Fundaments vom Weiterbauen auf dem gelegten Fundament, man unterscheidet das Säen vom Begießen (1 Kor 3,7.5.8). Aus beiden Stellen geht hervor, dass Kirchengründen oder Weiterbauen, Säen und Begießen eben nicht jedermanns Sache sind, sondern in sich auch noch zu differenzieren sind. Paulus diskutiert den Fall zwischen Apollos und sich, nicht zwischen Christ A und Christin B aus seiner Gemeinde. Nach der Art, in der die Speisungsgeschichten in den vier Evangelien erzählt sind, stehen die Befehle, Brot auszuteilen, für die Aufträge, die Botschaft weiterzugeben. Die Jünger tun es nicht von sich aus, sondern im Auftrag Jesu.

6.6.4 Freiräume

Es gibt auch den Verzicht auf kirchenleitendes Handeln. Der Heilige Geist ist in seinem Wirken nicht stets an die bestellten Amtsträger gebunden.

* *Charismatiker,* die etwa auftreten, darf man nicht beurteilen, da man sich leicht »die Finger verbrennen könnte«. Höchstens an ihrem Lebensstil könnte man ihre Legitimität erkennen. Auf das sonst notwendige Bestimmen der Grenzen muss man daher verzichten, es sei denn, man ist selbst durch Vision berufen, wie z. B. Paulus.
* *Dem dreschenden Ochsen* darf man das Maul nicht verbinden, d. h., man soll nicht verbietend eingreifen, wenn Verkündiger von den Menschen mit freundlichen Gaben bedacht werden.
* *Gerechte und Ungerechte* soll man *nicht voneinander trennen* wollen (Gleichnis vom Unkraut unter dem Weizen), wie auch Paulus die Starken nicht von den Schwachen trennt. Das ist zweifellos eine ungewöhnliche Aufforderung zum Verzicht auf kirchenleitendes Handeln.

✧ Das *Richten* über andere wird hier zumindest *eingeschränkt.* Über die Beurteilung von Alltagsfrömmigkeit gibt es keine Anordnungen, es werden auch keine gefordert.

6.6.5 Routinen

Handeln in der Kirche ist nicht immer spontan. Es gibt Wiederholungen, Erwartbarkeiten, Pflichten, Routinen.

Nach Jak 5 sollen die Ältesten zu Kranken gehen, sie mit Öl salben und über ihnen beten; ähnlich beauftragt Jesus die Jünger damit in Mt 10,1.

Paulus sendet (jeweils nebst seinem engsten Mitarbeiter) Briefe an die Gemeinden, oder er besucht sie (»Pastoralvisiten«). Er beginnt spätestens nach dem Apostelkonvent (48 n. Chr.), in seinen Gemeinden eine Kollekte für Jerusalem zu sammeln. Dafür bedient er sich auch seiner Mitarbeiter.

Einen regelrechten Drohbrief schreibt Paulus in 2 Kor 10, wobei er zugeben muss, dass seine Worte stärker sind als sein Auftreten.

6.6.6 Einsetzung neuer Amtsträger

Die Einsetzung von Christen für bestimmte (neue) Aufgaben wird entweder von einem Gremium vollzogen oder vom Apostel allein. Das entspricht der beobachteten Struktur christlichen Amtes, den Einen einem Gremium zuzuordnen und umgekehrt.

So ergeben sich auch in den Texten bestimmte Ähnlichkeiten:

Apg 13,1–4a: (1) In der Gemeinde von Antiochien gab es eine Reihe von Propheten und Lehrern, Unter ihnen Barnabas und Simeon, auch der Schwarze genannt, ferner Lukios von Kyrene, Manaen, der Schulfreund des Fürsten Herodes, und Saul. (2) Als sie eines Tages fasteten und Gottesdienst hielten, inspirierte der Heilige Geist einen von ihnen zu folgendem Wort: »Gebt mir Barnabas und Saul für eine besondere Aufgabe, zu der ich sie berufen habe.« (3) Die Gemeinde fastete und betete erneut, dann legten sie den beiden die Hände auf und ließen sie ziehen. (4) So schickte der Heilige Geist die beiden aus.

Apg 6,1–6 Da riefen die zwölf Apostel alle Jünger zusammen und erklärten:»… Sucht aus eurer Mitte sieben Männer aus, die anerkanntermaßen reich an Heiligem Geist und an Weisheit sind. Diese sollen für die Versorgung zuständig sein. (4) Wir selbst wollen uns intensiver dem Gebet und der Verkündigung widmen.« (5) Alle stimmten diesem Vorschlag zu. Die Jünger bestimmten Stephanus, einen Mann voller Glauben und Heiligem Geist, ferner Philippus, Prochorus, Nikanor, Timon, Parmenas und den Proselyten Nikolaus aus Antiochien (6) und stellten sie vor den Aposteln auf, von denen sie dann durch Handauflegung und unter Gebeten eingesetzt wurden.

1 Tim 4,14: »Sei bestrebt, die besondere missionarische Gabe weiterzuentwickeln, die dir verliehen wurde, als damals in der Gemeinde eine Prophetie auf dich ausgelegt wurde und der Kreis der Ältesten dir die Hände auflegte.

In allen Fällen werden Menschen von bestehenden Autoritäten zu besonderen Aufgaben bestellt. Jeweils ist es ein Gremium, das (Einzelnen oder einer Gruppe) die Hände auflegt. Die Handauflegung ist demnach schlechthin konstitutiv. In keinem Falle ist das eine rein profane Angelegenheit, sondern die Bestellung der Neuen hängt zusammen mit Prophetie, Heiligem Geist und Gebet (plus Fasten). Es besteht eine eindeutige Neigung, Namen zu nennen; in 1 Tim 4 handelt es sich um Timotheus, wie die Leser wissen. Die »Prophetie« identifiziert bestimmte Leute als die Einzusetzenden. Handelt es sich dabei um eine Art Orakel, d. h. Sprüche, die verschlüsselt sind, aber richtig gedeutet nur auf einen zutreffen?

In 2 Tim 1,6f. sagt Jesus: »Deswegen möchte ich dich an etwas erinnern: Als ich dir einst die Hände aufgelegt habe, hast du dadurch Gottes ganz spezielle Gnade (gr.: *charisma*) empfangen. Lass diesen Funken wieder zur Glut in dir werden. (7) Denn der Heilige Geist, den Gott uns geschenkt hat, ist nicht ängstlich, sondern kräftig, voll Liebe und Klugheit.« Ein Widerspruch zu 1 Tim 4,14 besteht nicht. – Hier geht es um die Handlung, aufgrund deren Timotheus dann zu den Ältesten gehörte. Paulus kann dann als Mitältester betrachtet werden (wie Petrus in 1 Petr 5,1). Die Komplementarität von Gremium und Einzelnem wirkt sich so aus, dass Paulus auch von sich aus sagen kann, er habe Timotheus bestellt.

Wir halten fest: Es wird grundsätzlich eine liturgische und vom Heiligen Geist inspirierte »Installatio« geleistet – dieses im Unterschied zu reformatorischen und anderen Gruppen, die von einer völligen Gleichheit aller Christen in jeder Hinsicht ausgehen. Und der »Himmel« schickt auch nicht einfach, wen er will, sondern die Bestallung geschieht durch Menschen. Sie wird hierarchisch vollzogen und nur von Menschen, die diese »Amtsgnade« schon besitzen, also nicht von allen. Die Handauflegung ist unersetzbares äußeres Zeichen. Alles dieses ist keineswegs ein Widerspruch zu paulinischer Gnadenlehre, wonach jeder durch schlechthin dieselbe Gnade gerechtfertigt ist. Hier geht es um besondere Gnaden, die alle gleichermaßen unverdient, aber nicht in sich gleich sind.

6.6.7 Gastfreundschaft ermöglicht Kirche

Die urchristliche Gastfreundschaft gehört deshalb unter das Thema kirchenleitendes Handeln, weil wir es in der ersten Phase der ältesten Kirchengeschichte mit Hausgemeinden zu tun haben. Der Herr oder die Frau des Hauses gibt den Rahmen für das Geschehen in einer Hausgemeinde, es muss eingeladen und eingekauft werden.

Fazit: Die kirchenleitenden Maßnahmen sind überraschend zahlreich und höchst differenziert. Das bedeutet im Rückschluss: Die kirchlichen Gruppen werden durch funktionsfähige Eliten bestimmt. Dass ein spontaner Liebeskommunismus (»wie bei Hempels unterm Sofa«) geherrscht habe, ist völlig ausgeschlossen.

6.7 Überhaupt die Gastfreundschaft ...

Es gibt zur Zeit des Neuen Testaments Gasthäuser, und Jesus erwähnt im Gleichnis Lk 10,34 ein solches *pandocheion* (»Volksherberge« für jeden, der Geld hat). Doch diese sind nicht flächendeckend. Die größere Bedeutung und Wirkung hat zur Zeit Jesu noch immer die im gesamten Mittelmeerraum und weit darüber hinaus heilige Gastfreundschaft.

Ohne die Hausgemeinden wären die frühen Versammlungen der

Christen heimatlos und ortlos gewesen. Zudem ist diese konkrete Einrichtung ein direktes Bindeglied zu Jesus. Denn wer bei Jesu Auftreten nur an »Wanderradikalismus« denkt, hat die Rechnung buchstäblich ohne den Wirt gemacht. Jesus und die Zwölf hätten keinen Tag ohne die Gastfreundschaft sesshafter Sympathisanten (oder dann Christen) überleben können. Auch für die Überlieferung regionaler oder lokaler Traditionen und deren Austausch ist Gastfreundschaft unabdingbar. Auch direkt im Anschluss an die Zeit, von der die Evangelien berichten, ist z. B. im 2. und 3. Johannesbrief von der vorhandenen oder leider eben fehlenden Gastfreundschaft die Rede. Ich stelle mir das so vor: Reisende Christen gab es früh und in großer Zahl. Es ist gut möglich, dass sie, außer das Evangelium zu verkündigen (Interessierten anzubieten), auch als Wandergewerbler (witziges Beispiel: Textilhändler für Babykleidung – vgl. Midr Klagelieder 2) eben von ihrer Hände Arbeit lebten. Auch bei Paulus ist das nicht anders, da er tagsüber arbeitet und nachts verkündet. Auch er ist auf Gastfreundschaft angewiesen. Man kann daher wohl sagen; Solche Verkündiger, wie Paulus einer war, gab es offenbar mehrere. Noch die »Lehre der Zwölf Apostel« bezeugt, dass sie auch Apostel zu sein beanspruchten, was aber nur schwierig zu erweisen war.

So wurde der geeignete Ort der Verkündigung das gemeinsame Mahl mit »ökumenischen Gästen«. Die Wiederholungsbefehle bei Jesu letztem Mahl (Lk 22,19b; 1 Kor 11,25) waren sicher nicht der primäre Anlass und sind eher Ausdruck des allgemein Praktizierten. Ich bin überzeugt: Gastfreundschaft war wohl das zentrale Element frühchristlicher Traditionsvermittlung. Denn die geheiligte Sitte der Gastfreundschaft erzwingt geradezu einen gegenseitigen Informationsaustausch zwischen den verschiedenen Traditionen und bewirkt, dass sie sich gegenseitig bereichern oder voneinander abgrenzen. Und wenn einer als christlicher Wandermissionar anerkannt ist, dann schafft das auch für etliche Überlieferungen der Gastgeber neue Abnehmer. Daher sind die Gastmähler der »Sitz im Leben« der Überreichung und Anerkennung von Empfehlungsbriefen (2 Kor 3,1; Röm 16,1). Denn wer als Christ anerkannt mit der anderen Gemeinde zusammen essen darf, der gehört »dazu« (vgl. das Gegenteil in 1 Kor 5). Und wenn das Mahl der Gemeinde der zentrale Ort der

Kirche im frühen Christentum ist, dann ist die Zulassung zum gemeinsamen Mahl der Akt der Anerkennung als Christen und das Instrument der Einheit. Die typische Aufnahme von Missionaren als Gästen zeigt 3 Joh 8 (»wir müssen solche aufnehmen«, nämlich die »fremden Brüder« nach V.5, die »um des Namens willen losgezogen sind« V.7).

Mit dem Austausch von Überlieferungen wächst auch die Anerkennung anderer Christentümer und am Ende auch die Bereitschaft, ihre Schriften zu übernehmen, sowie schließlich der Kanon des Neuen Testaments selbst. Es gibt daher im frühen Christentum die Einheit von Orthodoxie und gewährter Gastfreundschaft.

Dabei ist wichtig, dass die Gastfreundschaft auch schon im hellenistischen Judentum ein besonderes Merkmal der Proselyten, d. h. der neu Übergetretenen, war. Abraham zum Beispiel war nicht nur der erste Jude, also der erste Proselyt. Er hat aber auch nach Gen 18 die drei Engel (Männer) bewirtet und damit ein Muster an Gastfreundschaft gegeben. Und das gilt dann für alle Proselyten, da in diesem »Milieu« die Neigung und Fähigkeit zur Weitergabe am stärksten ausgeprägt ist. Das heißt: Es gibt eine enge Beziehung von Gastfreundschaft und Propaganda.

6.7.1 Die theologische Bedeutung der Gastfreundschaft

✧ *Gastfreundschaft ist eine Realisation von Liebe:* Über das Thema Gastfreundschaft hat die antike Gattung der Mahlgespräche (Symposion) Eingang in die Evangelien gefunden. Durch die Symposien ist auch das Thema »Liebe« vorgegeben. Anders gesagt: Die vornehmste Äußerung der Liebe, die gleichzeitig ihre kirchlichen Strukturen im weitesten Sinne realisiert, ist die Gastfreundschaft. Liebe und Gastfreundschaft sind austauschbar. Die Texte sprechen im Zusammenhang mit Gastfreundschaft von Bruderliebe (Hebr 13,2), von Menschenliebe, vom Tun des Guten, von Gerechtigkeit, von Glaube und Gottesverehrung. In 1 Petr 4,9 f. ist die Gastfreundschaft sogar ein Charisma. Im Thomasevangelium 61 ist Gastfreundschaft das Bild für Erlösung, für Einheit/Einssein mit dem Erlöser.

❖ *Gastfreundliche Liebe beruht nicht auf Gegenseitigkeit:* Die Gast-freundschaft könnte der Quellgrund für ein Verhalten sein, das immer wieder ähnlich in Bergpredigt und Feldrede gefordert wird, nämlich ein Handeln, das hier auf Erden nicht vergolten wird (son-dern das einen himmlischen Schatz bereitet). In Lk 14,12–14 sagt Jesus deshalb: Ladet die ein, die nicht mit einer Gegeneinladung aufwarten werden. Genau das geschieht, wenn man Fremde auf-nimmt. Denn die Gelegenheit, von den Fremden in deren Haus eingeladen zu werden, wird sich kaum ergeben. In der frei ge-währten Gastfreundschaft liegt daher wahrscheinlich strukturell die Feindesliebe begründet. (Im Lateinunterricht wies man uns auf die etymologische Verwandtschaft von hospes und hostis). Jeden-falls wird im frühen Christentum Gastfreundschaft immer wieder im Zusammenhang von Feindesliebe genannt (Röm 12,13 f.; Poly-karp: selbst Verfolgern Gastfreundschaft gewähren, so Eusebius Kirchengeschichte 4,15,14). So wird in der Gastfreundschaft je-denfalls das Schema der Gegenseitigkeit außer Kraft gesetzt, denn aufgenommen werden Fremde, nicht Freunde. Das im folgenden Abschnitt Berichtete könnte auch mit diesem Ansatz in Verbin-dung stehen: Die Gastfreundschaft wird letztlich dem transzen-denten Richter gewährt.

❖ *Aufgenommen wird der Herr:* Nach Gen 18 nimmt Abraham nicht drei Männer auf, wie es scheint, sondern drei Engel. In der byzan-tinischen Kunst wird daraus in anmutiger Darstellung die Drei-faltigkeitsikone. Hebr 13,2 (unwissend Engel aufgenommen) erin-nert nicht nur an Gen 18, sondern auch an Philemon und Baucis nach Ovid, Metamorphosen 8,613–715. An die Stelle der Engel tritt im frühen Christentum der Herr selbst. So gilt nach der »Lehre der zwölf Apostel«, als Gast den Herrn selbst aufzunehmen. Das erinnert auch an Mt 25, wo das dem Geringsten Erwiesene dem Menschensohn selbst gilt. Ähnlich im Judentum: Nach Mischna Schebuoth 35b ist Gastfreundschaft mehr als eine Schau der Sche-kina.

6.7.2 Gastfreundschaft als weibliches Charisma

Mit dem Lob der Gastfreundschaft sind in der Regel besonders Frauen angesprochen. Denn schon der erste Akt im Rahmen eines Gastbesuches, dem Fremden die schmutzigen und staubigen Füße zu waschen, wird von Sklaven oder von Frauen vollzogen. Nur in Joh 13 übernimmt Jesus freiwillig und aus Liebe diese Rolle. Aber auch sonst ist beim Füßewaschen bereits durchaus von Liebe die Rede, so in Lk 7,44, als eine fremde Frau die Fußwaschung an Jesus vollzieht. Nach 1 Tim 5,10 kann eine Witwe nur dann von der Gemeinde bezahlt werden, wenn sie älter als 60 Jahre ist, Fremde aufgenommen und die Füße der Heiligen gewaschen hat. Die »Heiligen« sind hier Christen aus anderen Gemeinden; diese werden im frühen Christentum stets »Heilige« genannt. Als in der Gastlichkeit vorbildliche Frauen nennen die Texte Rahab (Hebr 11,31; 1 Clem 12,3) oder auch Rebekka.

In Lk 10,38 ff. (Maria und Martha) wird gegenüber Jesus, aber vorbildlich für spätere christliche Boten das Verhältnis von Aufwendung für den Gast und Zuhören diskutiert.

6.7.3 Gastfreundschaft und Amt

Zu diesem Thema ist ein Blick auf die Pastoralbriefe aufschlussreich: Weil das Haus und die Führung des eigenen Hauses hier die Basis für jedes Amt sind, muss der, der künftig »Aufseher« bzw. Bischof werden will, vor allem gastfrei sein (1 Tim 3,4). Hier bestehen Ähnlichkeiten mit 1 Petr. Denn auch in 1 Petr ist das »Haus« das Bild für die Gemeinde, und im Haus ist Gastfreundschaft ein besonderes Charisma. Der 1 Petr sieht die ganze Gemeinde unter dem Bild von Gast und Fremdling.

Zum Stichwort »Amt« ist vor allem daran zu erinnern, dass nach den drei ersten Evangelien nur der ein Amt innehaben darf (»der Erste sein«), der dienen kann; in vielen Fällen, so im Kontext von Lk 22, ist Dienen hier die Situation beim Mahl. Auch der König der Nabatäer qualifiziert sich als König, indem er seine zwölf (!) Gäste zu bedienen pflegt.

Schlussbemerkung zum neutestamentlichen Amt: Wir kehren zu unserer Anfangsfrage zurück und fragen: Lässt sich kirchliches Amt von der Zielvorstellung in Apk 21 f. her denken?

✧ Das Ziel ist Gottes Thron im Himmel. Um den Thron herum ist liturgische Gottesverehrung. Das kirchliche Amt hat seinen entscheidenden Bezugspunkt stets in der Liturgie.

✧ Die Namen der Zwölf Apostel stehen auf den Fundamenten der Stadtmauer des himmlischen Jerusalem; dieses ist die Kirche der Vollendung. Nach Mt 16 steht, so kann man sagen, der Name des Petrus auf dem Fundament der Kirche, nach Eph 4 ist die ganze Kirche auf dem Fundament der Apostel gebaut. Was heißt hier Fundament? Es ist allemal Zeugnis in Wort und Leben. Jeder, der ein Amt führt, muss sich an diesen Zeugnischarakter halten, und das betrifft auch seine Glaubwürdigkeit.

✧ Der Grundstein ist Christus, das Fundament sind die ersten Amtsträger und alle, die ihre Funktion übernehmen. Ihre Funktion definiert sich von Jesus Christus her. Die Herrlichkeit des öffentlichen Dienstes vor Gott ist das Ziel, in das sie alle eingebunden sind. Das Bild vom »Turm« im »Hirt des Hermas« (um 110 n. Chr.) greift 1 Petr 2 auf: Alle Christen sind lebendige Steine im Bauwerk Gottes.

✧ Das Ziel ist die Überwindung von Sünde, Tod und Teufel durch Gott. Daran hat jedes Amt »grundlegenden« Anteil. Unsere Überlegungen führen uns daher an dieser Stelle immer wieder zum Bild des Grundlegenden. Das Grundlegende ist selbst gelegt, aber jeder Bau, der auf Fundamente verzichtet, bricht zusammen. Auch wenn die Zeit der Apostel und vieler anderer Zeugen lange vergangen ist, sie haben doch Anteil an der künftigen Herrlichkeit und sind aller Ehren wert. Sie sind Teil dessen, was Gott den Menschen schenkt. Sie gehören als »Pfeiler« und Zierde in das große Paket Gottes hinein, das man neutestamentliche Offenbarung nennt.

Aber wie definiert sich die Vollmacht des Amtes vom Ziel her? Sie ist immer die Vollmacht, zu binden und zu lösen, hineinzulassen (Taufe, Sündenvergebung) oder abzutrennen (Ausschluss). Dieses Tun dient der Einheit. Als Vollmacht der Konsekration von Brot und

Wein bei der Eucharistie ist sie Produkt und Instrument der Einheit der Kirche. Diese aber ist ein Stück Verwandlung der Welt in die Ähnlichkeit mit dem einen und einzigen Gott.

6.8 Das Schifflein Kirche

Für die Kontinuität zwischen Jesus und Kirche gibt es in den vier Evangelien ein oft wiederholtes einzigartiges »Zeichen«, nämlich die sogenannten Bootsgeschichten. Im Bild der Jünger im Boot auf dem See Gennesaret gehen die alltägliche Lebenspraxis der Jünger und andererseits Eigenart und Nöte der Institution Kirche unmerklich ineinander über. Dabei werden die Widerfahrnisse auf dem Meer nicht lediglich zu leeren Symbolen der »eigentlichen« kirchlichen Wirklichkeit. Um die Jünger und um Jesus geht es vorher wie nachher. Wenn zum Beispiel vom Ruf in die Nachfolge (Mt 8,18–22, 23–27) oder vom Kleinglauben (des Petrus) oder Berufung von Jüngern die Rede ist, von der Gemeinschaft mit Jesus (mit ihm sein), von Glaube oder Unglaube, davon, dass Jesus zu schlafen scheint, dann sind die Nöte auf dem See und in der Kirche »deckungsgleich«. Bemerkenswert ist auch: Es geht nie um Einzelgemeinden, sondern immer um alle Jünger zusammen, also um die Kirche. Oft stehen die Mahlgeschichten direkt neben den Bootsgeschichten (Mk 6,8; Joh 6,21). Das bestätigt die These von der Eucharistie als der Mitte der frühen Kirche. Das Meer ist der Ort des Unheimlichen, daher der klassische Ort, an dem die Kirche sich aufhält. Alle Berichte vergewissern die Jünger der überraschenden, hilfreichen Gegenwart Jesu, der die Kirche nicht alleinlässt. Und daraus, dass die Jünger Fischer waren, wird das Bild von den Menschenfischern. Daher kommt auch die Mission der Jünger hier »vor«. So werden Erfahrungen aus der Gemeinschaft mit Jesus transparent für die frühe Kirchengeschichte.

7. Auf dem Weg zur Weltreligion

Im Jahre 380 n. Chr. wurde das Christentum Staatsreligion des Römischen Reiches. Damit kam ein Prozess zum Abschluss, in dem das Christentum als Religion einer orientalischen Minderheit auf den Schultern des Judentums sich Stück um Stück vergrößert und durchgesetzt hatte, besonders massiv im 4. Jh., nach 313, unter Konstantin. Dabei hat das Christentum sich nicht nur gegenüber konkurrierenden Religionen wie den Mysterienkulten, besonders dem Mithraskult, durchgesetzt. Ähnliches gilt auch gegenüber der paganen Philosophie (besonders dem Platonismus).

Wie konnte es so weit kommen? Eine Analyse ergibt vielfältige Faktoren auf unterschiedlichen Ebenen. Viele der halbwegs Kundigen nennen einfach »Monotheismus« und »Diakonie« als die Gründe, aus denen das Christentum sich durchgesetzt habe. Mit »Monotheismus« knüpfen sie an die seit den Vorsokratikern beliebte und in bestimmten damaligen Religionen allenthalben feststellbare Tendenz zu einem aufgeklärten Monotheismus an, der vor allem auch blutigen Opfern und abergläubischen Praktiken ein Bein stellte. Beide Elemente übrigens, Monotheismus und Diakonie, seien in dem populären Kanon der zwei Tugenden (A. Dihle), biblisch dem Doppelgebot der Liebe, vorgebildet (Gott lieben und den Nächsten lieben).

Ich möchte an dieser Stelle des Buches und auf dem Hintergrund der bereits erfolgten flächigen Darstellung des Urchristentums einige gängige, auch einige neuere Theorien über die Gründe des welthistorisch einzigartigen Siegeszuges des Christentums in der Antike durchspielen und auf ihre Stichhaltigkeit erproben.

7.1 These 1: Mit Jesus trat eine überragende religiöse Gestalt auf den Plan

Je skeptischer das 19. Jh. sich zu einer feststellbaren Historizität Jesu äußerte, desto hymnischer wurde Jesus als »religiöses Genie« aufgewertet; er musste sich an dieser Ecke freilich bald mit anderen Geistesheroen wie Buddha, Konfuzius und Goethe an einen Tisch setzen. Sowenig uns das heute noch überzeugt, sosehr muss man sich doch die Frage stellen: War es nicht schlicht und einfach Jesus selbst, seine überragende persönliche Präsenz, die der neuen Religionsgruppe zum Durchbruch verhalf? Offensichtlich konnte Jesus nicht einmal der Standortnachteil Galiläa wirklich etwas anhaben. Das Christentum schoss geradezu aus diesem verlassenen Winkel der Weltgeschichte hervor, um sich innerhalb von Jahrzehnten wie ein Flächenbrand zu verbreiten. War es nun die persönliche Ausstrahlung Jesu selbst, oder stand das Auftreten dieses Wanderrabbis nur einfach unter einem günstigen historischen Stern?

So viel kann man sagen: Jesus wurde in den günstigen Kairos einer relativen Friedenszeit hineingeboren. Das Neue Testament gibt es selbst an. So entfaltet die Kindheitsgeschichte nach Lukas zum Stichwort »Kaiser Augustus« eine am Beruf des Hirten orientierte Friedensidylle, die dem Programm Vergils in seinen Bucolica im Allgemeinen und in der Vierten Ekloge im Besonderen nicht nachsteht. Das hat man auch stets bemerkt. Mit der Person Jesu konnte sich das verbinden, was die römischen Kaiser recht erfolglos für die eigene Person jeweils durchzusetzen versuchten: die Anerkennung als Mensch und Gott zugleich. Jesus ist die Erfüllung der Hoffnung, es möge einen Herrscher geben, der vom Himmel gesandt und zugleich Mensch ist.

In diesem Konkurrenzkampf war Jesus fraglos überlegen. Die Berichte über seine Auferstehung unterscheide ich wohltuend von dem, was die gekauften Zeugen des römischen Senats zum Stichwort »Apotheose«, Kaiservergottung nach deren jeweiligem Verschwinden auf Erden, anzubieten hatten. Die Berichte aller vier Evangelien über leeres Grab und Auferstehung Jesu lese man einmal als Alternative zum Geschick der römischen Kaiser. Dem Bild des idealen, weisen, gerechten Herrschers, der zudem um seiner Gerechtigkeit willen leiden muss, konnte Jesus in vielerlei Hinsicht genügen. An sich wäre das ja faszinierend: ein Herrscher, ein Kaiser, der die Macht eines Gottes mit der Freundlichkeit eines Weisen verbunden hätte. Die römischen Kaiser, die für sich »auf die gleiche Idee gekommen waren« (die Philosophen dieser Zeit entwerfen »Herrscherspiegel«), sehen nun wirklich blass dagegen aus.

Im Unterschied zu den meisten konkurrierenden Religionen entwirft das Christentum seit dem Auftreten Jesu eine anspruchsvolle Theologie. Wenn man den Gesamtbestand dessen überschaut, was allein aus den beiden ersten Jahrhunderten an schriftlichen Zeugnissen frühchristlicher Theologie erhalten ist, also das bei Berger-Nord (Das Neue Testament und frühchristliche Schriften, 6. A. 2006) gesammelte Material plus tausend Seiten christliche Apologeten wie Justin und Athenagoras, dann kann man über die theologische Produktivität nur staunen. Weder eine philosophische noch gar eine religiöse Konkurrenzbewegung kann auch nur im Ansatz dem entsprechen. Diese theologische Gewandtheit hat glücklicherweise viele Ebenen, außer der spekulativen Höhe zum Beispiel des Hebräer- oder des Römerbriefes eben auch schlichte, Lebensweisheit verkündende Texte wie viele Berichte der Evangelien und etwa die »Lehre der Zwölf Apostel«. Diese literarisch-theologische Kompetenz wirkt sich insbesondere aus als seelsorgerliche Kraft, etwa wo es um Kasualien und Beratung im weitesten Sinne geht. Die Alte Kirche selbst hat hier Ähnlichkeiten zu Seneca, dem bekannten Brief-Seelsorger entdeckt, indem sie einen (pseudepigraphen) Briefwechsel zwischen Paulus und Seneca erfand. Zur Theologie gehören aber auch die ansprechende und bewegende Ausgestaltung der Liturgie wie auch die Entwicklung der Gattung Bibelkommentar.

Mt 7,16: »An ihren Früchten werdet ihr sie erkennen.« Jesus hätte nicht diese einzigartige Bugwelle an Bezeugung, Geist und Leben ausgelöst, wäre er nur der eher zufällige Katalysator eines religionsgeschichtlichen Prozesses gewesen. Er hat seine Zeitgenossen und die unmittelbar folgenden Generationen der Urchristen aber nicht als »Genie« überzeugt; er wurde vielmehr zum Skandalon, an dem man sich entscheiden muss: Anbetung als Gott oder Kreuzigung als Gotteslästerer.

7.2. These 2: Das Urchristentum war der Durchbruch eines in der Luft liegenden aufgeklärten Monotheismus

Historiker neigen gelegentlich zur Betrachtung von Geschichte in großen Bögen und weltgeschichtlichen Wenden – sei es der historische Materialismus von Marx, sei es die Achsenzeit von Jaspers oder Toynbees Challenge-and-Response-Schema. Solcher Draufsicht verdankt sich die verkürzte Antwort auf die Frage, was denn Christentum sei; sie lautet: *Christentum ist globaler Monotheismus*. Was die Propheten des Alten Testaments in ihren kühnsten Träumen zu hoffen wagten, dass alle Völker den Gott Israels anerkennen würden, wird hier schon in der Mitte der Zeit zum Programm. Damit kommt das Christentum nicht nur der Sehnsucht und Religionskritik der Antike seit den Vorsokratikern entgegen – es ist hier auch auf seine eigene Weise vernünftig, bündelt und radikalisiert alles, was sich Religion nannte, auf einmalige Weise. In kultischer Hinsicht bedeutet das zunächst Verzicht auf Beschneidung, auf blutige Opfer und das ganze aufwendige Tempelwesen.

Beachtenswert sind vor allem die Folgen dieser Glaubensgestalt: Wenn für alle global derselbe Gott als Schöpfer und Vater gilt, sind alle trennenden Unterschiede zwischen den Menschen in Fragen von Religion, Rasse und Alter, Besitz und Wissen aufgehoben. In den antiken Vereinen hatten die Menschen schon Ähnliches gewollt. Dieser Ausgleich angesichts des einen Gottes bedeutet noch mehr: Kritikfähigkeit und Pazifismus. Denn wenn es nur den einen Gott gibt, dann ist alles andere nur noch Kreatur. Dann darf man so herzhaft lästern und so frech kritisieren, wie es seit Jahrhunderten der jüdische Witz tut. Wo denn sonst kann es solche Herrscherkritik geben, solche Machtkritik und Reichtumskritik? Wenn nur noch Gott heilig ist, dann blättert alle sogenannte Heiligkeit schnell ab. Wenn Gott allein Gott ist, kann der Zuspruch der Verkündigung und der Liturgie auch von tausend Ängsten befreien.

So könnte man also auf die Idee verfallen: Im Christentum habe sich der Monotheismus als eine religiöse Errungenschaft des Volkes Israel schlicht *globalisiert*, wobei er sich aus seinen archaisch-gesetzlichen Eierschalen befreit habe; er sei in dieser Einfachheit transpo-

nierbar in alle Kulturen geworden und könne künftig als die aufgeklärte Religion aller Vernünftigen gelten. Dass sich das Christentum
wegen seiner radikalen Einfachheit und wunderbaren Anpassungsfähigkeit durchgesetzt hat, wie Adolf von Harnack meinte, scheint
mir dennoch eher ein höchst verdächtiges Urteil. Denn die Einfachheit ist eher ein romantischer Wunschtraum der liberalen Jesusfor-
schung des 19. Jahrhunderts, die Albert Schweitzer so schön entlarvt
hat. Und die »wunderbare Anpassungsfähigkeit« erinnert eher an
politische Parteien in der 2. Hälfte des 20. Jahrhunderts. Christoph
Markschies nennt das »Umweltpässlichkeit«, auch das erinnert eher
an Chamäleons. Nein, solche formalen Merkmale waren es nicht.

7.3 These 3: Das Urchristentum war die Erfindung einer be-
sonderen Art von Barmherzigkeit in der Religion

Tatsächlich betritt das Christentum aufgrund der Praxis Jesu die
Bühne der Weltgeschichte als eine *Heilungsreligion*. So berichtet das
Lukasevangelium, dass Johannes der Täufer, als er vom Wirken Jesu gehört habe, Männer mit der Frage zu Jesus sandte, ob er denn
der Messias sei. Nun heißt es (Lk 7,21–23): »In jener Stunde heilte
Jesus gerade viele von Krankheiten, Gebrechen und bösen Geistern
und schenkte vielen Blinden das Augenlicht. So gab er ihnen zur
Antwort (indem er ein Wort des Propheten Jesaja aufgriff): Geht hin
und kündet Johannes, was ihr gesehen und gehört habt: ›Blinde sehen, Lahme gehen, Taube hören, Tote stehen auf.‹« Das unterscheidet die Kirche weitgehend vom Judentum. Weil nach der Botschaft
Jesu Gott dem Menschen nun auch physisch ganz nahe gekommen
ist, bedeutet Glaube auch Anteilhabe an Gottes Schöpfermacht und
Kraft zu gesunden. Auch als nicht geheilter Kranker steht der Christ
zu seinem Herrn in einer besonderen Beziehung. Denn Krankheit,
Alter und der Weg zum Tod werden im Christentum umgewertet:
Weil für den, der glaubt, auf Leiden Herrlichkeit folgt, ist das Leiden und ist der Weg zum Tod ein Weg mit Jesus Christus zu Gott
geworden. So wie das Leiden wird auch die Arbeit neu gewertet
und geadelt, sei es als Mitarbeit am Werk des Schöpfers (vgl. Philos

Schrift »De opificio«), sei es als Teilhabe an den Leiden Christi oder der Apostel.

So verbreitete sich das Christentum als die Religion eines Gottes, an dem man gesund werden kann. Auch auf die Frage, was nach dem Tod komme, hat das Christentum eine überlegene Antwort. Die Rede vom Zwischenzustand (Tote leben »in Christus«), vom Paradies und von der künftigen Auferstehung ist christologisch begründet, so dass die Kirche niemanden achselzuckend im Regen stehen lassen muss. Auch auf die Theodizee-Frage gibt das Christentum eine Antwort: Das Böse, das die Menschen verursacht haben, büßen sie im Gericht. Die Unvollkommenheiten der Schöpfung aber inklusive Tod wird Gott in einer zweiten, neuen Schöpfung von Grund auf heilen.

In der Geschichte neu ist die Erfahrung von »Kirche«, einer Art Großfamilie, innerhalb deren jeder Christ lokal, regional und über die Länder hin vernetzt und aufgehoben ist. Das bedeutet nicht zuletzt auch eine finanzielle Geborgenheit. Diese vernetzte Zugehörigkeit zur Kirche überschreitet freilich irdische Sichtbarkeit. Denn Kirche umfasst auch die schon vollendeten Heiligen im Himmel. Diese können sich als Patrone bei Gott für den Einzelnen einsetzen. Kirchenzugehörigkeit liefert daher umfassende Patronage frei Haus. Über den Namenspatron und Schutzengel, über den Erzengel Michael und Maria, schließlich über den erhöhten Hohenpriester Jesus Christus reicht dieses System der Patronage bis direkt zum Thron des himmlischen Vaters. Die Tauf- und Firmpaten ergänzen dieses System der Absicherungen. Theologisch entsprechen diesem Schutzwall auch die Rede von der Gnade und die Sakramente. Schutz und Geborgenheit, Patrone und Fürsprecher lassen den Einzelnen keineswegs allein. In einer Gesellschaft, in der Isolierung und Globalität zusammen auftraten und einander entsprachen, waren diese Hilfen gegen Einsamkeit und Trostlosigkeit von faszinierender Anziehungskraft.

Der britische Historiker Henry Chadwick steht nicht allein mit seinem Urteil: »Die praktische Liebestätigkeit war wohl die stärkste Einzelursache für den missionarischen Erfolg des Christentums.« Das Thema Diakonie also. Mit Diakonie sind vor allem folgende Erscheinungen im frühen Christentum gemeint:

❖ Die Verpflegung auch der tempelfernen Witwen der dem Tempel gegenüber kritischen Hellenisten durch ein eigenes, zur Diakonia bestelltes Gremium der Sieben.

❖ Die Notizen der Apostelgeschichte, die Gemeinde habe es nicht zugelassen, dass jemand bedürftig sei in der Gemeinde. Der Ausgleich zwischen Arm und Reich, den der Jakobusbrief anstrebt.

❖ Die Kollekte des Apostels Paulus für die Gemeinde in Jerusalem.

❖ Die Bestellung von Witwen in den Gemeinden nach Kriterien der Diakonie (Gastfreundschaft), so in 1 Tim 5.

❖ Die grundsätzliche Einordnung der Diakonie unter die Charismen, sowohl bei Paulus als auch im Umkreis.

❖ Die feste Meinung, dass man in den Werken der Barmherzigkeit jetzt schon verhüllt und demächst dem Weltenrichter persönlich begegnet (Mt 25). Denn alle guten Werke am Nächsten betreffen *dessen* Not. Und es ist Gottes Privileg, sich dieser Klientel anzunehmen.

❖ Kirchliche Diakonie wird besonders von Frauen getragen. Der Anfang ist eine Art Selbsthilfegruppe nach Apg 9,36–41, wonach Tabitha für jüdische Frauen Röcke und Kleider näht. Eine Diakonin (Phoibe) wird in Röm 16,1 für Korinth genannt. Die frühen Kirchenordnungen erwähnen besonders die Nachbarschaftshilfe (diakonia) christlicher Frauen, die ein Primärstadium der Mission ist.

❖ Die Bedeutung des Herrenmahles für das frühe Christentum wäre nicht vorstellbar ohne rahmende und begleitende diakonische Tätigkeit. Daher heißt das gemeinsame Mahl auch »agape«. Eine Differenz zur Eucharistiefeier sehe ich in diesem frühen Stadium nicht (auch: M. Klinghardt: Gemeinschaftsmahl und Mahlgemeinschaft, Tübingen 2001).

❖ Darunter wurde später auch das kostenlose Heilen verstanden (Kosmas und Damian).

❖ Nicht zuletzt äußerte sich christliche Diakonie als liebevolle Zuwendung zu kleineren Kindern und zu alten Leuten.

Im Bereich der Seelsorge gab das Christentum Antwort auf die Vorhaltungen des Gewissens, und auf Sünde, Schuld und Sühne weiß das Christentum Antworten zu geben, die nicht bloße Wünsche oder Vermutungen sind, sondern am leidenden Gerechten ihre Anschaulichkeit gewinnen.

7.4 These 4: Das Urchristentum überzeugte durch seine konsequent gelebte Ethik

Monotheismus bedeutet etwas für die Ethik, nämlich die Unausweichlichkeit der Gebote. In jedem Polytheismus reguliert sich das Verhalten der Menschen nach dem Grundsatz, keiner Gottheit zu nahe zu treten und sich zwischen den unterschiedlichen Ansprüchen hindurchzulavieren. Das ist im Christentum nun nicht mehr möglich. Die neutestamentlichen Briefe vor allem übersetzen die in Jesus Christus völlig eindeutig gewordene Nähe Gottes bis in die Eindeutigkeit von Haustafeln (Eph 5,21 ff.; Kolosser 3,18–4,1; 1. Petrus 2,18–3,7), also konkreten Lebensregeln für alle Bewohner eines Hauses.

Im Bereich der Ethik schützt das Christentum vor allem älter werdende Frauen und kleine Kinder. Das Verbot des vorehelichen Geschlechtsverkehrs (!), der Ehescheidung bzw. der Wiederheirat nach Trennung der Ehepaare gewinnt die Sympathien älterer Frauen. Tötung von Embryonen im Mutterleib ist genauso verboten wie Kindesaussetzung; oft war es in heidnischen Kreisen üblich, kleine Mädchen auszusetzen. Heidnische Autoren heben diese bei Christen geänderte Praxis deutlich hervor: Die Christen sind kinderfreundlich! Und andererseits gab und gibt es neben rigoroser Ethik die Institution der Beichte, die vor allem Wiedereinfügung in die Gemeinde ist.

Bekenntnis zum Glauben und ethische Vorbildhaftigkeit großer Gestalten der frühen Christenheit gehen Hand in Hand. »Da uns eine solche Wolke von Zeugen umgibt, wollen auch wir alle Last und die Fesseln der Sünde abwerfen.« (Hebr. 12,1) In den Heiligen hat der Christ eine ganze Galerie von Vorbildern. Das gilt besonders von den Märtyrern. Der Spruch *sanguis martyrum semen christianorum,* »Das Blut der Märtyrer ist der Same für neue Christen«, ist durchaus wahr. Denn die Menschen, die über Konversion nachdachten, »sahen an den großen Vorbildern der freiwilligen Märtyrer, dass die neue Religion auch in Extremsituationen des Lebens eine schier unüberwindliche Kraft zu geben versprach« (C. Markschies).

7.5 These 5: Das Urchristentum war der ideale »Verein«

Diese These mag verblüffen, gar Anstoß erregen: Unter den Bedingungen für den Erfolg des Christentums war auch, dass das Christentum sich an das antike Vereinswesen anschließen konnte. Dazu trug die Aufhebung der trennenden sozialen Differenzen, die starke Betonung des gemeinsamen Mahles und vor allem die Handhabung von Initiation bei.

Es gab immer Zeiten, in denen es verpönt war, Gemeinden mit profanen Vereinen oder Clubs zu vergleichen. So etwa im 19. Jh., in dem viele Gemeinden besonders große Mühe hatten, sich gegenüber den zahlreich wuchernden Vereinen zu behaupten. Noch heute stehen in ländlichen Gegenden Vereine im Wettstreit mit Kirchengemeinden; oft dürfen die Gemeinden Vereinsräume für besondere Anlässe mieten (trotz fast identischer Klientel). Das ist dann das letzte Kapitel einer zweitausendjährigen Rivalität. Um das Vergleichen anschaulicher zu machen, wird hier eine Vereinssatzung – die Spielregeln in einem Club – auszugsweise mit abgedruckt, die aus dem 2. Oder 1. Jh. v. Chr. stammt (Inschrift von Philadelphia in Kleinasien (Lydien):

»Die Verordnungen, gegeben im Schlaf. Dionysos gibt freien Zugang zu seinem Haus für Männer und Frauen, Freie und Sklaven. Denn Altäre sind darin erbaut für Zeus … Dem Dionysos gab Zeus Verordnungen zur Verrichtung der Heiligung und Reinigung der Mysterien nach den väterlichen Bräuchen und auch wie es jetzt aufgeschrieben ist. Wenn sie in dieses Haus kommen, sollen Männer und Frauen, Freie und Sklaven bei allen Göttern schwören: dass sie keinen Trug weder für einen Mann noch für eine Frau wissen, kein böses Gift gegen Menschen, keine bösen Verfluchungen kennen oder verrichten, keinen Trank für Liebe, Schwangerschaftsabbruch oder Empfängnisverhütung noch etwas anderes, das Kinder tötet, weder selbst es zu tun noch einem anderen zu raten, und wenn einer etwas davon tut, es weder zu erlauben noch zu verschweigen, sondern es offenbar zu machen.

Außer seiner Frau soll ein Mann eine fremde Frau, sei es eine Freie, sei es eine Sklavin, die einen Mann hat, nicht schänden, auch nicht einen Knaben noch eine Jungfrau ..., sondern wenn jemand Mitwisser ist, dies offenbar zu machen ... Eine Frau oder ein Mann, die etwas nach dem oben Gesagten tun, soll nicht in dieses Haus hineingehen ... Eine freie Frau soll heilig sein und nicht kennen eines anderen außer des eigenen Mannes Bett oder Zusammensein. Aber kennt sie so etwas, dann soll diese nicht heilig sein, sondern befleckt und voll Schande für ihren Stamm und unwürdig, diesen Gott zu verehren ... noch zu sehen, wie die Mysterien vollzogen werden. Andernfalls ... wird sie böse Flüche von den Göttern haben ... Die Götter werden denen, die folgsam sind, gnädig sein und werden ihnen immer alle Güter geben, welche Götter Menschen, die sie lieben, geben ... Und bei den Monats- und Jahresopfern sollen berühren, die sich selbst vertrauen, Männer und Frauen, diese Inschrift, in der die Gebote des Gottes geschrieben sind, damit sichtbar werden die diesen Verordnungen folgen und die ihnen nicht folgen. Zeus Soter, die Berührung des Dionysos nimm gnädig und wohlwollend an ...«

Im Vergleich mit frühchristlichen Gemeinden sind folgende Punkte auffällig: Es herrscht *soziale Egalität* (Männer, Frauen, Sklaven, vgl. dazu die entsprechende Inschrift über Zeus Panamaros: »Alle Menschen lädt der Gott zum Mahl ein, und gemeinschaftlich und gleich gewährt er allen den Tisch, woher sie auch kommen«). Im Neuen Testament: vgl. Gal 3,26 f. Ein Einzelner hat sein Privathaus als Tempel zur Verfügung gestellt im Sinne der *Gastfreundschaft.* Im Neuen Testament stehen am Anfang überall Hausgemeinden, und sie werden gleichfalls mit Tempeln verglichen (1 Petr 2,1–10). Die Zugehörigkeit ist *freiwillig,* die Initiative zur Gründung ist *privat,* nicht öffentlich. Das ist grundsätzlich auch im Christentum der Fall (bis zum 4. Jh.). Die Hausgemeinde versteht sich sodann als *moralische Elite.* Das weist darauf, dass andere Einrichtungen eine Orientierung nicht zu geben vermögen. Vorhanden sind auch *charismatische Elemente:* z. B. die Traumoffenbarung über die Auswahl des Hauses. Vgl. dazu Apg 16,9; 18,9 und viele Legenden von Kirchengründungen. Im Haus selbst finden *kultische Versammlungen* der zugehörigen »Gemeinde« statt. Vgl. dazu 1 Kor 11–14. Der *antimagische Kampf* (»keinen Trank für Liebe ...«) wird auch im frühen Christentum geführt (vgl. Apg 19) und ist ein Dauerthema bei den Kirchenvätern. Dass *besondere Delikte* ausgeschlossen werden, kennen wir aus den frühchristlichen Lasterkatalogen, vgl. insbesondere Lehre der Zwölf Apostel (Didache) 2,6 (»Sei nicht habgierig, nicht räuberisch, nicht scheinheilig, nicht unfair, nicht überheblich, schmiede keine bösen Pläne gegen deinen Nächsten«). Wie im frühen Christentum orientiert sich die Moral am Eintritt in die Gruppe *(Initiation)*, hier wird der Maßstab bestimmt. Einen sehr großen Raum nimmt die *Sexualethik* ein, hier werden die Vorschriften am konkretesten. Das ist besonders auffällig, da man Prüderie sonst eher bei frühchristlichen und neuplatonischen Vereinigungen verortet. Die Inschrift verwendet sogar dasselbe Stichwort *heilig*, das wir aus 1 Kor kennen, und Befleckung bedeutet Ausschluss aus der Gemeinschaft (wie 1 Kor 5). Der Eid beim Eintritt in den Verein erinnert an das, was Plinius d. J. in Briefe 10,96,7 über die Christen schreibt: »Sie legen Eide ab, nie Betrug, Diebstahl, Raub, Ehebruch, Treubruch ... zu begehen.« Hier wie dort wird der *Anfangseid* auf das moralische Verhalten abgelegt. Der Ausdruck »Sakrament« (Eid) kommt meines Erachtens daher und bezieht sich ursprünglich auf einen Teil der Taufe. Schließlich geht es darum, die Götter zu »lieben«, und immer wieder erscheinen sie als diejenigen, die »Gnade« geben. Beim Kult im Haustempel werden die Götter als gegenwärtig dargestellt: Deshalb soll fernbleiben, wer nicht heilig ist. Die Gruppe ist *ohne Hierarchie*, doch der Hausvater Dionysos ist offenbar die entscheidende Figur. Beim urchristlichen *Hausvater* ist es geradeso. Das »Sehen der Mysterien« entspricht von weitem dem, was im christlichen Abendmahl geschieht.

Die Unterschiede zum Christentum liegen auf der Hand: Wer nicht folgsam ist, wird von den Göttern bestraft. Im Christentum dagegen ist die Moral eingebettet zwischen Vergebung und nochmaliger Vergebung – das gilt auch, wenn man weiß, dass der Weg zur

»zweiten [und wiederholten] Buße« im frühen Christentum lang und verlustreich verlaufen ist. Ein Heilsmittler fehlt, ebenso eine Heilsgeschichte (Gottesvolk) oder Eschatologie oder überhaupt Theologie. Es gibt auch keine religiöse Definition dieser Gruppe, die sich im Haus versammelt. Immerhin, es geht um einen moralisch elitären »Club« jenseits der Volksreligion, der für Wohlverhalten Glück und Gnade von den Göttern erwartet. Im Ganzen besteht einen gewisse Analogie zu den Freimaurern. Ein gemeinsames Mahl kann ich in der o. g. Inschrift nicht erkennen.

Schon das vorchristliche hellenistische Judentum hat Elemente des Vereinswesens aufgenommen (s. Philo v. Alexandrien, »Über das betrachtende Leben«, d. h. über die Therapeuten). Das frühe Christentum konnte sich an zahlreiche bewährte Elemente anschließen. Es ist aus der Rivalität mit den antiken Vereinen als Sieger hervorgegangen, weil es für Sünde und Tod Heilung und Rettung anbot.

7.6 These 6: Das Urchristentum war die Religion der Frauen

Eine Probe aufs Exempel sozialer Glaubwürdigkeit war für das Christentum zu allen Zeiten die Frage nach der Rolle der Frau. Die Bezüge zwischen Jesus und der Zeit des ältesten Christentums sind hier besonders eng.

Entgegen den religiösen Bedenken seiner Zeitgenossen zeigt Jesus keine Berührungsängste. Er spricht mit Frauen in der Öffentlichkeit, sogar mit den verfemten Samaritanerinnen. Und vor allem hat er – im Unterschied zu allem, was wir von den Rabbinen wissen – auch Jüngerinnen, die ihm nachfolgen. Eine ganz besondere Rolle spielt Maria, die Mutter Jesu. Frauen finden wir als Zeuginnen von Kreuzigung, Begräbnis und leerem Grab. Eine profilierte Frauengestalt im Umfeld Jesu ist Maria Magdalena. Insbesondere der Evangelist Lukas hat in Evangelium und Apostelgeschichte Berichte über Frauen gesammelt und sie oft so plaziert, dass neben einer »Männer-Geschichte« eine Frauen-Geschichte zu stehen kommt, und Entsprechendes gilt für Gleichnisse.

7.6.1 Am Beispiel der Lydia

In der Apg ist Lydia die bedeutendste Frau: »*(14,12) Von dort fuhren sie (Paulus und Silas) nach Philippi ... (13) Am Sabbat begaben wir uns zu einer Stelle am Fluss vor dem Stadttor, von der wir annahmen, dass es ein Betplatz der Juden war. Dort ließen wir uns nieder und knüpften ein Gespräch mit den Frauen an, die dort zusammengekommen waren. (14) Unter ihnen war eine Purpurhändlerin aus Thyatira namens Lydia, die dem Judentum nahestand. Gott schloss ihr das Herz auf, so dass sie die Predigt des Paulus annehmen konnte. (15) Als auch ihre ganze Familie getauft war, bat sie Paulus und seine Gefährten: »Wenn ihr euch davon überzeugt habt, dass ich treu zum Herrn stehe, dann kommt doch in mein Haus und nehmt dort Quartier.« Sie ließ nicht locker, bis wir die Einladung annahmen ... (40) Paulus und Silas gingen vom Gefängnis aus zu Lydia, wo sie einige Gemeindemitglieder antrafen, denen sie Mut zusprachen.*«

Die Juden und ihre Sympathisanten reinigen sich vor dem Gebet, daher ist ein Platz am Wasser angemessen; denn Beten setzt voraus, dass man sich gereinigt hat, besonders die Hände (das »Lavabo« in der Messe erinnert noch daran vor den entscheidenden Gebeten). Eine Synagoge gibt es nicht in Philippi, nur einen Betplatz. Die typischen Sympathisanten für das Judentum sind Frauen – wie dann auch 75 % der Proselyten Frauen sind. Paulus wird eine Predigt als Auslegung der Schrift gehalten haben. Es ist wohl teilweise üblich, dass mit dem Hausherrn oder der Hausfrau auch alle Hausgenossen sich taufen lassen (»die ganze Familie«). In V.15 wird berichtet, dass die Verkündiger und Täufer der Lydia im Anschluss an die Taufe bei ihr zu Gast sind. Diese Sitte ist im Neuen Testament und später gut bezeugt und hält sich bis heute: Wer ein Kind getauft hat, erfreut sich danach des Gastrechts.

Wichtiger Ertrag: Ein Großteil der frühen Christinnen entstammt dem Potenzial der Sympathisanten des Judentums.

7.6.2 Am Beispiel der Dorkas (Tabitha)

Apg 9,36–41 berichtet: »*(36) In Joppe lebte eine Jüngerin namens Tabitha, das heißt übersetzt »Gazelle«. Sie hatte sehr viel Gutes getan und viel ge-*

spendet. (37) Damals wurde sie krank und starb. Sie wurde gewaschen und im Schlafgemach im oberen Stockwerk aufgebahrt. (38) Nun liegt Lydda in der Nähe von Joppe. Als daher die Christen in Joppe hörten, Petrus sei in Lydda, schickten sie zwei Männer zu ihm mit der Bitte, unverzüglich zu ihnen zu kommen. (39) Petrus ging sofort mit ihnen. Als er in Joppe ankam, führte man ihn unverzüglich in das Gemach, wo alle Witwen des Ortes sich weinend zu ihm drängten und ihm die Röcke und Kleider zeigten, die »die Gazelle« zu ihren Lebzeiten für sie genäht hatte. (40) Petrus schickte sie alle aus dem Raum, betete auf Knien und sprach dann den Leichnam mit den Worten an: »Steh auf, Tabitha!« Da schlug Tabitha die Augen auf, erblickte Petrus und setzte sich auf. (41) Petrus reichte ihr die Hand und half ihr beim Aufstehen. Dann rief er die übrigen Christen samt den Witwen herbei und gab ihnen Tabitha lebendig zurück.«

Dass die Verstorbene im Obergemach aufgebahrt ist, kennen wir aus den Elia-Geschichten des Alten Testaments (2 Kge 4) und aus deren »Wiederholung« durch Jesus (Mk 5,40). Der Name weist auf eine Judenchristin. 9,39 gibt den Grund an, weshalb die Tabitha-Erzählung besonders wichtig ist: Diese Frau hatte für die Witwen Röcke und Kleider genäht. Das heißt, sie war an einem sozialen Brennpunkt tätig. Witwen waren die Ärmsten der Armen.

Gewöhnliche Witwen verfügten nicht über die Fähigkeiten von Damen-Schneiderinnen. In den Jahren nach 1945 hat auch in Deutschland manche Frau diese Kunst erst mühsam lernen müssen. Die Auferweckung der Tabitha war offensichtlich für Teile der ältesten Christenheit eine ganz entscheidende Erfahrung. In der koptischen Elia-Apokalypse (Übers. W. Schrage) wird sie verarbeitet – in der Geschichte der Tötung der Tabitha durch den Antichrist und ihrer anschließenden Auferweckung –, falls nicht diese Apokalypse ihrerseits die Vorlage für Apg 9 o. Ä. war.

7.6. 3 Thesen zur sozialen und kirchlichen Stellung der Frau im frühesten Christentum

✧ Das zeitgenössische Judentum schätzt Prophetinnen sehr hoch. So wird das biblische Bild der Prophetinnen angereichert und erweitert, und es gibt neue Prophetinnen. Der Grund dafür ist: »Prophezeien« meint jegliche religiös kompetente Rede, und den Frauen im hellenistischen Judentum der Diaspora obliegt die Erhaltung der religiösen Traditionen ihres Volkes. Ihr Religionsunterricht wird als Prophezeien verstanden. So werden im Liber Antiquitatum des Ps.-Philo (1. Jh. n. Chr.) u. a. die »Testamente« (»Abschiedsreden«) der Debora und der Miriam besonders entfaltet. Was in den jüdischen Texten für Prophetinnen der Vergangenheit dargestellt wird, ist Widerspiegelung der Rolle der Frau im hellenistischen Judentum. Denn es ist die Aufgabe der Frau, im Zeitalter des Neuen Testaments die Kultur des Judentums zu bewahren. Die Frauen geben sie an die Kinder weiter, und dieses ist auch die Rolle frühchristlicher Frauen. Die Aufgabe des Kulturerhalts ist ihnen anvertraut. Andererseits wird das Erbe des aus der Bibel bekannten Hiob nach der frühjüdischen Schrift »Testament des Hiob« von seinen drei prophetisch begabten Töchtern verbreitet, und zwar in religiösen Hymnen. Die Sprache ist wohl Aramäisch oder Hebräisch, die Amulette wehre die Feinde ab. – Eine neue Prophetin ist die Hanna (Lk 2,36 ff.). – In der Gattung der Seligpreisung der Prophetenmutter kommt die besondere Hochschätzung der Propheten indirekt zum Ausdruck (Lk 11,27).

❖ *Jüngerinnen Jesu* haben Anteil an seinem Charisma. Als »Vorbilder« gibt es nur die wenigen biblischen Prophetinnen und die zahlreicheren Philosophinnen der Zeit Jesu (Kynikerinnen, Pythagoräerinnen, vgl. Briefe nach A. Malherbe). – Jüngerinnen Jesu sind als Zeuginnen seines Geschicks für die Gemeinde wichtig. Die vier Evangelien und zahlreiche apokryphe Evangelien (z. B. Thomasevangelium, Evangelium der Maria Magdalena; Philippusevangelium zeigen dieselben Interessen). Entscheidende Zeugnisse verdankt die Gemeinde ihnen.

❖ In der *Judenmission* haben z. B. Tabitha und Lydia eine wichtige Stellung (s. o.). Nach 2 Tim 3,6 sind Frauen Multiplikatoren judenchristlicher Agitation; sie gelten als leichtgläubig. Für den Verfasser des Briefes sind sie jedoch als Gruppe Gegenstand ernsthafter Sorge.

❖ In der *Heidenmission* haben mit Heiden verheiratete Christinnen oft die Funktion von Brückenköpfen in ihre Familien hinein, besonders wenn Männer und Kinder noch nicht christlich sind oder erst durch sie christlich werden. Sklavinnen unter Christen hat man besonders beachtet (Apg 16,16 ff.). Eine große Rolle spielen charismatische Frauen: Witwen (1 Tim 5), Prophetinnen (Offb 2, vom Verf. abgelehnt), prophezeiende Frauen (1 Kor 11, sie sollen Kopfbedeckuung tragen), Apostelinnen (Junia nach Röm 16,7 – vielleicht als Gemeindeapostel im Sinne von 2 Kor 8,23), ehelose Frauen (Jungfrauen; Ehelosigkeit als das Charisma, Christus allein zu gehören 1 Kor 7,34), Missionarinnen (Thekla, Schülerin des Apostels Paulus, vgl. Acta Pauli et Theclae 7), montanistische Prophetinnen im 2. Jh., Märtyrinnen (zahlreiche Akten von Märtyrerinnen ab 2. Jh. z. B. Xanthippe und Polyxena). Aber schon nach 1 Clem 16,2 werden auch im 1. Jh. Frauen verfolgt.

✧ In der Schrift Martyrium Matthaei (AAA 2,1, Kap. 29) wird für Kleinasien im 3./4. Jh. bezeugt, dass eine Frau *Presbyterin* (Älteste) wurde, die Tochter wurde Diakonisse. Zwischen 254 und 256 n. Chr. schrieb Bischof Cyprian v. Karthago seinen Brief 75 § 10 über eine Prophetin, die – voll des Heiligen Geistes – nach altem Ritus taufe und Messe feiere. Letzteres tat sie ohne die Einsetzungsworte, d. h. auf eine ältere Weise, wie wir sie ähnlich in der Didache (Lehre der Zwölf Apostel) erhalten haben. Diese Prophetin ist eine Vertreterin einer aussterbenden Generation von Amtsträgerinnen.

✧ Die Rolle der o. g. Frauen kann man als »prophetisch« zusammenfassen. Daneben gibt es eine *diakonische* Linie. Dazu gehören Frauen als Leiterinnen der Hausgemeinden, z. B. die Diakonin Phoibe in Kenchreä bei Korinth; die »Leute der Chloe« nach 1 Kor 1,11, Priszilla in Korinth. Wo die Frauen ohne Mann genannt werden, sind die Frauen die Vorstände in Hausgemeinden, was auch immer das bedeutet hat.

✧ *Diakonissen* (vgl. eigenes Weiheformular nach den Apostolischen Konstitutionen, Buch 8) helfen bei der Taufe der Frauen, da man bei der Ganztaufe den männlichen Täufern den Anblick nackter Frauen ersparen/vorenthalten möchte.

✧ *In der Nachbarschaftshilfe* (Krankenbesuche etc.) werden christliche Frauen zu wichtigen Helferinnen in der Primärmission (apostolische Kirchenordnungen).

Die hier erwähnten Funktionen der Frauen sind stets und immer direkt abhängig von der Macht der Frauen in der unmittelbar sie umgebenden Gesellschaft. Ab Anfang 4. Jh. wurden die christlichen Gottesdienste endgültig »öffentlich«, d. h., sie entwuchsen der Hausgemeinde. Damit aber nimmt die Bedeutung der Frauen ab; sie bleiben zuständig nur noch für niedere Diakonendienste. Durch die zunehmende Angleichung der »ekklesia« an die staatliche Ordnung (schon 1 Kor 14) tritt die Rolle der Frau in der Gemeinde stärker in den Hintergrund, anders gesagt: Sie wird weniger öffentlich sichtbar. Gegeben hat es diese Rolle zu jeder Zeit.

✧ In den sog. Haustafeln oder ähnlichen Rubriken werden die Frauen zur *Unterwerfung* unter die Männer aufgefordert (Kol 3,18; Eph 5,22; 1 Petr 3,1), auch wenn diese Unterwerfung wechselseitig sein kann (Eph 5,21). Diese Strenge ist vergleichsweise ungewöhnlich, sie hängt aber mit dem Charakter des frühen Christentums als Sklavenreligion zusammen (s.u.), mehr aber noch mit der Konzeption der abbildhaften Repräsentanz.

✧ Immer wieder finden sich abstrakte weibliche Figuren als Darstellung von Gesamtheiten. Das heißt: Analog zu dem, was man später als »Ekklesia« (Kirche) oder »Synagoga« (jüd. Synagoge) – besonders in der Kunst – darstellt, finden sich weibliche Personifikationen *Gnade, Weisheit, Sünde, Güte*. Zum Teil sind diese in Mythen verarbeitet. Bedeutung hat das für das Bild der Frau als Mutter (einer größeren Schar), so etwa in Offb 12: Wenn das Gottesvolk als eine verfolgte Frau und Mutter dargestellt wird, zudem als Frau von herrlicher Schönheit (Offb 12,2), dann bedeutet das in der Folge eine religiöse und theologische Hochachtung vor jeder einzelnen Frau.

Fazit: Die wichtigsten Rollen spielen Frauen als Zeuginnen und als Missionarinnen. Immer dort, wo der Leib und die Leiblichkeit Jesu zum Thema wird, auch wo es um Tod und Auferstehung geht (Jesu eigene und die anderer), sind Frauen zugegen. Auch bei Maria und Martha geht es um Zeugenschaft. Als Zeuginnen sind sie die wichtigsten Missionarinnen, vgl. dazu besonders die Rolle der Thekla. Die fundamentale Rolle der Frauen im Haus wird immer wieder angedeutet, so bei Maria und Martha und z. B. Mt 13,22; Lk 13,20 f.; Lk 17,35.

7.7 These 7: Das Urchristentum war die Religion der Sklaven

Ein große Anzahl von Christen bestand aus Sklaven. Daher die Frage: War das Christentum vielleicht sogar so etwas wie eine »Religion der Sklaven«, der gesellschaftlichen Underdogs? Diese Frage nach der soziologischen Beheimatung des frühen Christentums im Bereich der Sklaven ist bisweilen gestellt, generell jedoch verneint worden. Nun gibt es zwar regionale Unterschiede und auch solche unter den Schriftstellern. Und die Aussage Sklavenreligion trifft nie hundert Prozent.

Doch ich möchte die These aufstellen: Das frühe Christentum war eine typische Sklavenreligion. Wenn man nur überhaupt grundsätzlich dazu bereit ist, diese These zu überlegen, merkt man förmlich, wie die Scheuklappen fallen.

Die These ist von vornherein deshalb wahrscheinlich, weil die antike Gesellschaft des 1. Jh. n. Chr. den Bau einer Pyramide abbildet. Das breite Fundament an der Basis stellten nun einmal die Sklaven dar. Ebenso gut bekannt ist die Aussage des Apostels Paulus in 1 Kor 1 über die soziale Zusammensetzung seiner Gemeinde: »... nicht viele Reiche, Weise, Mächtige, Adlige« gibt es dort. Das heißt: Einer sehr schmalen Oberschicht entspricht eine breite Unterschicht.

Die Methode zur Feststellung und Erhärtung der These ist ganz traditionell: Wir untersuchen die direkten praktischen Aussagen zu Sklaven und fragen, in welcher Beziehung die Bilder zu den Rollen der in der Geschichte handelnden Personen stehen. Und dann gilt:

Die Beziehung Sklave – Herr (*doulos/Kyrios*) ist das Muster für die Beziehung Jesus – Jünger, vor allem bei Paulus selbst und in den Gleichnissen der synoptischen Evangelien. Auch »Diener« (*diakonos*) steht häufiger an der Stelle, an der man auch »Sklave« erwarten könnte. Generell gilt: Wo immer Jesus »der Herr« genannt wird, korrespondiert ihm von der Sachlogik des Bildes her der »Sklave«.

Andererseits gibt es Texte, nach denen Jesus »der Sklave« schlechthin und eben nicht der Herr ist. Hier wirkt die Bildersprache des »Gottesknechts« aus Jesaja fort. Jesus ist hier der Sklave als der Leidende.

Um beides zu verstehen, muss man wissen, dass die Beziehung »Herr«/»Sklave« das grundlegende Bild für das Verhältnis von Gott und Mensch in der hebräischen Bibel (und bis heute im Koran) ist. Wenn also Jesus als Herr, die Jünger als Sklaven (oft anachronistisch mit »Knechte« übersetzt) bezeichnet werden, nimmt Jesus fraglos die Rolle Gottes selbst ein. Benedikt XVI. hat dieses Phänomen auch für viele andere Fälle in seinem Jesusbuch dargestellt.

7.7.1 Jesus als der leidende Sklave

Das Thema »Sklave« ist sehr eng mit dem »Leiden« verbunden. Wo das Leiden Jesu gedeutet wird, erscheint es durch die Zitierung der Aussagen vom leidenden Gottesknecht aus dem Propheten Jesaja in neuem Licht. Die Verknüpfung von »Sklaven« und »Leiden« hat dabei einen grundsätzlichen historischen Hintergrund. Das gilt besonders vom Neuen Testament. Wo Jes 53 zitiert wird, geht es immer um das Leiden Jesu (Apg 8,32; 1 Petr 2,22–25). Bei dem Thema Leiden waren antike Sklaven zweifellos besonders arm dran. Hier konnten sie sich direkt mit Jesus identifizieren, der zu leiden hatte wie ein Sklave bzw. wie ein armer Hund. In dem langen Jesaja-Zitat aus Jes 42,1–4 in Mt 12,18–21 geht es zwar nicht um das Leiden direkt, aber doch um das zurückgezogene, stille Wirken des Gottessklaven Jesus.

Bei den Mitteln und Rechten antiker Sklaven ist es ganz selbstverständlich, dass jeder Sklave in einem »Haus des Leidens« wohnte.

Einen regelmäßigen Platz haben Ermahnungen an Sklaven in den sog. Haustafeln der neutestamentlichen Briefe. In den Haustafeln geht es darum, Männer und Frauen, Kinder und Sklaven an ihre häuslichen Pflichten zu erinnern. Besonders zu beachten ist die Ermahnung an die Sklaven in 1 Petr 2,18–25. Denn hier wird erkennbar, dass die Adressaten des Briefes wohl tatsächlich in der Hauptsache Sklaven sind:

»Nun zu euch Sklaven: Unterwerft euch euren Herren und fürchtet sie, indem ihr alles tut, was sie wollen. Unterwerft euch nicht nur den guten und freundlichen Herren, sondern auch den launischen. (19) Gnade wirkt auch darin, dass einer wegen der Bindung seines Gewissens an Gott Kummer erträgt und ungerecht leiden muss. (20) Es ist gewiss nicht rühmlich, wenn einer aufgrund von eigenen Vergehen Strafe aushalten muss. Doch wenn ihr leidet, obwohl ihr Gutes tut, und das dann geduldig erträgt, daran zeigt sich Gottes Gnade. (21) Dazu seid ihr berufen. Denn auch Jesus, der Messias, hat gelitten, und zwar stellvertretend für euch. Er hat euch ein Beispiel gegeben, damit ihr in seine Fußstapfen treten könnt. (22) Denn er hat keine Sünde begangen und keine boshaften Worte gesagt. (23) Er wurde beleidigt und hat die Schmähung nicht mit gleicher Münze zurückgegeben. Er musste leiden und hat nicht gedroht. Er hat sich ganz dem gerechten Richter anheimgegeben. (24) Er hat unsere Sünden mit seinem eigenen Leib auf das Kreuz hinaufgetragen, damit wir von unseren Sünden befreit werden und nun ganz für die Gerechtigkeit da sein können. Durch seine Wunden seid ihr geheiligt worden. (25) Denn ihr wart wie verirrte Schafe, doch jetzt seid ihr umgekehrt zu Jesus Christus, eurem Herrn, der euch bewacht und beschützt. (3,1) Nun zu euch Frauen. Auch ihr sollt euch unterwerfen, und zwar euren Männern.«

Bevor noch von Frauen und Männern die Rede ist, werden die Sklaven so angeredet. Die übliche Reihenfolge Männer – Frauen – Sklaven wird buchstäblich auf den Kopf gestellt. Die Sklaven sind daher für den Verfasser der Typus Christ schlechthin. Ihre Nähe zu Jesus ist einzigartig. Am Übergang zu 3,1 wird erkennbar, dass auch sonst im Neuen Testament die verbreitete und generelle Mahnung, »sich einander zu unterwerfen« aus der Sklavenparänese (Belehrung von Sklaven) stammt. Außerhalb des Christentums ist »Unterwerfung« etwas, das man nur Sklaven zumuten darf. Das vom Sklaven erwartete Handeln wird zum Inbegriff der christlichen Existenz überhaupt. Auch insofern ist Christentum »Sklavenreligion«.

7.7.2 Die Gebetsformel »durch Jesus, deinen Sklaven«

In sehr alten Gebeten, die sich an den himmlischen Vater richten, heißt es am Schluss »durch Jesus, deinen Sklaven«. Im Griechischen steht das Wort »pais«, und das kann theoretisch »Kind« wie »Sklave« bedeuten. Wegen dieser Doppeldeutigkeit haben Berger/Nord (»Das Neue Testament …«) übersetzt »durch Jesus, der dir gehorcht«; denn Kind wie Sklave gehorchen. Schon A. v. Harnack hatte die Gebete mit diesem Schluss für sehr altertümlich gehalten. Denn in diesen Texten heißt es eben nicht »durch Christus unseren Herrn«, sondern, »durch Jesus, deinen Sklaven«. Aber für Menschen, die sich selbst als Sklaven betrachten, ist Jesus gerade so – als einer, der auch Sklave ist, der Mittler. Hier wird – im Unterschied zu »Kyrios«– gewissermaßen nur die Unterseite der Identität des Mittlers betont.

7.7.3 Die Sklaven-Gleichnisse

In den Sklaven-Gleichnissen der Evangelien wird immer wieder die Zwischenzeit angesprochen: Der Herr ist verreist oder außer Hause oder außerhalb beschäftigt, und entscheidend ist allein das Verhalten der Sklaven in der Zwischenzeit. In dieser Zeit bis zum ungewissen Zeitpunkt der Wiederkehr des Herrn müssen sie sich bewähren oder wachsam sein, was auch immer das heißt.

Die Gesamtheit der Jünger erkennt sich in diesem Bild wieder. Aber auch Jesus selbst nennt sich, wenn er sich als Vorbild gegenüber den Jüngern schildert oder sie zur Nachahmung auffordert, Sklave, so etwa bei der Fußwaschung, wo in Joh 13,16 der Satz fällt: »Der Sklave ist nicht größer als sein Herr.« In Lk 22,26 f. heißt es an der sinnentsprechenden Stelle »Diener«.

Die für die soziologische Einordnung der frühen Gemeinde entscheidende Frage ist: Wäre es nicht für jeden anderen eine Zumutung gewesen, sich im Bild des Sklaven wiedererkennen zu müssen? Ist nicht für Sklaven, die eben schon in diesem gesellschaftlichen Status sind, das Gleichnis ein wirklicher Anknüpfungspunkt? Denn diese Art Beziehung, in der er ja schon lebte, konnte er jetzt in seinem Glauben im Verhältnis zu Jesus wiederfinden. Hier leistet das Gleichnis wirklich das, was es soll, nämlich Brücke zu sein zum Alltagsleben der Angeredeten. Wäre es nicht für jeden anderen eher ein zusätzlichen Hindernis gewesen, Christ zu werden, wenn er sich in der Rolle des Sklaven wiederzufinden hatte? Wäre nicht seine erste Reaktion gewesen: Nein, Sklave bin ich nicht, das ist nicht mein Weg und Status. Und wenn jemand freier Bürger oder Hauptmann war, würde er nicht sagen: Warum kommt außer den harten, anstrengenden Weisungen Jesu noch hinzu, dass ich mich in Gestalten wiederfinden soll, die weit unter meinem Status liegen, auch wenn der ererbt und nicht erworben ist?

So führt kein Weg daran vorbei: Sklaven sind das angemessene Publikum, die adäquatesten Adressaten der Botschaft Jesu. Und aus diesem Grund werden diese Gleichnisse auch so sorgfältig in den Evangelien bewahrt. Dieses geschieht nach dem Grundsatz, dass diejenigen Traditionen und »Materialien«, in denen sich die Menschen angesprochen fühlen, auch am leichtesten überleben und in der Tradierung berücksichtigt werden.

Nach dem Bericht von der Heilung des Sklaven des Hauptmanns heilt Jesus auch einen Sklaven (Mt 8,5–13). Auch hier kann »pais« Sklave wie Kind heißen. Die Entscheidung muss offenbleiben.

7.7.4 Der Sklave Onesimus ist Christ geworden

Einen direkten Bericht über einen Sklaven verdanken wir dem Brief an Philemon. Der Apostel Paulus hat diesen Brief an dessen Hausgemeinde geschrieben. Zur Datierung kann man sagen: Ist Rom der Abfassungsort (vgl. »ältester« in V.9), dann könnte der Brief 61 n. Chr. entstanden sein.

Die Situation: Der Sklave Onesimus ist seinem Herrn entlaufen und hat ihn dabei wohl auch noch weiter geschädigt (V.18). Paulus gewährte ihm Asyl. Er bekehrte ihn, und Onesimus half Paulus in seiner Gefangenschaft und bei der Mission. Paulus respektiert aber die Rechtslage und benutzt die Gelegenheit der Reise des Tychikus nach Kolossai, ihm den Onesimus als Reisebegleiter mitzugeben. Der Brief soll Onesimus vor der sonst üblichen harten Strafe schützen, vielmehr soll Philemon ihn als Bruder freilassen und im Herrn annehmen: »Wenn er schon für mich nicht mehr wie ein Sklave, sondern viel eher ein lieber Bruder ist, um wie viel mehr dürfte er dann für dich bedeuten – sowohl als Mitmensch wie als Christ. (17) Wenn du nun mich als jemand betrachtest, der in enger christlicher

Gemeinschaft mit dir steht, dann nimm ihn zu dir, als ob ich es wäre.« (V.16 f.)

Am liebsten möchte Paulus ihn als Gehilfen zurückhaben. Doch er lässt Philemon alle Freiheit. Ein Problem besteht darin, dass Paulus seine apostolische Autorität auch zu Eigennutz eingesetzt hat. Allerdings geschieht das auf schonende Weise. Der Brief ist ein interessantes Beispiel dafür, wie soziale Probleme (Sklaverei) im frühen Christentum thematisiert werden. Dabei ist der Brief weder ein allgemeines Programm noch ein flammender Aufruf, sondern ein Versuch, einvernehmlich zu einer menschlichen Lösung zu kommen.

Paulus hatte schon früh in den sogenannten Indifferenzierungsformeln (Aufhebung der Statusdifferenzen) die Unterscheidung zwischen Freien und Sklaven in den christlichen Gemeinden als theologisch belanglos aufgehoben. Das gilt für Gal 3,28 (weder Jude noch Grieche, weder Sklave noch Freier, weder Mann noch Frau), für 1 Kor 12,13 (seien es Juden, seien es Griechen, seien es Sklaven, seien es Freie, alle sind wir mit dem einen Geist getränkt worden) und für Kol 3,11 (wo es weder Griechen noch Jude ist, weder Beschneidung noch Unbeschnittenheit, Barbar, Skythe, Sklave oder Freier – vielmehr ist alles und in allen Christus). Nun kann man gerade am Beispiel »weder Mann noch Frau« sehen, dass in der Folge und in der weiteren Wirkungsgeschichte dieser Formeln keineswegs alle gleich wurden, schon gar nicht in jeder Hinsicht. Denn Mann und Frau sind ja auch gar nicht gleichzumachen.

Aber selbst in Bereichen, in denen es die pure Gerechtigkeit erfordert, etwa in der Frage gleichen Lohnes bei gleicher Arbeit, werden auch nach 2000 Jahren Christentum die Frauen noch immer nicht gleich bezahlt. Und bis zur Aufhebung der Sklaverei hat es nach Paulus immerhin noch rund 1800 Jahre gedauert. Oder wollte Paulus das gar nicht? Aber was war denn dann der Sinn dieser Indifferenzierungsformeln?

Man wird am besten so vorgehen, dass man nach einem minimalen und nach einem maximalen möglichen Gehalt fragt. Der minimale Gehalt, an dem auf jeden Fall festzuhalten ist, ist die Gleichheit *coram deo* (vor Gott), also in der Geltung der Gebote, bei den Sakramenten (Taufe, Eucharistie), vor Gottes Gericht. Aber auch, und das ist schon ein erweitertes Minimum, besteht Gleichheit im Empfang der Charismen, im öffentlichen Bekenntnis bis hin zum Martyrium, auch in der missionarischen Funktion. Am weitesten ging das Christentum in der Zuwendung diakonischer Hilfe nach den Werken der Barmherzigkeit von Mt 25,31–46 ohne Rücksicht auf Ansehen der Person. Diese Diakonie hat sich das Christentum aller Jahrhunderte auch etliches kosten lassen. Man denke nur an den »Herrn Kranken« in der Sicht der Krankenpflege-Orden. Die neuzeitlichen Krankenkassen sind letztlich Resultat dieser Art von Diakonie.

Maximaler Gehalt wäre kommunistische Gütergemeinschaft, wäre Freilassung aller Sklaven, wäre echte Frauen- und Männergemeinschaft. Immerhin wurde die totale Gütergemeinschaft in überschaubaren Gruppen der Cönobiten (Mönche) realisiert. Wir halten fest, dass die Aufhebung der trennenden Unterschiede teilweise praktiziert wurde, doch eine soziale Revolution hat das Christentum nicht oder nur auf sehr lange Wirkung hin (Sklaverei) zustande gebracht.

Was die Haltung des Apostels Paulus angeht, so spricht schon seine ausgesuchte Höflichkeit und Sanftheit im Philemon-Brief Bände. Es gibt kaum Passagen in seinen Briefen, in denen er so viel Verständnis für sein Gegenüber hat oder zu haben ankündigt. Er sagt eben nicht: Das Evangelium fordert – du musst ihn freilassen! Im Übrigen exerziert Paulus hier eine Kehrseite dessen, was man für den 1. Korintherbrief die Kompromissfreudigkeit des Apostels nennt. Die radikalen Forderungen des Evangeliums kennt Paulus wohl – doch wenn er konkreten Menschen Konkretes raten muss, geht er fast immer Kompromisse ein. Das zeigt ihn als großen Seelsorger – und nicht als Prinzipienreiter. In meinem Ökumene-Buch (»Glaubensspaltung …«) habe ich mir erlaubt, diese Mischung von prinzipieller Radikalität und seelsorgerlicher Suche nach dem Kompromiss als typisch katholisch zu bezeichnen. Paulus würde dann auch im Brief an Philemon typisch katholisch argumentieren.

Eine zweite Stelle zum Thema Sklaverei mag das paulinische Argumentieren weiter illustrieren: »Jeder soll bleiben, wie Gott ihn berufen hat. (21) Bist du als Sklave berufen, dann mach dir nichts daraus. Wenn du aber frei werden kannst, nimm es umso lieber wahr.

(22) Denn der christliche Sklave ist ein Freigelassener des Herrn. Und ein freier Mensch, der Christ wurde, ist ein Sklave Jesu Christi. (23) Ihr wurdet um einen hohen Preis freigekauft. Begebt euch also nicht in sklavische Abhängigkeit von Menschen. (24) Liebe Brüder und Schwestern! Jeder soll vor Gott so bleiben, wie Gott ihn berufen hat« (1 Kor 7,20–24). Dazu ist zu bemerken, dass V.21 in der Übersetzung umstritten ist. Es könnte auch heißen: »Wenn du aber frei werden kannst, dann bleibe umso lieber Sklave.« Auch dazu würde V.22 als Begründung gut passen. In jedem Falle aber relativiert Paulus den sozialen Status von Freiheit und Sklaverei zugunsten des metaphorisch-religiösen Verständnisses von »Sklave«.

So ist es aber spätestens seit Plato in der Philosophie üblich: Auch ein Sklave kann innerlich frei sein, wenn er frei ist von den Zwängen der Unvernunft. Und ein Freier kann Sklave seiner Triebe sein. Und für den Philosophen war natürlich der innerliche Status stets der entscheidende. Für Paulus geht es hier allerdings nicht um die Freiheit von »Lust«, sondern um die von Sünde, Tod und Teufel; und diese entscheidende Freiheit hat ein Christ auch als Sklave. Und wenn er in V.23 mahnt: »Begebt euch also nicht in sklavische Abhängigkeit von Menschen«, dann ist nicht gemeint, dass man nicht von Beruf Sklave sein soll, sondern dass die wahre Unfreiheit darin besteht, den Wertmaßstäben der Masse zu folgen statt der Kreuzestheologie der Umwertung der Werte. Im Übrigen gibt es zu V.21 in einer apokryphen jüdischen Biographie des 1.– 3. Jh. n. Chr. aus Ägypten folgenden Abschnitt über Josua im Verhältnis zu Moses: »Wegen der Untertänigkeit, mit der er Moses als Schüler *untertan* war – denn zum Sklaven war kein Unterschied –, war er es auch wert, dass Gott als sein Herr mit ihm war. Denn er war kein Sklave nach Art. Aber er *gebrauchte* die Sklaverei, weil er den kannte, dessen Sklave er war … er liebte einen, der Gottes Diener war und war sein Diener *nach eigenem Vorsatz.*« Der Ausdruck »die Sklaverei gebrauchen« steht auch in 1 Kor 7,21b. Der Text beschreibt die freiwillige Sklaventätigkeit eines Mannes, der das »nicht nötig hat«, weil er eigentlich frei ist. Aber aus religiöser Motivation ist er »untertan«, d. h. leistet Sklavendienst. Ergebnis: Der Ausdruck »Sklaverei gebrauchen« heißt: freiwillig Sklavendienste tun, auch und gerade dann, wenn einen niemand dazu zwingt. Folgen wir dieser Anregung, so ergibt sich: Wer Sklave ist, weil er es sein muss, soll es bleiben. Wer freikommen kann, soll trotzdem freiwillig bleiben. Denn als Christ ist er sowieso – je nachdem, wie man es nimmt – frei oder Sklave. Er ist frei, weil er (durch den Besitz des Heiligen Geistes) aus der Dienstbarkeit des Teufels/der Sünde freigekauft wurde. Er ist Sklave, weil er zu Jesus gehört. Genau diese Freiheit und diese Sklaverei beschreibt Röm 6. Frei ist der Christ nach Röm 6,18a (befreit von der Sünde), neuer Sklave nach Röm 6,18b (versklavt der Gerechtigkeit).

Folgt man dieser Linie, dann äußert sich Paulus in 1 Kor 7,21 f. sehr sozialkonservativ. Die eigentliche, wirklich wichtige Sklaverei oder Freiheit gibt es nach Paulus in einem ganz anderen Bereich. An sozialen Veränderungen ist er nicht interessiert. Doch das bedeutet nicht, dass er nicht größten Wert legte auf das gerechte Verhalten jedes Einzelnen, auch ebendes Sklaven. In seinen brieflichen Mahnreden hat er dargelegt, wie der Einzelne hier das Liebesgebot konkret füllen kann.

Dem Sklavenhalter im Philemonbrief rät Paulus vorsichtig, den Sklaven lieber freizulassen. Den Sklaven in 1 Kor 7 rät Paulus, lieber freiwillig Sklaven zu bleiben. Denn jeder soll bleiben, was er ist. Der Sklave Onesimus (so nach dem Philemonbrief) war ja bereits entlaufen und würde sicher einen Neuanfang dort, wo er weggelaufen war, für extrem beschwerlich halten. Paulus sieht daher – vorsichtig, wie er ist – keine guten Chancen für einen Neuanfang. Anders nach 1 Kor 7: Paulus weist die Sklaven auf das, was eigentlich wichtig ist. Diesen Blick für die Dinge, die nach Paulus eigentlich wichtig sind, haben wir verloren. Aber es täte uns sicher gut, unsere Vorstellungen von Freiheit zu überdenken.

7.7.5 Eine (christliche?) Sklavin wird befreit

In Apg 16,16 lesen wir: »*Auf dem Weg zu dem jüdischen Betplatz trafen wir auf eine Sklavin, die von einem Wahrsagegeist besessen war und durch ihre Wahrsagerei ihren Besitzern schon viel Geld eingebracht hatte. (17) Sie lief hinter Paulus und uns her und rief: ›Diese Männer sind Sklaven des höchsten Gottes. Sie verkündigen euch den Weg zum Heil.‹ (18) Das tat sie viele Tage lang. Als Paulus es schließlich nicht mehr ertragen konnte, drehte er sich um und fuhr den Geist an: ›Im Namen Jesu Christi befehle ich dir: Lass ab von dieser Frau!‹ Und augenblicklich wich der Geist von ihr.«*

So wie nach Mk 1,24.34 die Dämonen Jesus erkennen, so erkennt hier der böse Geist die Identität der Apostel zutreffend. Die befreite Sklavin kann zuvor die Apostel selbst »Sklaven des höchsten Gottes« nennen. Doch obwohl der Status prinzipiell gleichartig ist, sind die Apostel Sklaven eines Höheren und können dadurch die Basis für Sklaverei und Ausbeutung bei der Magd beheben. Und umgekehrt: Das Beherrschtsein der Frau durch den Dämon war die Grundlage auch für ihre äußere Sklaverei (jedenfalls für die Annahme, diese lohne sich).

Dass man die Wahrsagerei aufgrund der Inspiration durch Dämonen als Gegenbild zur christlichen Prophetie (durch Frauen: 1 Kor 11) betrachtet, zeigt wenig später Irenäus von Lyon (Gegen die Häresien 1,13,3). »Es ist aber wahrscheinlich, dass er (der Gnostiker Marcus) auch einen Dämon als Beistand habe, durch den sowohl er selbst wahrzusagen scheint als auch durch die Weiber, die er der Teilhabe an seiner ›Gnade‹ für würdig hält, Wahrsagen macht. Denn am meisten macht er sich mit Weibern zu tun, und zwar mit feingekleideten, Purpur tragenden und reichen, die er oft anzulocken versucht und denen er mit folgenden Worten schmeichelt: Ich will dir von meiner Gnade mitteilen, denn der Allvater sieht deinen Engel beständig vor seinem Angesicht. Aber der Ort deiner Größe ist in uns; wir müssen eins werden; empfange zuerst von mir und durch mich die Gnade! Bereite dich wie eine Braut, die ihren Bräutigam erwartet, damit du werdest, was ich bin, und ich, was du. Lass ruhen in deinem Brautgemach den Samen des Lichts. Nimm von mir den Bräutigam, lass ihn Platz nehmen und nimm Platz in ihm! Sieh, die Gnade ist herabgekommen auf dich. Öffne deinen Mund und weissage. Wenn aber das Weib erwidert: Ich habe nie geweissagt und verstehe nicht zu weissagen, dann macht er wiederholt einige Anrufungen, um die Getäuschte zu verwirren, und spricht zu ihr: Öffne deinen Mund und sprich, was du willst, und du wirst weissagen. Diese aber, durch das Gesagte dunsig und kirre gemacht, durch die Erwartung, dass sie weissagen werde, in der Seele warm geworden, indem ihr Herz mehr klopft, als es sollte, wagt es und spricht, als von einem eitlen Geiste entflammt, eitel und keck unsinniges Zeug und was ihr alles einfällt … Und von nun an hält sie sich für eine Prophetin und dankt dem Marcus, der ihr von seiner Gnade gegeben, und trachtet es ihm zu vergelten, nicht bloß durch Hingabe von Hab und Gut (wodurch er auch eine Menge Geld zusammengebracht hat), sondern auch durch Mitteilung des Körpers, indem sie in allem mit ihm vereint zu werden wünscht, damit sie mit ihm zu dem Einen gelange.«

Verschiedene Elemente des frühen Christentums finden sich hier in verzerrter, aber doch aufschlussreicher Form. Dazu gehört der Besitzverzicht als Gegengabe gegen Prophetie und auch die Rede vom Brautgemach, die wir dann z. B. in der koptischen Kirche finden.

7.7.6 Die Bekehrung von Christen als Kauf von Sklaven

Sklaven sind Besitz und Handelsobjekt. Auf dem Sklavenmarkt wurden Sklaven angeboten, und diese konnte man dort besichtigen und je nach Erhaltungszustand (Zähne!) für mehr oder weniger Geld erwerben. Dieser Herrschaftswechsel konnte für die betroffenen Sklavinnen oder Sklaven Glück oder Unglück bedeuten. In Röm 6 wird der Übergang der Christen aus der Sklaverei der Sünde in die Sklaverei der Gerechtigkeit im Bild eines solchen Vorgangs auf dem Sklavenmarkt geschildert. Während zuvor die Christen in einer tödlichen Sklaverei lebten, hat ihre jetzige Sklaverei einen »idealen« Ausgang, nämlich die Bekränzung mit ewigem Leben. Doch in beiden Sklavereien geht es um Gehorsam und auch bei der neuen Sklaverei keineswegs um eine Autonomie des Menschen. Denn er ist ja »gehalten«, jetzt der Gerechtigkeit zu folgen. Die »Freiheit«, von der Paulus spricht, ist lediglich die Freiheit von der alten, unglücklichen Sklaverei.

Das Bild des Kaufens von Menschen (d. h. von Sklaven) gebraucht das Neue Testament zur Beschreibung der grundlegenden Wende/ Bekehrung der Christen auch in Apg 20,28b und in 1 Petr 1,18 – der 1 Petr ist ja ohnehin sehr deutlich an Sklaven orientiert.

Die Frage ist: Darf man aufgrund der kräftigen und eindeutigen Metaphorik in Röm 6 (zum Beispiel) annehmen, dass zumindest ein Großteil der Adressaten selbst dem Sklavenstand angehörte? Ich möchte diese Frage mit Ja beantworten, aber die widerstreitenden Argumente kurz darstellen.

Gegen einen Rückschluss auf Sklaven: das Bild des Sklavenmarktes ist allgemein geläufig. Für einen Rückschluss: Paulus kann dieses Bild wählen, weil sehr viele aus eigener Betroffenheit diesen einschneidenden biographischen Vorgang kennen. Gegen einen Rückschluss: In Röm 6,19 entschuldigt sich Paulus gewissermaßen für den Gebrauch des Bildes, es sei nur wegen der bekannten Schwäche des menschlichen Begreifens verantwortbar. Für einen Rückschluss: Nach Röm 6,19 ist das Bild zum Teil »schief«, eben weil der neue Zustand als Christ keine wirkliche Sklaverei unter der Gerechtigkeit ist. Dennoch verwendet Paulus das Bild des Sklavenkaufs, offensichtlich gerade weil es die Menschen packen und ergreifen kann. Gegen einen Rückschluss: Die Zielrichtung liegt nicht bei der zweifachen Sklaverei selbst, sondern beim Ausgang Tod (V.21) oder ewiges Leben (V.22). Für einen Rückschluss: Mit dem Wort »opsonion« in V.23 führt Paulus ein neues Wort aus dem Jargon der Sklaven ein; es bedeutet »der (kärgliche) Bissen zum Unterhalt des Lebens«. Der Realismus des Bildes könnte voraussetzen, dass der Weg zur Alltagswelt der Angeredeten sehr kurz ist.

7.7.7 Wechsel vom Sklavenstand zur Adoption

Der Glücksfall für einen antiken Sklaven war die Freilassung oder sogar die Adoption durch den Hausherrn »an Kindes statt«. Paulus kann den Unterschied von Altem und Neuem Bund mit diesem Bildfeld beschreiben. Die Befreiung der Christen beschreibt er so in Gal 4,1–7: Sie waren Sklaven, sie sind jetzt Freie: *»(1) Einem Kind sieht man noch nicht an, dass es künftig Hausherr und Erbe sein wird. Es sieht nicht anders aus als ein Sklave. (2) Denn solange sein Vater es will, steht ein Kind unter der Obhut eines Erziehers und anderer Aufsichtspersonen. (3) Ähnlich war es auch mit uns: Solange wir Kinder waren, waren wir wie Sklaven unter der Herrschaft von Mächten der Welt. (4) Doch als es an der Zeit war, sandte Gott seinen Sohn. Er wurde von einer Frau geboren und lebte unter dem Maßstab des Gesetzes, um die anderen, die auch unter dem Maßstab des Gesetzes standen, freizukaufen und um aus uns Sklaven*

Kinder zu machen. (6) Dass ihr schon Kinder seid, könnt ihr daran sehen, dass Gott nicht nur seinen Sohn gesandt hat, sondern auch den Geist seines Sohnes in unsere Herzen gelegt hat. Der Geist ruft, wenn wir beten, in unseren Herzen: ›Abba, Vater!‹ (7) Wer so ruft, ist nicht mehr Sklave, sondern Kind. Wer aber Kind ist, der ist auch Erbe. Das sind wir durch Gottes Handeln geworden.«

Fazit: Die Welt der Sklaverei und alles, was dazu gehört, ist im Neuen Testament allgegenwärtig. Das betrifft nicht nur die Bilder. Besonders im Leiden kommen die Christen hautnah an die Alltagswirklichkeit der Sklaven heran. Aber es geht auch um reale Sklaven, um deren Gleichstellung in den Gemeinden (Gal 3,28), deren Streben nach Befreiung (1 Kor 7,21–24) und deren Freilassung (Philemon). Das frühe Christentum zeigt sich nicht als nicht-revolutionär. Gerade deshalb konnte es als *Sklavenreligion* unbehelligt existieren. Die Herrschaften konnten ernsthafte Einwände nicht erheben. Wenn der Weg vom Sklaven-Alltag zum Christen-Alltag kurz war, dann kann die intensive Verwendung als Metapher leichter verständlich werden.

7.8 These 8: Die Urchristen waren die wahren Kommunisten

Waren sie es wirklich? Seit dem 19. Jh. gibt es das Wort »Urgemeinde«, und es verbanden sich mit diesem Wort alsbald intensive Vorstellungen im Sinne einer idealen Gemeinde, wie es sie später nie wieder gegeben haben soll. Besonders pietistische Kreise fanden in Ausmalungen der idealen Verhältnisse der Urgemeinde ein reiches Betätigungsfeld für ihre Phantasie. Denn je mehr das 19. Jh. am Konflikt zwischen Kirche und Welt laborierte und den Verlust der nicht begüterten Arbeiterschaft in der Kirche zu beklagen hatte, um so schöner konnte man sich die Anfänge im Sinne einfacher Leute und schlichter Frömmigkeit denken. Insbesondere drei Notizen des Neuen Testaments hatte man je für sich nicht verstanden und dann phantasievoll aufeinander bezogen. Jesus fordert seine Jünger auf, »alles« zu verkaufen, was sie besitzen, und den Erlös den Armen zu geben (Lk 18,22). Den Satz »Und es war ihnen alles gemeinsam« verstand man nicht als Zitat aus Aristoteles, Nikomachische Ethik XI, wo dieser Satz die »Freundschaft« beschreibt, sondern im Sinne kommunistischer Experimente (Apg 4,32). Und den Satz in Gal 2,9, wonach Paulus laut Apostelkonvent der »Armen« in Jerusalem gedenken sollte, deutete man so: Durch die kommunistischen Experimente in Jerusalem war die Urgemeinde nicht nur verarmt, sondern buchstäblich bankrott. Dieser Bankrott war dadurch zustande gekommen, dass die Gemeinde in Jerusalem allen Besitz versilbert hatte und gemeinsam von dem Gelderlös lebte. Als das erlöste Geld aufgebraucht war, befand sich die Gemeinde im Zustand der Insolvenz. Man hatte ja – und das bildete ein wichtiges Zusatzargument – mit dem baldigen Weltende gerechnet und gehofft, das erlangte Geld würde auf jeden Fall bis zur Wiederkunft Christi reichen.

So weit, wie gesagt, die Theorie des 19. Jahrhunderts. Dass diese Katastrophentheorie im Ganzen falsch war, darauf weist schon, dass wir in dem gesamten Schrifttum, kanonischem wie außerkanonischem, keinerlei Hinweis darauf haben. Also dürfen auch die zitierten Stellen nicht als Teile eines zusammenhängenden Dramas aufgefasst werden. Von Lk 18,22 wissen wir, dass diese Praxis Jesu bald im Sinne eines (hohen) Eintrittsgeldes in die Gemeinde verstanden wurde (Markion; Acta Barnabae; bereits für jüdische Proselyten: Testament des Hiob mit diakonischer Tätigkeit Hiobs). Von Gal 2,9 vermutet man, dass es sich um den üblichen Anteil von Bedürftigen handelt, der in jeder Gemeinde vorkommt, in Jerusalem freilich durch die Witwenfrage (s. Apg 6) verstärkt. Und Sätze wie Apg 2,44 f. (»... und hatten alles gemeinsam. Sie verkauften Hab und Gut und gaben davon allen ...«) sind als Faustregel für positive Gemeinschaft zu verstehen, nicht aber »gesetzlich« im Sinne des Verzichts auf Privateigentum. Es geht um Definition von Freundschaft, nicht um das Grundgesetz eines sozialistischen Kibbuz. Wir werden noch sehen, dass derartige Sätze besonders im Blick auf das gemeinsame Mahl relevant waren.

Zunächst hat man aber mit folgenden Spielarten von Kommunismus gerechnet:

a) Totale Gemeinschaft: Alle hatten jeglichen Besitz verlauft. Sie hatten gemeinschaftlich nichts. Es gab auch totale Männer- und Frauengemeinschaft.

b) Man hatte wohl Privatbesitz, gemeinsam waren aber die Produktionsmittel. Es gab Einzelfamilien, aber diese lebten in einem »gemeinsamen Leben« (z. B. Mahlzeiten; Gebetszeiten).

c) Man hatte wohl persönlichen Besitz, auch Immobilien, nur das Geld war strikt gemeinsam. Es gab daher kein Privatgeld. Teilweise findet sich dieses auch in Vereinen (gemeinsame Kasse).

d) Eine gemeinsame Kasse gab es nur für bestimmte gemeinsame Aufgaben und Einrichtungen, zum Beispiel für die Diakonie (Apg 6).

e) Lediglich in Bedarfsfällen waren Einzelne freiwillig (!) bereit, etwas, z. B. eine Immobilie, zu verkaufen, um auszuschließen, dass bestimmte Personen Not litten.

Mit a) wird die radikalste, mit e) die gemäßigste Form von Kommunismus beschrieben. Wenn man die verzweigte Diskussion verfolgt, so fällt ihre Hilflosigkeit in der Frage auf, wozu der betreffende Kommunismus eigentlich geübt wurde, d. h., er scheint jeweils Selbstzweck gewesen zu sein. Das war gewiss nicht der Fall; und von dem Sinn her, den er gehabt haben könnte, wird sich auch seine konkrete Form erschließen.

7.8.1 Neues zum »Kommunismus« der Urgemeinde

Von kommunistischen Experimenten profitieren nur kleinere Kommunitäten wie Klöster und Bruderschaften. Als Michail Gorbatschow das Kloster der Benediktiner in Tabga am See Genezareth besuchte, wies er auf sich: »Der letzte Kommunist«, und auf den Abt: »Der erste Kommunist!« Die große Frage ist: Was hat der Kommunismus der Urgemeinde zu tun mit der Botschaft Jesu? Ist das nicht eine andere Welt?

Ist Lukas nicht einfach dem verbreiteten Ideal der Männergemeinschaft gefolgt, das in Utopien gepflegt wird: Irgendwo im Osten gebe es eine Gemeinschaft von Männern, die ohne Rivalitäten miteinander lebten, die gemeinsame Mahlzeiten von gleich zu gleich miteinander hielten, so etwa, wie es Philo von den Essenern berichtet, wie es in der Narratio Zosimi entworfen wird. Diese Schilderungen waren erkennbare Alibis für eine jeweils recht andere tatsächlich existierende Gesellschaft. So weit zur Gattung.

Dem Wortlaut nach handelt es sich um eine Realisierung des Ideals der Freundschaft nach Aristoteles. Für Aristoteles ist Freundschaft die Substruktur jedes gelingenden Miteinanders von Menschen. Und wir werden beobachten, dass die frühchristlichen Ämter alle nach dem Ideal der Polis ausgerichtet sind (s. a. zu »Republik«). So gibt es zumindest einen Zusammenhang zwischen Kommunismus hier und der verfassten Kirche dann.

Aber je näher die Urgemeinde an griechische Ideale rückt (Freundschaft, Polis), umso weiter weg rückt sie scheinbar von Jesus. Ist das nicht eine andere Welt? Die apokalyptische Botschaft inklusive Naherwartung und auf der anderen Seite die doch zeitlos in sich ruhende Gemeinschaft von Freunden? Auch die spätere Hierarchie lässt keine apokalyptische Idee erkennen, und das hat viele immer wieder gestört. Oder ist das Verhältnis beider zueinander doch ganz anders zu denken?

Nach meiner Auffassung liegt die vermittelnde Idee und Praxis *im gemeinsamen Mahl*. Und in diesem Punkt sind Jesu Verkündigung und auch seine Vorstellung vom Reich Gottes einigermaßen griechisch.

Jedenfalls kann man nicht sagen, dass in der Erwartung des Alten Testaments oder des Judentums vom Tag des Herrn nun die Vorstellung des gemeinsamen Mahles der Erlösten überwiegt. Unter den jüngeren Apokalypsen außerhalb der Schrift ist vor allem die hebräische Elia-Apokalypse zu nennen, die im Übrigen außerordentlich enge Beziehungen zur Apokalypse des Sehers Johannes hat. Dort spielt das himmlische Mahl eine wichtige Rolle – und im Übrigen dann in der Verkündigung Jesu, z. B. in Lk 13,28 f., Mt 26,29. Es scheint daher, dass das griechische Symposion die Enderwartung Jesu entscheidend geprägt hat. Im hellenistischen Bereich ist sogar die Erwartung eines zukünftigen (eschatologischen) Mahls der Seligen breiter belegt als im biblischen Schrifttum. Dort werden die entsprechenden Mahlidyllen entworfen (Xenophanes)

Aber was hat das mit dem Kommunismus der Urgemeinde zu tun? Antwort: Der Kommunismus der Urgemeinde hat seinen Sinn »rund um« das gemeinsame Mahl der Gemeinde. Das gemeinsame Mahl ist dessen konkrete Verwirklichung. Zur Bestätigung können entsprechende Passagen aus der antiken Literatur der Symposiaka gelten. Für das gemeinsame Mahl sucht man – allen sonstigen Differenzen zum Trotz – nach einem verbindlichen gemeinsamen »Ausdruck«. Denn hier kann man die erstrebte Gleichheit aller sehen und gewissermaßen schmecken. In den Vereinsmählern der Griechen sind die entscheidenden Ideale »Freunde«, »Gemeinsamkeit« »Gleichsinnigkeit«, »Gleichheit.« Diese Gleichheit muss oft durch größere finanzielle Zuwendungen erst hergestellt werden. Für die Verteilung der Kosten an den Gemeinschaftsmählern unterscheidet man Beitragsmähler und größere Zuwendungen an die gemeinsame Kasse. »Diese auch sonst belegten Beitragsmähler bestanden in der Regel aus Naturalleistungen, also aus mitgebrachten Speisen. Neben Naturalleistungen für das gemeinsame Mahl sind auch verschiedentlich finanzielle Beiträge (symbolai) erwähnt, die die Mahlteilnehmer in eine gemeinsame Kasse zur Finanzierung der Mahlzeit (und möglicherweise der Lokalität) einbringen ...« (M. Klinghardt, Gemeinschaftsmahl und Mahlgemeinschaft 32).

Denn »die aus finanziellen Beiträgen oder Naturalleistungen der Mahlteilnehmer finanzierten Mähler setzten also, anders als bei privaten Einladungen in ein Privathaus, eine gewisse Organisationsstruktur der Mahlteilnehmer voraus ... das ist die klassische Gruppe der Freunde *(philoi)*«. Anwendung auf das Neue Testament: In 1 Kor 11 war das Herrenmahl offenkundig ein Beitragsmahl. Einzelne Gemeindemitglieder brachten Naturalien mit. Das führt dazu, dass manche Leute nichts hatten.

Für solche Fälle ist aber die Regelung in Apg 4,34 f.; 2,45 gemacht: Damit nicht der Fall eintrat, dass Einzelne nichts hatten, konnten begüterte Gemeindeglieder finanzielle Beiträge in die gemeinsame Kasse bezahlen. Das ist eine wachsende Entwicklung: Immer mehr tragen einige wenige. Es gab bald eine Asymmetrie der Leistungen der Vereine an seine Mitglieder, notfalls auch durch Sonderumlagen. Wichtig war, dass beim Mahl die Portionen gleich waren; das war am leichtesten bei Mählern möglich, in denen finanzielle Umlagen das Mahl finanzierten.

Und ganz nebenbei wird so auch eine Beziehung zu dem von Paulus in 1 Kor 11 beim Herrenmahl bekämpften Missstand erkennbar. Das Ideal der Apostelgeschichte und der Missstand in 1 Kor 11 liegen auf derselben Ebene. Das konnte bisher nicht deutlich werden, da man die Bindung des Kommunismus an das gemeinsame Mahl übersehen hatte. Der Ausdruck »Es war ihnen alles gemeinsam« (Apg 2,44) ist ein Synonym für Freundschaft. Dass die Gemeindemitglieder Freunde waren, zeigt sich an einer gemeinsamen Kasse. Diese diente ganz oder primär der Finanzierung der gemeinsamen Mahlzeiten: Denn außer den Mahlzeiten hatten die Christen nicht viel gemeinsam. »Damit keiner in Mangel käme« bezieht sich demnach auf die Situation, die in 1 Kor 11 geschildert ist: dass einer zum Mahl kommt und nichts hat, das er mitbringen kann. Paulus ändert dieses nicht zugunsten einer für das Mahl gemeinsamen Kasse. Die Leute sollen zu Hause essen. Der gemeinsame Aufwand für Brot und Wein wird sich in Grenzen gehalten haben. Die Intention bei der Apg wie bei Paulus ist: Die Homogenität und Gleichheit der Mitglieder der ganzen Gruppe soll demonstriert werden.

Die Misshelligkeiten ergeben sich bei nach Apg 5,1–11 (Ananias und Sapphira) daraus, dass bei der Einzahlung in die gemeinsame Kasse gemogelt wird. Das ist schon aus profaner Sicht deshalb so schlimm, weil die gemeinsame Kasse Zentrum und Symbol der Freundschaft ist. Das ist in religiöser Sicht erst recht schlimm.

7.8.2 Einheit und Gleichheit beim Mahl

Was die frühchristliche Gemeinde in ihren Mählern verwirklichen möchte, ist nach den weisheitlichen Reden zum Mahl bei antiken Schriftstellern schon immer das Ziel der antiken Mahlgemeinschaft.

So schreibt Plutarch: »Und von dem höchsten Gott glaubt auch ihr, dass er bei der Welterschaffung nur die Unordnung in Ordnung verwandelt ..., sondern nur allen Teilen den ihnen zukommenden Platz angewiesen und so die Welt ... erschaffen habe ... So aber hat der Höhere keinen besonderen Platz zum Sitzen und Stehen und Liegen, und der Gastgeber kann nicht einem eher als dem anderen zutrinken, weil er hat gleich von vornherein die ganze Trinkgesellschaft zu einem einzigen Mykonos gemacht hat.« (Eines ist wie das andere; es ist kein Unterschied; alles ist gleich). Tischreden I,II, 2. »Noch viel unklüger aber würde der handeln, welcher sich aus einem Gastgeber zum Richter oder Schiedsrichter seiner Gäste machen würde, während diese ihm nicht auftragen und sich gar nicht darüber streiten, ob dieser oder jener besser oder schlechter als ein anderer sei. Denn sie sind nicht zu einem Wettkampfe, sondern zu einer Mahlzeit hierher gekommen … So suchen wir den aus Gereiztheit oder sonstigen Anlässen entstandenen Feindschaften unter den Gästen ein Ende zu machen, zugleich aber fachen wir denselben Ehrgeiz wieder an, wenn wir die einen erniedrigen, die anderen erhöhen. Wenn sich dann nach der Sitzordnung des Öfteren Zutrinken und Auftragen von Gerichten und auch noch die Unterhaltung und Begrüßung richten, so werden wir statt eines Freundesmahles ein wahres Satrapenmahl bekommen. Man ist doch sonst immer auf Erhaltung der Gleichheit unter den Mitbürgern bedacht … auf demokratischste Weise, dass der Reiche es sich gefallen lasse, neben dem Ärmsten zu sitzen.« (Plutarch, Tischreden I,II,3). Aufgabe des Trinkmeisters sei es, »so die verschiedenen Charaktere aus der Ungleichheit in Gleichheit und Zusammenstimmung zu versetzen. Diese Gleichheit darf er aber nicht nach Bechern und Schöpfkrügen, sondern muss sie nach den Umständen und der Leibeskraft der Einzelnen bemessen und so jedem das ihm Angemessene und Zuträgliche zuteilen.« (Plutarch, Tischreden I, IV 2) In Tischreden I,IV,3 schildert Plutarch chaotische Zustände beim Mahl, die sich aus verschiedenen Darbietungen einzelner Gäste ergeben. – Diese Ausführungen sind zu 1 Kor 14 erhellend: »Allerdings ist die Vermeidung der Langweiligkeit, andererseits Anstand und Eintracht oberstes Prinzip. Dann vergleicht er mit der demokratischen Volksversammlung (I,IV,3). Dazu gehört, die Sangeskundigen zum Singen, die Redefertigen zu einem Vortrage, die Philosophen zur Lösung einer schwierigen Frage und die Dichter zum Vortragen von Versen anhalten. »Denn jeder lässt sich gern zu dem bereitfinden, was er am besten versteht.« Vgl. dazu auch ders., Tischreden V,V,2: Was von der Erweiterung einer Stadt gilt, findet sich auch beim Gastmahl … Im Anfang herrschte das Chaos.

7.8.3 Der ideal-utopische Charakter des letzten Mahles Jesu

Hinzu kommt, dass in drei neutestamentlichen Texten frühchristliche Erwartungen über das ideale Miteinander, über Restitution der ursprünglichen Gleichheit oder Erreichen dessen, was nach Jesu Willen gelten soll, mit der Szene des letzten Mahles verknüpft ist.

Am deutlichsten ist das in Lk 22,24–27: »Außerdem stritten sie darüber, wer von ihnen der Wichtigste sei. (25) Jesus tadelte sie: »Bei den Heidenvölkern sind diejenigen König, die alle anderen unterdrücken, und wer die Freiheit raubt, wird Wohltäter genannt. (26) Ihr sollt das nicht nachahmen. Sondern der Größte unter euch soll sich verhalten, als wäre er der Geringste, und der Meister, als wäre er der Diener. (27) Das kann man doch deutlich sehen: Wer bei Tisch dient, der steht, und wer sich bedienen lässt, der liegt. Ist etwa der größer, der liegt? Ich bin unter euch als euer Diener.«« Das Mahl ist nicht nur christologische Zeichenhandlung, sondern Jesus ist dabei auch Vorbild für das gesamte Verhalten von Christen untereinander. Beim Mahl wird dieses nur exemplarisch sichtbar. – Und wenn das Datum der Eucharistiefeier jeweils der Sonntag als der achte Tag als Abbild künftiger Seligkeit im neuen Äon war, dann macht ebendieses Sinn, hier auf die Realisierung der gemeinsamen Zielvorstellungen zu drängen.

Der zweite Bericht ist die Fußwaschung beim letzten Mahl nach Joh 13,12–17: »Begreift ihr, warum ich euch die Füße gewaschen habe? (13) Ihr nennt mich Lehrer und Herr, und das zu Recht. Denn das bin ich. (14) Als Herr und Lehrer habe ich euch die Füße gewaschen, und nun müsst ihr euch auch gegenseitig die Füße waschen. (15) Denn ich habe euch ein Beispiel gegeben, damit ihr genauso handelt wie ich. (16) Amen, Amen, ich sage euch: Ein Sklave ist nicht größer als sein Herr und ein Apostel nicht größer als der, der ihn gesandt hat. (17) Denkt daran und handelt so, dann seid ihr selig.« Beim letzten Mahl stellt Jesus den Jüngern am eigenen Leibe dar, was er von ihnen erwartet. Das Fußwaschen wird zur Zeichenhandlung, die alles Miteinander zusammenfasst.

Die dritte Stelle ist 1 Kor 11: Die Schilderung der Zustände beim gemeinsamen Mahl in Korinth offenbart, dass es in der Gemeinde überhaupt Spaltungen gibt, während doch gerade das gemeinsame Mahl die Inszenierung der durch Christus gewonnenen Einheit sein soll. In jedem Fall ist daher das letzte Mahl Jesu bzw. das Mahl zum Gedenken daran die Offenlegung des sozialen Miteinanders in der Gemeinde. Das bedeutet zweierlei:

Erstens wird man, wenn irgendwo, dann beim gemeinsamen Mahl darstellen wollen, wie es nach dem Willens Jesu sein sollte, und zweitens wird die Gestaltung des gemeinsamen Mahles zumindest etwas von dem realisieren wollen, was in Zukunft sein soll. Insofern hätte das Mahl der Gemeinde einen ideal-utopischen Charakter. Das dieses christologisch begründet ist, muss man wohl ausdrücklich dazu sagen.

Das heißt: Ganz gleich, wie groß die Tragweite der Formel »Alles war ihnen gemeinsam« für das frühe Christentum war, auf jeden Fall hat sie zumindest für das Herrenmahl (Eucharistie) der Gemeinde gestimmt. Nach Grundsätzen und Praxis des Neuen Testaments war dieses der minimale Geltungsbereich. Wenn irgendwo, dann galt diese Formel hier. Ökonomisch und sozial stand das gemeinsame Mahl für das Ganze. Und das galt sogar auch für die Gestalt der Zukunftshoffnungen der Gemeinde.

Deshalb sieht z. B. der Judasbrief besorgt, dass die Häretiker bei den »Liebesmahlzeiten« der Gemeinde eindringen. Von hier aus bot sich ein Zugriff auf die ganze Gemeinde an.

7.9 Warum also hat sich das Christentum durchgesetzt?

Das Christentum geht wie eine Blüte aus dem Stamm der Glaubenshoffnung des Volkes Israel hervor, mit dem es für immer verbunden ist. Es lässt den großen spirituellen Reichtum prophetischer Wahrheit in die Botschaft von der Menschenfreundlichkeit Gottes münden, die in Jesus Christus erschienen ist und *allen* Menschen gilt, weshalb sie in der Heidenmission ihre von innen heraus notwendige Globalisierung erfuhr. Die bis zur Hingabe am Kreuz erwiesene Menschenfreundlichkeit Gottes hat die Menschenfreundlichkeit der Christen zur unmittelbaren Folge – oder sollte sie haben. Darum erreichte das Evangelium auch zuerst die Kleinen, die Armen, die Sklaven und die unterdrückten Frauen der Antike, die wiederum zu Trägern der befreienden Botschaft wurden.

8. Die großen Städte und die neue Religion

In der Folge wenden wir uns einem Thema zu, das in der Forschung erstaunlicherweise überhaupt noch nicht bearbeitet wurde, der in sich geschlossenen Darstellung des Werdegangs einzelner Gemeinden.

8.1 Antiochia

Das syrische Antiochien liegt 500 km nördlich von Jerusalem und war im 1. Jh. die größte Stadt Syriens (800 000 Einwohner), nach Rom und Alexandrien die drittbedeutendste Stadt des Imperium Romanum. Die Stadt war 300 v. Chr. von Seleukos I. gegründet worden und seit 27 v. Chr. Sitz des römischen Legaten. Einer kleinen Schicht von Reichen (10 %) stand eine ebenso kleine Schicht von Armen (10 %) gegenüber, der Rest bestand zumeist aus Kleinbürgern. Die einheimischen Syrer – auch das ist interessant – befanden sich in der Minderheit; die Kultur war griechisch geprägt. In Antiochien lebten besonders viele Juden; Flavius Josephus berichtet, die Seleukiden (syr. hellenistische Herrscher) hätten ihnen ein »sorgloses Leben« ermöglicht. Entsprechend weit öffneten die Synagogen ihre Tore für Nichtjuden. »Hinzugelassen wurde zu den Gottesdiensten eine große Menge von Griechen, und die Juden machten diese Heiden auf bestimmte Weise zu einem Teil ihrer selbst.« Das heißt: Die nichtjüdischen Besucher der Gottesdienste genossen bestimmte Rechte, so dass sie sich nicht als ausgeschlossen empfinden mussten. Das bedeutet: Die frühchristliche Gemeinde in Antiochien lebt und wirkt auf der Basis eines »ökumenisch« eingestellten Judentums. Doch noch der Bischof Ignatius (um 110 n. Chr.) bezeugt selbstbewusste Juden, die gegenüber den Christen an Beschneidung und Sabbatgebot festhielten.

Man wüsste gern mehr über das Judentum in Antiochien, da es doch eine Art Unterlage für das Christentum ist. Hier lag das Zentrum, von dem die weiterführenden Entwicklungen ausgingen. Aufgrund einer Kombination religionsgeschichtlicher und redaktionsgeschichtlicher Fragestellungen kann man hier vielleicht weiterkommen. So möchte ich vorsichtig die These wagen: *Es gab im antiochenischen Judentum eine Art jüdisch-persischer Kolonie, deren Anschauungen für Paulus wie für Matthäus nicht wirkungslos blieben.* Denn die persische Religion war hochangesehen und die einzige ernstzunehmende Rivalin des Judentums. Grundsätzlich sind persische Anschauungen an einem Dualismus (Widerstreit) erkennbar, der zwischen Obrigkeit und Religion oder zwischen dem jetzigen und künftigen Äon herrscht. Was Paulus betrifft: Die persische Religion kennt am Ende der Welt eine Totenauferstehung, eine Wiederherstellung des ersten Menschenpaares (vgl. der neue Adam bei Paulus) und ein Gericht nach Werken sowie eine Tötung des endzeitlichen Widersachers (beides nach Berger-Colpe, Religionsgeschichtliches Textbuch [1987], Nr. 460 und 626). Paulus bringt z. T. wörtliche Entsprechungen in 1 Kor 15. Zu Matthäus: Die Magier-Erzählung in Mt 2 hat eine sehr enge Entsprechung in der persischen Endzeiterwartung (inklusive Stern und sogar Kronen). Diese wird in jüdischen Abraham-Midraschim aufgenommen (Licht, Stern, Geburt in der Höhle, Verfolgung durch den gottlosen König), und sie spiegelt sich dann außer in Mt 2 auch im Proto-Evangelium des Jakobus und in der Kunstgeschichte. Die »Magier« signalisieren für jeden halbwegs Kundigen »persische Religion«. Mit anderen Worten: Antiochien ist der Ort, an dem auch das Christentum zugleich weit und kräftig genug ist, sich »heidnische«, nicht-biblische Anschauungen anzueignen und in ihrem Licht Jesus-Traditionen zu deuten. *Die frühen Christen praktizieren hier ein wichtiges Stück Dialog mit anderen Religionen.*

8.1.1 Die Anfänge der Kirchengeschichte in Antiochien

Der erste Akt christlicher Kirchengeschichte besteht darin, dass versprengte Mitglieder der Gruppe der Hellenisten aus Jerusalem nach Antiochien gelangen und die Stadt zu ihrem Zufluchtsort machen. Der zweite Akt: Die ersten Heiden werden als christliche Sympathisanten gewonnen (Apg 11,20). Der dritte Akt: Die Gruppe der Jünger heißt nach einer latinisierenden bzw. syrisierenden Wortbildung »Christianoi« und ist damit als Gruppe erkennbar. Weiter ist wichtig: Nach Apg 13,1–3 wird die Gemeinde geleitet durch eine Gruppe von

Lehrern und Propheten. Zur Erläuterung: Propheten sind zu dieser Zeit alle, die religiöse Rede (Predigt) halten. Lehrer befassen sich mit der Überlieferung. Beide Gruppen gibt es in dieser Kombination auch in Korinth (1 Kor 11,28).

Wir können damit rechnen, dass die »Christen« als religiöser »Club« galten. Über solche Clubs/Vereine wissen wir sonst, dass sie Aufnahmerituale und Vereinsräume, Regeln und Vorstände, Beitragszahlungen und Zusammenkünfte (gemeinsames Essen), besondere Feiern und Regeln für den Ausschluss hatten. Das alles konnten christliche Gruppen leicht bieten. Es ist auch möglich, dass »Christianer« zunächst der Name einer besonderen Synagoge war. Denn um ein Gebetshaus gescharte jüdische Kultvereine nannte man »Synagogen«, und es gab die verschiedensten Einteilungsprinzipien und Namen für sie. Es könnte sich dann um die »Synagoge der Christianer« gehandelt haben. Alles das könnte man aufgrund der Verhältnisse in anderen Großstädten vermuten. Etwa in diesem Rahmen muss man sich die Anfänge des Christentums auch in Antiochien vorstellen.

Dass der Name »Christianer« zuerst in Antiochien entstand, zeigt: Hier war genug »Luft« und Spielraum, der eine Profilierung erlaubte. Und hier war diese Profilierung offensichtlich zunächst unangefochten, d. h., hier wurden Christen nicht sogleich verfolgt – anders als in Jerusalem, weshalb man eben nach Antiochien auswich.

Es gibt viele gute Gründe anzunehmen, dass um das Jahr 42 der Apostel Petrus aus Jerusalem gleichfalls nach Antiochien geflohen ist: In Apg 12,17 heißt es nach Gefangensetzung und Freilassung des hl. Petrus durch Herodes Agrippa: »Dann verließ er die Stadt, um sich an einen anderen Ort zu begeben.« Offenbar hat auch der Verfasser der Apostelgeschichte noch immer Gründe dafür, das Versteck des Petrus in Antiochien nicht zu nennen.

8.1.2 Antiochien als Beginn der beschneidungsfreien Heidenmission

Spätestens als die Christen – zumindest *auch* in Antiochien – mit beschneidungsfreier Heidenmission begannen, mussten sie sich von der Synagoge trennen. Der Grund: Für Juden, die auf die Reinheitsgebote achten, besonders für pharisäische, ist es nicht möglich, mit Heiden zusammen zu essen. Weder für die Zutaten noch für die Zubereitung bestand Gewähr, dass alles koscher war. Schon im Paradies bestand der Gehorsam gegenüber Gott eigenartigerweise darin, bestimmte Dinge nicht zu essen, auch wenn man die Gründe für die Verbote im Einzelnen nicht begriff. Auch beim Abendmahl der Christen und bei den jahrhundertealten Streitereien darüber geht es ums Essen. Manch einer ist da mit Paulus versucht zu sagen: Esst doch zu Hause. Aber die Probleme jeder Gemeinschaft werden an den Schwierigkeiten gemeinsamer Mahlzeiten oder der Unmöglichkeit, gemeinsam Mahl zu halten, deutlich.

Freilich zeigte sich im Laufe der Jahre, dass genau dieses Problem nicht mit einem Federstrich gelöst war. Und Streitigkeiten in diesem Punkt machen die ersten wirklich bitteren Erfahrungen mit innerkirchlichen Zwistigkeiten aus. Denn Juden, die Christen geworden waren, konnten nicht erkennen, dass damit ihre jüdische Identität aufgehoben war. Sollten also doch wieder Heidenchristen unter sich bleiben und Judenchristen auch? Bevor wir weitergehen, ist der Aspekt des gemeinsamen Essens theologisch zu vertiefen.

8.1.3 Das Problem der Mahlgemeinschaft im Christentum

Die Geschichte der Abendmahlskontroversen zeigt, dass der Punkt der religiösen Mahlgemeinschaft im Christentum noch einmal sensibler ist, als er es im Judentum ohnehin schon war. Neben der Mahlzeit (convivium) steht übrigens gleich problematisch die Ehe (connubium) – auch hier eine Geschichte voll Leid. Warum ist das so? Welche Beziehung besteht zwischen dem biblischen Gott und dem Essen bzw. der Mahlgemeinschaft seiner Anhänger?

Wer auch nur einen halben Tag in einem Kloster zugebracht hat, weiß es: Mahlgemeinschaft ist etwas Heiliges. Sie ist zwar nicht so heilig wie Gottesdienst (Beten, Verkündigung), aber sie kommt gleich nach Gottesdienst. Wenn aber die Teilhabe am gemeinsamen Mahl bedeutet, dass man etwas Heiliges miteinander teilt, dann kann dieses geteilte Heilige nicht etwas sein, das zu dem gemeinsamen Gott nicht passt. Das heißt: Dort, wo das Mahl *eines* sein soll, muss auch der Glaube *einer* sein – und umgekehrt. So kann man nach biblischen Vorstellungen nicht mit einem Götzendiener gemeinsam essen. Anders gesagt: Beim gemeinsamen Mahl geht es um Heiliges, das den Mahlteilnehmern wirklich gemeinsam ist. Die Observanz, der Gehorsam gegenüber den einzelnen Speisegeboten, hat keinen anderen Sinn als die (gemeinsame) religiöse Identität sicherzustellen.

Speisegebote sind immer kompliziert, ihre Beachtung ist mühsam, wer sie genau einhält, muss pingelig sein. Und nur wer hier pingelig darauf achtet, wirklich dieselben komplizierten Dinge zu bewahren, nur der hat wirklich denselben Gott. – Zubereitung von Nahrung erfordert wirklich äußerste Sorgfalt – wie schnell hat jemand das Falsche gegessen oder ist Opfer einer Vergiftung. Wie sorgfältig kontrollieren (oder müssten es tun) Gesundheitsämter die Großküchen. Wie genau achten Leute auf ihre Diät, luchsen bei Kleinkindern auf jedes Ding, das ihr Liebling zum Mund führt! Welches Ritual gehört dazu, damit Maultaschen gelingen, die nur aus Schwabenhand und im Schwabenland schmecken. Und niemand konnte so schön Apfelmost herstellen wie meine Großmutter. Das alles heißt: Beim Essen wird der Mensch genau. Essen und kulturelle Heimat sind ganz eng verbunden. Der Esstisch, an dem wir in Heidelberg heute noch essen, war Mitte und Geschehensort der Großfamilie, die dort zu Weihnachten, Ostern und Pfingsten zusammen aß.

Aus alledem lässt sich mithin folgern: Das Mahl ist Zeichen familiärer und kultureller Identität. Gerade in den Kleinigkeiten liegt der Unterschied zu anderen Gruppen oder Kulturen. Das gemeinsame Mahl ist heilig, weil es viel von den zerbrechlichen gemeinsamen Grundlagen enthält. Die Heiligkeit des Mahles und die geteilte Heiligkeit desselben Glaubens an denselben Gott spiegeln einander, entsprechen einander, stehen wie kommunizierende Röhren im Verhältnis zueinander. Die Verweigerung der Mahlgemeinschaft bedeutet, dass man nicht wirklich denselben Gott und den Glauben gemeinsam hat, dass die – vielleicht erstrebte – Gemeinschaft doch an der Wurzel gestört ist. Es war sicher zu allen Zeiten gut bekannt, dass Verweigerung der Mahlgemeinschaft besonders schmerzlich ist. Wo einer Gruppe ihr Heiliges »egal« ist, gibt sie sich als etwas Besonderes auf, ja gibt sie sich überhaupt auf. Ihre Konturen verschwimmen, am Ende weiß keiner, wozu sie einmal da war. Bezeichnend sind auch die Mähler Jesu mit den Sündern, die nur darum kein Widerspruch zur Gesetzestreue Jesu sind, weil sie gewissermaßen *von Gott her* aufheben, was menschlich bis auf Weiteres getrennt sein muss.

Es gibt auch deshalb eine besondere Beziehung zwischen Monotheismus und Leiblichkeit des Menschen, weil der eine und einzige Gott zugleich der Schöpfer ist und weil der Schöpfer auch der Erhalter und der Ernährer ist. Die Regeln dieses Schöpfers für das Leben beziehen sich daher konkret auf das, wovon der Mensch lebt, also wesentlich auch auf die Nahrung; und das gilt selbst dann noch, wenn er alle Nahrung für rein erklärt (Vision des Tischtuchs in Apg 10). Auch der Islam hat übrigens diesen monotheistischen Zug bewahrt. Die Spur des Willens Gottes ist so gewissermaßen am Speiseplan des Menschen oder an der Art seiner Mahlgenossen ablesbar; zu letzteren sei an 1 Kor 5 erinnert, wo Paulus der Gemeinde ans Herz legt, mit dem ausgestoßenen Unzuchtssünder nicht mehr zusammen zu essen.

8.1.4 Die Beziehung zwischen Antiochien und Jerusalem

Jüdische Synagogen sind untereinander nicht hierarchisch organisiert; dennoch gibt es tausend bekannte Wege, kirchenpolitisch »Druck« zumachen. Die Gemeinde in Jerusalem, aus der ja die Antiochener kommen, verhält sich in fast reflexhaftem Automatismus als »Glucke« und sendet Leute aus, um nach dem Rechten zu sehen, zum Beispiel nach Samarien (Apg 8,14) oder nach Antiochien (Gal 2,4.12). Man kann es auch etwas freundlicher und verständnisvoller sagen: Im toleranten Klima der Weltstadt Antiochien fiel es nicht weiter auf, wenn Heiden(christen) mit Juden(christen) irgendwo zusammen aßen. In Jerusalem dagegen war man offensichtlich allergisch gegenüber Kontakten zwischen Judenchristen und Heidenchristen. Denn Jerusalem greift ein, als in Antiochien Christen zusammen essen.

Man darf fragen, woher diese Allergie kommt. War es die spektakuläre Konversion des Paulus und besonders die Art, in der Paulus

Apostel der Heiden wurde, indem er wie ein Heide lebte? War hier die Furcht, dies sei der Beginn des Ausverkaufs des Judentums? Hat man das Christentum als liberalisierende Form von Judentum verstanden? War Paulus so wichtig? Oder war aufgrund der Ansichten des hl. Stephanus und anderer die Furcht vor der »christlichen Revolte« doch weitaus breiter? Lag die christliche Lösung des Problems der Heiden, die an denselben Gott glauben wollten, doch irgendwie in der Luft?

Jedenfalls hat die Jerusalemer Gemeinde sich deshalb um Antiochien kümmern müssen, weil man in Jerusalem ganz offensichtlich darunter zu leiden hatte, wenn Glaubensgenossen in Antiochien sich über die jüdischen Speisegewohnheiten hinwegsetzten. Das war dann offensichtlich so, wie wenn man mit abgefallenen Juden gemeinsame Sache machte. In Jerusalem konnte das tödliche Folgen haben. Denn den Lynchmord an Stephanus deutete man genau so: Da war einer, der mit Jesus unter einer Decke steckte, und deshalb hat man ihn umgelegt. Die Jerusalemer fürchteten Entsprechendes wegen ihrer Beziehung zu den antiochenischen Christen, noch dazu, weil diese jetzt unter dem Namen *Christianer* eine gewissermaßen dingfest zu machende Gruppe waren.

Der weitere Verlauf ist schon mehrfach besprochen: Der Zusammenschluss von Judenchristen und Heidenchristen zu gemeinsamem Mahl in Antiochien war voreilig gewesen und wurde lebensgefährlich für die Judenchristen in Jerusalem. Petrus hat diese Konsequenz eingesehen, Paulus nicht. Denn der Blick des Apostels war so weit exklusiv nach vorne gerichtet, dass er nur die Rechte seiner Heidenchristen und die Konsequenzen für sie im Auge hatte. Nach diesem antiochenischen Zwischenfall trennt sich Paulus auf Dauer von Antiochien und sucht via Kollekte Anschluss an Jerusalem – ausgerechnet an Jerusalem! Man kann wohl sicher sein, dass seine Kollekte in Jerusalem nicht von der Gemeinde akzeptiert wurde (Ersatzlösung: Apg 21,24–26).

8.2 Korinth

Das kirchliche Leben in der Hafenstadt Korinth ist bestens dokumentiert. Aus den beiden ersten Jahrhunderten besitzen wir rund
sechs Schriftstücke: den 1. und 2. Brief an die Korinther (in der Folge:
1 Kor, 2 Kor) aus der Hand des Apostels Paulus – ein Zwischenbrief
(»Tränenbrief«) ging leider verloren –, sodann den Brief des Clemens
von Rom an die Gemeinde von Korinth (um 69 n. Chr.; in der Folge:
1 Clem), sodann Zitate aus dem Brief des Bischofs Dionysius von
Korinth an die Gemeinde von Rom (um 170 n. Chr.), sodann einen
Brief der Korinther an Paulus und einen Antwortbrief des Apostels
Paulus (der 3. Korintherbrief; in der Folge: 3 Kor) in den koptisch erhaltenen Akten des Apostels Paulus (2. Jh. n. Chr.). Die beiden letzt-
genannten Briefe mögen umstritten sein; sie gelten als apokryph; die
Datierung von 1 Clem ist umstritten (um 75 oder 98 n. Chr.). Da die
Dionysius-Zitate und 3 Kor schwer zugänglich sind, seien sie hier
zitiert.

Dionysius, Bischof von Korinth (um 170 n. Chr.), sagt in seinem Schreiben an die Römer: »*Daher habt auch ihr durch eure so starke Mahnung die von
Petrus und Paulus in Rom und Korinth angelegte Pflanzung miteinander verbunden.
Denn beide haben in unserer Stadt Korinth die Pflanzung begonnen und uns in gleicher Weise in Italien gelehrt und zu gleicher Zeit den Martertod erlitten.*« (Eusebius,
Kirchengeschichte II 25,8)
   In dem gleichen Brief erwähnt Dionysius auch den Brief des Clemens
an die Korinther und bemerkt, dass er schon von jeher nach altem Brauch
verlesen wurde. Er sagt: »*Wir feiern heute den heiligen Tag des Herrn und haben
an demselben euren Brief verlesen, welchen wir gleich dem früheren durch Clemens
uns zugesandten Schreiben stets zur Belehrung verlesen werden.*«
   Der 3. Brief an die Korinther lautet:
   »(1) Paulus schreibt diesen Brief an die Brüder und Schwestern in Korinth. Ich bin Gefangener Jesu Christi. Ich grüße euch.
   (2) Ich bin in vielen Bedrängnissen. So wundere ich mich auch nicht,
wenn die Lebensregeln des Bösen so schnell bei euch eindringen. (3) Mein
Herr Jesus Christus wird eilends kommen, denn er wird von denen, die
seine Worte außer Kraft setzen, so sehr missachtet. (4) Ich habe euch zu

Anfang überliefert, was ich von den Aposteln vor mir übernommen habe, welche die ganze Zeit über mit Jesus Christus zusammen waren. (5) Danach wurde unser Herr Jesus Christus von Maria geboren und stammt aus dem Geschlecht Davids. Der Vater sandte vom Himmel her den Heiligen Geist in sie herab, (6) damit Jesus in die Welt kommen, durch sein eigenes Menschsein alle Menschen erlösen und dann uns Menschen von den Toten auferwecken sollte, wie er selbst sich als Urbild gegeben hat. (7) Und weil der Mensch von seinem Vater geschaffen ist, (8) hat er ihn aufgesucht, als er verloren gegangen war, damit er durch die Annahme zur Kindschaft lebendig gemacht würde. (9) Denn Gott, der überall herrscht, der Himmel und Erde gemacht hat, sandte zuerst die Propheten zu den Juden, um sie aus ihren Sünden zu retten. (10) Sein Wunsch war, das Haus Israel zu retten. Deswegen hat er einen Teil vom Geist Christi in die Propheten gesandt, die über lange Zeiten hin den wahren Gottesdienst verkündeten. (11) Doch der Herrscher der Welt wollte in seiner Ungerechtigkeit selbst Gott über sie sein, legte Hand an sie und tötete sie. Er fesselte alle schwachen Menschen durch ihre maßlosen Begierden an seinen Willen. Denn das Gericht der Welt war nahe. (12) Doch Gott, der überall herrscht, wollte sein Gebilde nicht verwerfen und (13) sandte den (Heiligen) Geist durch Feuer in Maria, die Galiläerin. (14) Sie glaubte von ganzem Herzen und empfing im Leib den Heiligen Geist, damit Jesus in die Welt kommen konnte. (15) So sollte der Böse eben durch einen Leib besiegt werden, weil er auch sonst in Leibern wirkte, und es sollte gezeigt werden, dass er nicht Gott ist. (16) Denn Jesus Christus hat durch seinen eigenen Leib alle Menschen gerettet und durch den Glauben zum ewigen Leben geführt. (17) Durch seine Gerechtheit hat er in seinem eigenen Leib einen Tempel dargestellt. (18) Dadurch wurden wir erlöst. (19) Nicht Kinder der Gerechtigkeit, sondern Kinder des Zorns sind Menschen, die die Weisheit Gottes zurückweisen, indem sie erklären, Gott habe Himmel und Erde und alles, was in ihnen ist, nicht geschaffen (20) Sie sind Kinder des Zorns, denn sie haben nur den Glauben der verfluchten Schlange. (21) Wendet euch von ihnen ab und flieht vor ihrer Lehre! (22) (Denn ihr seid nicht Kinder des Ungehorsams, sondern der Kirche, die Gott liebt.) (23) (Deswegen ist die Zeit der Auferstehung gepredigt worden.) (24) Wer aber behauptet, dass es leibliche Auferstehung nicht gibt, dessen Auferstehung wird es auch nicht geben, (25) wenn sie nicht an den leiblich Auferstandenen glauben.

(26) Denn solche Leute verstehen nichts vom Säen des Weizens oder anderer Pflanzen. Nackt werden sie in die Erde geworfen. Wenn sie vergangen sind, stehen sie nach Gottes Willern wieder auf, und zwar leiblich und bekleidet. (27) Der Leib, der (in die Erde) gelegt wird, wird nicht nur auferweckt, sondern (auch) reich und in vieler Hinsicht gesegnet. (28) Wenn es erlaubt ist, nicht nur die Samen als Bild anzuführen, sondern auch edlere Körper: (29) Jona, Sohn des Amathios, wurde, da er den Niniviten nicht predigen wollte, sondern floh, von einem Walfisch verschlungen. (30) Nach drei Tagen und drei Nächten hat Gott das Gebet des Jona aus der tiefsten Hölle erhört, und Jona hat keinerlei Schaden genommen, kein Haar ging verloren. (31) Ihr Kleingläubigen! Um wie viel mehr wird Gott euch, die ihr an Christus geglaubt habt, auferwecken, so wie Christus selbst auferstanden ist. (32) Auf die Gebeine des toten Elisa haben die Kinder Israels einen menschlichen Leichnam gelegt – und er stand auf. So werdet auch ihr, auf den Leib und die Gebeine und den Geist des Herrn gelegt, an jenem Tag unversehrt auferstehen.

(34) Wenn ihr andere Lehren annehmt, fällt mir nicht zur Last. (35) Denn ich trage diese Fesseln an meinem Leib, um Christus zu gewinnen. Ich trage seine Wundmale an meinem Leib, um zur Auferstehung von den Toten zu gelangen. (36) Dieser Grundsatz geht auf die seligen Propheten und das heilige Evangelium zurück. Wer sich daran hält, wird Lohn empfangen (und das ewige Leben in der Auferstehung von den Toten). (37) Wer aber davon abweicht, wird mit Feuer bestraft, ebenso auch alle die, die vorher so gedacht haben. (38) Sie sind Menschen ohne Gott, Otterngezücht. (39) Wendet euch von ihnen ab, Gott gebe euch die Kraft dazu! (40) Friede, Gnade und Liebe sollen mit euch sein. Amen »

Die Geschichte der Gemeinde von Korinth gehört damit zu den am besten dokumentierten in der Alten Kirche. Wohl auch wegen der umstrittenen Situation der Quellen ist es zu keinem Rekonstruktionsversuch im Ganzen gekommen. Dabei werde ich auf die Teilungshypothesen (besonders zu 1 Kor und 2 Kor) nicht eingehen, sondern die Briefe so, wie sie überliefert sind, als Einheiten betrachten – was sich durchaus als neuerer Trend der Forschung bemerkbar macht.

8.2.1 Korinth – Christen im Melting Pot der Antike

Korinth war der zentrale Lustort seiner Zeit, eine Art Reeperbahn der Antike, mit dem dazugehörigen prekären Wohnumfeld. Luxus, Gewalt, Magie, Sex, Nepp, Hehlerei – alles passte zur unruhigen Hafenstadt Korinth. »Es ist nicht jedermanns Sache, nach Korinth zu fahren«, sagte man daher und meinte ein finanziell und auch im weiteren Sine anstrengendes Leben. Nach der Zerstörung 46 v. Chr. hatte man römische Veteranen dort angesiedelt. Kulte aller nur möglichen Gottheiten des Mittelmeerraumes sind dort belegt, von Isis bis Zeus. Die Gesellschaft bot weithin das Bild von kulturell und sozial Entwurzelten. In der christlichen Gemeinde zu Korinth spiegelt sich der pyramidenartige Aufbau der Gesellschaft dieser Stadt: Wenigen Reichen steht die Masse der relativ Armen gegenüber.

Die soziale und kulturelle Entwurzelung der Stadtbewohner bringt es vor allem mit sich, dass überhaupt keine verbindliche Ethik in Sicht ist. Das hat andererseits zur Folge, dass Paulus in 1 Kor hauptsächlich ethische Fragen behandelt und am Ende eine Art Tora für die Heiden entsteht. Nacheinander behandelt er: Inzestvergehen, Prostitution, Klagen gegeneinander, Ehemoral (Gleichberechtigung, Scheidung, frei gewählte Ehelosigkeit), Freilassung von Sklaven, Schonung und Rücksichtnahme gegenüber »schwächeren« Gewissen, auf den anderen Warten beim Gemeinschaftsmahl, Chaos und Durcheinanderreden bei der Zusammenkunft der Gemeinde. Und auch am Schluss des 1. Briefes in Kap. 15 hat das ganze Reden von Auferstehung nur den Sinn zu zeigen, dass es etwas anderes gibt als die Maxime »Lieber fressen und saufen, denn morgen ist alles aus«.

Alles dieses sind durchaus praktische Fragen von Ehe und Miteinander in einer Gemeinschaft, und Paulus versucht, sie sehr praxisnah zu lösen. Doch er versteht es, in jedem Falle zu sagen, was das mit Jesus Christus zu tun hat, was er von daher empfiehlt.

So geht es vor allem in 1 Kor um die Verbindlichkeit der christlichen Ethik in einer pluralistischen, nicht-christlichen Gesellschaft. In 2 Kor geht es – sachlich genauso notwendig – um die Verteidigung apostolischer Autorität nach innen hin. 3 Kor wiederholt das Thema Auferstehung aus 1 Kor 15 unter neuen Aspekten. 1 Clem zeigt eine veränderte, aber nach wie vor chaotische Gemeindesituation, bei Dionysius von Korinth erfahren wir Neuigkeiten aus den Anfängen der Gemeinde, und in ihrem Brief an Paulus fragen die Korinther Paulus noch einmal nach Askese. (Vgl. 1 Kor 7,1.32–40)

8.2.2 Petrus in Korinth?

Bei der Rekonstruktion der besonderen Situation, in der Paulus bei Abfassung des 1 Kor steht, ist Folgendes stärker zu beachten, als es bisher geschah: Es gibt dort in Korinth eine Petruspartei, d. h. eine Gruppe von Christen, die sich auf Petrus als ihren Lehrer berufen, der sie dann offenbar auch getauft hat. Aus einer fast unbeachteten Notiz bei Dionysius von Korinth (um 170 n. Chr.) entnehmen wir, dass Petrus neben Paulus in Korinth missioniert hat. Diese Notiz kann Dionysius weder aus dem 1 Kor noch aus Apg entnommen haben. Es bleibt nur, dass er sie auf Lokaltradition zurückführt. Dionysius verwendet diese Argumentation in Richtung auf Rom: Er betont die Gemeinsamkeit des Wirkens beider Apostel in Korinth wie in Rom. Angenommen, Dionysius hätte Recht, dann ließe sich vielleicht in Korinth die eine oder andere Spur des Wirkens des Apostels Petrus erkennen.

Meine Meinung ist: Ja, auf jeden Fall. Die Probleme, die Paulus in 1 Kor 5–10 behandelt, sind exakt solche petrinischer Mission. Denn wie wir wissen, wurde auf dem Apostelkonvent vereinbart, bei einem Zusammenleben von Juden und Heidenchristen sei das Aposteldekret zu beachten. In 1 Kor 5–10 geht es um diese Probleme: Inzestvergehen, Prostitution, Ehemoral (insgesamt Problem der »Unzucht« im Aposteldekret), Essen von Götzenopferfleisch und damit von nicht rituell geschächtetem Fleisch (= Götzenopfer, Blut, Ersticktes im Aposteldekret). Die Vorwürfe des Ordnungsverfalls in Kap. 10 und 12–14 gehen dabei wohl ganz klar von den Judenchristen aus: Sie beklagen, dass das Herrenmahl keinen gemeinsamen geregelten Anfang hat, nämlich die jüdische Danksagung über dem Brot; auf sie geht der Vorwurf zurück, Frauen müssten wegen der Engel doch eine Kopfbedeckung tragen (s. o.).

Wie auch immer Paulus im Einzelnen dazu steht: Er muss die Geltung der jeweils im Hintergrund stehenden Positionen im Ganzen zugeben. Insbesondere das Gemeindekonzept »die Heiligen«, das Paulus hier überall vertritt, ist an der Urgemeinde in Jerusalem orientiert.

»Die Heiligen« oder »die Heiligen des Höchsten« ist ein Ausdruck, der, auf eine menschliche Gemeinschaft bezogen, nur aus Dan 7 kommen kann, hier zum Beispiel V.25.27. Die besondere Brisanz liegt in diesem Kapitel darin: Die »Heiligen« üben dieselbe Funktion aus wie der Menschensohn. Beide Bezeichnungen kommen gleichermaßen aus diesem Kapitel. Das Verhältnis in Dan 7 ist so, dass in der Bildhälfte vom Menschensohn die Rede ist, in der Sachhälfte von den Heiligen. Das heißt: Zum Menschensohn gehören sachlich die Heiligen dazu. Beide verhalten sich zueinander wie zwei Brennpunkte einer Ellipse.

Diese Heiligen konnten nun in frühem Stadium durch die Zwölf ersetzt werden. Denn die Zahl der zwölf Stämme ist die ideale Zahl des Gottesvolkes in seiner Vollkommenheit. So finden wir das Gegenüber von Menschensohn und Heiligen bzw. Zwölf ganz im Sinne von Dan 7 in Mt 19,28: »Amen, ich sage euch: Ihr, die ihr mir nachgefolgt seid, werdet in Gottes neuer Welt, wenn der Menschensohn auf seinem herrlichen Thron Platz nimmt, auch selber auf zwölf Thronen sitzen und die zwölf Stämme Israels regieren.«

Das heißt: Aus Dan 7 kommt nicht nur grundsätzlich das Verhältnis des einen zum Gremium, das konstitutiv bleiben wird für die gesamte Verfassungsgeschichte des Christentums. Aus Dan 7 kommt auch der Ausdruck »Heilige«, den Paulus von der Urgemeinde in Jerusalem (Gal 2,10) her auf die eigenen Gemeinden überträgt.

Paulus nimmt eine ähnliche Übertragung auch im Petrusamt vor. Was wir in Mt 16,16 f. als Petrustradition kennen, wendet Paulus in Gal 1 fast wörtlich auf sich an. Das heißt: in sehr viel höherem Maße, als bisher je für möglich gehalten, orientiert sich Paulus an der Urgemeinde und an eng verwandten petrinischen Positionen und überträgt entsprechende Vorstellungen in seine Praxis.

Anders gesagt: Paulus muss in 1 Kor den »Schwachen« in Korinth so oft nachgeben, ihr Gewissen schonen, weil ganz wesentlich zu den Schwachen jene Judenchristen gehören, die Paulus laut Apostelkonvent schützen muss. Anders als in Antiochien kann Paulus deren Rechte nicht mehr einfach übergehen und sie dazu überreden, mit ihm eine Einheitsgemeinde zu bilden (zur Mahlgemeinschaft in A.: s. o.). Und ich nehme an, dass, um aus dem Grunde ein neues Debakel mit Petrus zu vermeiden, Paulus seine Ratschläge auch schriftlich festhält, eben in Form eines Gemeindebriefes. Die Kompromisse, die er hier in allen Fragen schließt, sind so sorgfältig durchdacht und ausgetüftelt, dass sie schon der Form der Schriftlichkeit bedürfen – um des Friedens willen.

Und auch dieses kann man sagen: 1 Kor ist eine Auseinandersetzung mit der petrinischen Partei, 2 Kor dagegen eine mit der Apollos-Partei. Beide Briefe sind je für sich sorgfältig auf eine der Parteien abgestimmt. Dieser bisher unbeachtete Aspekt lässt eine Plazierung beider Briefe in der paulinischen Biographie leichter zu als bisher; er macht auch Teilungshypothesen an 2 Kor weniger nötig, als es bisher notwendig erschien.

8.2.3 Paulus bekommt Konkurrenz

Apollos war ein judenchristlicher Heidenmissionar neben Paulus – geboren wohl in Alexandrien und entsprechend gebildet; altersmäßig dieselbe Generation wie Jesus und Paulus. Lukas bescheinigt ihm exzellente Begabung und großes Charisma. Seine Spezialität ist christologische Auslegung des Alten Testaments. Leider besitzen wir kein direktes Zeugnis seiner Gelehrsamkeit, obwohl man den Hebräerbrief und den Barnabasbrief dafür gehalten hat. So aber berichten nur Apg 18 f. und 1 Kor 1.3 über ihn, vermutlich aber auch indirekt der ganze 2 Kor. Es könnte sein, dass Paulus ihn so bewundert, dass er in 1 Kor 10; 2 Kor 3 seine Kunst der christologisch-typologischen Schriftauslegung nachmacht bzw. an sie heranzukommen sucht.

Paulus kommt jedoch mit Apollos bzw. dessen Schülern aus mehreren Gründen ins Gehege:

✧ Apollos teilt nicht die paulinische Auffassung, dass eine Gemeinde von Gott nur für den Gründerapostel bestimmt sei und kein anderer dort tätig werden dürfe. So ist Apollos in Ephesus und in Korinth tätig, ausgerechnet den paulinischen Lieblingsgründungen, und zwar nach und neben Paulus. Paulus verschlägt das die Sprache.

✧ Apollos kennt zumindest anfangs keine Taufe auf den Namen Jesu und keine Geistmitteilung durch die Taufe. Damit ist seine Taufe zumindest aus der Sicht des Lukas defizitär und heilungsbedürftig (Apg 19,1–7). Das ist natürlich keine Kleinigkeit, sondern ein wichtiges sakramental-charismatisches Element des Christentums.

✧ Apollos vertritt jedenfalls später dieselben Lehren wie Paulus, ist also wandlungs- und anpassungsfähig, so dass nach 2 Kor keine Lehrdifferenz mehr besteht – außer der unglücklichen territorialen Interessengemeinschaft. Diese Wandlungsfähigkeit hebt auch 2 Kor 11,13b.14 hervor.

✧ Paulus erscheint der Status als Apostel suspekt (2 Kor 11,13), der später offenbar auch behauptet wird, anfangs (1 Kor 3) jedoch nicht. Paulus will zunächst einen Interessenausgleich mit Hilfe der Bilder in 1 Kor 3, wird dann jedoch wütend, als Apollos in Korinth Empfehlungsbriefe vorlegt, welche die Korinther interessiert lesen. Paulus aber hat keine derartigen Empfehlungsbriefe – er hat »nur« die Gemeinde gegründet. Diese Selbstevidenz lebendigen Christentums gegenüber dem formal besser Legitimierten wird dann auch in der weiteren Kirchengeschichte ein Dauerthema sein.

Kurzum: Apollos ist unter die Räder paulinischer Polemik geraten. Dass er nicht als zweiter großer Heidenmissionar gefeiert wird, haben wir der Eigenart der Bildung des neutestamentlichen Kanons zu verdanken.

Organisationstechnisch hatte Apollos einen weiteren Nachteil gegenüber Paulus und den anderen wie Petrus oder Barnabas: Hinter ihm steht kein Zwölferkreis, kein Petrus, keine wie auch immer geartete »Instanz«, »Behörde« oder Machtzentrale. Apollos ist der (institutionell) freischwebende Exeget, der den »Fehler« gemacht hat, den Paulus zeitlebens vermeiden wollte: ohne kirchliche Anbindung zu sein. Freilich hat er in Korinth für weitere Jahrzehnte Unruhe gestiftet.

8.2.4 Korinth unter dem Einfluss der Apollos-Gruppe

Man muss davon ausgehen, dass sich Paulus mit dem 2. Kor in Korinth nicht mehr durchsetzen konnte. Nach K. 11 waren die Gegner in der Überzahl und gaben keinerlei Anlass zu einem wirklichen Zugriff. Paulus konnte sie nicht wirklich packen und war daher auf Schwarzmalerei angewiesen, wie sie in 2 Kor 11 vorliegt. Eine halbwegs souveräne Gemeinde wird weder darauf reagieren noch auf die Enthüllungen über das eigene Auftreten, mit denen sich Paulus in Kap. 10 für alle Zeiten interessant macht. Wenn die Gegner in der Vielzahl waren und nur halb so klug wie Apollos, dann konnten sie leicht die Reste paulinischen Christentums verändert übernehmen.

Im Blick auf 1 Clem darf man fragen, ob nicht die Gemeindeverfassung auch diesen Stempel trägt. Von Paulus wissen wir halbwegs zuverlässig, dass er an verschiedenen Orten Gremien von Ältesten stiftete. Von Apollos wissen wir nur, dass ihm selbst eine wie auch immer geartete hierarchische Einbindung fehlte. Die Gruppe der Apollos-Schüler wird daher einen neuen Lehrer als Nachfolger bestimmt und die »dummen Ältesten« beseitigt haben. Denn strukturell gehen schon die Parteiungen in 1 Kor 1 auf das Schüler-Lehrer-Prinzip zurück, und wir haben gesehen, wie Paulus dieses durchbricht. Bei einem Überwiegen der Lehre des Apollos nach dem Verblassen der Autorität des Paulus wäre es ganz selbstverständlich, dass ein neues Schulhaupt, ein maßgeblicher Lehrer dort in Korinth etabliert worden wäre. Trifft diese These zu, dann ließe sich der Konflikt Paulus/Apollos über den 1. und 2. Kor hinaus bis in 1 Clem hinein verlängern. Die Unruhen von 1 Clem wären gut erklärbar.

Zugleich wird an der Alternative »Lehrhaupt« oder »Apostel plus Nachfolge-Gremium« ein grundsätzliches strukturelles Problem des frühen Christentums greifbar. Nämlich dieses: Ist das Christentum primär ein Lehrverein (eine Art Volkshochschule; Fortsetzung im gnostischen Lehrbetrieb) oder ist es eine apostolische Kirche, die bei den Gremien eine starke Mischung von Qualitäten in Kauf nimmt? In Korinth stand beides lange auf der Kippe.

Dass unsere Sicht berechtigt ist, zeigt nicht zuletzt der Brief der Korinther mit den Anfragen, auf die dann 3 Kor antwortet. Das ist dann schon alles 2. Jh., aber interessante »gnostische« Strukturen zeigen sich in den Fragen der Korinther.

8.2.5 Viele Päpste in Korinth

Mit anderen Exegeten datiere ich 1 Clem auf das Jahr 69 n. Chr.. Demnach spiegeln 1 Kor, 2 Kor und 1 Clem eine Entwicklung von zwanzig Jahren. Der Grund für die Frühdatierung von 1 Clem liegt darin, dass es die bisher für seine Datierung postulierte Christenverfolgung unter Domitian nicht gegeben hat. Demnach kann es sich nur um die Christenverfolgung unter Nero handeln, von der er berichtet und die nach seinem Bericht die Martyrien der heiligen Apostel Petrus und Paulus zur Folge hatte. Wegen der bisherigen Spätdatierung des 1 Clem war ein Vergleich bisher erschwert, jedoch nicht unmöglich. Dennoch wird er hier zum ersten Male durchgeführt.

Was sofort ins Auge fällt und deshalb erstrangig zu besprechen ist: Alle drei Briefe sind von außen an eine Gemeinde gerichtet, in der vor Ort offenbar niemand das Sagen hat bzw. chaotische Verhältnisse gerade in der Frage der maßgeblichen Autorität bestehen. Dabei bezeugen 1.2 Kor, dass jedenfalls im Denken des Apostels die administrative und die theologische Bedeutung der apostolischen Autorität voll ausgereift ist. Gleichzeitig aber ist die lokale Autorität offenbar ungefestigt.

Das bedeutet nun keineswegs, dass niemand da gewesen sei, der sie hätte wahrnehmen wollen. Ganz im Gegenteil, es waren zu viele da. Das Chaos in Korinth entstand angesichts eines ungebändigten Reichtums an Begabungen. In den drei Briefen wird nun auf je unterschiedliche Weise Autorität in Korinth begründet bzw. neu begründet.

Kurz vor der Abfassung von 1 Kor ist die Gemeinde knapp vor dem Auseinanderfallen in unterschiedliche Richtungen. Der Vorteil ist noch, dass diese Richtungen zumeist noch einen Namen haben. Nach 1 Kor 1,16 gibt es die vier berühmten »Parteien« in Korinth, benannt nach den für sie maßgeblichen Autoritäten, die offenbar auch die jeweiligen Täufer waren: Petrus, Apollos, Paulus und »(Jesus) Christus«. Bei dem letztgenannten Namen weiß man nicht, ob es sich wirklich um eine eigene Partei handelte oder ob Paulus nicht aus rhetorischem Überschwang, da er Parteien für blanken Wahnsinn hält, den Irrsinn von sich aus vollendet, indem er aus Konsequenz eine Christuspartei für Korinth hinzuerfindet. Eine beißende Ironie ist Paulus auch sonst in 1 Kor 1–4 nicht fremd.

Bleiben wir dabei, dass die vier Parteien aus dem Namen des jeweiligen Täufers entwickelt wurden. Hier liegt offenbar noch immer eine bedeutende Nachwirkung Johannes des Täufers vor, der durch seine Taufe die Menschen zu Täuferjüngern machte. Man kann sogar sagen, wer dieses Taufverständnis in Korinth eingeführt hat: Es ist Apollos, von dem die Apostelgeschichte ein unvollständiges Taufverständnis berichtet (Apg 18 f.). Von Petrus meinen wir – nach dem bisher Gesagten –, dass er in Korinth eine judenchristliche Gruppe gestiftet hat und dafür Juden zu Christen hat werden lassen. Dadurch stellte er – auch in Abwesenheit, die er ja weitestgehend mit Paulus teilte – gerade gegenüber Paulus eine gewichtige Autorität dar.

Paulus braucht angesichts dieser Lage immerhin vier Kapitel von 1 Kor, um seine Autorität neu zu begründen. Er tut das vor allem in zwei Anläufen. Der erste ist seine Kreuzestheologie in Kap. 1. Paulus sagt: Wir predigen den Gekreuzigten. Kreuz aber bedeutet die denkbar größte Schande, ist die Abwertung aller Werte. Wenn dieses aber Gottes Weg ist, dann sind Weisheit, Wissen und Ruhm entthront. Sie sind Unwerte, ja Anti-Werte geworden. Der Leser soll die Spitzen gegen Petrus und Apollos durchaus merken: Sie sind die Prototypen von Macht, Ansehen und Weisheit in der Kirche. Paulus dagegen predigt den Gekreuzigten, und da ist für menschliches Prestigedenken kein Raum. Daher ist aber nun das paulinische Evangelium allein »sachgemäß« christozentrisch, und zugleich garantiert es Einheit der Kirche, weil es das Denken in den allzu akademischen Kategorien von Macht und Weisheit ausschließt.

Der zweite Anlauf in 1 Kor 2 destruiert wie Kap. 1 die Weisheit der Mächtigen (die ja zu nichts geführt hat als zu der Kreuzigung Jesu) und setzt an ihre Stelle nun den Heiligen Geist. Er allein bedeutet Teilhabe auch am Geheimnis Jesu, des verborgenen Herrn der Herrlichkeit. Ein Geistträger aber kann nur durch einen anderen seiner Art zureichend beurteilt werden. Paulus meint damit zweifellos (auch) sich und wehrt sich dagegen, dass seine Berufung »in aller Munde« sei. Aber woran kann man einen Geistträger erkennen? Daran, dass Frieden von ihm ausgeht. Weil in Korinth kein Frieden herrscht, das paulinische Kreuzesevangelium aber Streit ausschließt, sind die Korinther jedenfalls so, wie sie sind, solche, welche die Botschaft nicht verstehen. Paulus, der Apostel des Kreuzes und des Heiligen Geistes, ist genau der, den die Korinther brauchen. In Kap. 3 unternimmt Paulus dann einen Versuch, mit der Tätigkeit des Apollos in Korinth fertig zu werden. Christus ist das Fundament, Paulus hat es gelegt. Paulus wie Apollos sind Mitarbeiter. Nur wehe dem, der die Gemeinde spaltet. In Kap. 4 wird dann die Gemeinde in ihrem opportunistischen Verhalten getadelt. In 1 Kor wird die Autorität des Apostels jedenfalls theologisch, d. h. kreuzestheologisch und peumatologisch begründet. Für Apollos ist immerhin noch ein Ort, und die Probleme um das Aposteldekret werden ausdiskutiert.

Die Probleme mit der Geistbegabung in Kap. 12–14 dürften wohl solche des paulinischen Evangeliums sein, also hausgemachte Probleme paulinischer Theologie.

Kürzlich hat I. Vegge den Nachweis versucht, 2 Kor gehöre der Gattung der Versöhnungsbriefe an (2 Corinthians – a Letter about Reconciliation, Tübingen 2007). In der Pädagogik der Moralphilosophen, in der Epistolographie (Kunst des Briefschreibens) und auch in der Rhetorik. Sowohl der Lobpreis der Versöhnung (7,5–16) als auch Drohungen (2 Kor 10–13) dienen der Hoffnung auf Versöhnung. Die wiederholten apologetischen Elemente verstehen sich als immer wieder abgewandelte Appelle zur Versöhnung.

2 Kor ist im Ganzen eine Apologie des Apostolats des Apostels Paulus in einer erheblich veränderten Situation. Durchgehend muss Paulus *ad personam* argumentieren, d. h., er muss sich persönlich verteidigen. Daher haben Forscher immer wieder Analogien zu Platons Apologie des Sokrates gesehen. Apollos hat Empfehlungsbriefe in Korinth vorgelegt. Paulus antwortet darauf in 2 Kor 3. Paulus skizziert hier einen Liebesbrief an seine Gemeinde. Um den Apostel zu verstehen, gehen wir dem Gebrauch dieser Gattung nach und entfalten den möglichen Brief des Apostels in größerem Umfang.

8.2.6 Liebe Korinther!

Könnt ihr euch wirklich das Herz eines Lehrers, eines Seelsorgers vorstellen? Manchmal denke ich, das kann nur der, der selbst geistliche Kinder hat und der weiß, was Elternschaft gegenüber einer Gemeinde bedeutet. Es ist etwas wie zwischen Mutter oder Vater und Kindern. Deshalb kann ich sagen: »Ihr seid doch meine Kinder, und wie eine Mutter liege ich noch einmal in schmerzhaften Wehen, so lange, bis Christus in euch Gestalt gewinnt.« (Gal 4,19) Denn ich habe euch auf den ersten Schritten eures Weges zu Christus begleitet. Es fing an mit Stephanas und seiner Familie, dann kam Chloe und ihr Haus dazu. Zuerst reichte noch das große Speisezimmer ihres Hauses für unsere Gemeindezusammenkünfte aus. Bis dann die Christen zahlreicher wurden. Aber natürlich habe ich jeden Einzelnen auf seinem Weg zu Christus vorbereitet. Wir haben fröhliche Gottesdienste gefeiert, zu denen jeder und jede etwas beigetragen hat, schöne fromme Lieder, manche aus der Tradition ihrer Familie. Es war wie ein Frühling in Korinth, gerade in eurer Stadt, in der tausendundeine Religion gepflegt wird. Jesus Christus hier zu predigen und an ihn zu glauben war wie eine Befreiung von so viel Aberglauben und zweifelhaften Betrügern auf dem Markt der Religionen. Es gibt so viele Wege zu Gott, wie es Menschen gibt. Das habe ich in jedem einzelnen Fall miterlebt. Wie euch buchstäblich ein Licht aufging. Wie sich eure Augen veränderten und Fröhlichkeit und Freiheit ausstrahlten. Jeder Weg ist anders gewesen, und das alles weiß ich noch haargenau, als wäre es gestern. Und so ist es auch, wenn ich Leute aus eurer Gemeinde treffe, es ist immer, als hätte ich euch gestern zuletzt vor Augen gehabt. So wird man es später von jedem Pfarrer sagen, seine erste Gemeinde sei wie seine erste Liebe. Ihr seid meine zweite Liebe (nach Thessalonike), aber nicht weniger intensiv in mein Herz geschrieben. Jeder hat seine eigene Glaubensgeschichte und sein eigenes Glaubensprofil. Und für mich gab es nichts Schöneres, als jedem und jeder zur Freiheit zu verhelfen. Meine Vertrautheit mit euch geht so weit, dass ich ahnen kann, was wer auf welche Frage antworten wird. Ihr seid in mein Herz geschrieben, so wie Gott das von seinem Volk sagen kann: Ich habe euch auf die Innenseite meiner Hand geschrieben. So steht ihr mir ständig vor Augen.

Doch nun gibt es Liebeskummer um euch. Ich reagiere jedenfalls so emotional wie bei Liebeskummer. Denn plötzlich sind Leute von einer anderen christlichen Missionsgesellschaft bei euch in Korinth aufgetaucht, Leute, die ganz anders sind als ich – wirklich ganz anders. Diese Missionare, die unter euch leider sofort Anklang fanden, sagten, es müsse zunächst und vor allem seine Ordnung haben. Und sie zeigten fein säuberliche Formulare vor, später wird man diese Schriftstücke Zeugnisse nennen oder Bescheinigungen vom Seelsorgeamt oder Celebret. Die anderen Missionare nennen es »Empfehlungsbriefe«. Das sind Schreiben, ihr wisst es vielleicht nicht, die standardisiert sind, etwa so: Liebe Gemeinde in Korinth, hiermit lege ich euch den Überbringer dieses Briefes wärmstens ans Herz. Es ist der Herr B., bei uns bestens bewährt und ein treuer Christ. Nehmt ihn gastlich auf und versorgt ihn beim Abschied mit ausreichend Proviant. Es grüßen euch die Christen von XY.« So einen Brief stelle ich auch selbst im Römerbrief aus (Kap. 16,1– 4). Solche Empfehlungsbriefe sind nichts Böses, aber es ist klar, dass diese anderen Missionare sie brauchen. Sie wollen mit diesen Briefen bei euch gut ankommen. Das könnte ich noch verstehen, obwohl ich sagen muss: Allein ich bin euer Apostel, und da haben andere sogenannte Apostel bei euch gar nichts zu suchen. Das ist aber erst die eine Seite des Kummers.

Viel schlimmer ist, dass diese Leute, die so auf angebliche Korrektheit achten und die doch für ihre ärmliche Reputation auf Empfehlungsbriefe angewiesen sind, nun auch von mir fordern, ich solle endlich einmal Empfehlungsschreiben vorlegen. Entweder fordern sie es selbst von mir, oder sie haben Einzelnen von euch eingeredet, ihr müsstet so etwas fordern. Das ist doch der Gipfel und blanker Hohn angesichts dessen, was ich bei euch getan und geschaffen habe. Ich habe bei euch zuallererst Christus verkündet, ohne mich wäret ihr noch Heiden. Seit Jahren gibt es eine blühende Gemeinde bei euch! Ich liebe euch wie eine Mutter ihre Kinder. Und da kommen Leute her und fordern offizielle korrekte Empfehlungsschreiben! Obwohl doch in jedem Schreiben ungefähr dasselbe darin steht!

Das ist doch ganz unpersönlich, und wie sollen irgendwelche außenstehenden Honoratioren etwas über mein Wirken in Korinth aussagen können! Das ist eine Beleidigung für alle meine persönlichen Mühen und für meine Liebe zu euch. Aber diesen Konflikt wird es öfter geben – zwischen einer Theologie des Herzens und einer formal nach der Etikette ausgerichteten Praxis, die doch oft nur über den Mangel an Substanz oder persönlicher Beziehung hinwegtäuschen will. Ich kann euch nur prophezeien, es wird eine Zeit geben, da wird man versuchen, mit »Pastoralteams« in »Pasto-

ralverbünden«, »Seelsorgebereichen« oder »Großpfarreien« kirchliches Leben zu organisieren. Alle Priester und pastoralen Mitarbeiter werden für den ganzen Bereich oder Verbund gleichermaßen zuständig sein. Ein persönliches Kennenlernen seiner »Pfarrkinder« wird es für den zuständigen »Pfarrer« nicht mehr geben müssen. Mich, Paulus, würde man als verpönten »Einzelkämpfer« und »Amtsmonopolisten« bezeichnen. Das herkömmliche Modell des Priesters als »Hirten und Leiter einer Pfarrgemeinde« wird nur noch für ein Museum der Pastoraltheologie in Frage kommen. Es wird nicht mehr die klare Zuordnung eines Gläubigen zu seinem örtlichen Pfarrer geben und auch nicht die Zuordnung des Pfarrers zu seiner konkreten Gemeinde. An die Stelle der personalen Verbindung zu einem eigenen Hirten und Seelsorger wird nun das rotierende Pastoralteam treten, zu dem der Kontakt allein durch die Bürostunden der jeweiligen Sekretariate geregelt wird. An die Stelle berufener Hirten werden bezahlte und in moderner Bürokratie geschulte Mietlinge treten. Niemand wird wissen, wer eigentlich der zuständige Pfarrer und Seelsorger ist. Durch die »verbindliche Kooperation« wird das Amt des Pfarrers zu einem rein funktionalen Verständnis degenerieren. Die seelsorgerlichen Verpflichtungen des Pfarrers werden auf das anonyme Pastoralteam übertragen werden.

Ich bin mit meinem Brief an euch, liebe Korinther, der Erste, der mit der ganzen Leidenschaft des Herzens für das unersetzliche persönliche Verhältnis des Hirten zu seinen Gläubigen kämpft. Denn ich betrachte meinen Beruf als ein Wirken, das in jeder Hinsicht und mit jeder Faser des Herzens an Jesus erinnert. An mir selbst, an meinem eigenen Lieben, Leiden und Gerettetwerden könnt ihr ablesen, was das Evangelium ist. Deshalb habe ich euch relativ wenig über Jesu Wirken auf Erden erzählt. An mir persönlich könnt ihr am besten studieren, was das Evangelium von Jesus Christus bedeutet. Ebendeshalb, wegen der Unersetzbarkeit des persönlichen Glaubenszeugnisses, ist die mütterliche oder väterliche Beziehung des Seelsorgers zu seiner Gemeinde unabdingbar. Ja, ich bekenne mich dazu, ein Amtsmonopolist zu sein. Denn weil es den einen Herrn und Gott gibt, kann es auch nur den einen Apostel für jede Gemeinde geben. Und dieses Verhältnis 1:1 kann im Glücksfall Liebe genannt werden.

Deshalb kann ich euch schreiben: »Mein Empfehlungsbrief seid einfach ihr selbst, denn da ich euch liebe, seid ihr in mein Herz geschrieben, und das ist der Brief, den alle erkennen und lesen können. Dieser Brief ist von Jesus

Christus verfasst, und ich bin nur der Überbringer ...« Darauf lege ich Wert: Ihr seid nicht mein Produkt und nicht mein »Fan-Club«. Jesus Christus ist der Herr, und er hat durch mich als sein Instrument gewirkt. Aber er hat mich persönlich berufen, und ich bin ihm persönlich verantwortlich. Wie oft wird Benedikt XVI. die unaufgebbare persönliche Verantwortung der Flucht der Mitglieder zeitgenössischer Gremien aus der Verantwortung gegenüberstellen. Jedes Gremium unterliegt dieser Gefahr. Gewiss ist es »altmodisch«, die persönliche Verantwortung des Einzelnen zu betonen. Aber eine jede Liebe ist in diesem Sinne altmodisch. Es hat auch mit Gott dem Richter zu tun: »Deswegen werde ich euch schreiben: Denn wenn wir alle vor den Richterstuhl unseres Herrn Jesus Christus treten müssen, wird offenkundig werden, was einer an Gutem oder Bösem getan hat ... Ich weiß also recht genau, warum ich selbst den Herrn fürchten muss.« (2 Kor 5,10 f.)

8.2.7 Warum Paulus von sich redet

Kehren wir zurück zu 2 Kor 3: Paulus verbindet mit dem Thema Brief und Schriftlichkeit (Tinte) das Gegenteil von Unverbindlichkeit und Distanz; er will »ins Herz schreiben«, und »Heiliger Geist« soll wirken; und so kommt er von dem persönlichen Thema in Korinth zu dem heilsgeschichtlichen Thema Alter Bund und Neue Bund. Die Art, in der Paulus das tut, in der er sehr Persönliches mit Theologie verbindet, ist typisch für 2 Kor und hat manchen Widerspruch hervorgerufen. Paulus hat so schon in Kap 1 argumentiert: Die persönliche Rettung aus Lebensgefahr wird für ihn zur Bestätigung des Glaubens an die Auferstehung; er wird es auch so tun in Kap. 4: Seine Leiden (Peristasen) sind die Botschaft vom gekreuzigten und dann doch erretteten Christus, ähnlich in Kap. 5: In seiner Bekehrung gibt er alle irdischen Maßstäbe auf und denkt nur noch an seinen Dienst der Versöhnung, und so fordert er die Korinther auf: Lasst euch versöhnen mit Gott. Des Weiteren entfaltet Paulus in Kap. 5 seine ganze individuelle Eschatologie bis hin zum Richterstuhl unseres Herrn Jesus Christus, um im Angesicht der Korinther und der Gegner sagen zu können: Seht, ich glaube an so etwas, ich rechne mit dem Gericht. Wie könnte ihr mich da für einen Schurken halten? In Kap. 6 zählt er nochmals alle seine Leiden auf, um zu sagen: Liebe Korinther, es bleibt mir nur mein Herz, und das ist voll von Liebe zu euch. Seine Argumentation wird dualistisch: Er will von nichts Unreinem wissen. In Kap. 10 argumentiert er mit der eigenen Schwäche und dem jämmerlichen Auftreten, um zu sagen: Meine Kraft kommt von woanders her. In Kap. 12 spricht er von seiner Entrückungserfahrung und seiner Krankheit, die ihn beide je auf ihre Weise über der Konkurrenz stehen lassen. – Paulus versucht hier das Äußerste.

Zwischendurch appelliert er in Kap. 8 und 9 an die Korinther, doch die Kollekte einzusammeln. Wir wissen, dass für Paulus alles daran hängt. Denn ohne die Annahme der Kollekte durch Jerusalem hängt sein ganzes Tun theologisch in der Luft.

Noch einmal zur persönlich-theologischen Argumentation: Der Apostel wendet hier seine Kreuzestheologie auf sich selbst an. In seiner Verteidigung gibt er selbst keinen Wert an, der sein Ansehen im bürgerlichen Sinne steigern könnte. Alles, was er nennt, könnte nur das Gegenteil bewirken: seine Peristasen (Leiden), die vielen hoffnungslosen Situationen, sein kümmerliches Auftreten, seine Krankheit. Dass er alles dieses so mutig nennt, ist nicht »trickreich«, das würde es erst nach ihm, wenn Paulus damit gerade so Erfolg gehabt hätte. Gerade weil ihn von den Gegnern theologisch in Bezug auf das »Evangelium« nichts wirklich unterscheidet, kämpft er mit seiner ganzen Existenz. Man könnte das als Schwäche beurteilen, denn mehr verausgaben, als Paulus es hier tut, kann man sich nicht. In Wahrheit ist dies Stärke: seine unbesiegliche Liebe zu den Korinthern und seine geradezu osmotisch-intensive Koexistenz mit Christus. Es bleibt ihm so wirklich nichts außer dem »Ich werde geliebt und ich liebe, also bin ich«. Insofern steht 2 Kor im Kampf um die Autorität in Korinth außerhalb jeder denkbaren Konkurrenz. Seine Gegner werden sagen: So ein Brief war doch nicht nötig. Paulus würde antworten: Solche begütigenden Argumente zeigen, dass ihr nichts von dem verstanden habt, was mich bewegt. Mich bewegt die Liebe des Gekreuzigten und meine Liebe zu den Korinthern. Beides liegt auf einer ganz anderen Ebene als Missionserfolg, Bestätigung durch andere Apostel oder ein Denkmal.

8.2.8 Clemens mischt sich ein

Der 1. Clemensbrief ist aus Rom nach Korinth gerichtet. Clemens von Rom reagiert darauf, dass die Korinther immer noch keine Ordnung gefunden haben. In unserer Untersuchung über das Amt haben wir festgestellt: Die einzelne Christengemeinde gilt als »Stadt« *(polis)*. Zu einem ähnlichen Fall wie dem in Korinth vorliegenden schreibt der zeitgenössische Philosoph Dio Chrysostomus: »Die Stadt (polis) der Athener hat im Bürgerzwist Ärzte von außen nötig.« Der Streit unter Bürgern ist demnach eine notorische Gelegenheit für Einmischungen von außen. Clemens Romanus tut das übrigens ohne einen Schatten von Selbstzweifel.

In Korinth hat demnach in der Zeit nach Paulus (also zwischen 68 und 75 n. Chr.) ein Gremium von Ältesten die Gemeinde geführt. Das ist alles andere als verwunderlich, denn die Apostel haben allenthalben Gremien von Ältesten eingesetzt, aus denen dann mit der Zeit die Bischöfe herausragten, was bald zum Monepiskopat (= einer ist Bischof) führte. Derartige Gremien von Ältesten bestanden – im Gegensatz zu den Aposteln – aus den heimischen Vertretern der Gemeinden. Dass sie einfach abgesetzt wurden, ist sonst nicht berichtet. Als Ort des Geschehens kann man sich nur eine Gemeindeversammlung vorstellen. Es gab eine Revolte, bei der die »Ältesten«, die auf den Apostel Paulus in der Gemeindeleitung gefolgt waren, für abgesetzt erklärt wurden. Meines Erachtens wurde ihnen vorgeworfen, durch ihre Behäbigkeit die lebendigen Anfänge immer krasser zu verraten (s. u.).

Bischof Clemens versucht aber nun von Rom aus, die »Täter« zu bewegen, diese Absetzung rückgängig zu machen. Den Erfolg seines Tuns kennen wir nicht, wir können nur sehen, dass einhundert Jahre später in Korinth auch die Verfassung des Monepiskopats herrschte (Dionysius von Korinth, um 170 n. Chr.). Schon in Kap. 1 seines Briefes erwähnt Clemens den »Aufruhr« in Korinth: »Da geht es unter anderem um den Aufruhr bei euch. Eine so schmutzige, schändliche Geschichte passt überhaupt nicht zu Leuten, die sich Auserwählte Gottes nennen, und sollte ihnen ganz fernliegen. Einige wenige unverschämte Störenfriede haben den Aufstand bis zu einem solchen Grad von Wahnwitz angeheizt, dass euer ehrbarer und bei allen bekannter und beliebter Name dadurch ernstlich in Verruf geraten ist.« Clemens bezeichnet Eifersucht und Neid als die Wurzeln alles Mordens und führt auf diese Ursache auch das Martyrium der Apostel Petrus und Paulus in Rom zurück.

Aus dieser Krise gibt es nur einen Ausweg: »*(54,1) Vielleicht gibt es unter euch ja einen, der tapfer ist, Mitleid aufbringen kann und von Liebe erfüllt ist. (2) Dann soll er sagen: Wenn durch mich Aufruhr, Streit und Spaltungen entstanden sind, dann will ich lieber auswandern, dann gehe ich, wohin ihr wollt, und tue, was die Gemeinde bestimmt, wenn nur die Herde Christi mit ihren eingesetzten Presbytern Frieden hat.*«

Um sein Anliegen durchzusetzen, entwirft Clemens von Rom eine umfassende, den Löwenanteil des Briefes füllende Ordnungstheologie. Sie steht gewiss Röm 13 nicht fern, geht aber doch weit darüber hinaus. Das ist besonders gut an dem Gemeindegebet Kap. 59–61 erkennbar, in dem intensiv für den römischen Kaiser gebetet wird.

Die Angaben von Kap. 42 und Kap. 57 zur Ämterstruktur scheinen sich zu widersprechen. In Kap. 42 spricht Clemens von der Ordnung, die Jesus errichtet habe. »Jesus beauftragte die Apostel mit dem Evangelium, und diese prüften, ob diejenigen, die sie jeweils zuerst für den Glauben gewonnen hatten, vom Heiligen Geist erfüllt waren, und setzten sie dann zu Bischöfen und Diakonen über alle künftigen Gläubigen des jeweiligen Ortes ein.« Dafür wird dann ein angeblicher Schriftbeweis aus Jes 60,17 angeführt. Die Abfolge Apostel – Bischöfe – Diakone ist offenbar das mittlerweile in Rom herrschende Modell.

Dagegen soll in Korinth ja die Presbyteralordnung wiederhergestellt werden: »*(1) Ihr, die ihr den Aufruhr angezettelt habt, unterwerft euch den Presbytern. Nehmt die Kritik an und denkt um, beugt, bildlich gesprochen, eure Knie vor Gott, dem Herrn. (2) Lernt, euch zu unterwerfen, und legt alle prahlerischen, hochmütigen und überheblichen Reden ab. Es ist besser für euch, in der Herde Christi klein, aber auserwählt dazustehen, als sich übermäßiger Geltung zu erfreuen und dabei doch von dem ausgeschlossen zu sein, was wir erhoffen.*«

Es wurde oben bereits dargestellt, dass die historische Abfolge Apostel – Presbyterium wahrscheinlich die zeitlich ältere ist, wäh-

- 321 -

rend die Folge, von der Clemens berichtet Apostel – Bischof – Diakone die typisch römische darstellt. Erstaunlich ist, dass es Clemens offenbar gar nicht stört, dass beide Ordnungen nicht haargenau übereinstimmen. Ausgeschlossen ist aber, dass die Aufrührer in Korinth statt der Ältesten einen Bischof und Diakone wollten. Was sie überhaupt positiv für eine Ordnung wollten, ist nicht erkennbar.

Es ist gut vorstellbar, dass die Aufrührer von Korinth, die die Ältesten abschafften, stattdessen überhaupt keine mit dauerhaften Autoritäten verbundene Ordnung wollten. Dass das so war, entspräche am ehesten dem aus 1 Kor 14 erschließbaren Bild über die Zustände vor Abfassung des 1 Kor. Das wäre demnach pneumatische Anarchie, wie sie ähnlich in den Anfängen mancher pfingstlerischer Gruppen vorliegt, dem Vernehmen nach auch bei Quäkern. Die Ältesten hätte man unter dem Motto der »Rückkehr zur guten alten Zeit« abgeschafft. Dass das so gewesen ist, wird dadurch wahrscheinlich, dass das Insistieren auf der Ordnung der Argumentation des Paulus in 1 Kor 14 nicht fremd ist. Was Paulus unter dem Stichwort »Auferbauung« *(oikodome)* und vor allem in der Opposition »Unordnung« versus »Frieden« in 1 Kor 14,33 anbietet und als »Ordnung« *(taxis)* in 14,40 zusammenfasst, ist im Kern dieselbe Argumentation, die 1 Clem nur verstärkt. Daraus schließe ich, dass die Lage zur Zeit von 1 Clem tendenziell »rückläufig« war, und es werden durchaus die Intelligenzler gewesen sein, die das romantische Zurück propagiert haben. Die Ordnungstheologie von 1 Clem unterscheidet sich – trotz der Affinität zu Röm 13 und der Liste der Ämterhierarchie in 1 Kor 12,28 – dennoch von Paulus. Das liegt wohl daran, dass trotz christologischer Elemente in dem großen Gebet Kap. 59 die Christologie, und zwar insbesondere die über das Erdenleben Jesu, schwach entwickelt ist.

8.2.8.1 Kontinuität in der sozialen Krise

Nach 1 Kor 1,26–28 gilt für Korinth: »Wisst ihr noch, Brüder und Schwestern, wie es war, als ihr Christen wurdet, als Gott euch berief? Da waren nicht viele, die unter Menschen als weise gelten würden, nicht viele, die Macht hatten, nicht viele mit adligem Stammbaum. (27) Gott hat aus allen Menschen eher die weniger klugen gewählt, um die sogenannten Weisen zu beschämen. Er hat die Benachteiligten erwählt, um die Privilegierten zu blamieren. (28) Er hat die Nichtadligen und die Verachteten erwählt, die nichts gelten, um das, was Geltung und Status hat, zu nichts zu machen.« Über den Aufruhr in Korinth weiß Clemens von Rom (1 Clem 3,3 f.) zu sagen: »Die, die wenig Ansehen genossen, standen auf gegen die Angesehenen, die Ehrlosen gegen die Ehrbaren, die Unvernünftigen gegen die Klugen. (4) Gerechtigkeit und Frieden rückten in weite Ferne.« Vielleicht sind das doch eher Diffamierungen der gegenwärtig Revoltierenden als Tatsachenbeschreibungen. Im Unterschied zu Paulus wertet 1 Clem die Unterschichten nicht als die große Chance für Erwählung, sondern im Gegenteil als Ursache der Zerstörung des Friedens. Daher wird er kaum 1 Kor 1 gelesen haben.

8.2.8.2 Kontinuität in der Logos-Christologie

1 Kor zeigt bemerkenswerte Ähnlichkeiten zur alexandrinischen Logos-Lehre, und es kann durchaus sein, dass Paulus hier die Nähe zu Apollos sucht, ja, dass er diese Elemente von ihm her übernommen hat. Denn innerhalb der paulinischen Theologie sind diese Ansätze schon sehr auffällig (vgl. dazu auch in meiner Theologiegeschichte, 2. A., § 125). In 1 Clem 59 finden wir dieselbe auf den Präexistenten (Sohn in der Trinität) bezogene Christologie wieder: »So können wir hoffen auf Deinen Namen, der vor aller Schöpfung als Erster geboren ist. ... Aus allen Völkern hast Du die erwählt, die Dich lieben ... um Jesu Christi willen, den Du liebst und der Dir gehorcht. Durch Jesus Christus hast Du uns erzogen, geheiligt und geehrt.«

8.2.8.3 Kontinuität in der Auferstehungsfrage

In 1 Kor 15 und 2 Kor 5 stellt Paulus seine Hoffnung auf Auferstehung dar. 1 Clem 25,2–26 bietet sie in eigentümlicher Gestalt, nämlich bezogen auf den mythologischen Vogel Phönix:
»Da gibt es einen Vogel namens Phönix. Er ist der einzige seiner Art. Er lebt 500 Jahre, und wenn er dem Sterben nahe ist, baut er sich ein Nest aus

Weihrauch, Myrrhe und anderen wohlriechenden Pflanzen. Wenn seine Zeit erfüllt ist, geht er in das Nest und stirbt. (3) Dann verfault sein Fleisch, und es entsteht ein Wurm, der ernährt sich vom Fäulnissaft des verendeten Tieres und bekommt eines Tages Flügel. Wenn er dann kräftig genug ist, nimmt er das Nest mit den Gebeinen seines Vorgängers und fliegt damit von Arabien nach Ägypten in die Stadt Heliopolis. (4) Und bei Tageslicht, wenn alle es sehen können, legt er seine Last am Altar des Sonnengottes nieder und fliegt zurück. (5) Wenn die Priester in ihren Zeittafeln nachschauen, stellen sie fest, dass der Phönix genau nach 500 Jahren gekommen ist. ... (26,1) Groß und staunenswert ist es, wenn der Schöpfer aller Dinge die auferstehen lässt, die ihm hingebungsvoll voll gläubigen Vertrauens gedient haben. Durch den Vogel Phönix weist er uns so auf die Größe der Verheißung hin. (2) Denn an einer Stelle (unbek.) heißt es: ›Du wirst mich auferstehen lassen, und ich werde dich loben.‹ Und anderswo (Ps 3,6;23,4): ›Ich bin eingeschlafen und schlief, nun bin ich erwacht, denn du bist bei mir.‹ (3) Und Hiob sagt (19,26): ›Du wirst aufrichten meinen Körper, der all dies erduldet hat.‹«

8.2.9 Brief der Korinther an Paulus

Eine faszinierende Spiegelung der Ereignisse – einmal nicht aus der Sicht von außen, sondern aus korinthischer Sicht selbst, bildet den Abschluss meiner Betrachtung des Urchristentums in der bewegten Hafenstadt Korinth. Das Schreiben spricht für sich selbst:

»1,1 Stephanas und die Presbyter, die mit ihm sind, Daphnus, Eubulus, Theophilus und Xenon, grüßen den Paulus, den Bruder im Herrn. (2) Es sind zwei Männer nach Korinth gekommen, Simon und Kleobius, die verkehren den Glauben etlicher durch verderbliche Worte (3), welche du prüfen sollst. (4) Denn niemals haben wir solche Worte weder von dir noch von anderen Aposteln gehört; (5) vielmehr was wir von dir und jenen empfangen haben, das bewahren wir. (6) Da nun der Herr Erbarmen uns erweist, dass wir, während du noch im Fleische bist, solches noch einmal von dir hören sollen, (7) so schreibe uns oder komme zu uns. (8) Wir glauben nämlich, wie es der Theonoe offenbart ist, dass dich der Herr befreit hat aus der Hand des Gesetzlosen. (9) Was sie sagen und lehren, ist nun Folgendes: (10) Man dürfe nicht, behaupten sie, sich auf die Propheten berufen, (11) und Gott sei nicht allmächtig, (12) und es gäbe keine Auferstehung des Fleisches, (13)

und nicht sei die Schaffung des Menschen Gottes Werk (14) und nicht sei der Herr ins Fleisch gekommen, auch nicht von Maria geboren, (15) und die Welt sei nicht Gottes, sondern der Engel. (16) Deswegen, Bruder, wende jeden Eifer auf, hierher zu kommen, damit die korinthische Gemeinde ohne Ärgernis bleibe und die Torheit jener offenbart werde. Lebe wohl im Herrn!« (Übers.: Schneemelcher).

8.3 Rom

Über die Bedeutung Roms im Urchristentum und für das Urchristentum haben wir schon an verschiedener Stelle gehandelt, so vor allem, als wir die Gestalten von Petrus und Paulus im Einzelnen darstellten. Sicher kann man sagen: Dass die beiden stärksten Gestalten der Urkirche, Petrus und Paulus, auf unterschiedliche Weise nach Rom, in die Weltzentrale der Antike, kommen und dort ihren Tod finden, ist der Schlüssel zur Aufsprengung und Globalisierung des Judentums und zur Weltkarriere des Christentums. Zwei Jahre mindestens lehrt und lebt, von 61 n. Chr. an, Paulus in Rom. Zuvor schon hatte er von Korinth aus einen »Brief an die Römer«, eine ihm unbekannte, ursprünglich judenchristliche Gründung, geschrieben mit der Absicht eines baldigen Besuches *en passant;* eigentlich wollte Paulus nach Spanien. Dass er nicht als freier Mann, sondern als Gefangener nach Rom kommt, wo er unter milden Haftbedingungen wirken kann, verdankte er jüdischer Gegnerschaft in Jerusalem, die ihm eine zweijährige Haftstrafe in Caesaraea und schließlich die dramatisch verlaufene Deportation nach Rom einbrachte, wo die Gemeinde ihn erwartet – ihn, den Mann, der sich über den Römerbrief, dieses bewundernswürdige Stück großer Theologie, schon unter ihnen bekannt gemacht hat.

Auf den Gräbern der Apostelfürsten – sie ersetzen gewissermaßen das Forum Romanum als innere Mitte und geistigen Herzort der Welt – wächst die Kirche. Über die Frühphase der Christianisierung, die judenchristlichen Anfänge Roms, wissen wir recht wenig (siehe Kap 8.3.1). Es scheint jedoch, dass mit dem, was zunächst in Häusern und Hauskirchen beginnt und später in der Katakombenzeit zu verdichteter und vielfach geprüfter Gestalt heranreift, anziehend für breite Kreise der Millionenstadt Rom wird, wobei es zugleich wohl die Armen, die Frauen, die Sklaven sind, die sich vom neuen Weg angezogen fühlen, als auch die ethisch-philosophische Elite, die mit der abgewirtschafteten Gemengelage aus antikem Polytheismus und divinisierenden Kaiserkulten nichts mehr anfangen kann.

Die »chrestiani« sind eine attraktive intellektuelle, ethische und existenzielle Alternative: Sie haben nur einen einzigen Gott. Ihr Christus hat nachweislich existiert, die Lehre fußt also auf einer historischen Basis. Das Christentum ist im Kontrast zur Ausgrenzungsgesellschaft Roms egalitär und universal: Arme und Reiche, Männer und Frauen, alle sind willkommen; allen Gesellschaftsschichten und Völkern steht der neue Weg offen. Im Gegensatz zu formalistischen, in vieler Hinsicht irrationalen Opferkulten der Zeit bietet sich hier ein Kult an, in dessen Zentrum »Liebe« steht, der zum Mahl lädt, der Teilhabe am Göttlichen bietet und echte menschliche Identifikation mit einem menschgewordenen Gott ermöglicht. Das spricht die Menschen auch auf der Gefühlsebene und mit dem Herzen an: Da ist die Rede von Maria und Jesus und von einer »Wolke von Zeugen« (Hebr 12,1) – Zeugen von der Statur eines Petrus, eines Paulus –, da geht es um die bewegenden Themen, ist die Rede von Hoffnung auf Unsterblichkeit und von der Kraft des Glaubens, von der Überwindung der Trauer und vom Weg ins Leben, davon, dass man selbst den Heiligen Geist empfangen würde und seine Früchte im Miteinander zu spüren seien, nämlich »Liebe, Freude, Friede, Langmut, Freundlichkeit, Güte, Treue, Sanftmut und Selbstbeherrschung« (Gal 5,22–23). Das alles bündelt sich in einer einzigen Religion. Diese Mischung ist für die alt gewordene Antike, die sich in Rom nur noch qua Macht, nicht mehr qua Geist hält, letztendlich unwiderstehlich.

Doch man würde sicher dem phänomenologisch durch die Jahrhunderte stets ähnlichen römischen »Charakter« Unrecht tun, nähme man an, die etablierten Kreise Roms hätten sich lediglich einer Mischung aus Freundlichkeit und Geist gebeugt. Das Christentum musste wirklich erst ein unübersehbarer Machtfaktor werden (nicht zuletzt durch Märtyrer und Finanzkraft der frühen Päpste), dann erst konnte man sich ihm beugen. Und das dauerte in einer ersten Phase drei Jahrhunderte (und ist, wenn man es kritisch sieht, nie richtig zu Ende gekommen).

8.3.1 Christentum in Rom vor Paulus

In vorchristlicher Zeit ist Rom ein Zentrum jüdischen Lebens und zugleich ein Zentrum des Antijudaismus. Da die einzelnen Synagogen (im 1. Jh. vor allem Aramäisch oder Griechisch sprechende) nicht zentral organisiert waren, konnten Missionare mit abweichenden Ansichten um so leichter eindringen. Mit der Ausweisung der Juden 49 n. Chr. sind wohl auch die frühen Christen mit ausgewiesen worden. Vorpaulinische Christen bezeugt der Römerbrief im Ganzen, speziell (davon unabhängig) Apg 28,13–15 für Puteoli. Nach Tacitus, Annales 15,44, heißen die Christen »chrestiani«. Aus Apg 18 kann man erkennen: Aquila und Priscilla haben nach der Vertreibung aus Rom 49 n. Chr. an paulinischer Heidenmission mitgearbeitet. Waren sie schon in Rom daran gewöhnt gewesen, auch mit Heidenchristen zusammenzuleben? Röm 16 nennt als vorpaulinische Judenchristen in Rom Andronikus, Junia und Herodian. Folgende Punkte sind aufschlussreich:

◆ Die Gemeinde will keine Steuern zahlen (Röm 13,6 f.; gegenüber Parallelen ist der Steueraspekt besonders betont, vgl. 1 Petr 2,13 bis 17; Tit 3,1 f.)

◆ In der Gemeinde gibt es stark am Judentum orientierte Kreise. Sie fassen das frühe Christentum als eine Bußbewegung auf. Diese können in Kreisen der Sklaven, aber auch im esoterischen Teil der Intellektuellen zu suchen sein. Rohkost, Verzicht auf Fleisch und Wein, Einhaltung ritueller Regeln an bestimmten Tagen, Reinheitsregeln auch für Essen und Trinken weisen nach Röm 14 am ehesten auf jüdische Bußriten, vielleicht Johannes dem Täufer verwandt.

◆ In der Gemeinde gibt es aufgeklärte Intellektuelle, mit denen Paulus sympathisiert (»Starke«).

◆ Es gibt keine erkennbaren Gemeindestrukturen, abgesehen von einzelnen »Häusern«. Dieser Befund bildet die vielfältige synagogale Landschaft Roms ab.

- ❖ Paulus rechnet mit judenchristlichen Gruppen, die er aber ähnlich wie Jakobus, den Herrenbruder, einschätzt, nämlich als im Grunde liberal und seinem Anliegen gegenüber aufgeschlossen.
- ❖ Paulus kann an positive Erfahrungen mit Recht und Ordnung anschließen.
- ❖ In Röm 1–2 appelliert Paulus an Menschen, die in Rom zu den klassischen Abnehmern sibyllinischer Orakel gehören. Das sind Drohungen denen gegenüber, die sich zu einem Gott bekehren sollen, der sich andernfalls durch schreckliches Gericht rächen wird. Genau diese Elemente, Umkehr und Gericht, dominieren in Röm 1–2.

Lit.: P. Lampe: Die stadtrömischen Christen in den ersten beiden Jahrhunderten (WUNT II 18), 1987

Von Rom wird weiter im Zusammenhang der Kanonbildung zu sprechen sein (siehe Kap. 9.4) – und da freilich in einer Zuspitzung, die ganz neue Erkenntnisse über die Konstitution der frühen Kirche ans Licht bringt.

Nachbemerkung zu den Anfängen des Christentums in Afrika (Ägypten, Alexandrien). Die neueste Publikation zu diesem Thema (Alfons Fürst: Christentum als Intellektuellen-Religion, Die Anfänge des Christentums in Alexandria, SBS 213, 2007) konstatiert, erst ab dem 2. Drittel des 2. Jh. gebe es dort Christen, und zwar wohl in Gestalt einer christlichen Philosophenschule mit starker Betonung der Lehrnachfolge (Sukzession) und der Askese. Nach meinen Beobachtungen könnte das Christentum dort wesentlich älter sein, doch von ähnlicher Art, wenn man aus dem Neuen Testament die Stichworte »Apollos« (Apg 18,24 »aus Alexandrien, hochgebildet«) und Hebräerbrief (z. T. auf Apollos zurückgeführt; vgl. dazu z. B. R. Williamson: Philo and the epistle to the Hebrews, 1970; J. B. Carpzov: Sacrae Exercitationes ..., 1750) anführt.

9. Wie und wann es aufgezeichnet wurde

Das frühe Christentum ist im griechischen Neuen Testament dokumentiert. Es gibt keine christlichen Schriften aus dem ersten Jahrhundert n. Chr., deren Ursprache eine andere als das Griechische gewesen wäre.

9.1 Das Christentum ist keine Buchreligion

Darin unterscheidet es sich grundlegend vom Islam, aber auch von der Art, in der ihm im 1. Jh. n. Chr. das Judentum gegenübertrat: als Schriftensammlung (Tora, Nebiim, Ketubim). Erst im Laufe der Zeit ist der neutestamentliche Kanon (= feststehende Anzahl an Schriften) gesammelt worden, der Abschluss war erst um 200 n. Chr. erreicht. Unsicherheiten bestanden bis in die Reformationszeit hinein. Erst das Konzil von Trient hat für die katholische Seite Klarheit geschaffen.

Christentum ist nicht von Anfang an so gedacht, dass ein Buch (Neues Testament) neben ein älteres Buch (Altes Testament) tritt. Dass dieses überhaupt so sei, sagt man erst zu Beginn des 3. Jh. Der Theologe Tertullian spricht vom »Instrument« der beiden Testamente.

Der Grund dafür, dass man die Botschaft überhaupt aufschrieb, ist nach Schriftengruppen verschieden. Und entsprechend ist es auch jeweils der Zeitpunkt, an dem man sich dazu entschloss.

Am klarsten liegt der Fall bei der Offenbarung des Johannes. Die Prophetien einer Apokalypse müssen schriftlich niedergelegt werden, damit man den Ausgang der Ereignisse mit der Prophezeiung vergleichen kann, damit also sichergestellt ist, dass seit Abfassung nichts manipuliert und geändert wurde. Aus diesem Grund steht in Kap. 22 der Offenbarung auch die so genannte Kanonisationsformel, die unter hoher Strafe verbietet, dass jemand etwas am Geschriebenen ändert. Dass die Offenbarung des Johannes nicht eigens versiegelt werden muss, rührt daher, dass die Ereignisse für sehr bald erwartet werden und eine Versiegelung gar nicht erst vorzunehmen ist, weil sie ja doch baldigst wieder aufgebrochen würde.

9.2 Warum die Evangelien entstanden

Jedenfalls das Matthäusevangelium wurde zunächst einmal deshalb aufgeschrieben, um den christlichen Stand der »Lehrer« abzuschaffen. In der frühesten Zeit gab es den geistlichen Stand des »Lehrers«, d. h. der Männer (nicht Frauen: 2 Tim 2,5!), welche die Traditionen über Jesus kannten und weitergaben (1 Kor 11,32; Mt 23,8). Nach Mt 23 schafft Jesus die Lehrer ab. Andererseits beauftragt er in Mt 28,15 die Jünger, alles zu lehren, was er gesagt und geboten habe. Wie passt beides zueinander? Es passt so zusammen, dass alle Worte Jesu, die man lehren kann, nun im Matthäusevangelium selbst zu finden sind. Zumindest gegenüber dem Markusevangelium ist ja der Anteil an Redegut erheblich erweitert.

Man kann fragen, ob das für Matthäus Bemerkte auch für andere Evangelien gilt. Für das Markusevangelium hat man seit langem beobachtet, dass es in vielfältiger Hinsicht vom Geheimnis redet. Da gibt es das Messias-, das Wunder-, das Gleichnis- und das Leidensgeheimnis, zusätzlich Jesus-Vaticinien (= Voraussagen) über seinen Tod und seine Auferstehung, das Tempelwort Mk 14,58 und schließlich die Apokalypse in Mk 13 sowie seine Ankündigung, den Jüngern nach Galiläa vorauszugehen. Daher könnte für die Verschriftlichung des Markusevangeliums ein ähnlicher Grund vorliegen wie bei der Offenbarung des Sehers Johannes.

Das heißt: Das Markusevangelium sammelt mit Bedacht Geheimnisse, Spuren von Geheimnissen, die späterer Auflösung harren. Es erscheint logisch, dass man die Spuren sammelt, um bei der späteren Interpretation nichts Unpassendes hinzuzufügen oder zu ergänzen. Um diese Spuren zu sichern, könnte das Markusevangelium verfasst sein.

Anders ist der Grund für die Entstehung des Johannesevangelium anzunehmen. Das Johannesevangelium versteht sich als Sammlung von Zeugnissen für Jesus, die im Prozess gegen die Welt Verwendung finden sollen. Diese Zeugnisse sind Worte und Taten Jesu, Worte des Mose, des Täufers und der Jünger Jesu, alles nur Mögliche, das »wahres Zeugnis« sein kann.

Auch Lukas schreibt, wie er in Lk 1,1–4 sagt, um alles genau wiederzugeben, was er erforscht hat. Sein Vorwort verrät, dass er sein ganzes Werk wie ein Historiker versteht. Mündlichkeit als Überlieferungsform ist hier undenkbar.

Fazit: Für keines der vier Evangelien ist denkbar, dass es mündlich tradiert oder zu mündlicher Tradierung geschaffen wurde. Anders liegt der Fall nur bei der so genannten Logienquelle, jenen rund 69 für Matthäus und Lukas gemeinsamen Stücken. Die Tatsache, dass es sich hauptsächlich um Lehrstoff handelt, kaum um Wunder, weist in eine Richtung ähnlich wie die bei Matthäus.

9.3 Wie die Briefe entstanden

Die ältesten schriftlichen Zeugnisse des Neuen Testaments sind nicht die Evangelien, sondern Briefe. Für die grundlegenden Fragen, die hier entstehen, sollte man nicht vom Normalfall der paulinischen Briefe ausgehen, sondern von den weniger beachteten und bekannten Briefen. Das betrifft zunächst die Frage, warum überhaupt diese Briefe entstanden sind und aufbewahrt wurden. Denn der paulinische Normalfall ist aufs Ganze gesehen möglicherweise die Ausnahme, dass also ein Gemeindegründer sich später (wie im Falle Korinth) wiederholt an seine »Kinder« wendet. Auch die Entstehung von Privatbriefen wie dem Philemonbrief muss man nicht besonders erklären; er wurde aufgehoben, weil er nach seinem Präskript halboffiziell ist.

Aber vielleicht führt die Spur über eine ganze Reihe von Briefen weiter, die plötzlich als Normalfall erscheinen und deren Entstehungshintergrund anders als bei den meisten paulinischen Briefen ist.

Der 2. Johannesbrief ist von einem Ältesten an eine Gemeinde gerichtet, die er »Herrin« nennt. Weder hat der Älteste diese Gemeinde gegründet, noch beansprucht er formelle Autorität über sie. Am Schluss äußert er einen Besuchswunsch. Der 3. Johannesbrief ist von demselben Ältesten an ein Gemeindeglied Gaius gerichtet. Auch ihn hofft er, bald zu sehen. Das ist bei Briefen so üblich.

Der 1. Petrusbrief ist laut 1,1 an die ganze Diaspora in Kleinasien gerichtet. Petrus ist kein Gemeindegründer, in 5,1 nennt er sich lediglich Mitältester. Dass er die Landstriche besucht hat, die er in 1,1 nennt, ist nicht zu erkennen. Der 1. Johannesbrief richtet sich im weisheitlichen Stil an »liebe Kinder«. Der Jakobusbrief ist »den zwölf Stämmen Israels« in der Diaspora geschrieben. Dass Jakob dort war, geht aus nichts hervor.

Der Römerbrief ist von Paulus an eine Gemeinde gerichtet, die er weder gegründet noch je gesehen hat. Besonders interessant ist, dass 1 Kor, der ja nun wirklich an eine konkrete Gemeinde gerichtet ist, im Präskript neben der Gemeinde von Korinth gerichtet ist »auch an alle anderen, die den Namen unseres Herrn Jesus Christus anrufen an jedem Ort, ihrem und unserem« (1,2). Diese Erwähnung ist nun keine leere Floskel, sondern ein ebenso archaisches wie grundsätzliches Merkmal frühchristlicher Briefe.

Das Aposteldekret in Apg 15 ist ein Brief der Jerusalemer an die Antiochener, die sie vermutlich weder kennen noch gegründet haben.

Der Epheserbrief ist von einem Unbekannten (Paulusschüler) laut Präskript nach Ephesus oder Rom oder sonstwo hin gerichtet. Der Judasbrief richtet sich an gar keine konkrete Gemeinde, sondern ganz allgemein »an die von Gott Geliebten und von Jesus Christus bewahrten Berufenen«.

Die sieben Briefe der Geheimen Offenbarung sind an Gemeinden gerichtet, die der Seher Johannes weder gegründet noch vermutlich je gesehen hat, über die er nur gehört hat. Der Erste Clemensbrief ist von dem römischen Bischof Clemens an die Gemeinde in Korinth gerichtet, der er zwar etwas vorschlagen möchte, die er aber weder gegründet noch je gesehen hat. Die sieben Briefe des Ignatius von Antiochien sind an Gemeinden gerichtet, die Ignatius weder gegründet hat noch genauer kennt (einzelne Personen ausgenommen, die er jeweils nennt). So ist es auch mit dem Brief des Bischof Dionysius von Korinth an die Gemeinde in Rom.

9.3.1 Ein Fall von Einmischung

Der Normalfall des frühchristlichen Briefs ist nicht die mütterliche Fürsorge für die eigenen Gemeinden wie bei Paulus, sondern von vornherein etwas anderes. Grob gesagt, könnte man es ein Hineinregieren in fremde Nester nennen – so will es uns jedenfalls scheinen. Das heißt, das, was Paulus gegenüber den Römern tut, ist der Normalfall. Von außen her schreibt jemand an eine Gemeinde, der sich einmischt. Wir wissen, dass Paulus eine Abart dieses Sicheinmischens im 2 Kor für extrem lästig hält. Aber was diese »Apostel« hier leibhaftig tun, war offensichtlich in brieflicher Form gang und gäbe.

Trifft das alles zu, so hat das gravierende Konsequenzen für unser Bild vom Urchristentum: Zunächst ist die Vernetzung der Gemeinden untereinander offensichtlich nicht erst eine sekundäre Erscheinung, sondern quer durch die Zeugnisse des Urchristentums eine Gegebenheit von Anfang an. Die von außen her eingreifenden Persönlichkeiten betrachten sich von Anfang an als Dienstträger der einen Christenheit und müssen ihren Eingriff nie rechtfertigen. Auch beim Brief des Apostels Paulus an die Römer hätte das Verwunderung wecken sollen, wo er doch selbst, wie gesagt, mit dem Wirken anderer in Korinth sehr pingelig ist. Der Informationsstand der von außen per Brief Eingreifenden war aber dann des Weiteren sehr unterschiedlich.

Was sind es aber für Menschen, die von außen her eingreifen? Sie werden regional bekannt sein, Autorität besitzen (wenn auch oft keine titular erkennbare, aber doch »Apostel« oder »Ältester«) und als Stimme von außen wohl leichter gehört als lokale Autoritäten, die mit den lokalen Schwierigkeiten zu eng und parteilich verknüpft sind.

Man könnte also sagen, im Neuen Testament sind hauptsächlich »Briefe Prominenter an Gemeinden« gesammelt, also nicht Briefe von Gründern, Mitgliedern oder regionalen Amtsträgern. Das ist, wie wenn in den 70er Jahren Heinrich Böll an die Gemeinde von Ulm einen anregenden offenen Brief geschrieben hätte, wobei er auch einige gepfefferte Fußnoten über diverse Missstände geschrieben hätte – aus dem Gefühl heraus, die gemeinsame Sache ließe solche Korrekturen aus dem Vollgefühl einer stark empfundenen/gewussten Identität zu.

Das beobachtete Phänomen lässt sich so zusammenfassen: Die frühchristlichen Briefe des apostolischen Zeitalters, die in den Kanon gelangt sind, sind keine Kommunikationen auf einer Einbahnstraße zwischen Gründervater und Gemeinde; das ist eher die Ausnahme. Sie sind vielmehr entweder Fremdeinmischungen von außen her oder Rundbriefe (Enzykliken). Trifft das zu, dann ist unser Bild vom Urchristentum erheblich zu korrigieren. Das betrifft folgende Punkte:

✧ Ganz generell kann man sagen: Die einzelnen Gemeinden vegetieren nicht vor sich hin. Sie sind nicht anfangs isolierte lokale Vereine, die erst im Laufe von Jahrhunderten zu einer regionalen und dann größeren Einheit zusammengewachsen sind. Die Kirche ist nicht von Anfang an zersplittert, so dass sie dann erst im Laufe der Zeit zusammenwachsen musste.

✧ Vielmehr wissen die Gemeinden voneinander und übereinander. Die Kirche ist von Anfang an ein großes Kommunikationsfeld mit einer eigenen zugehörigen Öffentlichkeit. Es gibt schon im 1. Jahrhundert ein weites, ausgedehntes Feld einer überregionalen innerkirchlichen Öffentlichkeit.

✧ In dieser Öffentlichkeit gibt es etliche allseits bekannte Persönlichkeiten, die genügend Autorität haben (oder sie sich verschaffen), so dass sie sich in verschiedenen auch entfernteren Gemeinden zu Wort melden können. Das geschieht zumeist auf briefliche Weise – als Einmischung in eine oder in mehrere Gemeinden.

✧ Die »apostolischen« Briefe sind daher herausragende Dokumente dafür, dass das frühe Christentum eine innerkirchliche Kommunikationseinheit war.

✧ Von daher gewinnen Äußerungen wie die des hl. Ignatius an Prägnanz, nach denen z. B. Rom »den Vorsitz in der Liebe« führte.

Denn Liebe ist dabei nicht das Gefühl der Zuneigung, sondern stets praktisch werdende Solidarität. Das ist nichts anderes als die Kehrseite und Konsequenz der kommunikativen Beziehungen.

✧ Die »apostolischen« Briefe sind damit Dokumente der besonderen Gestalt der Einheit der Kirche im 1. Jahrhundert. Da die Briefe in der Regel von Einzelpersonen verfasst sind, haben sie an der Profilierung des Bischofsamtes besonderen Anteil.

9.3.2 Wer schreibt, der bleibt

Derartige Briefe begründen freilich auch selbst wieder Autorität. Allerdings waren diese Briefe pro Gemeinde wohl jeweils einmalige Aktionen. Nur bei dem 2. und 3. Johannesbrief wissen wir von zweimaligem Schreiben (an zwei unterschiedliche Adressen derselben Gemeinde); ein Antwortbrief ist nirgends erhalten und auch nicht erwähnt. War dergleichen bei so einem Brief überhaupt üblich?

Die Kirche musste nicht erst zusammenwachsen, sie war am Anfang eine. Und dass jemand sorgfältig auf die »Diözesangrenzen« geachtet hätte, finden wir nur bei Paulus.

9.4. Petrus und Paulus
und die Abfassung des Kanons in Rom

Es ist wie in der Kriminalgeschichte ungelöster Fälle: Manchmal ergibt sich eine Lösung gleich zweier Probleme, wenn man sie nur wie Folien aufeinanderlegt. Dann liefert plötzlich die eine Geschichte die notwendigen Daten zum Verstehen der anderen, vorher genauso rätselhaften – und umgekehrt. In diesem Fall ist die eine ungelöste Geschichte die Entstehung des neutestamentlichen Kanons. Also die Frage: Wie kamen eigentlich genau die 27 Schriften zusammen, die nun den verbindlichen Kanon bilden, d. h. die Gesamtheit der »inspirierten« heiligen Schrift Neues Testament? Man weiß bis heute nicht, wer, wann, wo die Schriften so gesammelt hat, und nach welchen Kriterien man diese und keine anderen ausgesucht hat. Das alles zusammen nennt man die Frage nach der Entstehung des Kanons. Die zweite Frage aber betrifft einen rätselhaften frühchristlichen Bild-Typ, den man die »Übergabe des Gesetzes« nennt: In der Mitte steht Jesus Christus auf einem kleinen Hügel, er wird flankiert durch die beiden Apostel Petrus und Paulus. Petrus steht zur Rechten (vom Betrachter aus gesehen) und empfängt mit durch das Gewand verhüllter Hand ein Buch, das heißt: in den älteren Darstellungen eine Schriftrolle. Schafe schmücken oftmals das Bild, deuten also auf »die Kirche«. Die Szene stammt aus Rom (etwa ab 4. Jh.), findet sich dann aber auch außerhalb, etwa in Ravenna. Sie war so wichtig, dass sie die Apsis von Alt-Sankt Peter zierte. Nur weiß kein Mensch, was sie bedeuten soll.

Dass Rom durch die Gräber gleich zweier bedeutender Apostel ausgezeichnet wurde, ist schon an sich ein Unikum. Nirgends sind überhaupt Apostelgräber so gut bezeugt und archäologisch so gesichert wie in Rom. Man nennt Petrus und Paulus die »Apostelfürsten«, was zumindest für Paulus aufgrund der Geschichte des Urchristentums nicht selbstverständlich war. Aber die Kirche feiert ihr Gedächtnis an einem Tag (29.6.) und betet: »Herr, du hast deine Kirche gegründet auf die Tränen des Petrus und auf die Briefe des Paulus ...« Alle diese römischen Besonderheiten muss man sich hier noch einmal ins Bewusstsein rufen, denn sie sind die Voraussetzungen für alles Folgende.

9.4.1 Warum die Zentrierung auf Rom?

Im Laufe der Abfassung dieses Buches ergaben sich für die Frage nach der inhaltlichen Auswahl für den Kanon neue Aspekte: In den Kanon des Neuen Testaments wurden nur solche Evangelien aufgenommen, die über Passion und Auferstehung Jesu berichten, also keine »Spruch-Evangelien«, es wurden keine rein judenchristlichen Texte aufgenommen, aber auch keine gnostischen. Vor allem aber ergab sich eine ganz starke Zentrierung um die Apostel Petrus und Paulus sowie um die Stadt Rom: Es wurden nur Evangelien aufgenommen, in denen Petrus der Sprecher der Jünger ist (anders: Thomasevangelium, Philippusevangelium etc.), von den Apostelgeschichten wurde nur die eine aufgenommen, in der Petrus und Paulus im Mittelpunkt stehen und die in Rom endet; die den Kanon abschließende Schrift »Offenbarung des Johannes« ist auf Rom konzentriert, in Rom waren beide Apostel ermordet worden, und es gibt Gelehrte, die den Tod der beiden Zeugen in Offb 11 auf Petrus und Paulus deuten möchten. Kurzum: Unter den genannten Kriterien (Petrus – Paulus – Rom) sind zum Beispiel von 306 Seiten der revidierten Lutherübersetzung nur 10 Seiten mit anderen Autoren besetzt, also einige der sogenannten Katholischen Briefe, die überdies in manchen Ostkirchen nicht zum Kanon zählen. Der Hebräerbrief galt ja als paulinisch.

Fazit: Das Neue Testament ist eine durch und durch römische Angelegenheit. Petrus als maßgeblicher Zeuge und Sprecher sowie die Paulusbriefe, die Apostelgeschichte mit dem Weg der Apostel von Jerusalem nach Rom sowie die Offenbarung als Unterscheidung des himmlischen Jerusalem von seinem irdischen Gegenbild im kapitalistisch-korrupten Rom – alles dieses ist (zumindest per Auswahl) total auf eine einzige, nämlich die römische Perspektive hin ausgelegt.

Das Neue Testament ist ein Reader über die Geschichte des frühen Christentums aus römischer Sicht.

Die Entdeckung dieser massiven Sicht ist neu – sie entspricht gewiss nicht dem Selbstverständnis der Einzelautoren Matthäus, Markus und Johannes, aber der Situation und Optik der römischen Gemeinde nach dem Tod der beiden Apostel im Jahre 68/69 n. Chr. Nach der Sammlung dieser Beobachtungen steht der Annahme nichts mehr entgegen, dass das Neue Testament in Rom zusammengestellt wurde und speziell römische Interessen spiegelt. Was für Alternativen möglich gewesen wären, wird einem leicht begreiflich, wenn man zum Beispiel unsere Zusammenstellung »Das Neue Testament und frühchristliche Schriften« (K. Berger, C. Nord, Frankfurt 1999) in die Hand nimmt, die alle bis zum Jahre 200 n. Chr. entstandenen christlichen Schriften mit möglicherweise kanonischem Anspruch enthält. In dieser Sammlung umfasst das Neue Testament nur ein Drittel.

Angesichts der These von der römischen Sammlung des Kanons fällt auch auf, wie wenig dieser Kanon tatsächlich über Rom und die dortigen Gemeindezustände berichtet. Rom ist kaum Schauplatz, aber allemal Fluchtpunkt dieser Berichte, und das gilt selbst auf besondere Weise für die Offenbarung des Johannes.

9.4.2 Gibt es Spuren vom Tathergang?

Nun war die Kanonbildung in Rom zweifellos ein einschneidender Akt mit ungeheurer Wirkungsgeschichte. Und die Frage ist erlaubt, ob dieser Akt denn wirklich – außer der Tatsache des Kanons selbst – keinerlei Spuren hinterlassen hat.

Die Antwort: Doch, das hat er, und zwar in der künstlerischen Darstellung der *traditio legis*. (Wir verbinden an dieser Stelle die textorientierte Wissenschaft mit der kunstgeschichtlichen.) Die Schriftrolle bzw. das Buch, das Petrus und Paulus hier aus der Hand Jesu entgegennehmen, ist nichts anderes als das Neue Testament selbst. Alles weist darauf, dass es sich um ein »Erinnerungsfoto« an den Akt der Kanonbildung handelte. Die Rolle, die Jesus Petrus übergibt, enthält die Schriften des Neuen Testaments. Was sollte sie denn sonst enthalten? Alle Überlegungen zu verwandten literarischen oder bildlichen Darstellungen weisen darauf hin.

Fragt man, warum nur Petrus und Paulus die Adressaten des Tuns Jesu sind, dann gibt es die eine Antwort: Diese beiden sind die maßgeblichen Zeugen. Ebendas wurde oben am Neuen Testament selbst gezeigt.

Fragt man, was die visionäre Übergabe des Buches bedeutet, so ist die Antwort: Der Logos (Jesus Christus) hat – nach der Vorstellung der Alten Kirche – auch schon Moses die Tora unter ähnlichen Umständen übergeben, nämlich auf dem Sinai. Was er einst für das »alte Gesetz« tat, hat er jetzt für das »neue Gesetz« wiederholt. Und weiter: Die Unterschrift zu unserer Ikone »Übergabe des Gesetzes« lautet an einer Stelle: »Dominus legem dat« (Der Herr gibt das Gesetz). Weist das nicht genau auf das Neue Testament im Verhältnis zum Alten Testament? Antwort: Ja, bis ins Mittelalter hält sich zur Bezeichnung des Neuen Testaments der Ausdruck »nova lex« (»Neues Gesetz«), man denke an die Wendung »novum pascha novae legis« (»Neues Pascha des Neuen Gesetzes«) zur Beschreibung der Eucharistie bei Thomas von Aquin. Eine vollkommene literarische Erklärung des Bildtypus liefert der berühmte Ambrosiaster, eine lateinische Paulus-Auslegung aus dem Rom des 4. Jh.: »Auf dem Berg Sinai gab Gott das Gesetz durch seinen Diener Moses. Dem entspricht die Gabe des Gesetzes der Verkündigung des Evangeliums ... zu Pfingsten ist das Gesetz gegeben, das in den Evangelien begründete Recht zu verkündigen.« Wichtig ist: Der Text ist unter Papst Damasus († 384) in Rom entstanden, er enthält dreimal den Ausdruck »Gabe (Geben) des Gesetzes« und bezieht dieses ausdrücklich auf das ganze Neue Testament (»Evangelium« synonym mit »Gesetz«). Die Plazierung zu Pfingsten verrät etwas über die Auffassung von der Inspiration des Ganzen. Das Judentum feiert am 50. Tage nach Passah die Gabe des Gesetzes auf dem Sinai. Es liegt daher eine typologische Schriftauslegung vor. Petrus und Paulus stehen an der Stelle des Moses. Die pfingstliche Offenbarung des ganzen Evangeliums meint das »neue Gesetz«.

Fragt man: Ist nicht die »Ikone« der Verklärung Jesu eine gute Parallele? Antwort: Ja, sie ist es. Jesus steht auf dem Berg. An der Stelle der drei Jünger bei der Verklärung stehen hier nur Petrus und Paulus. Dort vermittelt eine Himmelsstimme die notwendige Offenbarung (»Dieser ist mein geliebter Sohn ...«), hier eine Schriftrolle. Bei der Verklärung geht es um die zentrale Legitimation Jesu als des Offenbarungsmittlers gegenüber Moses und Elias: »Ihn sollt ihr hören!« Die »traditio legis« schreibt die Verklärung mit entsprechenden Mitteln und stark verwandter Figuration fort: Bei der Verklärung wird Jesus vor Moses und Elias ausgezeichnet, in der »Übergabe des Gesetzes« werden die Apostel Petrus und Paulus und das, was sie empfangen, vor jeder christlichen Alternative ausgezeichnet.

9.4.3 Das Testament Jesu

Man kann sich dann weiter in der frühjüdischen und frühchristlichen Visionsliteratur umschauen und findet heraus, dass es eine literarisch feste Abschiedsszene gibt, in der derjenige, der die große Autorität war, also etwa Moses oder Paulus, in einer besonderen Szene (oder: Vision) vor oder nach dem Tod zweien seiner Schüler oder Jünger erscheint, um ihnen seine letzte Weisung zu vermachen, sein Testament, wie man damals zu sagen pflegte. Diese Analogie ist zutreffend, weil es sich natürlich beim Neuen Testament um das definitive Vermächtnis Jesu handelt. Die große Besonderheit bei der *traditio legis* ist die Schriftlichkeit. Dieses Element weist mit Sicherheit in das Frühjudentum mit der Konzeption der himmlischen Buchrolle, die dem Seher gezeigt und dann abgeschrieben wird, so etwa Moses nach dem Jubiläenbuch. Von hier aus weist übrigens auch ein sehr klarer Zweig in die Aufassung der Entstehung des Korans, die überhaupt nicht von der Visionsliteratur dieser Art zu trennen ist. Auf den ersten Blick erscheint die Auffassung über die Entstehung des Korans wie eine Nachahmung dieser Gattung.

Trifft zu, was hier behauptet wurde, so ist einerseits eine ganz enge Verbindung des neutestamentlichen Kanons mit den Aposteln Petrus und Paulus und Rom schon von der Gestalt des Kanons selbst her gegeben, und diese Hypothese wird bestätigt durch eine andere Beobachtung: Im Apsismosaik von Alt-Sankt Peter, in den Mosaiken von SS. Cosmas e Damiano, S. Costanza und einem Sarg aus S. Sebastiano hat man früh festgehalten: Petrus und Paulus (in einem Falle auch: Paulus und Petrus) sind vom auferstandenen Herrn selbst als die Träger der schriftlichen Offenbarung Neues Testament eingesetzt. Sie haben es aus seiner Hand als heilige Schrift empfangen. So steht es gleichrangig neben dem, was Moses vom Logos auf dem Sinai empfangen hat. Doch wenn man so etwas darstellen wollte, war man noch immer auf den gemeinsamen judenchristlichen Boden angewiesen.

10. Verfolger und Verfolgte

Verfolgung einer Gruppe aus religiösen Gründen ist in der Antike zur Zeit des 1. Jh. n. Chr. keineswegs etwas Normales, ja eigentlich der absolute Ausnahmefall. Wenn einzelne Juden im 1. Jh. n. Chr. verfolgt wurden, dann aus steuerlichen Gründen. Die Zerstörung Jerusalems durch die Römer im Jahre 70 erfolgte aus der Sicht der Römer nicht wegen der Praktizierung des jüdischen Monotheismus.

10.1 Christen werden verfolgt

Religiöse Verfolgung dagegen ist im Judentum zu Hause, und zwar aus der Sicht des 1. Jh. n. Chr. als leidvolle Erfahrung aller zu Israel gesandten Propheten. In der jüdischen Schrift »Prophetenleben« dokumentiert das Judentum selbst das Geschick der von Gott zu ihm Gesandten. In dem den Evangelien nach Matthäus und Lukas gemeinsamen Gut und bei Paulus in 1 Thess 2,15 f. spiegelt sich diese Tradition, und zwar in der vollständigen Gestalt. Israel hat die Propheten Gottes getötet, deshalb wird Jerusalem zur Strafe immer wieder zerstört, danach freilich wird das Volk Israel neu gesammelt und kehrt in sein Land zurück. Spätestens die frühe Gemeinde deutet die Verfolgung Jesu und der urchristlichen Propheten inklusive Stephanus und Paulus im Lichte dieser Tradition.

Als mutmaßlicher Grund der ersten Verfolgungswelle seitens des Judentums kommt wohl ein gemeinsamer in Frage: Der Anspruch auf prophetische Berufung kann nur unzureichend gestützt werden. Der himmlische Ursprung der Beauftragung und Begabung steht nicht eindeutig fest. Bei Jesus und bei seinen Jüngern fehlten überzeugende Hinweise, dass das, was sie sahen oder hörten, vom Himmel sei. Wenn der Heilige Geist beansprucht wird, gibt es nur die Alternative Teufelsgeist oder Geist Gottes. Diese Alternative ist tödlich.

10.1.1 Der Prophet muss sterben

Sowohl bei Jesus als auch bei Stephanus lebt dafür eine Tradition aus Jer 26 wieder auf, die wir im Judentum u. a. auch für das Martyrium des Jesaja kennen: das Prophezeien »gegen die Stadt«. Das heißt, der Prophet äußert als Drohrede, die Stadt Jerusalem werde über kurz durch Gottes Gericht bestraft, weil es schuldig geworden sei und Gottes Gericht verdient habe.

Die Jerusalemer aber (und ihr König) meinen, der Prophet sei im Unrecht. Da der drohende Fluch über die Stadt aber im Raume steht, kann man den Propheten nicht einfach gewähren lassen, sondern er muss sterben. Der Fluch, den er der Stadt zu Unrecht, wie die Menschen meinen, angedroht hatte, trifft ihn selbst und ist erst so aus der Welt geschafft. Sowohl Jesus (Mk 14,58) als auch Stephanus (Apg 6,14) haben nach Meinung der Menschen gegen die Stadt geweissagt und müssen getötet werden. In den Johannesakten wird derselbe Vorwurf dann gegen den Apostel Johannes erhoben, in heidnischer Variation.

Die beiden Verfolgungswellen am Anfang, welche die Gruppe der Hellenisten mit Stephanus und die judäischen Judenchristen trafen, haben ähnliche Struktur und beide etwas mit Paulus/Saulus zu tun. Mit dem Namen Paulus verband sich daher die Erinnerung an die frühe Verfolgungszeit überhaupt. Im Unterschied zu Einzelfiguren traf sie ganze Gruppen. In beiden Fällen herrscht Unklarheit über die Motive bzw. Vorwürfe. Wird vorausgesetzt, dass sich dämonische Inspiration über die Anführer (Jesus, Stephanus) hinaus schnell wie eine Virusinfektion ausbreitet? Weist darauf auch die tadelnde Frage Jesu an Paulus: »Warum verfolgst du mich? – Denn in dieser Frage sind die Anhänger mit dem Verfolgten ein Leib. Das könnte auf eine frühe Pneumatologie dieser Christen hinweisen: Der Heilige Geist herrscht im Haupt der Gruppe und ist über die Mitglieder verbreitet. Entsprechendes gilt dann vom Ungeist. Werden also beide Gruppen wegen des pseudoprophetischen Ungeistes verfolgt? Auf diese strikte Solidarität zwischen »Anführer« und Assoziierten werden wir noch öfter bei Christenverfolgungen stoßen. Jedenfalls hatte eine derartige Verfolgung offenbar die Aufgabe, die Verfolgten von Israel zu lösen, also in die Ferne zu vertreiben, um das, was Israel schaden könnte, zu bannen.

10.1.2 Christenverfolgungen der Frühzeit

Auch alle weiteren Verfolgungen der Frühzeit gehen von Juden aus und treffen zunächst wieder nur die Gemeindespitzen. Es geht um frühe Verfolgungen der Verkündiger nach dem Pfingstereignis. In der ersten Zeit in Jerusalem werden Apostel gefangen gesetzt und die Verkündigung wird ihnen verboten. Die Apostel antworten mit dem Satz »Man muss Gott mehr gehorchen als den Menschen« (Apg 5,29). Die Gründe für diese starke Behinderung der Verkündigung liegen darin, dass die Predigten zur Judenmission die Führungsschicht stark durch Mitschuld am Mord an Jesus belasten.

Im Jahre 42 n. Chr. wird Jakobus der Zebedaide umgebracht und Petrus gefangen gesetzt und wandert dann nach Antiochien aus. In dieser Verfolgung dürfte König Herodes Antipas mit dem Wunsch, sich positiv vor Juden zu qualifizieren, die Ursache sein.

In der Folgezeit ist der zum Heidenmissionar gewordene Paulus stets ein willkommener Anlass zu Verfolgungen. Hier beobachten wir nun Ähnliches wie bei den allerersten Verfolgungen (Stephanus): Paulus wird nicht als Einzeltäter gesehen, sondern stets in unüberbietbar enger Verbundenheit mit dem Rest der Christenheit. Das bedeutet: Wenn in Antiochien in der heidenchristlichen Gemeinde eine gemeinsame Mahlzeit mit Judenchristen stattfindet, so hat das durchschlagende, tödliche Wirkung bei den Judenchristen um Jakobus in Jerusalem. Es kann daher keine Rede davon sein, die Christen seien ein lockerer Kreis von Sympathisanten gewesen, bei dem es gemeinsame Bindung nicht gab. Die Haltung und Einschätzung seitens der Außenstehenden lässt an Eindeutigkeit nichts zu wünschen übrig. Auch über 600 km hin wird die Christenheit als Familie im strengen Sinne betrachtet, bei der jeder für den anderen mit Leib und Leben haftet. Christentum der Anfangszeit ist gerade nicht ein freigeistiger Club von Individualisten. Aus diesem Grund muss der Herrenbruder Jakobus in Antiochien eingreifen. So wird am Ende der Herrenbruder Jakobus in Jerusalem von der Tempelzinne gestürzt und von einem Walker erschlagen, weil es in seiner »Familie« einen Paulus gibt, der mit ihm in der Einheit eines (Kirchen-)Leibes verbunden ist.

In der frühen Mission außerhalb Palästinas, von der die Apostelgeschichte berichtet, verläuft die Verfolgung regelmäßig so: Die christlichen Apostel betreten (in der Regel zu zweit) am Sabbat die Synagoge vor Ort, versuchen eine christliche Schriftauslegung, die sie gegebenenfalls durch eine Heilungstat beglaubigen, werden spätestens dann aus der Synagoge gedrängt und müssen in die nächste Ortschaft fliehen. Oft werden sie von den nichtchristlichen Juden bei der Obrigkeit wegen Unruhestiftung angezeigt und der römischen Obrigkeit vorgeführt. Aufwiegelung, Unruhe zu veranlassen ist folglich schon nach Lk 23,2.5 der auch gegen Jesus selbst erhobene Vorwurf. Lukas ist bestrebt, besonders diesen Vorwurf zu widerlegen, da er in seinen Augen Rufmord bedeutet.

Christen mussten daher mit Steinigungen rechnen (Apg 7,58 f.; 14,5.19; 2 Kor 11,25). Im Johannesevangelium und nach Lukas 6,22 wurden Christen »aus der Synagoge ausgeschlossen«. Damit waren sie zumindest religiös heimatlos. Allerdings lag es nahe, sich unter solchen Bedingungen zu einer eigenen Synagoge zusammenzuschließen. Derartige Zusammenschlüsse waren frei, und man musste niemanden fragen. Nach dem Zeugnis des Johannesevangeliums stehen die Christen mitten im Prozess einer solchen Neufindung ihrer sozialen, vereinsmäßigen, kirchlichen Identität.

Die Feindseligkeit der Juden gegen die Christen ist nicht aus der Luft gegriffen. Denn die Christen kämpfen mit den Juden um dasselbe Potenzial an Sympathisanten rund um die Synagogen. Diese Menschen waren noch keine Juden, wohl aber Gottesfürchtige. Sie unterstützten die Synagogen finanziell. Der Verlust dieser Subventionen aus Freundeskreisen musste die Juden vor Ort jeweils mehr oder weniger hart treffen.

Eine andere Art von »Verfolgung« trifft die Christen im Einzugsbereich von 1 Petr. – Den Christen sagt man Übles nach, sie werden öffentlich diskriminiert und müssen durch diese subtile Art von Verfolgung »leiden«. Der Verfasser bestärkt sie in ihrer Rolle und ermuntert sie dazu, ihre Fremdlingschaft zu ertragen. Sie sind Fremdlinge und sollen sich zu ihrer Rolle auch bekennen und vor ihr nicht davonlaufen. Historisch sind keinerlei Vorfälle greifbar. Das wird jedoch die Lage der Adressaten nicht gerade einfacher gemacht haben.

10.1.3 In Konkurrenz zur kultischen Kaiserverehrung

Eine letzte Art Verfolgung ist in der Offenbarung des Sehers Johannes offen angesprochen. Die Hinrichtung durch den römischen Staat wegen Verweigerung der kultischen Kaiserverehrung (Offb 2,13 Pergamon). Der römische Kaiser hat demnach seine Macht vom Satan bekommen (K.13). Die unterlassene Ehrung des Kaisers gilt als *crimen laesae maiestatis*. Ausführlich wird darüber auch berichtet bei Plinius d. J., Epist. X 96 an Kaiser Trajan. Plinius erwägt, ob schon der Name Christ selbst strafbar sei, auch wenn »keine Verbrechen vorliegen«. Zwar werden die Christen unter Androhung der Todesstrafe dreimal gefragt, ob sie Christen seien. Doch gefunden habe er, Plinius, nur einen wüsten, maßlosen Aberglauben. Bestraft wurde jeweils nur Eigensinn und unbeugsame Halsstarrigkeit – ob mit dem Tod, bleibt offen. Wer die Götter anrief und Christus »fluchte« (maledicerent Christo) und »vor dem Bild des Kaisers mit Weihrauch und Wein opferte«, wurde freigelassen. Hier wird auch erkennbar, welche liturgischen Verpflichtungen auf der anderen Seite die Christen als die ihren ansahen. Christen dürfen als Christen nicht Jesus Christus und den Kaiser als Herrn bekennen (vgl. M Polyk 8,2; 9,3; M Scilit 5 f.).

Die historische Frage ist, wer hier wen in eine unausweichliche Zwickmühle gebracht hat. Die kaiserliche Seite verlangt, dem Bild des Kaisers und den Götterstatuen »Verehrung« zu bezeugen (imaginem tuam deorumque simulacra venerati ... et Christum maledixerunt). Aus römischer Sicht kann es aber nicht verboten sein, *Christo quasi deo carmen dicere*. Und keinem Römer konnte daran gelegen sein, wenn Christus verflucht wurde. Aus römischer Sicht konnte man das ebenfalls tun oder lassen. Kamen die Christen von sich aus auf die Idee, die Verehrung der Bilder des Kaisers und der Götter abzulehnen? Haben sie selbst etwas zum Akt des Bekenntnisses hochstilisiert, was ursprünglich kaum jemand beachtet hätte? Wenn das so war, dann war wohl das 2. Dekaloggebot der Hintergrund. Auch der Brief des Plinius an Trajan zeigt, dass die heidnischen Römer in diesem Punkt nicht besonders konfliktsüchtig waren. Wie jeder gute Beamte, so wollte auch Plinius d. J. jeweils seine Ruhe haben. Auch der in Offb 13,15 geschilderte Tatbestand der Nichtverehrung des kaiserlichen Bildes hat seinen Sitz im Leben, doch nicht in einer Zwangsvorführung aller Bürger vor dem Kaiserbild. Man konnte sich der Situation des Ja oder Nein entziehen. Erst ab Traian wird offenbar so eine Zwangsvorführung des Christseins Verdächtigter üblich.

Fazit: Es besteht der Verdacht, dass die Ablehnung der Verehrung der kaiserlichen Bilder eine Provokation seitens der Christen darstellt, welche die Gelegenheit nutzen wollten, ihren Glauben an den bildnislosen Gott offen zu verkünden.

10.1.4 Die Absage an das Christentum durch das »Christus verfluchen«

Noch eigenartiger ist die Absage an das Christentum durch »Christus verfluchen«. Es entspricht auffällig 1 Kor 12,2. Das dazu oben Gesagte ist zu wiederholen: Verständlich ist eine solche Äußerung nur im Rahmen eines pneumatologischen Dualismus. Der aber lag den Römern wie Plinius d. J. völlig fern. Er selbst scheint diese Verfluchung auch nicht zu verstehen. Er bemerkt, das seien Dinge, »zu denen wirkliche Christen sich angeblich nicht zwingen lassen«. Ein Verfluchen ist nur sinnvoll, wenn es sich bei Christus um einen bösen Geist handelt. Später wird man auch hier vorsichtig: Judasbrief 8 f. warnt davor, Geistermächte so zu behandeln. Aber wie gelangt das Verfluchen an eine so prominente Stelle, wie schon 1 Kor 12 bezeugt?

Ich gehe einmal davon aus, dass das Verfluchen dieselbe Funktion hat wie gegenüber dem Teufel das Widersagen noch im heutigen Taufritus: »Widersagst du dem Satan? – Ich widersage.« Bei der Taufe hat es definitiven Charakter und markiert die Absage an das Alte. Christus zu verfluchen könnte der entgegengesetzte Ritus sein. Entgegengesetzt, weil es genau jene Verbindung mit Jesus Christus kappt, die durch das Widersagen gewonnen wurde. Aber was war der Sitz im Leben? Es ist kaum glaubhaft, dass es eine Antitaufe gab. Die »gnostische Option« kommt für das 1. Jh. n. Chr. nicht in Frage, also die Verfluchung des irdischen Jesus angesichts des himmlischen Christus.

Fazit: Die Formel »Verflucht sei Jesus« wie auch die entsprechende Formulierung bei Plinius d. J. hat keinen wirklichen Sitz im Leben. Es handelt sich nur um die rhetorische Umkehrung der Formel bei der Aufnahme ins Christentum »Ich verfluche/widersage dem xy« (Satan, böser Geist, Macht). Diese Formel aber ist liturgisch-pneumatologisch und überhaupt nicht politisch aufzufassen. Gäbe es ein dem Aufnahmeritual spiegelbildlich entsprechendes »Austrittsritual«, dann sähe es so aus. Die Verfluchungsformel würde sich dann in der Nähe von 1 Kor 5 (dem Satan übergeben) und Gal 1 (der sei verflucht) einreihen. – Judasbrief 8–9 zeigt zusammen mit 1 Kor 12 und Plinius d. J., dass das »Widersagen« schon früh zum besonderen Markenzeichen des Christentums wurde.

In den folgenden Jahrzehnten und Jahrhunderten sollte diese Art der Verfolgung die übliche werden.

10.1.5 Verräter

Von Anfang an besteht eine Strukturschwäche des Christentums darin, dass die schlimmsten Gegner, Denunzianten und Überläufer aus den eigenen Reihen kamen. Die Evangelisten stellen diesen Typus in Judas dar. Jesus weissagt die Denunzianten in Mk 13,12. Nun ist der Familien- und Freundeskreis im Urteil Jesu ohnehin stark gefährdet bzw. wurmstichig (Lk 12,52 f.). Jesus setzt auf die Solidarität der neuen Familie, der Gemeinde (Mk 10,29 f.).

Dieser Strukturschwäche entspricht die Neigung zur Spaltung im Ganzen. Im Unterschied zum Judentum ist die natürliche Ordnung für das Christentum nicht die letztverbindliche. Wie leicht sind Christen bereit, Gewordenes und Gewachsenes, also die gewordene Familie, zugunsten des Neuen, je Radikaleren aufzugeben.

10.2 Christen und der Kampf gegen die Häretiker

Der Kampf um die Wahrheit in der Kirche ist immer ein Kampf um die Einheit. Denn die Irrlehrer sind Menschen, die stets von einer Reihe von Motiven getrieben werden, nicht nur von mangelnder Klarheit des Glaubens, etwa auch von mangelnder Liebe. Auf jeden Fall gehören sie nicht nur in die Theologiegeschichte, sondern eben überhaupt in die Geschichte des Urchristentums hinein.

Im Urchristentum sind die Irrlehren zahlreich, und die Menschen, die dazugehören, repräsentieren fast das ganze religionsgeschichtliche Spektrum, das die frühen Gemeinden umgibt. Das heißt: Sehr häufig sind es Unklarheiten in der Abgrenzung und Identität, die zur Bildung von solchen Kleingruppen führen.

Noch vor 50 Jahren war man der Meinung, diese Irrlehrer seien irgendwie *Gnostiker* gewesen. Unter Gnosis verstand man damals eine angeblich voll entfaltete Religion mit starkem Gegensatz von Geist und Materie, zu der ein evolutives Werden der Welt in einem langen Prozess des Abfalls zur Materie gehörte. Inzwischen nimmt man dergleichen jedenfalls für die Zeit des Neuen Testaments nicht mehr an. Vorläufer der Gnostikerthesen waren Annahmen, die Gegner seien *Enthusiasten* (»Das Ende ist schon da, wir sind schon auferstanden!«), Schwärmer oder heimatlose Intellektuelle gewesen. Andere Gegner waren angeblich *Judaisten,* also Nomisten oder Leute, welche die Beschneidung als Sakrament ansahen.

Die Szene der Irrlehrer war nach der älteren Forschung ein recht exotischer Rummelplatz, von dem sich natürlich die frühen Christen wie ein vernünftiger, gemäßigter Verein abgehoben haben sollen. Oft nahm man an, ein Text werde nur verständlich vor dem Hintergrund von Aussagen, gegen die er unmittelbar polemisiere. Zu selten hat man gefragt, ob die gegnerische Position nicht eine altertümliche Form der christlichen Tradition selbst gewesen sein könnte.

10.2.1 Gruppen von Gegnern

Für mich ergeben sich folgende Gruppen von Gegnern, wenn man einmal die neutestamentlichen Schriften »quer« liest. Es gibt Gegner, die aus hausgemachten Problemen entstehen, also aus mehr oder weniger umfassenden Missverständnissen der Botschaft selbst. Dann gibt es Gruppen, welche die Rolle Jesu für das Heil noch nicht begriffen haben. Angesichts der Herkunft des Christentums aus dem Judentum ist es sodann verständlich, dass es Gruppen gibt, die sich im Zweifelsfall wieder ins Judentum zurückziehen möchten (auch hier geht es oft um die verkannte Heilsbedeutung Jesu). Das Entsprechende gibt es auch für die »normale skeptische heidnische Weltanschauung der Mitbürger«. Diese Art von Gegnern und Zweifeln hatte dann – leider – Zukunft.

10.2.1.1 Hausgemachte Gegner

Zuerst wenden wir uns »hausgemachten« Gegnern zu. Darunter verstehe ich nicht fremdreligiöse Einflüsse von außen, sondern Schwierigkeiten und Unklarheiten, die sich einstellen mussten, weil praktische Konsequenzen aus theologischen Ansätzen nicht angesprochen und noch nicht geklärt waren. Dabei handelt es sich stets um Gegensätze. Also wie verhält sich radikale Naherwartung zum Gebot der Gastfreundschaft? Oder was folgt daraus, wenn Missionare einander das Territorium (die Fischgründe) streitig machen, auf dem sie tätig sind? Oder was ist, wenn Paulus gewisse verkürzte Formeln in die Welt setzt – wen wundert es, wenn sich daran Missbrauch knüpft?

10.2.1.2 Falsche Vollmachtsansprüche

Sehr früh, wohl schon vor Ostern, werden Jünger zurückgewiesen, die der Meinung sind, in ihrer Vollmacht ungebrochen den kommenden Gerichtsherrn darzustellen. Sie haben gewissermaßen einen ungebrochenen, direkten Draht zum Himmel und zu ihrer künftigen Rolle als Regenten. Wenn es solche Jünger auch später gab – in den synoptischen Evangelien werden sie hart kritisiert. Die Jünger sind keine Gerichtsvollzieher.

Innerhalb der Geschichte der christlichen Theologie der ersten Generation (wohl inklusive Zeit vor Ostern) lösen sich zwei Konzepte über die Repräsentation des Herrn ab. Sie werden dann polemisch gegeneinander gesetzt. Um was es geht, kann man sich anhand des Wortes über das Sitzen der Zwölf auf Thronen verdeutlichen. Nach Mt 19,28 verheißt Jesus für seine Wiederkunft den Zwölf direkte Macht über Israel.

Die ältere Position rechnet daher mit einer ungebrochenen Repräsentanz des Weltenrichters durch seine zwölf Jünger (Strafvollmacht; Fluchgesten; Exorzismen) auf Erden. Die jüngere Position weist dieses zurück und empfiehlt stattdessen lebenslangen Dienst, Ausharren mit Jesus, Niedrigkeit, Gewährenlassen der nicht zur Gemeinde Gehörigen, Kinderfreundlichkeit kontra Abgrenzen. Die ältere Position ist öfter mit den Zebedaiden Johannes und Jakobus verbunden (Feuer vom Himmel, Donnersöhne, Martyrium als direkter Weg). Die jüngere ist wohl Gemeingut der Synoptiker geworden, die ältere ist aber noch gut erkennbar.

10.2.1.3 Unklarheiten über den Glauben

Die Probleme der Christen in Thessaloniki hängen zusammen mit der für Heidenchristen sehr fremdartigen Auffassung, Jesus werde wiederkommen, und zwar zum Gericht, und dann sein eigentliches Erlösungswerk vollbringen, nämlich die Bewahrung vor dem Zorn Gottes. Angesichts von Todesfällen in der Gemeinde entstand die Frage, ob und unter welcher Voraussetzung die verstorbenen Christen angesichts offenkundiger Verzögerung dieser Wiederkunft überhaupt am Heil teilhaben könnten. Paulus antwortet mit dem Hinweis auf Auferstehung. Im Übrigen versucht er, die entscheidende Heilstat Jesu schon in dessen Tod und damit in der Vergangenheit anzusetzen (1 Thess 5,9 f.). Der Vorteil, den diese Sicht mit sich bringt, besteht darin, dass man trotz aller angespannten Erwartung nicht unruhig werden muss, sondern »gut schlafen« kann. Und über die Anspannung (»Wachen«) sagt Paulus, dass sie nicht im Lauern auf einen Termin besteht, sondern in Werken des Tages und des Lichts und in Glaube, Hoffnung und Liebe. Der 2. Thessalonicherbrief geht auf einen anderen Aspekt desselben Themas ein: In der Gemeinde gab es Leute, die mit dem Weltende für sofort rechneten

(2 Thess 2,2). Der Brief beruhigt die aufgeschreckten Gemüter und weist auf die vielen Phasen der Geschichte, die vor dem Ende erst noch kommen müssen.

10.2.1.4 Missbrauch des Gastrechts wegen Naherwartung

Wer die Naherwartung stark betont, muss sich nicht wundern, wenn sich »Parasiten« solcher Erwartungen in der Gemeinde einnisten: Die Gegner im 2 Thess vertreten die These, der Tag des Herrn, also das Gericht und die Wiederkunft Christi, stünde unmittelbar bevor (2,2). Das hat in Thessaloniki die konkrete Folge, dass man keine Arbeit mehr tut und sich auf das Gastrecht beruft (3,6–11). Handelte es sich um wandernde Christen, vielleicht wandernde Missionare, die auf diese Weise die Überzeugungen der Gemeinde ganz einfach ausschlachteten? Dass Christen mit Naherwartung sich um nichts Irdisches mehr kümmerten, kennen wir auch aus einem Text bei Hippolyt (2./3. Jahr. n. Chr., Danielkommentar 4,19,3 ff.). Immerhin fielen diese Christen dann nicht direkt anderen zur Last wie wir es aus 2 Thess kennen.

Jesus selbst zog aus der Naherwartung, wie er sie verkündigte, ganz andere Konsequenzen: Wachen und Beten, also genau nach Gottes Willen fragen und sich um die Mitsklaven kümmern. Naherwartung ist für Jesus ein Stimulus, um die Menschen aus der Gleichgültigkeit aufzuschrecken.

10.2.1.5 Noch kein Gegner, aber bittere Konkurrenz: Apollos

Apollos dürfte gleich alt wie Paulus gewesen sein, ein exzellent geschulter, alexandrinisch gebildeter Mann, der mit Paulus in Ephesus und Korinth »konkurrierte« (wir hatten ihn näher in Kap. 8 beschrieben). Man kann sich das Klima zwischen Paulus und Apollos nicht reserviert genug denken.

Wie Paulus sich in Korinth mit Apollos einigen will, das beschreibt Paulus in 1 Kor 3: *Wenn der eine sagt: »Ich gehöre zu Paulus« und der andere: »Ich gehöre zu Apollos« – das ist leider allzu menschlich. (5) Denn wer ist schon Apollos, wer ist Paulus? Sie sind Menschen, durch deren Dienst*

ihr zum Glauben gekommen seid. Jeder von beiden hat nur das getan, wo-
zu der Herr ihn befähigt hat. (6) Ich habe gepflanzt, und Apollos hat das
Pflänzchen begossen. Doch Gott hat es wachsen lassen. (7) Daher zählt
weder der, der gepflanzt, noch der, der gegossen hat, sondern allein Gott, der
das Wachstum gegeben hat. (8) Den, der gepflanzt, und den, der gegossen
hat, verbindet, dass jeder seinen Lohn nach seiner Leistung empfangen. (9)
Denn wir arbeiten gemeinsam an Gottes Sache. Ihr in Korinth seid Gottes
Ackerfeld und Gottes Bauwerk. (10) Gott schenkte mir seine Gnade als
Auftrag für Korinth, und so habe ich bei euch nach allen Regeln der Kunst
ein Fundament gelegt. Ein anderer wird darauf weiterbauen. Wie er das tut,
das ist allein seine Sache. (11) Denn ein anderes Fundament als das, das ich
gelegt habe, nämlich Jesus Christus, wird er nicht legen können.«

10.2.1.6 Apollos wird doch Gegner – die Gegner im 2. Korintherbrief

Durch längere Abwesenheit des Apostels bedingt, haben sich inzwischen von Korinth wirkliche Gegner breitgemacht. Wer sie sind, das
ist seit Jahren heftig umstritten. Waren es Judaisten (ältere Tübinger
Schule) oder Gnostiker wie in 1 Kor (W. Schmithals)? Aber um das
Gesetz geht es nicht in 2 Kor, von der Gnosis Erwählter ist keine
Spur. Ging es um jüdisch-hellenistische Missionare (D. Georgi)? Stehen die Gegner mit Apollos in Zusammenhang? Paulus kann ihnen
nur vorwerfen, dass sie dort wildern, wo sein Auftrag von Gott gilt.
Das klingt wie bei Apollos. War Apollos also nicht allein gekommen,
hatte er eine ganze Rotte verwandter Geister mitgebracht? Es spricht
einiges dafür, dass die Gegner eine groß gewordene Apollos-Partei
sind. Nicht zuletzt spricht für Apollos, dass der Grundsatz »Nicht
Buchstabe, sondern Geist« von ihm stammt, denn es könnte genau
sein exegetisches Programm darstellen. Paulus griff dann dieses Programm auf und wendete es gegen Apollos, der laut Apg 18,27 einen
Empfehlungsbrief für Achaja/Korinth erhielt. Diesem Brief hatte
Paulus nichts entgegenzusetzen, aber dass er überhaupt eine Rolle
spielte in der Gemeinde, die Paulus gegründet hatte, brachte diesen
zur Weißglut. Apg 18,27 erinnert daran, dass dieser Brief dabei eine
Rolle spielte, und 2 Kor 3 ist die theologische Bewältigung dieser
ärgerlichen Angelegenheit.

10.2.1.7 Bedenkenträger in Rom

Laut Röm 3,8 gibt es in Rom einige, die aus der Theologie des Paulus die Konsequenz gezogen haben: »Lasst uns das Böse tun, damit das Gute kommt!« Sie wollen nicht wirklich so handeln, aber sie wollen dem Apostel Paulus schaden. Konnte man sich nicht auf Paulus dafür berufen, in dem gerade als dem Verfolger die Gnade am meisten gewirkt hat (1 Kor 15,10)? – Paulus wird dagegen einwenden: Wer so argumentiert, hat seine Rechnung ohne das Gericht gemacht. Und: Die alles entscheidende Wende ist in der Taufe erfolgt.

10.2.1.8 Engel als Mittler konnten Jesus verdrängen

Die junge Christengemeinde hatte sich mit Auffassungen zur Welt der Engel auseinanderzusetzen, die eine echte Gefahr für den Glauben darstellten. Man teilte mit den Gegnern die Auffassung von Zeit. Sie erstreckte sich von Adam und Eva bis zum Errichten der Neuen Schöpfung. Damit ist Zeit nicht linear vorgestellt, wie bei uns, sondern räumlich und vom Inhalt her qualifiziert. Auch das Paradies ist ein Raum, nicht eine Zeit. Zwischen Gott und Mensch – so stellte man es sich vor – gibt es Hierarchien personhaft vorgestellter Engel, Erzengel, Mächte, Gewalten, Throne, Herrschaften und Kräfte. Und Ähnliches auf der Gegenseite: Ein personhaft vorgestellter Teufel mit vielen Namen (Satan, Beelzebul, der böse Feind, Mastema, Melkirescha) herrscht über Heerscharen von Dämonen, die Gruppennamen tragen. Der Mensch ist Streitobjekt zwischen Engeln und Dämonen, bis zur letzten Stunde. Der Teufel ist der Weltherrscher schlechthin. Nach dem Tod kommt ein relativ Gerechter ins Paradies; das ist nicht der »Himmel«, sondern eben ein Ort auf Erden, genauer gesagt zwischen Himmel und Erde auf einem hohen Berg gelegen. Wozu es in diesem Konzept noch eines Erlösers bedarf, ist nicht klar.

Die Irrlehrer, die der Kolosserbrief bekämpft, hatten sich an der jüdischen Thron-Gottes-Mystik orientiert. Denn Jesus war den Weg zum Himmel vorausgegangen. Wer ihm nachfolgen wollte, musste sich auf einen Weg begeben, der von Engeln versperrt war. Um an diesen Engeln vorbei zu kommen, musste man beschnitten sein (wie sie), sie bei ihren Namen kennen und gehörig fasten sowie Askese üben. Alles dieses erwähnt der Verfasser des Briefes und lehnt es ab, auch den »Engeldienst« lehnt er ab. Andererseits spricht er davon, dass Jesus das Haupt auch der Engel sei und am Kreuz alle unsere Schuld in Gestalt des Schuldscheins vernichtet habe.

Bevor Paulus oder sein Schüler mit dem Kolosserbrief eingreift, hat das Christentum in Kolossai durchaus einige Ähnlichkeiten mit (früh)paulinischem Christentum: Christentum ist eine mystische, visionär geprägte Bewegung (2,18 »Hineinschreiten in das himmlische Heiligtum«), d. h. Orientierung am erhöhten Christus im Himmel. Und die Engel sowie die himmlischen Mächte und Gewalten sind auf jeden Fall wichtig; die Anteilhabe an der himmlischen Welt ist geradezu Erweis des Christseins (1 Kor 14 das Zungenreden).

10.2.1.9 Teufel und Dämonen nicht verfluchen?

Noch heute wird in Mekka jedes Jahr der Teufel gesteinigt und auf diese Weise feierlich verflucht. Böse, wie der Teufel ist, ist eine solche Verfluchung naheliegend. Aber sie ist auch gefährlich. Nur wer ganz rein ist, kann sie sich leisten. Denn sonst fällt sie auf einen zurück. Und dann ist alles schlimmer als zuvor. Der Judasbrief hat es mit Gegnern zu tun, die mit dem Teufel auf diese Weise fertig werden wollen. Und er warnt sie. Selbst der Erzengel Michael habe mit dem Teufel relativ freundlich geredet. Aber Menschen sollten mit Teufel und Dämonen vorsichtiger umgehen. Im Islam steht deshalb die Teufelssteinigung erst am Ende der Wallfahrt, wenn alle ganz rein sind. Im Judasbrief werden die Gegner dagegen recht hochmütig und hemdsärmelig geschildert. Sie sind eben überheblich, weil sie ja angeblich alles können. Wer das Christentum zu verhältnismäßig billigen Exorzismen reduziert, hat nichts begriffen.

Es ist wohl klar, dass die Gegner an die exorzistische Praxis Jesu anknüpfen wollten; sie versuchen sogar, sie visionär zu begründen (wie Jesus in Lk 10,18, vgl. Offb 12). Sie dringen in die Gastmähler der Gemeinde ein und lehnen das Hirtenamt ab. Der Verfasser des Judasbriefes sagt: Die Bannung aller Unreinheit hilft nicht, denn die Gegner verunreinigen sich ständig, indem sie ihr Fleisch beflecken,

d. h. Schuld auf sich laden. Der Verfasser nennt sie »Psychiker« ohne »Pneuma« und bestreitet so zentral ihren eigenen angemaßten Vorteil. Denn ein Psychiker ist nur ein ganz gewöhnlicher Mensch, der nichts Höheres begreift, ein Pneumatiker dagegen gehört wirklich zu Gott.

Ähnlich wie bei Simon Magus geht es hier um eine Bewegung, die dem Christentum ähnlich ist, aber meint, ohne Jesus Christus auskommen zu können. Nach dem Kolosserbrief ist nur Jesus derjenige, der durch seinen Tod am Kreuz die Vorwürfe der Mächte und Gewalten gegen die Menschen entkräftet hat.

10.2.1.10 Simon der Magier

Ein großes Problem der Anfangszeit ist der bereits erwähnte Samaritaner Simon, genannt der Magier (Apg 8). Er missioniert für Gott mit Wundern, nennt sich »groß« und wird von seinen Anhängern »die große Kraft Gottes« genannt. Ihm fehlt die Vollmacht, Heiligen Geist verleihen zu können (wie auch Apollos und anderen Nicht-Aposteln). So will er das Fehlende nachholen. Er scheitert bei dem Versuch, eine Anbindung seiner Gläubigen auf finanzieller Basis zu versuchen (durch eine Art Kollekte, mit der Paulus Ähnliches versuchte). Später wird er von seinen Anhängern »gnostisiert«. Das widerfährt Jesus bei den Gnostikern auch, welche die Kirche gleichfalls ablehnt. Offenbar wurde Simon als eine Art Parallelgestalt zu Jesus gesehen. Das ist am Anfang im Ganzen nicht vollständig klar. Auch bei Paulus gibt es ja qua Leiden solche Züge der Ähnlichkeit. Und das gilt auch für viele weitere Märtyrer der Frühzeit, so für die oben schon genannten beiden Zebedaiden nach Mk 10 und für Ignatius von Antiochien. Unklar ist daher, wie weit Nachfolge und Nachahmung geht und was sie einbringt. Zeugnis oder Verrat?

10.2.2 Die entscheidende Frage: Wer ist Jesus?

Am interessantesten sind gegnerische Gruppen, die sich – aus der Sicht der kanonischen Autoren – über die Heilsbedeutung Jesu Christi keine klaren Vorstellungen gemacht haben. Ohne Zweifel haben sie Jesus geachtet, aber höchstens als Heiligen, als Lehrer, als Märtyrer. Aus der Art der Bestreitung dieser Gruppen können wir erkennen, dass ihr gemeinsames Defizit in einer Verkennung der soteriologischen (erlöserischen) Bedeutung Jesu lag. In 1 Joh bezog sich dieses auf den Sühnetod Jesu für die Sünder, in Kol und Jud in unterschiedlicher Weise auf seine Bedeutung für Mächte und Gewalten, in Kol auch auf den Sühnetod. Simon Magus stellt sich eher als religionsgeschichtliche Parallele zu Jesus dar, obwohl an seiner Redlichkeit nicht zu zweifeln ist. Der Reihe nach:

10.2.2.1 War Jesus wirklich der Messias?

Wir schreiben das Jahr 55 n. Chr. Da fällt eine Gemeinde (die von 1 Joh) auseinander, alte Feindschaften brechen auf, suchen Vorwände. Die Ursache ist klar: Die zentrale, einigende Botschaft, das zentrale Bekenntnis ist unsicher geworden. Man kann auch sagen: Das Zentralsymbol verfällt. War Jesus wirklich der Messias? Woran soll man das sehen? Hat er wenigstens von Sünden befreit, die Gemeinde gereinigt, wie man das als Jude vom Messias erwartet?

Offenbar nicht, denn die Menschen sündigen weiter. Vor allem sie hassen weiter, weil kein gemeinsamer Glaube sie verbindet. Manche dieser Situationen sind uns aus der nachkonziliaren Zeit durchaus geläufig: Zerfall einer Gemeinschaft. Der 1 Joh macht uns deutlich, wie wichtig die Übereinstimmung im zentralen Symbol ist. Und wie wichtig überhaupt die Botschaft von der Sündenvergebung durch Jesus ist. Weist nicht der Verfall der Beichte in unseren Tagen direkt auf dieses Problem? Wer nicht an ein Gericht glaubt bzw. nicht an Vergebung der Sünden, wie soll der mit seinem Bruder zusammenleben können? Wenn aber die Gemeinde durch Jesus von der Sünde befreit ist, dann haben die Christen eine positive Gemeinsamkeit und dann ist der Gemeindefrieden wiederhergestellt. 1 Joh ist ein gutes Beispiel für den Zusammenhang von Bekenntnis und Gemeinschaft.

10.2.3 Abgrenzung vom Judentum

Wir verlassen jetzt die Erörterung der Gegner mit christologischen Defiziten und wenden uns den Gruppen zu, die dem Judentum – für das Empfinden der neutestamentlichen Autoren – zu nahe stehen. Aber ohne weiteres gilt: Auch hier wurde die Rolle der Erlösung durch Jesus Christus systematisch unterschätzt. Daher ergab sich überhaupt eine größere Nähe zu den jüdischen Vorstellungen über den Erwerb des Heils. Symptomatisch ist da der Galaterbrief. Wäre den Christen in Galatien die Rolle Jesu und des Heiligen Geistes für die Erlösung hinreichend klar gewesen, die Gegner mit ihrer Forderung nach Beschneidung hätten keine Chance gehabt:

10.2.3.1 Gegner in Galatien

Die Gegner des Paulus im Gal sind Judenchristen, die, um drohender Verfolgung zu entgehen, von Heidenchristen Beschneidung fordern. Ihre Argumente sind wesentlich durch Angst diktiert. Die Geschichte hat ihnen insoweit recht gegeben. Ein Judenchristentum, das auf einer Verbindung mit dem bloßen Heidenchristentum bestand, wurde durch Verfolgung seitens strenger Juden aufgerieben. Die Situation ist also ähnlich, wie wir sie für Gal 2 und Antiochien beschrieben haben. Durch Leute von Jakobus aus Jerusalem geschickt, wird die Tischgemeinschaft von Judenchristen und Heidenchristen gesprengt, und die Heidenchristen werden, wollen sie an der Tischgemeinschaft festhalten, jüdische Gebräuche einführen, d. h. das Aposteldekret einhalten. In Galatien sind die Forderungen schärfer: Alle Heidenchristen müssen sich beschneiden lassen. Die Drohungen, die im Hintergrund für die Judenchristen ausgesprochen werden, sind dieselben: Verfolgung, wenn ihr statt Proselyten sozusagen abgefallene Juden produziert, Heiden als gleichberechtigt behandelt, die doch kein Recht haben, sich Abrahams Kinder zu nennen. Paulus versucht demgegenüber mit einem komplizierten Schriftbeweis zu zeigen, dass die Galater im Glauben an den Gekreuzigten erst recht Abrahams Verheißungen erben können und Abrahams Kinder sind. Die galatischen Gegner dürfte das kaum überzeugt haben.

Das Anliegen der Gegner ist auf den ersten Blick dem im Galaterbrief sehr ähnlich: Beschneidung der Philipper (Phil 3,2.5). Hier wie dort reagiert Paulus durch das Schlagwort »Gerechtigkeit durch Glauben«, »Geist«, »sich rühmen«, »Fleisch«. Dennoch ist die Reaktion des Apostels Paulus von Gal erheblich verschieden. Falls Phil 3 später anzusetzen ist als Gal, könnte das darauf schließen lassen, dass die tragenden Pfeiler der Argumentation von Gal 3 nicht überzeugt hatten, nämlich, dass eine zusätzliche Beschneidung für Christen das Werk Jesu Christi an ihnen notwendigerweise zunichte machen müsste (Gal 5,4). Es kann aber auch sein, dass die Gegner etwas anderes wollten als in Gal. In Phil 3 scheinen die Adressaten ganz selbstverständlich Gesetz und Beschneidung schon miteinander verknüpft zu haben, während Paulus in Gal jedenfalls meint, die Galater erst auf diesen Zusammenhang aufmerksam machen zu müssen. Nichts weist darauf, dass sie mit »Abraham« und »Verheißung« argumentiert hätten. Ich halte es für das relativ Wahrscheinlichste, dass es sich direkt um judenchristliche Missionskonkurrenz handelte, Missionare also, die nicht paulinische Christen, wohl aber Heiden und damit potenzielle paulinische Christen bekehren wollten. Also eine (juden)christliche Konkurrenz zur paulinischen Mission, die sich an dem Schlagwort »Beschneidung« aus Gal 2,7–9 orientierte. Phil 3 wäre dann ein Beleg für eine eindeutig judaistische Auslegung der Vereinbarung des Apostelkonvents durch nicht-paulinische Missionare. Gegen eine Bewahrung des Judentums durch christianisierte Juden hätte Paulus wohl nicht so stark polemisiert. Anders als in Antiochien wären hier die Petriner daher in ihrem Selbstbewusstsein erstarkt, hätten nicht nachgegeben. Die Frage ist: Haben sie sich vielleicht mit Recht auf den Apostelkonvent (petrinische Hälfte) berufen? Ist das Bild, das die Apostelgeschichte von Petrus mit gesetzesfreier Heidenmission zeichnet, nicht doch bestenfalls nur ein biographisch späteres Petrusbild?

In der »Gemeinde« des Hebräerbriefes sind schon grobe Missstände aufgetreten. Anfangs war die Gemeinde wohl stark pfingstlerisch orientiert. Man erlebte Zeichen, Wunder und Geisterfahrungen. Doch dann ließ der Besuch der Gottesdienste zu wünschen übrig. Der jüdische Tempel stand noch und machte den Menschen großen Eindruck. Der Verfasser des Briefes an die Hebräer hat es verstanden, mit Jesus als dem Hohenpriester zu werben, der im himmlischen Heiligtum vor Gott bei uns eintritt, um uns von Sünden zu befreien. Durch seine Christologie erreicht dieser Brief eine neue, tiefere Dimension, nach der Erlösung nicht nur in gegenwärtigen Erfahrungen besteht.

10.2.4 Judenchristliche Gegner

Die Gegnerfrage im Galater- und Philipperbrief haben wir bereits besprochen. Äußerlich gesehen liegt eine starke Orientierung am Judentum vor. Diese geschieht jedoch nie von ungefähr, auch heute nicht. Sie beruht stets auf Zweifeln an der Heilsbedeutung Jesu Christi.

Eine zu starke Anlehnung an das Judentum beklagt auch der paulinische Verfasser der Pastoralbriefe. Der Verfasser dieser Briefe – auf jeden Fall ein paulinischer »Starker« (d. h. Aufgeklärter) – sieht weniger die Rolle Jesu Christi gefährdet, als vielmehr Gefahren im Gottesbild (Schöpfer):

10.2.4.1 Judenchristliche Gegner in den Pastoralbriefen

Die Gegner der Pastoralbriefe (1.2 Tim; Tit) schätzte man früher als »Gnostiker« ein, und manche datierten diese Briefe entsprechend spät und nachpaulinisch, damit diese späte Einordnung der Gegner möglich wurde. Denn allmählich hatte es sich herumgesprochen, dass im 1. Jh. n. Chr. von der Gnosis als perfekt ausgebildeter Religion noch nicht die Rede sein konnte. Für gnostisch hielt man folgende Stücke: »Die Auferstehung ist schon geschehen«; »Genealogien« seien gnostische Syzygienlehren; »Enthaltung von Speisen« sei gnos-

tische Askese; »Verbote zu heiraten« entstammten gnostischer Leib-
verachtung; Frauen als Adressatinnen sei typisch gnostisch; und
schließlich würden »Antithesen der Erkenntnis« bekämpft, was ja
nun wirklich eindeutig gnostisch sei (ein Werk von Markion heißt
»Antithesen«).

Alles das kann aber mindestens genauso gut und besser erklärt
werden, wenn man davon ausgeht, dass es sich um Judenchristen
handelt (ausdrücklich Tit 1,11.14). Alle genannten Einzelheiten sind
aus dessen Missionstheologie zu erklären: Auferstehung gilt von der
Bekehrung zum lebendigen Gott, Genealogien sind jüdische Tradi-
tionsketten über Abraham, Henoch, Noe bis zu Seth und Adam (so
sei ursprüngliches Wissen weitergegeben worden), »Enthaltung von
Speisen« wird in jüdischer Mystik und qua Speisegesetze schon in
der Tora verordnet. Was die Frauen betrifft, so ist ausdrücklich von
jüdischen (und nicht von gnostischen) Altweibermärchen die Rede
(Tit 1,14), Verbote zu heiraten gibt es für Menschen, die nur Tora
und Visionen kennen, auch im Judentum, Erkenntnis nennt man jede
Art Einsicht durch Schriftauslegung (z. B. im Barnabasbrief), und Antithesen ist eine Form, in der einander widersprechende Schriftstel-
len konfrontiert werden, welcher Widerspruch dann aufgelöst wird
(z. B. Mk 12,19–26; 36 f.).

Die Gegner stehen vielleicht den »Schwachen« in Korinth und
Rom (vgl. Röm 14 f.) nahe. Sie versuchen wohl, einen Rest der Verbindung mit dem Judentum zu bewahren. Doch der Verfasser der
Briefe bekämpft sie mit antipharisäischer Polemik (Menschengebote
statt Gottes Gebot; Vorwurf der Scheinheiligkeit und Geldgier).

Natürlicherweise gab es auch das Gegenteil, also Gegner, die sich
zu stark am heidnischen Denken und an der entsprechenden Hoff-
nungslosigkeit orientierten:

10.2.5 Nachwirkungen des Heidentums
in frühchristlichen Gegnern

Die Offenbarung des Johannes entsteht auf dem Gebiet, in dem Paulus wirkte (Ephesus). Ihre Gegner sind Christen, die sich ausdrücklich auf paulinische Errungenschaften berufen.

Der Seher Johannes hat für diese Dinge nichts übrig, denn sie bereiten heidnischer Haltlosigkeit und Willkür den Weg. Sie führen zur Anpassung an den römischen Staat und den Teufel, der ihn beherrscht. Man bedenke: Paulinische Freiheiten werden – zumindest in der Auslegung, die ihnen die Menschen im Bereich des Sehers Johannes gaben – beseitigt, da mit ihnen auch ein Stück jüdischer Identität der Gemeinde verloren geht; und auf diese ist die Gemeinde ja stolz, denn ihre Zukunft ist das himmlische Jerusalem, und sie selbst begreift sich als die zwölf Stämme Israels.

Es handelt sich bei dem, was abgeschafft wird, um die bei Paulus gepriesene Erkenntnis »der Tiefen Gottes«, um das Gestatten von Mischehen mit Heiden und das Essen von Götzenopferfleisch, um prophezeiende Frauen und schließlich um die Beurteilung des römischen Staates. Warum wird gerade dieses abgelehnt?

Die »Tiefen Gottes« stellt der Seher sogleich frech dar als »Tiefen Satans«. Das heißt: Er beurteilt hier Erkenntnisse christlicher Visionäre einfach als negativ im dualistischen Sinne. Schon das Judentum war bezüglich der Erkenntnis der Tiefen Gottes extrem skeptisch, und diese Skepsis lässt der Seher Johannes walten, wo Seher außer ihm mit maximalem Anspruch ihre Stimme erheben. »Unzucht« (Mischehen mit Heiden) und »Götzenopferfleisch« (natürlich nicht geschächtet) sind nach dem Aposteldekret verboten. Paulus dagegen erlaubt beides; das Götzenopferfleisch freilich nur, wenn der Mitchrist keinen Einspruch erhebt. Prophezeiende Frauen setzt Paulus in 1 Kor 11 voraus, er ermahnt sie nur zur Kopfbedeckung. Der Seher Johannes dagegen verbietet Prophetinnen. Man beachte allerdings: Prophetinnen (qua Stand) gibt es in den paulinischen Gemeinden auch nicht, aber gegen das Prophezeien (außerhalb des Gottesdienstes natürlich) hat er nichts einzuwenden. Der Seher Johannes weist nur auf die alttestamentliche Jezebel, die offenbar seiner Meinung nach zu Recht aus dem Fenster gestoßen wurde. Den römischen Staat wertet Paulus als positiven Beitrag zur Erhaltung der Ordnung in der Welt (Röm 13); seine Vollmacht ist von Gott, während der Seher Johannes die Vollmacht des Staates auf den Teufel zurückführt. Nach dem Seher Johannes ist das alles Verführung zum Götzendienst, nach Paulus dagegen wird das Urteil der Obrigkeit durch Gottes Gericht bestätigt wie auch jetzt schon durch das Gewissen. Die Rede davon, dass keine weitere Last zugemutet wird, kennen wir aus Apg 15,28 und Offb 2,24. Gemeint ist in verschiedener Interpretation das Aposteldekret.

10.2.5.2 Kümmert sich Gott überhaupt um die Welt?

Die »Gegner« nach dem 2. Petrusbrief verlieren den Glauben daran, dass Gott überhaupt noch einmal in die Welt eingreift. Sie sind Heidenchristen und unzufrieden mit dem Schicksal. Worte, die wir von Epikuräern her kennen (und die schon Plutarch widerlegt), treffen sich mit eher mutlosen Stimmen, die wir auch aus jüdischen Apokalypsen kennen. Auch Philo von Alexandrien hat schon Gottes bleibendes Interesse an der Welt im Sinne des Gerichts verkündigt. Man sagt, dass das Ende nur verzögert sei. Die Verzögerung soll zur Umkehr führen. Ähnlich wie die Gegner in 1 Kor 15, so vertreten auch diese massive Skepsis. Die christlichen Traktate über die Vorsehung werden sich dann weiter damit befassen.

10.2.5.3 Theologisch Auffälliges in Korinth

Aus meiner Sicht ergeben sich die Schwierigkeiten, mit denen Paulus in Korinth zu kämpfen hat, daraus, dass man für einzelne praktische Bereiche des Lebens dort noch nicht die christliche Konsequenz gezogen hatte. Insofern fehlte es der Gemeinde an christlichem Profil. Zum Beispiel schien den Männern in Korinth nicht klar zu sein, dass die Übereignung des Leibes an Christus für Männer und Frauen die Praxis der Prostitution ausschloss.

Nach 1 Kor 15 gibt es Christen in Korinth, die eine Auferstehung der Toten grundsätzlich bestreiten. Sie sagen: es gibt keine Auferstehung – so wie das nach den jüdischen Targumen Kain in Auseinandersetzung mit Abel sagt. Kain gilt als Repräsentant des normalen hellenistischen Skeptikers, ähnlich wie auch heute viele Christen die

Möglichkeit einer Auferstehung einfach bestreiten. (Interessant ist der Zusammenhang von Skepsis und Brudermord.)

Es fehlte den Korinthern, bevor Paulus 1 Kor dort hinschickte, offensichtlich eine solide theologische Besinnung über die Gemeinde/ Kirche. Jedenfalls muss Paulus dort einige Auswüchse korrigieren, die nur auf starkem Individualismus beruhen können. Dazu gehört die mangelnde Rücksicht auf die »Schwachen«, die religiös weniger emanzipiert sind, dazu gehört, dass beim Mahl schlichteste Gemeinsamkeiten für Anfang und Ende fehlen. Dazu gehört auch das Chaos bei der Gemeindeversammlung nach 1 Kor 14. Die Korinther wissen nichts über die schlichte Sitte, dass nicht drei oder vier zur selben Zeit reden sollten. Sie wissen auch nichts – und das geht dann schon in die höhere Ekklesiologie – davon, dass die Gemeinde durch Teilhabe am erhöhten Herrn eins wird. Und dass diese Einheit das Herrenmahl von jedem anderen gemeinsamen Essen unterscheidet.

Es sind also im Ganzen eher Defizite und Mängel, welche die Situation in Korinth nach 1 Kor brenzlig machen, nicht haarsträubende Häresien. Dennoch bewirkte die besondere Zuspitzung dieser Defizite in Korinth eine unruhige Gemeinde.

*

Unruhig ist es in der Kirche geblieben seit den »Gründerjahren« in der Urkirche. Halten wir es mit Gregor von Nyssa, der von der Kirche sagte:

>»Sie geht
>von Anfängen zu Anfängen
>durch Anfänge,
>die niemals ein Ende haben.«

Hom. Cant.; PG XLIV, 941 C

Register

Aaron 222
Abba 84, 127
Abendmahl 178, 182
Abihu 222
Abraham 60
Abrahams Kind 118
Abraham-Tradition 119
Abschiedsreden, johanneische 86
Abschiedsszene 339
Adam 130,172
Adoption 285
Areopag 207
Agippa, Menenius 91
Agrippa, Herodes 298
Akzidentien 143
Aland, Kurt 134
Ältestenverfassung 234
Ältester 19, 220, 229
Amtsgnade 250
Ananias 143, 291
Anbetung 117, 259
Anthropologie 143
Antichristen 42
Antijudaismus 105, 327
Antiochien 34 ff.
Antisemitismus 107
Antonius 22
Aphrodisias 22
Apokalypse 329
Apokryphen 34
Apollos 108 ff.
Apollos-Partei 352
Apologetik 19
Apologie 314
Apostelakten 207
Aposteldekret 104
Apostelfürsten 325
Apostelkonvent 48, 26
Apostolische Sukzession 145
Aquila 211
Aquin, Thomas von 143, 147, 149
Arabia 206
Aristeasbrief 172

Aristokratie 218
Aristoteles 143
Arnobius 156
Assisi, Franziskus von 99
Athenagoras 259
Auferstehung 24
Auferstehung Jesu 146 ff.
Augustinus 218
Auschwitz 48
Ausschluss aus der Gemeinde 161
Aussendungsrede 51
Autonomie 284

Bach, Johann Sebastian 13
Bafile 237
Barnabasbrief 56
Barth, Karl 131
Baruch 106
Beelzebul 77
Befreiungshandeln Jesu 41
Beichte 263
Bekehrung 83, 206
Benedikt XVI. 12, 275
Benediktionen 172
Benjamin 202
Beschneidung 26
Bischof 26, 219
Böll, Heinrich 334
Bousset, Wilhelm 168
Brot des Lebens 134
Brudermord 363
Buddha 258
Bultmann, Rudolf 23
Bund 52
Bundesschluss 185
Bußbewegung 327
Buße 164
Bußgebet 136

Caesaraea 325
Calvinisten 232
Campenhausen, Hans von 217
Caritas 83

Chadwick, Henry 262
Charcour, Elias 189
Charisma 18
Charisma Jesu 97,103
Chrisam-Öl-Taufe 130
Christen 298
Christenverfolgung 312
Christi Leib 150
Christianiserung 177
christliches Haus 126
Christologie 36
christozentrisch 165
civitas 218
Clairvaux, Bernhard von 147
Claudius 216
Clemens von Rom 32, 320
Cönobiten 280
Contemplata aliis tradere 101
Conzelmann, Hans 12
Corpus permixtum 53
Cyprian von Karthago 272

Damaskus 14
Damaskusschrift 222
Dämonen 55, 73 ff.
Davids Thron 199
Dekadenzschema 16
Demokratie 218
Demut 90
Denar 21
Deutero- Jesaja 201
Diadochenkämpfe 11
Diakon Phillipus 107
Diakone 190 ff.
Diakonin Phoibe 215
Diakonissa 238
Diaspora 111
Diatribe 208
Didache 54 ff.
Dihle, Albrecht 257
Dio Chrysostomus 320
Dionysius v. Korinth 320